博士论文
出版项目

媒体新闻建构对公共冲突
及其治理的影响研究

Research on the Influence of Media News Construction on
Public Conflict and Its Governance

郝雅立　著

中国社会科学出版社

图书在版编目(CIP)数据

媒体新闻建构对公共冲突及其治理的影响研究/郝雅立著.—北京:中国社会科学出版社,2022.3

ISBN 978 – 7 – 5203 – 9810 – 7

Ⅰ.①媒… Ⅱ.①郝… Ⅲ.①新闻学—传播学—研究 Ⅳ.①G210

中国版本图书馆 CIP 数据核字(2022)第 034327 号

出 版 人	赵剑英
责任编辑	冯春凤
责任校对	张爱华
责任印制	张雪娇

出　　版	中国社会科学出版社
社　　址	北京鼓楼西大街甲 158 号
邮　　编	100720
网　　址	http://www.csspw.cn
发 行 部	010 – 84083685
门 市 部	010 – 84029450
经　　销	新华书店及其他书店

印　　刷	北京君升印刷有限公司
装　　订	廊坊市广阳区广增装订厂
版　　次	2022 年 3 月第 1 版
印　　次	2022 年 3 月第 1 次印刷

开　　本	710×1000　1/16
印　　张	25.5
插　　页	2
字　　数	354 千字
定　　价	148.00 元

出 版 说 明

　　为进一步加大对哲学社会科学领域青年人才扶持力度，促进优秀青年学者更快更好成长，国家社科基金 2019 年起设立博士论文出版项目，重点资助学术基础扎实、具有创新意识和发展潜力的青年学者。每年评选一次。2020 年经组织申报、专家评审、社会公示，评选出第二批博士论文项目。按照"统一标识、统一封面、统一版式、统一标准"的总体要求，现予出版，以飨读者。

全国哲学社会科学工作办公室

2021 年

序

　　郝雅立博士的毕业论文即将出版，邀我作序，几分犹豫。一方面，作为她论文的指导教师，为我们共同倾注了心血的博士论文出版作序，似乎是应尽之责。另一方面，博士生能够毕业，意味着在其研究的领域已超越导师，恐妄加点评，理解浅显，淹没精华，误导读者。正是基于这一考虑，我一直未敢应允为我毕业的博士生出版论文作序。经不住雅立恳请再三，考虑到自己几近退休，与学生在学术造诣方面的差距正日渐拉大，索性抱着再学习的心态，重读论文，谈几点自己的心得体会。

　　雅立完成这篇博士论文只用了三年，其间还要经历女性青年学者必须面对的各种人生压力，最终获得了南开大学优秀博士论文的美誉，为此而投入的心血和付出的辛劳不难想象。该选题涉及公共冲突管理与新闻传播两个研究领域的交叉，研究难度显著提升，但学术创新的机会也相应增加。从总体上说，该研究的创新之处，在于具体分析了新闻建构方式对公共领域冲突及其管理的影响机制，具体体现在以下方面：

　　首先，区分了涉及公共领域冲突相关新闻报道的表层建构与深层建构。新闻报道具有建构性，这已是新闻传播学领域的通识。但对表层建构和深层建构的明确区分，仍然需要更深入的洞察。在郝雅立博士的分析中，新闻的表层建构主要涉及报道形式和内容编排，而深层建构则涉及新闻的议题框架。新闻的表层建构相对比较容易识破，但深层建构却很容易被忽略。但正是这种容易被忽视的新闻深层建构，会对公共领域冲突的发生、发展、管理方式及其效果产生更加深刻的影响。

其次，区分了四类与公共领域冲突相关的新闻议题框架。郝雅立博士收集并分析了大量新闻建构的实际案例，析出了与公共领域冲突相关的新闻报道所隐含的 17 种议题框架，并根据其对冲突产生的影响将其分成四种类型，即刺激冲突爆发升级的议题框架，有助于冲突平息的议题框架，促进冲突化解的议题框架，以及引导冲突转化的议题框架。这为我们识别各种新闻报道的深层结构提供了具体的指引。

再次，进一步分析了新闻建构对公共领域冲突发生影响的中介因素、作用条件和作用过程。在中介因素方面，该研究主要分析了新闻建构如何通过影响当事各方的认知、情绪、评价和行动意向来作用于冲突走向；在作用条件方面，郝雅立博士主要从媒体条件、受众条件和传受匹配条件三个角度展开分析；在作用过程方面，该研究分析了新闻建构在冲突的潜伏期、爆发期、升级期和平息期所产生的不同影响。这使我们可以更深入地窥视新闻建构对公共冲突产生影响的具体机制。

最后，探索了新闻建构在公共冲突管理中合理发挥作用的方式。作者将关注的重点放在改变新闻建构发挥作用的条件，并具体提出了框架识别、框架匹配、框架对冲、框架跳转等利用新闻建构框架促进冲突平息、化解和转化的策略。

上述研究成果在公共冲突管理领域的研究中具有创新性，不仅丰富了公共冲突管理的理论，而且对冲突管理实践也具有重要的启发意义。当然，该研究还有进一步拓展的空间，特别是在新闻建构对于公共领域冲突的影响机制方面，除了对主观意识因素的分析之外，还可以进一步扩展到对更多方面因素的分析。在如何利用和规范新闻建构促进公共领域冲突的化解和转化方面，也还有很多尚待开发的议题。期待郝雅立博士能够在已有研究的基础上，继续深入探索，奉献出更丰硕的研究成果。

谨此代序。

常　健

2021 年 7 月 11 日于南开

前　言

　　可以说，我们"80后""90后"这一代人见证了互联网从一点一滴到全面植入和渗透自己生活的过程，真切感受让我意识到传统媒体到自媒体发展进路上人们对媒体态度的转变：从读报纸、听广播、看电视到网上冲浪、网络通信、穿梭贴吧、驻足微信、浏览短视频，从无从下手到游刃有余，从不曾理会到热衷其中不能自拔。人们需要媒体，因为它可以提供外部信息，可以提供自由表达的平台和互动讨论的空间；媒体也需要人们，在注意力经济效益的牵引下如何进行报道是它们的生存考量。媒体新闻报道尤其青睐与冲突相关的信息，它充分满足了人们的猎奇心，全方位渗透到社会各个领域中，成为重塑认知、重构生活、影响社会、改变世界的重要参与者。互联网发展引起社会巨大变革，这也需要政府有所作为，公共部门该如何管理？尤其是涉及与冲突相关的媒体信息。对于包括但不限于商业媒体等信息制造者进行前置审查、对负面信息进行封帖、删帖、禁评、取关等，这样堵、捂、盖的方式行用一时，但弊端很快出现，终不是长久之计。

　　公共冲突是事关公共利益、涉及公共事务的冲突，公共冲突管理一直是我热切关注、悉心深耕的研究领域。在做学术研究时，生活中的感知感触总会让我不由自主地卷入其中，公共冲突与媒体之间的关系问题一直存在于头脑里，但因为几次尝试发现问题复杂而不敢碰，它就像一个待破土而出但又欠缺最后那股力量的萌芽一样，我很想去做，又有点缺力，也不知道这个"力"应怎么酝酿，如何发出来。

这个力量的蓄势机缘于"2016 年公共冲突管理学术研讨会"的思维碰撞，感谢我的导师常健教授的指引和点拨。公共冲突管理学术研讨会是以南开大学、北京理工大学、同济大学等高校为主办单位举办的周期性会议。2016 年，有来自于除了公共管理本领域以外的社会学、心理学、新闻传播学等领域的学者参与到研讨会中，我感受到了新闻传播领域学者对这个问题的关注。会后，与导师讨论研究方向，我们便聊到了这期分享，"不同于新闻传播学，我们要从公共管理，甚至公共冲突管理的角度去研究，这是新意。"老师鼓励我让心中的小萌芽穿过障碍，真正成长起来。

作为一个没有离开过校园的博士生，宏观视野的不足、社会阅历的欠缺和研究广度的不够确实限制了认知，这明显体现在对社会背景、总体论调、发展趋势等问题的把握并不准确，我有一段时间在弥补这个不足。我想这是必要，也是重要的。中国进入转型期，社会变革之下经济体制的调整、社会结构的变化和社会形态的变迁引发不同领域相对高频的冲突。2017 年党的十九大报告指出中国特色社会主义进入新时代，社会主要矛盾从人民日益增长的物质文化需求同现阶段我国的经济发展水平之间的矛盾，转变为人民对美好生活的向往和发展不均衡不匹配之间的矛盾。公共冲突依旧保持其发生频率的同时，也在内容、目标、形式等方面产生了前所未有的变化。公共冲突管理问题需要一直被关注和研究。

媒体是中国社会改革与升级的引擎。1994 年中国全功能接入国际互联网后，区别于传统媒体的新媒体应运而生（严格来说叫作数字媒体）。伴随着 21 世纪初期互联网的井喷式发展，新媒体普及开来，并在 2012 年以后向移动化迁移、融合化、互动化发展，丰富了人们捕获认知的渠道，也让人们预测到了网络高度社会化的风险。以 2008 年走向全盛的博客 Blog、2009 年新浪微博、2011 年微信公众号等为代表的自媒体深度嵌入到人们的生活中，深刻改变了人们信息获得、传播和自我表达的方式，推动了社会转型与变迁。媒体发展给社会带来的巨大影响也要求对其进行有效管理，网络信息管理一直作为一个热点话题备受关注。信息控制、技术翻新、组织建立、法制建设、道德约束等每个方面的举措都在随着时代更新，但效果并不能让人很满意，尤其是遇到关乎公共利益的冲突性问题，这些弊端便会被放大凸显。一番工作后，明确了这些现实认知，再回到并细化了前言部分考虑的问题，政府到底该如何进行媒体信息管理？尤其是涉及公关冲突的媒体新闻信息，该如何进行有效治理？

　　这就是本书核心问题提炼的背景和过程，其中也反映了本书写作的两个目的：一是从研究的视角回应公共冲突治理中如何对媒体新闻信息进行有效管理，继而促进冲突正面功能的发挥或负面功能的转化这一理论问题；二是从实践的角度提出管理涉及公共利益、公共事务、公共冲突等公共问题的媒体新闻的参考性抓手和借鉴性建议。围绕这两个目的，用公共冲突管理的思想来看，媒体新闻在公共冲突发展和管理中可发挥积极或消极两种不同的作用，那这两种作用是如何发挥出来的？影响条件有哪些？故选择"媒体新闻对公共冲突及其治理的影响"为研究对象，力图对媒体新闻影响公共冲突发展和治理的内在机制这一问题展开深入研究。虽然研究的萌芽仅仅起于"人们看了事件报道后的反应影响着冲突的发展"这种模糊的感知，但后续的研究过程让它更为清晰、理性和深刻。

　　本书创新于区分媒体新闻的表层、深层双重建构，提出了与公共冲突相关的四类 17 种媒体新闻深层建构的议题框架，考察新闻深层议题框架对受众意识内容建构的引导机制，阐述新闻建构四种方式对公共冲突及其管理的四个阶段的不同影响，以此形成基本的理论结构模型。

郝雅立

2021 辛丑年暮春于天津

摘　　要

公共冲突是事关公共利益、涉及公共事务的冲突。在当前的公共冲突治理中，虽然意识到新闻议题对于冲突及其治理的重要性，但缺乏对新闻建构的认识，缺少对新闻建构层次的分析，对新闻议题框架的作用方式和条件要求缺乏深刻的理解。只采取简单的压制往往强化了新闻议题框架的负面影响，弱化了新闻议题框架的正面影响，造成公共冲突治理中新闻建构功能发挥的不合理。

在媒介化社会时代，公共冲突及其治理对新闻信息的依赖日显强烈。公共冲突的爆发、升级和扩散需要有能够引发公共冲突的信息，需要新闻信息在关键人群中传播，需要较迅速的传播速度，需要信息内容能够引发公众的对立和共鸣，还需要新闻信息的持续供给。公共冲突治理也需要有助于冲突平息、化解、转化的信息，需要新闻信息对关键人群产生影响，并能够被广泛接受，需要引发对抗的信息不断消减等。以互联网为代表的现代媒体技术的发展更好地满足了公共冲突及其治理对新闻信息的需求，强化了公共冲突及其治理对新闻信息的依赖。公共冲突及其治理对新闻信息的依赖要求发挥新闻建构的合理功能。

新闻信息是媒体对社会事件的建构性产品，媒体的新闻建构多集中于公共领域中具有争议性、冲突性的社会事件。从结构分析来看，媒体的新闻建构包括表层建构和深层建构两个层次。新闻的表层建构主要是报道形式的建构，即新闻信息内容的主题选择、内容编排、叙述形式和态度倾向等；新闻的深层建构主要是议题框架的建构，即媒体新闻信息的提供方式及其为受众提供的看待问题的视角、思路和评判标准。新闻建构发挥影响的机制不仅仅在于其表层建构，更在于媒体新闻的深层建构。研究根据600余则新闻报道素材，分析出四类17种不同的议题框架：5种刺激冲突爆发和升级的新闻议题框架，4种有助冲突平息的新闻议题框架，4种促进冲突化解的新闻议题框架和4种引导冲突转化的新闻议题框架。

媒体通过对社会事件的双层建构影响冲突主体对冲突事件的认知、情绪、评价和行动意向，从而左右公共冲突发展进程及其治理效果。根据新闻建构对公共冲突及其治理的功能，新闻建构方式可分为："挑火式""灭火式""化解式"和"转化式"四种类型。它们分别对公共冲突的潜在期、爆发期、升级期和平息期产生不同性质的影响，为公共冲突的治理设置障碍或提供机遇。新闻建构作用的发挥依赖于社会背景条件、媒体条件、受众条件和传受匹配条件。可以通过改变这些作用条件，使媒体新闻建构与公共冲突治理需要相契合，进而充分发挥新闻建构对公共冲突治理的正面功能，并使其负面功能受到相应的抑制和转化。

关键词：新闻建构；表层建构；深层建构；公共冲突；冲突治理

Abstract

Public conflict is the conflict that involve public interests and affairs. In the current governance of public conflict, we have realized the importance of news issues to conflict and its governance, but lack knowledge of news construction, analysis of news construction levels, and a deep understanding of the action models and conditions of news issues frameworks. We just adopt such simple methods as repression or strengthening, which often strengthen the negative impact of some news issues frameworks, weaken the positive impact of these, and cause unreasonable functions of news construction in the governance of public conflicts.

In the era of media society, public conflict and its governance have become increasingly dependent on news information. The outbreak, escalation and proliferation of public conflict require information that can, the dissemination of news information among key populations, faster dissemination speeds. They also need the content of information can arouse public opposition and resonance and continuously supplied. Public conflict governance also needs information that helps the conflict to subside, resolve and transform, and information to influence key populations can be widely accepted, and the digestion continuously of information which cause confrontation. The development of modern media technologies represented by the Internet better satisfies the need of public conflict and its governance for news information, and reinforces the dependence of public conflicts and their governance on news information. The reliance of public conflict and its governance on news information requires the rational function of news construction.

News information is constructive producton social events of the media. The media's news construction regularly focuses on controversial and conflicting social events in the public domain. The news construction includes surface-level construction, which mainly focus on the reporting form, and deep-level construction, which follows closely the issues framework. The surface-level construction of news is the construction of reporting forms, which includes the topic selection, content arrangement, narrative form and attitude of news information content. And the deep-level construction of news is the construction of the issue framework, which means the way news information is provided and it provides perspectives, ideas and criteria for audience used to look at the issues at the same time. The influence mechanism of news construction lies not only by its surface construction, but also by the deep construction. Based on more than 600 new sissue, this research analyzes four categories and 17 different issue frameworks. They are five kinds of that stimulate conflict outbreak and escalation, four kinds that help to calm conflict, four kinds that promote conflict resolution and four kind that promote conflict resolution.

The media influences the cognition, emotion, evaluation, and action intention of conflicting subjects through surface-level and deep-level construction, which intervenes the development process of public conflict and its governance effects. According to the function of news construction on public conflict and its governance, the news construction mode can be divided into four categories: "fire-provoking mode", "fire-quelling mode", "conflict-resolving mode" and "conflict-transforming mode". And these four modes of new construction have different kinds of impacts in such periods of public conflict as aspotential, outbreak, upgrade period and subsidence, which create obstacles or opportunities for the its governance. Whether the new construction could play a role in public conflict and its governance depends on social background conditions, media conditions, audience conditions, and matching conditions for information transmission. By changing these functional conditions, we could correspond the media news construction to the needs of public conflict governance, and make full use of the positive functions of the media news construction on public conflict governance, and make its negative functions inhibited and transformed accordingly.

Key Words: News construction; surface-level construction; deep-level construction; public conflicts; conflict governance

目　　录

Contents

导　　论

第一节　问题提出与研究意义

一　问题提出

处于社会转型期和改革深水期的中国，面对频次增多、烈度增加、领域交叉、种类叠加的公共冲突发展态势，往往存在冲突管理低效甚至无效的境况。恰逢媒介社会的到来，媒体力量全方位渗透到社会各个领域中，成为重塑认知、重构生活、影响社会、改变世界的重要参与者。在公共冲突管理视域下，媒体是影响冲突爆发、升级、持续、平息、化解与转化的重要力量，公共冲突的媒介化特点已成为其重要特征，公共冲突的发展与治理也受社会媒体的影响。

新闻媒体本身是力促实现社会民主的一大武器，民主社会本是无须对新闻媒体进行管控的。但在中国情境中，作为一种宣传喉舌，历史中的新闻媒体发轫于党政组织，在市场经济尚不完善的时代背景下，新闻媒体管理遵循宣传管理为中心、行政管理为主要手段的双轨管理体制①。如此体制之下，新闻审查、实名制度成为媒体发布新闻的前置环节，以图控制媒体对社会的负面作用，有限度地发挥媒体对社会成长和进步的促进作用。但是，对媒体的前置管理面临

---

① 夏倩芳：《党管媒体与改善新闻管理体制——一种政策和官方话语分析》，《新闻与传播评论》2004 年第 1 期。

着其侵犯言论自由权利的质疑。同时，在迅速发展、日新月异的媒体技术下，由于对媒体的前置管理方式力不从心，控制负面消息、删帖、禁止评论、取消关注等简单粗暴的强制性新闻管理方式出现，引发人们不满。新闻管理无效的问题依旧困扰着管理者。

紧跟热点、追踪冲突是新闻媒体进行新闻报道的天然属性。当新闻媒体裹挟到公共冲突事件之中，冲突管理无效与新闻管理无效的问题便会交织在一起，这会增加社会问题的复杂性、放大双方管理行为的无效性，使得新闻媒体应有的正面功能难以发挥，公共冲突于社会发展的积极作用难以实现。目前在公共冲突的新闻管理方面所采取的一些方式，经常出现事与愿违的效果，解决这一现实困境需要展开翔实的理论探索与研究。

追溯新闻管理的历史进路，结合现实公共冲突的新闻管理案例，可以发现，管理者已经意识到新闻媒体对公共冲突及其治理的重要作用，但在具体的管理方式上存在简单、粗暴、"一刀切"、无区分等问题，导致公共冲突中新闻管理的低效甚至无效，新闻媒体和公共冲突的社会功能得不到合理发挥。这与管理者缺乏对新闻建构及其在冲突和冲突治理中发挥作用的机制认知有关。

首先，在公共冲突治理中，意识到新闻议题对于冲突及其治理的重要性，但却仅仅根据新闻议题是否会引发或激化冲突来进行性质判定，对有可能引发冲突或冲突升级的新闻议题不加区分地采取压制方法，使冲突的正面能量无法得到充分的发挥。从公共冲突管理理论的视角来看，公共冲突治理并不意味着将冲突平息。从社会发展的角度来说，公共冲突既有负面功能，也有正面功能。所谓公共冲突管理或治理，就是要利用和发挥公共冲突对社会和组织的正面功能，抑制和转化其负面功能。在这个意义上，公共冲突治理中的新闻议题管理就是要利用各种新闻议题来发挥公共冲突的正面功能，抑制和转化其负面功能。

其次，在公共冲突治理中缺乏对新闻建构的认识，往往顺着他人的框架进行表达，不自觉地被带入框架设计的套路中。新闻所采用的议题框架具有定位和引向的作用，会将受众所关注的信息、作出的评判、产生的情绪和形成的行动意向潜移默化地定位到议题所设定的框架范围内。因此，如果对媒体的新闻议题建构缺乏敏锐认知，就会在与媒体新闻的互动中不知不觉地进入议题框架已经设定的套路中，即使表面存在观点和主张上的差异，但信息和判断的深层结构却是同质性的。

再次，在公共冲突治理中，意识到媒体新闻的建构性，但却只注意新闻的表层建构，如标题、内容表达形式、内容表达比例等，对新闻议题的深层构建缺乏充分的意识。因此，在对新闻的管理中，只注意管理新闻的表面形式，缺乏对新闻深建构的关注和对议题框架的管理，使得新闻管理不能切中深层要害，停留于表层化管理，达不到预期效果。

最后，意识到媒体新闻中深层议题框架的存在，但在管理新闻议题框架的过程中，对新闻议题框架的作用方式缺乏深刻的理解，只采取简单的压制或强化方式，却往往强化了一些新闻议题框架的负面影响，弱化了一些新闻议题框架的正面影响。新闻议题框架发挥作用需要一定的条件，其作用程度特别会受到新闻议题框架供给的多样化程度、新闻媒体的社会公信力、受众对新闻的心理需求、受众对新闻的批判和鉴别能力，以及新闻质疑机制和质疑平台的完善与运行状况等条件影响。因此，要弱化那些对公共冲突治理有负面作用的新闻议题框架对受众的作用，就要设法弱化使其发挥作用的条件；而要强化那些对公共冲突治理有正面作用的新闻议题框架对受众的作用，就要强化那些使其发挥作用的条件，这样才能达到事半功倍的管理效果。

基于以上问题分析，我们暂且把目前新闻管理失效导致公共冲突管理低效的原因归结为以下方面：第一，没有意识到新闻议题对于冲突及其治理的重要性，公共冲突管理中缺少对新闻议题的管理；第二，仅仅意识到新闻媒体对公共冲突及其治理的负面作用，没有认识到新闻议题对冲突和冲突治理的正面影响，不能对新闻议题的不同功能进行区分管理;第三,虽然意识到新闻议题对冲突及其治理的重要性和正负影响,但是缺少新闻建构意识,对公共冲突中的新闻管理无从下手;第四,尚且认识到公共冲突中新闻议题的双重作用和新闻议题的建构属性,但是只注意到新闻的标题、内容、形式等表层建构信息,没有透过表层建构关注到媒体新闻的深层建构,不能识别、判断和跳出媒体新闻深层框架的基本套路;第五,关注到媒体新闻的深层议题框架,却不了解议题框架发挥作用的内在机制和具体条件,一味地强力压制或强化某些新闻议题,而不是对其发挥作用的条件进行管理,导致公共冲突中新闻议题的合理功能得不到发挥,反而负面功能持续强化。因此,要发挥新闻建构在公共领域冲突管理中的积极作用,抑制其消极作用,就要根据新闻深层的议题框架的作用方式,有针对性地采取有效措施。

作为一种现实需要和理论需求,如此的现状分析和原因假设提出了本研究的选题来源。从"媒体新闻建构"这一微观视角出发,将"媒体新闻建构对公共冲突及其治理的影响"这一问题作为选题,希望通过资料收集、案例研究和理论探索,分析新闻建构的基本特征、主要方式和不同层次,挖掘新闻建构与公共冲突及其治理之间的关系,探索新闻建构发挥作用的不同方式和具体条件,为在媒介化社会中充分发挥新闻议题在公共冲突及其治理中的合理功能提供有益建议。

二　研究意义

就理论层面来看,"媒体新闻建构与公共冲突及其治理"问题的研究在理论基础、研究方法、选题角度上对于传媒学、公共管理学、公共冲突治理的理论发展和学科建设具有推动作用。

其一,从已有的议题建构理论、公共冲突管理理论出发研究新闻建构与公共冲突治理问题,将公共管理学、新闻学、心理学与社会学中与研究主题相关的内容进行交叉性融合,在不同学科、理论之间的交叉、互容中探索、扩展、创新公共冲突管理理论,丰富传媒学、公共管理学、公共冲突治理理论体系。

其二，从具体的新闻建构现实出发，由表及里，由浅入深，细致分析新闻建构的层次；注重案例的分析和比较，分类考察不同方式的新闻建构与冲突主体、冲突进程、冲突治理之间的关系。防止学术空想问题的出现，研究结论更具有现实性、针对性和应用性，有助于实现理论研究的科学性，有利于实现理论对实践的指导。

就现实层面而言，分析影响新闻建构的内外部因素，对媒体新闻建构与公共冲突及其治理之间关系机制、作用条件的挖掘，有助于新闻媒体在公共冲突治理中作用的合理发挥。

其一，透视媒体新闻的表层建构和深层建构，从媒体自身和外部环境分别探讨影响媒体新闻建构的内、外部因素，考察新闻建构在公共冲突治理中发挥作用的条件，在现实的新闻管理和冲突治理过程中，对这些因素和条件进行控制约束或支持强化，有助于引导媒体新闻建构在公共冲突及其治理中发挥正面影响，提升公共冲突治理的效率和效果。

其二，认识到媒介化社会新闻建构对于公共冲突及其治理的多重影响，分析了目前对与公共冲突相关的新闻管理方式事与愿违的原因，即缺乏对新闻议题框架的作用方式的认识。基于此，本书提出新闻议题框架管理的建议，使议题框架的建构和作用方式有利于有效治理公共冲突。

第二节　研究现状与文献综述

研究现状与文献综述部分主要关注四个方面。一是关于新闻建构的研究，包括议题设置理论、议题建构理论，以及在此基础上成长起来的对新媒体环境下议题主体互动模式、新闻议题建构方式的研究。二是关于媒体管理的研究，关注媒体的公共属性与社会功能问题与中国的媒体治理问题。三是关于公共冲突与冲突治理的研究，包括公共冲突、公共冲突过程和公共冲突治理的研究，以及公共冲突主体的研究。四是关于新闻建构与公共冲突及其治理的研究，具体从新闻媒体对公共冲突过程与公共冲突治理的影响两个方面展开。

一 关于新闻建构的研究

在公共冲突中，媒体新闻报道的标题设置方式、事实描述方式、结构安排方式、语言修辞方式影响着公共冲突的进程及其治理效果。新闻建构对公共冲突治理影响的研究，需要基于对新闻建构的已有研究。在新闻传播领域，关于媒体报道对社会公众影响的研究已是硕果累累，尤其是伴随着新媒体的出现和迅速生长，新闻界学者对媒体的关注度只增不减，相关研究也是颇显成熟。新闻学领域关于新闻建构的已有研究主要集中于两大理论成果：议题设置理论和议题建构理论。

（一）议题设置理论

议题设置理论（The Agenda-Setting Theory）由美国传播学者M. E. 麦库姆斯（Maxwell Mocombs）、唐纳德·肖（Donald Shaw）最早提出，该理论认为：媒介新闻报道和信息传达活动所突出强调的议题会直接影响受众对该议题重要性的判断，大众媒体在社会公众（尤其是常接触媒体的社会公众）中形成的议题显著性（Salience）认知左右着人们关注哪些事实和意见，以及他们谈论议题的先后顺序，进而影响或者设置公众议题，即媒体的议题表达影响着人们的认知，大众传播的议题强调程度与公众的议题重视程度成正比关系。

早在1922年，W. 李普曼（Walter Lippman）在传播学领域的奠基之作——《公众意见》一书中提出了"大众媒体是连接社会事件与我们头脑中的图像的最关键的因素"① 的思想，指出社会是针对媒介创造的拟态环境（pseudo-environment），而不是真实环境作出反应，开拓了议题设置理论的传统。1963年，在《报纸与外交政策》

---

① Walter Lippmann, *Public Opinion*, New York: Macmillan, 1922, p. 13.

一书中，伯纳德·科恩（Bernard Cohen）提出论断："在多数时候，媒介在告诉他的读者该怎么想时可能并不成功；但是在告诉读者该想些什么时，却异常有效。"① 这些零碎的思想是对媒体议题设置功能的简单表述。议题设置理论起源于"议题设置功能"的理论假说。1968 年，麦库姆斯和唐纳德·肖在美国总统选举期间就"传播媒介的选举报道对选民的影响"进行查普希尔研究（Chapel Hill Study），后于 1972 年提出假设："大众媒介通过日复一日的新闻选择和发布，影响着公众对于什么是当天最重要的事件的感觉。在媒介和公众的议程之间，存在一种因果联系，即经过一段时间，新闻媒介的优先议题将成为公众的优先议题。"②

议题设置理论认为，议题设置过程是受众通过社会学习来产生社会共感的过程，记者应该报道哪些事件、报道的强度如何、受众的兴趣如何、信息是否容易得到等变量影响着大众媒体与受众的互动和共享。在议题设置过程中，一方面，媒体组织发挥着"守门人"（gatekeeper）的功能，决定什么是当期最重要的新闻，新闻中哪些信息和细节需要被告知，因此，受众所接收到的信息是经过媒体人主观排序、选择和操控后的事实呈现；另一方面，受众在媒体的议题设置中基于本身兴趣或知识需求与媒体接触、互动，参与社会议题制定，在社会学习中成为议题的设计者和执行人③（肖，1977；温特，1981）。休梅克（Shoemaker）和瑞斯（Reese）也指出了五种影响媒介内容的因素，构成影响媒介内容因素的等级结构④。

---

① Bernard Cohen, *The Press and Foreign Policy*, Princeton, NJ: Princeton University Press, 1963, p. 13.

② Mccombs, M. E., Shaw, D. L., "The Agenda-setting Function of Mass Media", *Public Opinion Quarterly*, Vol. 36, No. 2, 1972, pp. 176 – 187.

③ 参见张洪忠《大众传播学的议程设置理论与框架理论关系探讨》，《西南民族学院学报》（哲学社会科学版）2001 年第 10 期。

④ 注：休梅克（Shoemaker）和瑞斯（Reese）（1991）指出了五种影响媒介内容的因素，构成影响媒介内容因素的等级结构：来自媒介个人工作者的影响（微观层次）、媒介日常工作惯例的影响、媒介组织方式的影响、来自媒介机构之外的组织的影响（中观层次）和意识形态的影响（宏观层次）。

议题设置理论阐述了大众传媒突出强调的内容（议题）会影响受众对它们重要性的认知和排序，大众媒介构筑社会公众认知的观点也得到证实和认可。但在实际情况中，媒体有很多希望引起受众注意、进入公众视野的议题，但是，并不是每一个媒体强调的议题均可以引起公众关注，仅有少部分媒体议题能够成功地成为公众议题。

（二）议题建构理论

对于上述质疑，朗氏夫妇（Lang，G. E & K. Lang）以议题设置理论为基础，在1981年对"水门事件"中报纸与民意之间的关系进行研究后，将其发展为议题建构理论（The Agenda-Building Theory）。朗氏夫妇按照新闻议题与社会个体的相关程度把"议题"区分为三类，最后一类议题距离每个人都很遥远，是媒体发挥影响的所在①。议题建构理论认为，一个问题从新闻报道到成为公众议程的过程需要一段时间，并要经历六个阶段②。

1988年，美国的罗杰斯（Everett M. Rogers）与迪林（James W. Dearing）指出，"议程设置过程是不同议程的倡导者为获取媒体专业人员、公众和政策制定精英的关注而不断展开的竞争"③。1992

---

① Lan, Gladys E. , Kurt Lang, "Watergate: An Exploration of the Agenda-Building Process", In Grover C Wilhoit and H DeBock eds, *Mass Communication Review Yearbook*, New York: SAGE Publications, 1981, pp. 447 – 468. 注：朗氏夫妇按照新闻议题与社会个体的相关程度把"议题"区分为三类：第一类议题与社会中的每一个个体都息息相关，不管媒体是否报道，个人都会在日常生活中遇到这些议题；第二类议题是与个人只有部分关系的，透过媒介报导会引起大众的注意；第三类议题是距离每个人都很遥远的，这类议题是媒体最能发挥影响力的所在。

② ［美］沃纳·赛佛林、小詹姆斯·坦卡德：《传播理论：起源、方法与应用》，郭镇之等译，华夏出版社2000年版，第261页。注：一个问题从新闻报道到成为公众议程的过程需要一段时间，并要经历六个阶段：（1）报纸突出报道某些事件或活动，并使其引人注目。（2）不同种类的议题需要不同种类、不同分量的新闻报道，才能吸引人们的注意。（3）处在关注焦点的事件或活动必须加以"构造"或给予一定范围的意义，从而使人们便于理解。（4）媒介使用的语言也能影响人们对一个议题重要程度的感受。（5）媒介把已成为人们关注焦点的事件或活动与政治图景中易于辨认的次级象征联系起来。人们在对某一议题采取立场时，需要一定的认识基础。（6）当知名且可信的人开始谈论一个议题时，议题建构的速度会加快。

③ ［美］詹姆斯·W. 迪林、埃弗里特·M. 罗杰斯：《传播概念·Agenda-Setting》，倪建平译，复旦大学出版社2009年版，第1页。

年，两人倡导"将议程设置扩展至全方位的研究，把媒体议程、公众议程、政策议程三者的互动历程，视为一个完整的议程设置过程，重点研究媒体议程如何对受众产生最理想化的效果"①。在媒介议题、公众议题和政治议题三者博弈互动的研究中，仙托·艾英戈与唐纳德·R. 金德（Donald R. Kinder）将传媒的报道视作政策问题的"触发机制"②，认为严重的问题得到有效的新闻曝光后能引起足够多的重视，促使其进入政府议程。约翰·W. 金登也指出，媒体夸张性的报道对特定的事件起到了"放大作用"，有助于问题进入政策议程③。总之，议题建构理论认为，大众媒介、政治系统和社会公众在议程设置过程中进行着复杂的互动、博弈与竞争，媒介议题、公众议题和政治议题三者之间互相联系、互相依靠、互相影响、互为条件，形成合力④（崔波、范晨虹）。

不同于麦库姆斯和肖的单向传播媒体环境，新媒介环境拥有了传统媒介环境所不具备的新特点，媒体议题设置和建构的社会效应也产生了新动向，如议题多元、异质且高度分散⑤。有学者指出了传统媒体的议题设置功能衰退，借助于新媒体的公众议题设置能力强化的趋势（张峥、谭英，2008）。曾润喜、蒋欣欣认为互联网增加了公众议程进入政策议程的可能性⑥，互联网加强了政策议程、媒介议

---

① ［美］埃弗里特·M. 罗杰斯、詹姆斯·W. 迪林：《议程设置的研究：现在它在何处，将走向何方?》，载［美］奥格尔斯等《大众传播学：影响研究范式》，关世杰等译，中国社会科学出版社 2000 年版，第 65—123 页。

② ［美］仙托·艾英戈、唐纳德·R. 金德：《至关重要的新闻：电视与美国民意》，新华出版社 2004 年版，第 23—446 页。

③ ［美］约翰·W. 金登：《议程、备选方案与公共政策》，中国人民大学出版社 2004 年版，第 71—75 页。

④ 崔波、范晨虹：《议程设置到议题融合——媒介议题内在运动的图景》，《今传媒》2008 年第 10 期。

⑤ 麦克斯韦尔 - 麦库姆斯、郭镇之、邓理峰：《议程设置理论概览：过去，现在与未来》，《新闻大学》2007 年第 3 期。

⑥ 曾润喜、王媛媛、王晨曦：《互联网环境下公众议程与政策议程的议题排序研究》，《电子政务》2016 年第 4 期。

程和公众议程之间的互动，议题紧急程度、权力距离、媒介环境等因素会影响非政策议题向政策议题的转化①。张莉建构了网络时代背景下"议程互动"模式，指出三者的良性互动推动了社会的民主化进程②。有学者也指出了新媒介环境带来的团体互动模式的更新和加强。高宪春认为，作为大众媒体议程的重要补充源，微议程借助个体和社群的关系促成了议题显要性转移，实现对大众媒体和公众的议程影响③。

（三）新闻建构方式或策略

自 20 世纪 80 年代以来，议题建构的不同主体——大众媒介、政治系统和社会公众——之间的互动与博弈是议题建构理论研究的热点和趋势之一。近年来，随着互联网和新媒体技术的发展、社会公众政治参与度的提升和政府与社会合作共治模式的转变，大众媒介、政治系统和社会公众三者之间的互动日渐频繁，也更显复杂。在此背景下，对新闻建构方式或策略的研究也逐渐火热起来。

1. 关于媒体报道中"冲突性议题"的研究

美国学者朱克（Harold Gene Zucker, 1978）将媒体议题分为强制性接触议题和非强制性接触议题，公众能够直接亲身体验的议题即为强制性议题（也称显性议题），如失业；公众不能直接亲身体验的议题即为非强制性议题（也称隐性议题），如污染。朱克认为议题的强制性接触影响议题设置的效果，在一个特定议题上，公众直接经验的多少与其为获取该方面信息而依赖新闻媒介的程度相关④。因此，媒体对非强制性议题的报道可能会产生议题设置的效果。在

---

① 曾润喜、蒋欣欣：《媒介议题、公众议题与政策议题的转变及关系》，《现代传播》2016 年第 3 期。

② 张莉：《网络时代大众媒介、公众、政府议程互动模式的建构与解读——基于网络事件中媒介议程设置的思考》，《社会科学论坛》2012 年第 3 期。

③ 高宪春：《微议程、媒体议程与公众议程——论新媒介环境下议程设置理论研究重点的转向》，《南京社会科学》2013 年第 1 期。

④ ［美］沃纳·赛佛林、小詹姆斯·坦卡德：《传播理论：起源、方法与应用》，郭镇之等译，华夏出版社 2000 年版，第 262、256、257 页。

1989 年有学者将媒体的报道分为两类：一类是没有"争议"和"竞争性"的论题，即在传媒看来如此明确以至于没有给反对者回击的空间和重点的事件；另一类是有"争议"和"竞争性"的论题，即存在合理冲突和不同解释的焦点与重点事件。[①] 这是早期学者对媒体报道论题最为直接、简捷、分明的分类方法。

总体上讲，国内不少学者对不同领域的公共议题建构进行了研究，这些议题多集中于社会矛盾积累、争议激烈、冲突多发的领域。其中，关于媒体对社会"冲突性议题"（也有学者称其为"争议性议题""争议性事件"）也在研究序列（陈刚，2010、2011；郭丹茹，2011；彭垒，2012；付晓静，2013；吴世文，2013；范敬群，2013；夏倩芳等，2014）。关于媒体对"冲突性议题"建构的研究呈现出以下特点。

第一，媒体多关注社会冲突性议题，青睐对争议性事件的建构。塞伦·麦克莱（McCullagh）曾说，"客观存在的，能引起争议的事件和现象是最值得报道的"[②]。"争议性事件"是由社会生活中一个具体的新闻事件或社会现象触发，引起社会参与，牵出广泛争议或质疑，形成"争议场"的热点事件和问题[③]，新闻性、聚焦性、冲突性是此类事件的本质特征[④]。"冲突性议题""争议性事件"等敏感性议题因其与公共利益密切相关而备受公众关注、聚焦，社会、公众对该类议题的认知存在多元意见即富有争议与冲突而备受媒体建构[⑤]。帕克在《作为知识的新闻：知识社会学的一个章节》一书

[①] W. A. Gamson, A. Modigliani, "Media Discourse and Public Opinion on Nuclear Power: A Constructionist Approach", *American Journal of Sociology*, Vol. 95, No. 1, 1989, pp. 1 – 37.

[②] ［美］塞伦·麦克莱：《传媒社会学》，曾静平译，中国传媒大学出版社 2005 年版，第 27 页。

[③] 郭丹茹：《新视域下争议性事件的媒体再现》，《新闻战线》2011 年第 10 期。

[④] 陈刚：《争议性议题的媒体再现——以北京大学"中学校长实名推荐制"事件为例》，《武汉大学学报》（人文科学版）2010 年第 3 期。

[⑤] 陈刚：《范式转换与民主协商：争议性公共议题的媒介表达与社会参与》，《新闻与传播研究》2011 年第 2 期。

中解释了媒体存在"关注意外事件"这种偏向的原因：吸引受众，从而获得更多的发行量和广告①。有学者指出通常情况下四种更能获得媒体青睐的议题，这四类议题多是具有冲突性的敏感议题②。

第二，媒体进行新闻选择时多考虑公权力，策略上讲究规避政治风险。夏倩芳、王艳通过对千余位新闻从业人员的问卷调查得出，媒体对于冲突性议题的报道选择依据是与公权力的关联性，关联性越是直接，越是具体，越不可能被报道，在具体报道中形成了以规避风险为逻辑的报道常规③。就框架选择而言，冲突框架和游戏框架是中国新闻媒体报道社会冲突事件时最常使用的新闻框架，公共议题的策略面报道过多④。媒体在进行冲突性议题报道采用脱离属地权力、"以合作换取自主"等行动策略不利于社会风险化解⑤。大众媒体强调对公共争议的冲突、竞争甚至是将公共争议娱乐化的叙事偏向，导致对公共争议的公共性解构⑥。在媒体对一些冲突性议题的报道中，"情感"因素扮演着重要角色，媒体"情感"的表达建立在"强—弱""官—民"等二元对立的框架，"情感"失范不利于公共

---

① Park, R., "News as a Form of Knowledge: A Chapter in the Sociology of Knowledge", *The American Journal of Sociology*, Vol. 45, No. 5, 1940, pp. 669-686.

② 韩志明：《利益表达、资源动员与议程设置——对于"闹大"现象的描述性分析》，《公共管理学报》2012年第2期。注：韩志明指出通常情况下四种更能获得媒体青睐的议题：突如其来，出其不意，剧目新颖，能快速吸引人们的眼球；动作夸张，形式激烈，甚至是充满暴力，以营造紧张氛围；以弱者的姿态或受害者的面目出现，寻求外界的关注和支持，激发公众的道德热情，形成巨大的舆论压力；绕开作为当事方的企业或地方（基层）政府，直接向（更高级别的）政府及其官员提出要求等。

③ 夏倩芳、王艳：《"风险规避"逻辑下的新闻报道常规——对国内媒体社会冲突性议题采编流程的分析》，《新闻与传播研究》2012年第4期。

④ 周素珍、余建清：《社会冲突事件报道中的新闻框架及其运用》，《东南传播》2009年第10期。

⑤ 夏倩芳、袁光锋：《"国家"的分化、控制网络与冲突性议题传播的机会结构》，《开放时代》2014年第1期。

⑥ 陈刚：《意见的公共表达：公共争议的传播偏向与话语民主化》，《南京社会科学》2011年第8期。

情感的培养①。对此，有学者指出，新闻媒体对争议性事件报道应坚持公开性、平等性、非专制性和相互性的准则与理念②。

第三，媒体在处理冲突性议题的实践中多采用"冲突框架"形式。实践中，不少媒体在处理"冲突性议题"时也往往采用"冲突框架"形式。英国的电视台使用"秒表（stop-watch）计时"的方法来平衡报道：一种观点占 30 秒时间，对立的观点也占 30 秒③。香港凤凰卫视的谈话节目《一虎一席谈》在涉及争议性议题与问题时也是采取这种"冲突对立"式的处置手法④。

具体来说，国内不少学者对不同领域的公共议题建构进行了研究，这些议题多集中于社会矛盾积累、争议激烈、冲突多发的领域，或者政治边界模糊的领域⑤。如生态环境议题（陈阳，2010；罗坤瑾，2011；仇玲，2013；曾繁旭，2013；黄河，2014；高卫华，2014）、医疗卫生议题（张自力，2004；张明新，2009；张晗，2009；刘晓阳，2013）、食品安全议题（杨莹，2012；陈刚，2014；柳旭东，2015；冯强，2016）、征地拆迁议题（张丽君，2015）、城管议题（刘琼晓，2013）、劳工议题（韩燕，2006；张玉洪，2015；李艳红，2016）、突发事件议题（郎劲雯，2010；文秀维，2010；汤景泰，2015；曾润喜、魏冯，2016）、互联网公共事件（张峥，2008；高恩新，2009）等。也有不少学者对议题建构中的不同媒介工具或技术进行了研究，如主流媒体（刘滢，2013；何临青，2015；

① 袁光锋：《同情与怨恨——从"夏案"、"李案"报道反思"情感"与公共性》，《新闻记者》2014 年第 6 期。

② 黄惠萍：《审议式民主的公共新闻想象：建构审议公共议题的新闻报导模式》，《新闻学研究》 第 83 期。

③ ［英］鲍勃·富兰克林等：《新闻学关键概念》，诸葛蔚东等译，北京大学出版社 2008 年版，第 29 页。

④ 陈刚：《范式转换与民主协商：争议性公共议题的媒介表达与社会参与》，《新闻与传播研究》2011 年第 2 期。

⑤ 黄煜、曾繁旭：《从以邻为壑到政策倡导：中国媒体与社会抗争的互激模式》，《新闻学研究》2011 年第 109 期。

李婷，2016）、传统媒体中的纸媒（曾繁旭，2009；周葆华，2012；王雪珺，2013）、电视媒体（刘禹，2015）、新媒体中的微博（张爱凤，2012；陈晓婉，2013；辛文娟，2013；韦路，2014；陈孟彤，2016）、博客、微信等。在内容上，以上两个维度的交叉研究居多，在学科、方法上，涉及新闻传播领域和公共管理领域，个案研究多是此类研究的常用方法。

其一，征地拆迁冲突议题。孙玮（2008）、赖胜兰（2009）、陈岳芬（2012）、吕德文（2012）、李春雷（2012）、张丽君（2015）等人以个案为例对拆迁冲突的议题建构和话语竞争展开研究。有学者从整体性格局上对拆迁冲突议题的媒介建构进行了研究，指出媒介偏向拆迁户建构方式的失衡①、多元利益主体在媒介表达上的失衡②加剧了拆迁冲突，因此冯迪、王平、朱旖旎主张扩大农民话语空间③。郑雯、黄荣贵从整体媒介生态入手，以 10 年间 40 个拆迁案例考察了三种不同类型的媒介逻辑——媒介技术、媒介内容、媒介体制——共同作用于抗争这一特定社会领域的模式，指出媒介的内容逻辑比技术逻辑、制度逻辑更具影响力，抗争已愈发成为一种"表达"，媒介的内容逻辑与技术逻辑、制度逻辑相互强化促成了抗争的成功④。在媒体的分类别研究中，拆迁议题中党报的冲突框架和非党报的多元框架在国家权威和法律规制下形成了一种"合法化框架内的多元主义"，以此建构多元框架并规避政治风险（袁光锋⑤，邓

---

① 何志武、朱秀凌：《"恶政府"？"弱拆迁户"？——拆迁冲突议题的媒介建构》，《新闻大学》2014 年第 1 期。

② 王平、宋思邈：《框架视野下的农村征地拆迁报道——以〈人民日报〉近 10 年有关报道为例》，《新闻知识》2016 年第 8 期。

③ 冯迪、王平、朱旖旎：《对〈人民日报〉农村征地拆迁议题的实证分析——以 2008—2014 年为例》，《今传媒》2015 年第 6 期。

④ 郑雯、黄荣贵：《"媒介逻辑"如何影响中国的抗争？——基于 40 个拆迁案例的模糊集定性比较分析》，《国际新闻界》2016 年第 4 期。

⑤ 袁光锋：《合法化框架内的多元主义：征地拆迁报道中的"冲突"呈现》，《新闻与传播研究》2012 年第 4 期。

庄、赵文君①）。

其二，医患冲突议题。黄彪文、董晨宇总结了媒体在公共卫生事件中的角色②。具体到医患冲突议题的媒体建构，涂光晋、刘双庆从知识学视角探讨了社交媒介对医患暴力冲突事件的呈现机制和竞争机制导致的真相不确定③。罗以澄、王继周以四起冲突事件为例，指出媒体在进行医患冲突的议题建构中多采用以冲突性为卖点、将情感嵌入报道话语、凸显作为象征性权力的官方力量等多种话语策略弱化和消解了医患冲突，有利于实现对医患秩序的重建④。

其三，城管冲突议题。随着城镇化浪潮的推进，城市管理也成为公共冲突的集发地，媒体对城管冲突议题的建构日渐火热。"城管"的媒介形象再现与偏见⑤，媒介对其一再被负面化、污名化，给社会带来了道德恐慌⑥。廖卫民认为，城管"污名化"背后的传播机制在于跨时期的网络舆论铺垫效果的构念启动与使用过程⑦。

其四，环境冲突议题。约翰·汉尼根认为环境议题的建构过程需要完成三项重要任务：对环境议题的集成、环境议题的表达及对环境主张的竞争，并且细致划分了每一个建构阶段的主要行动和核

---

① 邓庄、赵文君：《框架视角下征地拆迁议题的媒介呈现》，《衡阳师范学院学报》2016 年第 1 期。

② 黄彪文、董晨宇：《媒体对新发突发传染病的报道图景——以甲型 H1N1 流感为例》，《新闻大学》2010 年第 4 期。

③ 涂光晋、刘双庆：《社交媒体环境下医患暴力冲突事件的媒介呈现研究》，《国际新闻界》2015 年第 11 期。

④ 罗以澄、王继周：《医患冲突议题中新闻报道的话语策略及启示——以近年四起医患冲突事件为例》，《当代传播》2016 年第 5 期。

⑤ 徐超超：《再现与偏见：符号权力与"他者"建构——以新闻报道中"城管"形象的塑造为例》，《新闻研究导刊》2016 年第 11 期。

⑥ 刘琼晓：《探析新闻媒体对"城管"议题的污名化建构》，《新闻传播》2013 年第 10 期。

⑦ 廖卫民：《跨时期网络舆论铺垫效果的构念启动与使用——基于人民日报"城管"议题微博的统计分析与时序考察》，《浙江传媒学院学报》2015 年第 1 期。

心载体①（如表0-1）。黄岩、杨方以广州垃圾焚烧议题为例，采用文本分析法分析媒体报道中的公众参与与议程设置过程②。戴文·赖特认为，邻避反对是一种地方保护行为，这一行为是框架建构过程的结果。在社会表征理论的基础上，他采用了框架建构视角，建立了邻避反对的框架结构，指出在邻避反对的不同阶段，民众依据建构的问题采取不同的参与方式③。在邻避冲突的不同阶段，都伴随着复杂的信息、利益、责任等的交织与纠葛，民众在这一过程中不断解释并建构问题，采取相应的行动方式和参与方式。④

表0-1 环境议题建构中的主要任务

	集成阶段	表达阶段	竞争阶段
主要行动	发现问题 界定问题	寻求注意 合法性主张	激发行动 动员支持
核心载体	科学领域	大众媒体	政治领域

2. 关于三者博弈互动中新闻建构框架、方式或策略的研究

"话语分析"是新闻建构研究中常用的方法，为此出现了"话语竞争""话语秩序""话语修辞""话语建构"等词汇表述，这在修辞学、语言学、符号学中研究较为充分，在此不做跨学科研究赘述。而在20世纪80年代以来的西方社会运动研究中，"话

---

① ［加］约翰·汉尼根：《环境社会学》（第二版），洪大用译，中国人民大学出版社2009年版，第63—67页。

② 黄岩、杨方：《审议民主的地方性实践——广州垃圾焚烧议题的政策倡议》，《公共管理学报》2013年第1期。

③ P. Devine-Wright, "From Backyards to Places: Public Engagement and the Emplacement of Renewable Energy Technologies", in P. Devine-Wright（ed.）, *Renewable Energy and the Public: From NIMBY to Participation*, London & Washington, DC: Earthscan, 2011, pp. 57-70.

④ 魏娜、韩芳：《邻避冲突中的新公民参与：基于框架建构的过程》，《浙江大学学报》（人文社会科学版）2015年第4期。

语"是其核心命题，用以阐释社会运动中话语是如何被建构、调整以及传播的，这些内容在下文"媒介化抗争"综述部分加以展开论述。

（1）框架理论

论及到媒体的公共属性和媒体话语的社会效应，关于大众媒介、政治系统和社会公众三者之间的博弈互动研究中，框架理论是新闻议题设置与建构的基础理论之一，被有的学者称为"研究媒介与民意关系的新典范"。欧文·戈夫曼（Erving Goffman）指出，框架（Farming）是用来解释人们理解世界的持续的互动过程[①]，是人们将社会真实转换为主观思想的重要凭据，也就是人们或组织对事件的主观解释与思考结构[②]。布鲁默认为框架是通过互动的过程来建构问题并寻求答案的[③]。斯诺认为框架是通过经验、推论和互动构建一套"解释纲要"（schemata of interpretation）的过程，并以此指导未来的行动[④]。Fairhurst 和 Sarr 提出了框架建构的技能：隐喻、故事、传统、口号、工艺品、比较和倾向性解释[⑤]。

源自戈夫曼的框架思想出现在三个传播学研究领域：（1）从新闻生产的角度来研究媒体框架如何被建构；（2）从内容研究的角度来考察媒体框架是什么；（3）从效果研究的角度来分析受众如何接

---

①　Goffman E.，"Frame Analysis：An Essay on the Organization of Experience"，*Contemporary Sociology*，1979，4（6），pp. 1093a-1094.

②　Goffman，*The Analysis of Framework*，1974，转引自王卓、武文颖《基于框架理论下的国庆 60 年阅兵中外报道比较研究》，《东南传播》2009 年第 12 期。

③　H. Blumer，*Symbolic Interactionism：Perspective and Method*，Engle wood Cliffs，NJ：Prentice-Hall，1969，pp. 183 – 194.

④　D. A. Snow，E. B. Rochford，Jr.，S. K. Wordenetal，"Frame Alignment Processes，Micro Mobilization，and Movement Participation"，*American Sociological Review*，Vol. 51，No. 4，1986，pp. 464 – 481.

⑤　Boas Shamir，"BookReview：The Art of Framing：Managing the Language of Leadership，San Francisco，CA：Jossey-Bass"，*The Leadership Quarterly*，Vol. 9，No. 1，1998，pp. 123 – 126.

收和处理媒介信息，即受众框架①。在媒体框架下，瑟尔斯认为新闻媒介倾向于以各种不同的方法构造议题，提出"新闻媒介框架"一词。简单来说，框架可以界定为采取一种集中的组织思路，通过选择、强调、排除、增加和精心处理等方式，通过标题、导语、引文和重要段落的体现，对新闻内容做出报道的做法。由此可以发现，框架理论更新了议题设置理论的观点，认为"新闻不仅告诉我们该想些什么，而且告诉我们该怎样想"②。"框架"不仅仅是作为一种名词来加以运用，作为动词的"框架"也有不同的意涵。潘忠党认为框架的分析"是一个关于人们如何建构社会现实的研究领域"。基特林（Gitlim，1980）认为框架是选择、强调和排除，钟蔚文与藏国仁认为是选择与重组③。恩特曼（Robert Entman）认为框架是从感知到的现实中挑选出一些方面，并在传播文本中使之显著④，为此，框架包含了选择和凸显两个作用，以便推进特定的问题定义、因果关系解释、道义评价和（或）提出解决方案的建议⑤。R. D. Benford 等不少学者指出，框架理论在对社会运动进行问题诊断，分析问题的属性、问题的对策以及行动的动因等方面具有重要作用⑥。

---

① 陈阳：《框架分析：一个亟待澄清的理论概念》，《国际新闻界》2007 年第 4 期。

② McComb, M. E. , "Explorers and Surveyors: Expanding Strategies for Agenda Setting Research", *Journalism Quarterly*, 1992, (69), p. 820.

③ 张洪忠：《大众传播学的议程设置理论与框架理论关系探讨》，《西南民族学院学报》（哲学社会科学版）2001 年第 10 期。

④ Robert M. Entman, "Framing: Toward Clarification of a Fractured Paradigm", *Journal of Communication*, Vol. 43, No. 4, 1993, pp. 51 – 58.

⑤ Robert M. Entman, "Framing: toward Clarification of a Fractured Paradigm", *Journal of Communication*, Vol. 43, No. 4, 1993, pp. 51 – 58.

⑥ Robert D. Benford, " 'You Could Be the Hundredth Monkey': Collective Action Frame and Vocabularies of Motive within the Nuclear Disarmament Movement", *Sociological Quarterly*, Vol. 34, No. 2, 1993, pp. 195 – 216; Robert D. Benford, "Frame Disputes within the Nuclear Disarmament Movement", *Social Forces*, Vol. 71, No. 3, 1993, pp. 677 – 701; S. A. Hunt, R. D. Benford, "Identity Fields: Framing Processes and the Social Construction of Movements Identities", in E. Larana, H. Johnston, J. R. Gusfield (eds.), *New Social Movements: From Ideology to Identity*, Philadelphia: Temple University Press, 1994, pp. 185 – 208.

（2）建构主义

建构主义是在社会学、语言哲学和其他国际关系理论基础之上成长起来的国际关系理论，有新古典建构主义（neo-classical constructivism）、自然建构主义（naturalistic constructivism）、后现代建构主义（post-modernist constructivism）之分。秦亚青指出了建构主义的三个共同特征：认为主体间互动建构社会意义（即实践意义），强调施动者和结构互动建构身份和认同，突出观念在塑造行为方面的作用①。皮亚杰也早就指出，认识起因于有效的和不断的建构②。话语建构是建构主义国际关系理论所使用的重要研究方法之一。语言本身就具有建构社会事实的功能，海德格尔"语言是存在的家园"的著名论断提升了语言的本体地位③。塞尔（John Searle）指出，语言被视为具有创造力量的因素：不仅仅是表达思想和描述事实的工具，更重要的是建构社会事实、建构思想甚至建构人的身份④。米德、布鲁默的符号互动论也认为自我和他者的有意义互动造就了自我的身份和利益。言语存在于语境之中，言语的意义和效果都是在特定的语境之中才能够发生。在语境之中，恰当性和真实性标准共同存在⑤。文本同话语一样都是意义和价值的载体⑥。后结构主义认为，文本化一个分析领域，意味着：第一，事实受到表述模式的支

①　秦亚青：《建构主义：思想渊源、理论流派与学术理念》，《国际政治研究》2006 年第 3 期。

②　涂纪亮：《现代欧洲大陆语言哲学》，中国社会科学出版社 1994 年版，第 295—296 页。

③　朴金波：《西方哲学"语言学转向"的哲学史意义》，《吉林大学社会科学学报》2006 年第 1 期。

④　John Searle, *The Construction of Social Facts*, New York：The Free Press, 1995, pp. 59 – 60.

⑤　Herbert Blumer, *Symbolic Interactionism*：*Perspective and Method*, University of California Press, 1969, pp. 183 – 194.

⑥　赵洋：《语言（话语）建构视角下的国家身份形成——基于建构主义和后结构主义的研究》，《国外社会科学》2013 年第 5 期。

配；第二，表述不是对世界的事实性的描述，而是在制造事实性①。话语分析需要同时分析建构各种现象——无论是政治的、经济的、社会的还是生物的现象的语言实践以及语言本身，文化作为其中的媒介意义不可小觑。

总体而言，学术界关于新闻建构及其方式的研究主要集中于新闻传播领域，代表性成果是议题设置理论、议题建构理论，以及在此基础上成长起来的对新媒体环境下议题主体互动模式的探讨研究。而公共管理领域在此方面的研究并不多，虽然部分学者关注到了媒体对"冲突性议题"的建构问题，甚至对不同类型的公共冲突领域问题进行了专项研究，但多借鉴其他学科的理论（如新闻传播学中的框架理论、国际关系学中的建构主义等），对于公共管理领域自身问题的解决缺乏针对性。时至今日，媒体的公共属性日益凸显，媒体形塑着社会信息生产传播的新方式，从而对社会公众的事实认知、情绪感染、行动引导等方面的作用越显重要。为此，要从当前社会背景入手，以公共管理的视角展开对媒体社会效用研究，对于解决公共管理领域的社会问题才能更有效力。

二　关于媒体管理的研究

媒体是新闻学、传播学的基本构成要素，也是此领域研究的应有之义。篇幅有限，新闻学、传播学中关于媒体的研究在此不做详细赘述。值得重视的是，随着新媒体技术的发展，媒体成为一种社会信息供给、支付与获取的时代趋势，无论从广度还是深度上，媒体对社会的影响都产生了巨大发力。正如有学者所言，媒介的影响越来越大以至于所有的行动者、组织、社会系统都要遵从媒介逻辑，这也是媒介化社会的典型表征②。对媒体的研究也已经跳出固有的新

① James Der Derian, *International Intertextual Relations*, New York：Macmillan, Inc.，1989，p. 13.

② Altheide D.，Snow R. P.，*Media Logic*, Beverly Hills. CA：Sage，1979，pp. 9 – 17.

闻学、传播学的领域，深度浸润到公共管理研究视野之中。

（一）媒体的公共属性与社会功能

在公共管理的视域下，媒体不仅仅是传统的守门人，也在进行简单的议题选择与信息告知，现代大众传播的公共属性日益突出。

媒体的公共属性自古有之。早在 1948 年，哈罗德·拉斯韦尔（Harold Lasswell）在《社会传播的结构与功能》一文中从政治学角度指出新闻媒体的三大社会功能：监测环境功能、关系协调功能、文化传承功能。1959 年，查尔斯·赖特（Charles R. Wright）的《大众传播：功能探讨》（*The Nature and Function of Mass Communication*）一文从社会学角度补充了一种功能：文化娱乐功能，即提供娱乐并附带地起社会化的作用，构成传播学中经典的"大众传播四功能说"。1949 年，社会学家罗伯特·默顿（Robert Merton）和保罗·F. 拉扎斯菲尔德（Paul Lazarsfeld）在《社会理论与社会结构》一文中提出传媒具有的三大社会功能：赋予社会（身份）地位、强化社会规范、麻醉负功能。传播学科的集大成者和创始人威尔伯·施拉姆（Wilbur Schramm）对大众媒介的分类功能进行了总结：政治功能（环境监视、社会协调、遗产传承）、一般社会功能（社会控制、规范传递、娱乐）和经济功能。其中，大众传播的经济功能是其首创，指出大众传播通过信息的收集、提供和解释，能够开创经济行为。

20 世纪，媒体的公共属性得到人们的强烈关注，通过前文议题设置理论和议题建构理论的发展演进也可以发觉这一趋势。20 世纪 90 年代，美国新闻史上爆发了一场"最有组织的、新闻事业的社会运动"："公共新闻"[①]（public journalism）。该运动主张新闻媒介应该担当起更加积极的角色：由"守门人"转变至"公正的参与者"。媒体被认为是一种"民主的工具"，承担着复兴公共生活的责任，要

---

① ［美］西奥多·格拉瑟：《公共新闻事业的理念》，邬晶晶译，华夏出版社 2009 年版，第 2—4 页。

通过民意测验、社会调查、参与互动、对话协商等方式培养公众的思考与认知能力，组织、推动公共讨论，交流、引导公共意见，寻求解决公共问题的对策或方案。美国的公共新闻运动持续了近30年的时间，至今仍在推动之中，与传统新闻学相比，公共新闻学整体上出现了从由媒体来引导议题的发展方向到受众的意见成为公共新闻报道的主角的转变，在报道内容、报道方式、语境表达和技术工具等方面得以更新（见表0-2）。

表0-2　　　　　　　**传统新闻学与公共新闻学的观念比较**

	传统新闻学	公共新闻学
意见立场	寻找人们两极化的意见	寻找人们温和的意见
新闻语境	政治或公共政策的语境	人们日常生活体验的语境
强调重点	观点的冲突和公共争执	观点的不同之处及其原因
信息来源	以专家作为最有知识价值的信息来源	普通公民与专家的观点具有同样的知识价值加以引用
写作目的	告诉大家发生了什么	强调公民在事件中的根本价值取向和利益
写作方法	使用感性描写作为报道中的色彩，表现人们对问题的感受	使用感性描写表现人们如何做出决定，刻画解决问题的障碍所在
语气使用	决策者的语气，以"人们观点"为点缀	被影响者的语气，以"人们的观点"代替权威
角色类型	经常描绘利益受到公共政策损害的人们	经常描绘人们如何解决问题及读者可发挥的作用
判断依据	借助普通公民的帮助做出判断	完全依靠记者的个人判断断

资料来源：［美］谢丽尔·吉布斯、汤姆·瓦霍沃：《新闻采写教程》，姚清江、刘肇熙译，新华出版社2004年版，第46页。

在此进程中，媒体的公共属性也被学者重视并得到广泛研究。1993年，伊丽莎白·诺埃勒-纽曼（Elisabeth Noelle-Neumann）也指出，媒体作为社会公器，"监视环境"反映社会文化和社会心态，作为"社会皮肤"感知着社会"意见气候"的变化[①]。"传媒作为社会公器服务于公共利益的形成与表达的实践逻辑"，"其公共性体现为传媒服务的对象是公众，传媒服务的平台和话语公开，传媒的使用和运作公正"等几个方面[②]。美国社会学家盖伊·塔奇曼（Gaye Tuchman）认为，当新闻报道了某一件事，其实就是使一个事件公共化，赋予了其公共特点[③]。2006 年，迈克尔·豪利特（Miehael Howlett）指出，大众媒介是国家与社会之间连接的关键，这一角色使大众媒介强烈地影响着政府和社会，并在公共问题极其解决方案方面发挥着重要作用[④]。一方面，作为连接政府与社会的重要桥梁和中介，"公众媒介化参与"扩大了公众对公共政策制定的参与程度，对于媒体议题与公共政策、政府议程关系的研究综述在前面第一部分有所论述，不再赘列。另一方面，媒体报道与公意塑造、公共理性、社会共识的关系研究，这在下文新闻议题建构与公共冲突及其治理的研究综述中再做阐述。

（二）中国的媒体管理

基于媒体的公共属性和管理的社会效益追求，媒体管理是新闻学和公共管理学的交叉研究领域。尤其近些年随着媒介环境的变化和媒体功能的强化，媒体管理已成为我国政府公共管理的重要领域。

在新闻学界，马少华从词语规范的角度阐述了媒体管理的技术

---

① Noelle-Neumann, Elisabeth, *The Spiral of Silence: Public Opinion—Our Social Skin*, University Of Chicago Press, 1993, pp. 61 – 62.

② 潘忠党：《序言：传媒的公共性与中国传媒改革的再起步》，《传播与社会学刊》2008 年第 6 期。

③ ［美］盖伊·塔奇曼：《做新闻》，麻争旗等译，华夏出版社 2008 年版，第 31 页。

④ ［加］迈克尔·豪利特、M. 拉米什：《公共政策研究：政策循环与政策子系统》，庞诗等译，生活·读书·新知三联书店 2006 年版，第 102 页。

形式①。罗霆对"媒体管理"的内涵进行了界定，指出媒体的管理者包括操作者和管理者，媒体管理的对象包括媒体当中的各种资源，媒体管理追求的是效率与效果的统一，而中国的国情决定了媒体必须把社会效益放在第一位，内容上包括管理体制、宣传管理、行政管理、人力资源管理、技术管理、财务管理与经营管理②。

　　在公共管理学界，关于媒体管理的研究多涉及管理体制、运行机制、政策立法、经验模式、发展趋势等，对策研究是其主要方面。赵萍萍对中美新媒体管理研究进行了比较分析③。胡智锋、刘俊指出了我国政府在媒体管理与服务方面的动作与趋势：媒介融合时代政府对媒体管理的整合化，加强对网络新媒体的管理与服务，重视媒介内容的市场化与公益化相结合④。刘锐通过对我国新媒体管理政策评估与评价，认为媒介管理的主要方式是运动式治理，在今后应更注意政策的整体性、持续性、透明性，保护市场主体的合法权利⑤。夏凯也指出应更关注新媒体企业和用户的权利⑥。谭成兵、李明德从目标系统、规则系统、组织系统和设备系统方面分析了我国网络媒体管理制度⑦。张安淇、陈敬良建议从"羊群效应""以人为本""协作共赢"三种途径出发创新社会化媒体管理⑧。公共危机过程中的媒体管理是公共管理学界媒介管理的重要内容，不少学者（武术

　　① 马少华：《由词语规范到媒体管理——读纽约时报〈风格与用语手册〉》，《国际新闻界》2002 年第 6 期。
　　② 罗霆：《关于媒体管理研究的几个基本问题——从〈中国电视媒体运营管理实务〉一书谈起》，《现代传播》2008 年第 2 期。
　　③ 赵萍萍：《中美新媒体管理研究现状比较分析》，《党政研究》2015 年第 6 期。
　　④ 胡智锋、刘俊：《2013 年政府媒体管理与服务的三点观察》，《视听界》2013 年第 5 期。
　　⑤ 刘锐：《2014—2015 年我国新媒体管理政策评估与评价》，《编辑之友》2016 年第 1 期。
　　⑥ 夏凯：《中国新媒体管理政策的分析与评估》，《新闻传播》2016 年第 20 期。
　　⑦ 谭成兵、李明德：《我国网络媒体管理制度分析》，《编辑之友》2014 年第 1 期。
　　⑧ 张安淇、陈敬良：《社会化媒体管理的创新途径研究》，《管理世界》2015 年第 10 期。

杰、李昭昊①，毛振军②，袁伟③，郭子贤④，马柳颖、郭珍⑤等）对此展开研究。曹劲松、陈奎庆在对社会公共空间信息生态的话语危机、格调危机、导向危机和信任危机的分析基础上提出媒体管理的策略⑥。

三　关于公共冲突与冲突治理的研究

公共冲突治理有主客体之分，媒体作为公共冲突治理的第三方主体以其广泛的影响性、有效的动员性等优势影响着公共冲突的走向。想要充分了解这一点，需要对公共冲突、公共冲突过程、公共冲突治理主体的已有研究展开基础性的研究。

（一）公共冲突

1. 公共冲突的内涵

整体上看，学者对于冲突的定义方式分为两类：基于结构的"冲突"概念（结构观）和基于过程的"冲突"概念（过程观）⑦。相对于结构模型，冲突过程模型的一个重要拓展就是强调感知过程和情感在冲突中的重要性⑧。为研究需要，本书主要关注"冲突过

---

① 武术杰、李昭昊：《风险社会中政府的媒体管理和形象管理》，《前沿》2004年第1期。

② 毛振军：《在突发公共事件应急处置中政府对媒体管理存在的问题及对策》，《实事求是》2007年第2期。

③ 袁伟：《我国公共危机中的媒体管理策略》，《淮海工学院学报》（社会科学版）2009年第S1期。

④ 郭子贤：《社会危机事件中的媒体管理——从北非中东动乱说起》，《文史博览》（理论）2011年第7期。

⑤ 马柳颖、郭珍：《论公共危机媒体管理与沟通——以马航失联事件为例》，《南华大学学报》（社会科学版）2014年第6期。

⑥ 曹劲松、陈奎庆：《信息生态危机与媒体管理策略》，《学习与实践》2006年第11期。

⑦ 张钢、崔红云：《冲突不对称的前因：一个基于过程观的分析》，《科技进步与对策》2013年第3期。

⑧ Korsgaard M., Jeongs, Mahony D., "A Multilevel View of Intragroup Conflict", *Journal of Management*, Vol. 34, No. 6, 2008, pp. 1222 – 1252.

程观", 并就基于心理学意义上的"冲突"概念展开综述。

普遍意义上的"冲突"定义集中于冲突的结构方面, 这种基于结构的"冲突"概念强调冲突的原因(如目标、利益、期望、要求、资源等方面的对立)、对象(如公共组织、政策法律、群体之间、企业主等)和结果(如获取利益、争夺资源、实现期望、满足要求、消灭对方等), 侧重于研究各方之间的相互依存和不相容性①。

基于心理学意义上的"冲突"概念多强调冲突过程中心理形态的差异, 如目标、动机、认知、价值、信仰(信念)、情绪、意念、行动等。Mark 认为, 冲突是由于双方价值观不一致所形成的一种社会互动关系, 且必须有外显的行为, 如斗争、争论等。Corss 等人认为, 冲突为个体间的差异, 如目标、价值观、动机或者意念上的差异。Hellriegel 等认为, 冲突源于个人或群体对目标认定不一、认知差异或者情绪分歧②。马奎斯(B. L. Marquis)和赫斯顿(C. J. Huston)认为冲突是"由于人们思想、价值和感知不同而所引发的"③。莱温格(G. Levinger)和威尔莫特(W. W. Wilmot)等人认为, 社会冲突是指两个或两个以上的相关方表达出信念、价值或利益上的差异, 不论这种差异是真实的还是被感知到的④。心理学视域下的冲突概念多强调冲突在行为者意识建构上的作用机制和外显呈现, 不少学者在关于冲突过程的阐述和论证中有所说明, 此部分在公共冲突过程的综述中具体介绍。

公共冲突是指事关公共事项或公共利益的冲突, 是一种涉及了

---

① Deutsch M. , "A theory of Cooperation and Competition", *Human Relations*, No. 2, 1949, pp. 129 – 152; Richard M. Emerson, "Power-dependence Relations", *American Sociological Review*, Vol. 27, No. 1, 1962, pp. 31 – 41.

② 参见万涛《冲突管理》, 清华大学出版社 2012 年版, 第6—7 页。

③ Marquis, Bessie L. , Huston, Carol J. , *Leadership Roles and Management Functions in Nursing*, New York: Lippincott, 1996, p. 2.

④ Levinger G. , Rubin J. Z. , "Bridges and Barriers to a More General Theory of Conflict", *Negotiation Journal*, July 1994, pp. 201 – 205.

多数人或群体的价值或利益，在相关主体间形成了明显的对抗意识或行为，对社会生活和公共秩序产生消极影响，一般情况下需要由公共权力组织来进行沟通、协调、处理的紧张状态或过程。公共冲突包括两个方面：一方面，冲突事项本身就是公共事项；另一方面，冲突事项的发展危害了公共利益①。就特点而言，公共冲突往往涉及更多当事方，各方目标分歧更为突出，利益相关者的类型更加多样，当事方的权力和资源经常很不对称，牵扯议题繁多，常困扰于技术上的复杂性和科学上的不确定性②，因此具有复杂性、突发性、群体性、不确定性和扩散性等特征③。

在美国，公共冲突是指那些涉及政府部门的冲突，政府部门可以是冲突的一方，也可以是决策者④。在中国，基于国情考虑，公共冲突的内涵更为宽泛。李亚（2012）将"公共冲突"界定为：既包括公共管理、政策制定与执行中涉及的冲突，也包括涉及公共事务、公共或集体资源的冲突，还包括那些虽然不是由公共事项引发，但其发展可能对社会秩序与稳定等公共利益产生影响的冲突⑤。

2. 公共冲突的类型

关于冲突的分类，不同学者依据不同标准有不同的分类方式，总结具体见表 0 - 3。

---

① 韦长伟：《公共冲突化解中的政府角色定位研究》，《中共青岛市委党校青岛行政学院学报》2011 年第 2 期。

② 李亚：《中国的公共冲突及其解决：现状、问题与方向》，《中国行政管理》2012 年第 2 期。

③ 王玉良：《公共冲突管理中的政府责任及其机制建构》，《理论导刊》2015 年第 8 期。

④ 李亚：《中国的公共冲突及其解决：现状、问题与方向》，《中国行政管理》2012 年第 2 期。

⑤ 李亚：《中国的公共冲突及其解决：现状、问题与方向》，《中国行政管理》2012 年第 2 期。

表 0 – 3　　　　　　　　　　　　　**冲突的类型划分**

标准	内容/形式	代表人物
冲突的手段与目的	直接的现实冲突、非直接的间接冲突	刘易斯·科塞（1989）；崔树义、王毅平（1991）
冲突范围	群体间冲突（战争）、群体内部冲突（派别斗争）、诉讼、非人格的思想冲突（思想观念冲突）	格奥尔格·齐美尔
冲突的效应	功能正常冲突、功能失调冲突（也称建设性冲突、破坏性冲突）	罗宾斯
冲突与和谐的虚实	实性人际和谐、虚性人际和谐、实性人际冲突、虚性人际冲突	黄曬莉（1996）①
冲突的强度和烈度	对抗性冲突、非对抗性冲突	崔树义、王毅平（1991）
组织化程度、制度化程度、改变现状的诉求程度	集体行动、社会运动、革命	赵鼎新（2006）②
冲突的主体	个人冲突、群体冲突、国家（社会）冲突	李琼（2003）③
冲突的性质	经济冲突、政治冲突、思想冲突、文化冲突、宗教冲突、种族冲突、民族冲突、阶级冲突和国际冲突等	申阳（2000）④；李琼（2003）；崔树义、王毅平（1991）
冲突方式和程度	辩论、口角、拳头、决斗、仇杀、械斗、战争等	李琼（2003）⑤
冲突的学理分析	结构性的社会冲突、行为性的社会冲突	阎志刚（1998）⑥

---

　　① 黄曬莉：《中国人的人际和谐与冲突：理论建构及实证研究》，博士学位论文，台湾大学心理学研究所，1996 年。

　　② 赵鼎新：《社会与政治运动理论：框架与反思》，《学海》2006 年第 2 期。

　　③ 李琼：《转型期我国社会冲突研究综述》，《学术探索》2003 年第 10 期。

　　④ 申阳：《试论社会冲突的类型及其影响》，《学术交流》2000 年第 2 期。

　　⑤ 李琼：《转型期我国社会冲突研究综述》，《学术探索》2003 年第 10 期。

　　⑥ 阎志刚：《转型时期应加强对社会冲突的认识和调控》，《江西社会科学》1998 年第 5 期。

续表

标准	内容/形式	代表人物
冲突的形态和结构	个体层次冲突、群体层次冲突、组织层次冲突	马新建（2007）①
（中国）现实情境	组织边界冲突、功能边界冲突、制度边界冲突	李琼（2004）②

资料来源：作者整理。

麦克马洪将冲突分为逃避型、妥协型、谈判型、竞争型、合作型五种，并对五种类型的冲突进行了比较（见表0-4）。

表0-4　　　　　　　麦克马洪五种冲突类型及其比较

比较项目	逃避型	妥协型	谈判型	竞争型	合作型
感情处理	控制	压抑	适中	激动	平和
冲突结果的期待	不输则赢	不输则赢	双输或双赢	不输则赢	双赢
对传统道德的顾虑	很高	高	适中	低	适中
自我的中心意识	低	适中	适中	高	适中
对后果不利的恐惧	高	高	适中	低	低

资料来源：作者整理。

柳亦博以冲突的理性程度和冲突的规模两个要素为视角划分社会冲突的类型③（如图0-1）。

李亚认为，中国近年来常见的"公共冲突"有三种类型：一是从冲突或冲突解决的主体来看，至少有某一级政府或政府部门是冲突的一方或是冲突解决的决策者，这主要指公共管理与政策制定涉

---

①　马新建：《冲突管理：一般理论命题的理性思考》，《东南大学学报》（哲学社会科学版）2007年第3期。

②　李琼：《社会冲突的新视角：边界冲突》，《学术探索》2004年第10期。

③　柳亦博：《政府引导视域下的社会冲突治理：一个基于冲突治理结构的解释框架》，《公共管理与政策评论》2014年第2期。

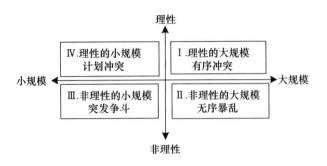

图 0 - 1 柳亦博（2014）：社会冲突的类型划分

及的冲突；二是从冲突或冲突解决涉及的对象看，涉及公共或集体资源，典型的如社区冲突、环境冲突等；三是从冲突解决的过程看，政府虽不是冲突的一方或决策者，但需要政府施加某种干预，典型的如群体性的劳资冲突，尽管很多劳资冲突发生在私营部门，但由于涉及群体和社会稳定，需要政府加以干预①。

3. 公共冲突的过程

公共冲突并不是一个单一的社会现象，而是一个动态演进的过程，内含不同的发展阶段。对冲突过程进行研究分析，不仅能够明确不同冲突阶段的具体表现和主要影响，还能探究不同阶段之间的演变机理、发展路径和动力机制，为寻找针对性对策提供有力依据。

关于公共冲突过程或者发展阶段的问题，国内外不同学者有着不同见解。

早在 1967 年，路易斯·R. 庞蒂（Louis R. Pondy）建立了冲突模型，主张将冲突过程划分为：潜在的冲突（latent conflict）、知觉的冲突（perceived conflict）、感觉的冲突（felt conflict）、外显的冲突（overt conflict）和冲突的后续（aftermath of conflict）五个阶段②，

① 李亚：《中国的公共冲突及其解决：现状、问题与方向》，《中国行政管理》2012 年第 2 期。

② Louis R. Pondy，"Organizational Conflict: Concepts and Models"，*Administrative Science Quarterly*，Vol. 12，No. 2，1967，pp. 296 - 320.

如图 0 - 2。

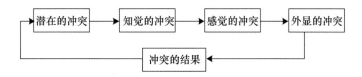

图 0 - 2　**路易斯·R. 庞蒂**（Louis R. Pondy）（1967）**：五阶段冲突模型**

1976 年，拉美尔把冲突过程看成一种在均衡与非均衡的相互转化中追求最终平衡的行为过程，这个过程模型可以用冲突生命圈［势均力敌（均衡）—均衡打破—潜伏性冲突—外显性冲突—实力趋向均衡］模式来表示，在这一模式中，冲突是一个螺旋式不断上升的过程①，如图 0 - 3。

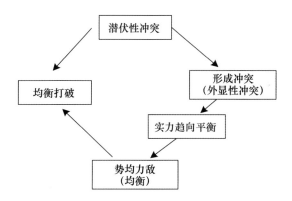

图 0 - 3　**拉美尔**（1976）**：冲突生命圈模式**

1976 年，托马斯（K. W. Thomas）认为冲突始于某方知觉到他方阻碍其需求、欲望及目标的达成，将冲突分为四个阶段：破坏或阻滞（frustration）、僵持或对立（conceptualization）、行动（behav-

---

① ［澳］彼德·康戴夫：《冲突事务管理——理论与实践》，何云峰等译，世界图书出版公司 1998 年版，第 7—20 页。

ior）、结果（outcome）①。1989 年，Thomas J. B. 与 Roger J. V. 指出，结果可以导致新的冲突的循环②（见图 0-4）。1991 年，托马斯将冲突发展理论修正为：冲突过程是冲突察觉、思想与情绪、意图、行为与结果等一系列阶段，具体分为冲突的觉知期、情感反应期、冲突认知期、冲突白热化期。

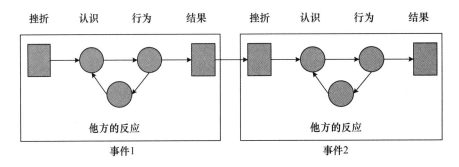

图 0-4　托马斯（K. W. Thomas）（1976）：**冲突过程模型**

1989 年，斯蒂芬·P. 罗宾斯（Stephen P. Robbins）提出五阶段冲突管理理论，认为冲突过程可以分为：潜在的对立阶段（potential opposition）、认知与个人介入阶段（cognition and personalization）、意向阶段（intentions）、行为（behavior）及后果（outcome）阶段，如图 0-5。

Niklas L. P. Swanstrom 和 Mika-el S. Weissmann 根据冲突的生命轨迹可以将其简化为一种曲线模型③（如图 0-6）。刘俊波指出，如

① 参见万涛《冲突管理》，清华大学出版社 2012 年版，第 15 页。

② Thomas J. B. , Roger J. V. , "Understanding and Managing Interpersonal Conflict at Work: Its Issues, Interactive Processes, and Consequences", in M. Afzalur Rahim, *Managing Conflict: an Interdisciplinary Approach*, New York: Praeger, 1989, pp. 7-19.

③ Niklas L. P. Swanström, Mika-el S. Weissmann, "Conflict, Conflict Prevention and Conflict Management and Beyond: a Conceptual Exploration", in Michael S. Lund, *Preventive Violent Conflicts: A Strategy for Preventive Diplomacy*, Washington, D. C. : United States Institute of Peace Press, 1996, p. 38.

果把冲突视作有生命的话，一个冲突在横向上可以经历升级和降级两个简约的过程；纵向上可经历不稳定和平、稳定和平、冲突、危机和战争五个层次[①]。

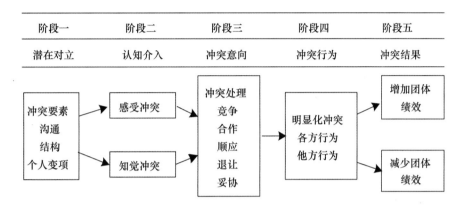

阶段一	阶段二	阶段三	阶段四	阶段五
潜在对立	认知介入	冲突意向	冲突行为	冲突结果

图 0-5　斯蒂芬·P. 罗宾斯（Stephen P. Robbins）（1989）：**冲突过程五阶段模型**

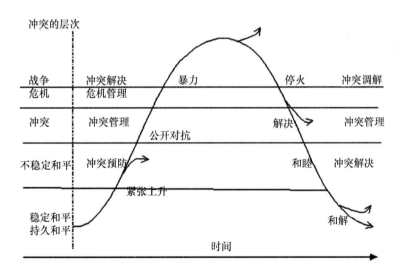

图 0-6　Niklas L. P. Swanstrom & Mika-el S. Weissmann：**冲突生命轨迹模型图**

注：本图借鉴了瑞典乌普萨拉大学冲突与和平研究中心学者 Niklas L. P. Swanstrom、Mikael S. Weissmann、Michael S. Lund 的曲线模型。

① 刘俊波：《冲突管理理论初探》，《国际论坛》2007 年第 1 期。

Korsgaard M. 等人把冲突过程划分为冲突原因的输入、导致冲突的行为、冲突感知、冲突结果四个步骤[1]。按照冲突的螺旋发展模型[2]，未经有效管理的冲突很可能螺旋升级：问题出现、对立形成、立场强化、沟通停止、各方投入资源、冲突扩散、感知扭曲、危机出现[3]。

陈建光认为冲突的发生分为六个阶段：潜在冲突阶段、感受冲突阶段、呈现冲突阶段、冲突处理阶段、结果、再冲突（若无法达成协议则可能发生新的冲突）阶段[4]。邱毅指出，冲突的形成过程起源于冲突情景形成的要件原因，如组织结构、组织目标、沟通互动、个人变量等，在个体知觉到、感觉到冲突后，形成外显冲突[5]。马新建将冲突的形成过程看作循序渐进的五种不同冲突存在形态的升级、演变、反馈的闭环过程[6]（如图 0 - 7）。

图 0 - 7　冲突的存在形态和演变过程图

常健、金瑞在谣言研究中将冲突过程界定为爆发、扩散和升级三个阶段[7]。李伟权、谢景指出了冲突酝酿阶段、冲突凸显阶段、冲

① Korsgaard M., Jeongs, Mahony D., "A Multilevel View of Intragroup Conflict", *Journal of Management*, Vol. 34, No. 6, 2008, pp. 1222 - 1252.

② Susan L. Carpenter, W. J. Kennedy, Managing Public Disputes: A Practical Guide to Handling Conflict and Reaching Agreement. San Francisco: Jossey-Bass, 1988, p. 233.

③ 李亚:《中国的公共冲突及其解决：现状、问题与方向》,《中国行政管理》2012 年第 2 期。

④ 参见万涛《冲突管理》, 清华大学出版社 2012 年版, 第 8 页。

⑤ 参见万涛《冲突管理》, 清华大学出版社 2012 年版, 第 18 页。

⑥ 马新建:《冲突管理：一般理论命题的理性思考》,《东南大学学报》(哲学社会科学版) 2007 年第 3 期。

⑦ 常健、金瑞:《论公共冲突过程中谣言的作用、传播与防控》,《天津社会科学》2010 年第 6 期。

突升级阶段、冲突消减阶段的冲突过程①。胡锐军指出，政治冲突这一动态的行动过程包括孕育、激化、临界、危机、恢复五个阶段②。姜建成描述了一个国家或地区社会内部矛盾积累、激化的内部冲突的发生逻辑：一定社会的冲突源存在→多方利益博弈导致部分主体利益受损→部分主体挫折感、失落感产生（主体心理出现某种不平衡）→引发冲突性言语（牢骚、怪话、气话时常挂在嘴上）→心理失衡引发行为困境，爆发冲突性行为（与其他个体、群体或政府的冲突和对抗）③。

以群体性冲突为例，有学者将群体性事件发展阶段分为事前矛盾激化和孕育、群体性事件开始后的演化、事件后三个阶段④，或者潜伏期、激化期、爆发期和平息期四个阶段⑤；也有学者将其分为问题积累、矛盾现象、对峙僵持、形成混乱和事态平息五个阶段⑥。柳建文、孙梦欣将征地类群体性冲突事件过程分为冲突潜伏、冲突激化、冲突缓解、制度变革⑦。李伟权、谢景结合冲突演变的规律，将环境群体性事件过程分为冲突酝酿、冲突凸显、冲突升级以及冲突消减阶段⑧。钟林江从事件的强度、烈度和行为目标三个方面将非直接利益冲突演化升级过程划分为五个阶段：潜伏阶段、孕育阶段、

① 李伟权、谢景：《社会冲突视角下环境群体性事件参与群体行为演变分析》，《理论探讨》2015 年第 3 期。

② 胡锐军：《政治冲突的运行机制及其变量因子》，《探索》2013 年第 3 期。

③ 姜建成：《社会冲突的发生机理、深层原因及治理对策》，《毛泽东邓小平理论研究》2012 年第 2 期。

④ 何哲：《群体性事件的演化和治理策略基于集体行为和西方社会运动理论的分析》，《理论与改革》2010 年第 4 期。

⑤ 华坚、张长征、吴祠金：《利益博弈与群体力量——基于演化博弈的群体性事件生成机理及其化解》，《河海大学学报》（哲学社会科学版）2015 年第 4 期。

⑥ 郭研实：《国家公务员应对突发事件能力》，中国社会科学出版社 2005 年版，第 182—183 页。

⑦ 柳建文、孙梦欣：《农村征地类群体性事件的发生及其治理——基于冲突过程和典型案例的分析》，《公共管理学报》2014 年第 2 期。

⑧ 李伟权、谢景：《社会冲突视角下环境群体性事件参与群体行为演变分析》，《理论探讨》2015 年第 3 期。

爆发升级阶段（包括非暴力使用阶段和暴力使用阶段）、平息阶段和事后阶段①。张钢、崔红云认为冲突过程要充分考虑到个人感知因素，当冲突发生的条件成熟、环境合适时，每个个体都会随着冲突的不断发展，经历一系列冲突的感知过程，冲突的结果正是个体感知到的、发展到某个特定阶段（行为、认知、情感）的冲突的终极形式②（如图0-8）。汪伟全以风险的社会放大理论为基础，论述了集体行动暴力抗争的社会心理演变过程：不满情绪的形成、持续发酵、率先行动者、冲突与对抗③。

图0-8　张钢、崔红云（2013）：冲突发展过程

（二）公共冲突治理

1. 公共冲突过程治理

万涛在冲突管理的广义内涵界定上存在冲突过程管理的思想，冲突管理包括冲突主体对于冲突问题的发现、认识、分析、处理、解决的全过程和所有相关工作，也就是对于潜在冲突（潜在的对立和不一致）—知觉冲突（冲突认识和个性化阶段）—意向冲突（冲突的行为意向阶段）—行为冲突（冲突主体采取行动阶段）—结果冲突（冲突形成结果及其结果的影响阶段）的全过程进行的研究和

① 钟林江：《非直接利益冲突演化升级过程研究》，硕士学位论文，西南交通大学，2015年。

② 张钢、崔红云：《冲突不对称的前因：一个基于过程观的分析》，《科技进步与对策》2013年第3期。

③ 汪伟全：《风险放大、集体行动和政策博弈——环境类群体事件暴力抗争的演化路径研究》，《公共管理学报》2015年第1期。

管理①。斯蒂芬·P. 罗宾斯认为，在不同的冲突阶段有不同的冲突要素，应该采取不同的策略。李鸣采用矩阵分析法分析了突发事件网络舆情全生命周期（潜伏期、产生期、发展期、演化期、高峰期、消退期）的决策矩阵，以此进行网络舆情治理②。

　　张泽洪采用冲突过程五阶段理论对解决医患纠纷的每个阶段提出启示性建议③。柳建文、孙梦欣针对农村征地类群体性事件冲突的演化过程及不同阶段的主要激化因素，认为解决农村征地类群体性事件冲突需要将短期性的策略组合和长期性的制度安排相结合：制度层面的措施着力于解决农民的权益保障问题；非制度（策略）层面的措施则侧重解决冲突过程，特别是激化阶段的问题，在面对冲突扩大时，需要采取理性的退让策略和合作策略，避免激化策略和对抗策略④。冯耀云认为解决此类冲突要以法社会学的视角契合乡村具体的政治社会环境，在制度层面上优化权利配置⑤。

　　从心理学角度来看，冲突多强调冲突过程中潜在的个体心理差异，公共冲突多强调与公共利益问题相关的多数人之间的群体性共识或者差异，由于其公共属性突出，公共冲突涉及的主体多与公共组织相关。虽然国内外学者关于公共冲突过程或者发展阶段的划分存在不同，但不少学者都认为，冲突从心理层面的潜在冲突转向行为层面的外显冲突，具体共性有以下几点：（1）冲突是一个变化发展的动态过程，冲突过程有其发生、发展、渐进演化与消亡的规律，冲突演变具有螺旋反复的特点；（2）不同冲突之间存在前后相继的

　　①　万涛：《冲突管理》，清华大学出版社 2012 年版，第 51 页。
　　②　李鸣：《突发事件网络舆情治理中的政府决策：过程与机制》，《青海社会科学》2014 年第 2 期。
　　③　张泽洪：《浅论运用冲突过程 5 阶段理论解决医患纠纷》，《医学与社会》2005 年第 11 期。
　　④　柳建文、孙梦欣：《农村征地类群体性事件的发生及其治理——基于冲突过程和典型案例的分析》，《公共管理学报》2014 年第 2 期。
　　⑤　冯耀云：《法社会学视域下征地冲突过程中的权利配置》，《长春理工大学学报》（社会科学版）2015 年第 8 期。

连续性问题；（3）冲突过程离不开行动者的感知、情绪、态度、行为等主观性活动。虽然不少学者从事冲突管理或者冲突治理研究，但在公共冲突过程治理研究方面，成果很是有限。有学者就不同类型的公共冲突的不同阶段提出过针对性策略，但是缺乏整体性视角和宏观性研究，动态化的过程性治理研究不足。

2. 公共冲突主体：行动者的意识结构

公共冲突是事关公共利益的冲突。根据与公共冲突的直接利益的联系程度，可以将公共冲突的主体分为当事方和第三方，其中，当事方主要指涉事者，第三方包括政府、媒体、旁观者等。本书的研究重点是在公共冲突治理中媒体对社会公众产生的重要影响，进而观察其对公共冲突治理带来的是机遇还是阻碍。媒体对公共冲突及其治理的影响机制多发生作用于社会公众群体之上，将"群体大众"转变为"媒体受众"，并进一步动员为积极参与社会公共事务的"社会公众"。考察公共冲突及其治理中社会公众主体的意识结构，有助于明晰社会公众、媒体与公共冲突的关系，进而为公共冲突正面功能的发挥创造条件，促进公共冲突治理效果的提升。为此，需要了解公共冲突治理中两方主体的已有研究：作为施加影响的主体——媒体和作为接受影响的主体——社会公众。

冲突具有很强的主观性，甚至源自内心中的一种"感知"，比如彼此间负面的情绪或看法也可以引发冲突[1]。胡锐军指出，心理惯性如敌视惯性、闹大惯性、质疑惯性等，是触发社会冲突的重要原因[2]。就行为者个体的主观因素来说，Korsgaard M. A. 等人认为冲突过程与个体自身感知有关，当考虑到个人感知、客观事件与感知到的冲突之间不再有必然联系，冲突各方的反应就可能与预期的、较

---

[1] 李亚：《中国的公共冲突及其解决：现状、问题与方向》，《中国行政管理》2012 年第 2 期。

[2] 胡锐军：《政治冲突治理机制分析》，《毛泽东邓小平理论研究》2012 年第 10 期。

为结构化和理性的反应不相符①。对冲突的感知贯穿于整个冲突过程，而不只是冲突过程中的某一个环节②。许尧、高艳辉指出，个体的年龄和性别差异、性格差异与幼年经历、当事人所掌握或动员的社会资源、所处的生理状态、近期的生活体验、对冲突事项的不当判断、冲突参与者的规模以及人的进攻本能均会导致冲突升级③。徐祖迎认为，冲突的爆发和升级在主观上主要受到冲突各方的认知、情绪、评价和行动意志的影响，为此从信息管理、情绪管理、评价管理、行为管理等方面探讨了网络动员对冲突管理的挑战④。张钢、崔红云列举了个体经历的冲突环节以及影响冲突发展各环节（要素输入、行为层面、认知层面、情感层面）的因素⑤。

行动者意识结构研究多集中于心理学、哲学、文学甚至神经生物学领域。结合以上已有研究和本研究需要，本书将公共冲突中社会公众的意识结构分为事实认知、情绪情感、价值评价、行动意向四个层面，据心理学中相关研究的已有成果分别进行四个方面的文献综述。

第一，事实认知。冲突的事实认知是有关冲突的事实、知识及信念等，主要有冲突强度判断、归因偏误、刻板印象等。费斯汀格（Festinger L.，1957）曾指出，决定人类行为的不是客观的地理环境，而是人所感知到的行为环境。认知不协调的基本单位是认知，是个体对环境、他人以及自身行为的看法、信念和态度。⑥ Pessoa L.

---

① Korsgaard M.，Jeongs，Mahony D.，"A Multilevel View of Intragroup Conflict"，*Journal of Management*，Vol. 34，No. 6，2008，pp. 1222 – 1252.

② 曹评：《归因视角下组织内成员间冲突与个人绩效关系的实证研究》，硕士学位论文，浙江大学，2010 年。

③ 许尧、高艳辉：《公共冲突升级相关致因研究述评》，《广东行政学院学报》2013 年第 2 期。

④ 徐祖迎：《网络动员对冲突管理的四大挑战》，中国管理现代化研究会、复旦管理学奖励基金会，《第十届（2015）中国管理学年会论文集》，2015 年。

⑤ 张钢、崔红云：《冲突不对称的前因：一个基于过程观的分析》，《科技进步与对策》2013 年第 3 期。

⑥ 参见万涛《冲突管理》，清华大学出版社 2012 年版，第 35 页。

指出，认知是诸如记忆、注意、语言、问题解决和推理等的心智功能和加工过程①唐纳德的认知行为矫正理论主张以自我指导治疗以实现认知重建，行为改变的前提条件是当事人必须注意他们如何思考、如何感受、如何表现及如何对别人产生影响②。安东尼·吉登斯指出，随着风险社会的到来，我们对社会中提供信息和解释信息的符号系统和专家系统的依赖程度越来越深，如果这两大系统出现失衡，现代社会就有可能陷入高度紧张和突发性事件所带来的混乱的风险之中③。李春雷、钟珊珊认为，媒介通过风险制造（传播真空冲击下的信息饥饿、风险幻象操控下的信息焦虑、利益冲突博弈下的信息剥夺）及风险发酵（主流信息传播迟滞引发口水效应、媒体身份错位助推负面情感漂移、媒体刻板化叙事诱导标靶转移）双重机制建构了信息剥夺心理的风险体系④。魏娜、韩芳指出，新公民参与是对邻避问题扩大化的负面解码过程，认知解放、信息不对称、知识垄断、信任差距等对对抗和非理性的集体行动有重要影响⑤。

第二，情绪情感。认知是情绪的充分和必要条件，Lazarus 指出，情绪是对认知活动的反应⑥，情绪是个体对周围事件相对于自身的意义或者福祉的评估⑦。冲突的情绪情感包括涉事者的情绪和旁观者的情感。安德里亚·M. 鲍德克尔（And rea M. Bodtker）和 J. K.

---

① Pessoa L. , "On the Relationship between Cognition and Emotion", *Nature Reviews Neuroscience*, Vol. 9, 2008, pp. 148 – 158.

② 参见万涛《冲突管理》，清华大学出版社 2012 年版，第 43 页。

③ 杜建华：《风险传播悖论与平衡报道追求——基于媒介生态视角的考察》，《当代传播》2012 年第 1 期。

④ 李春雷、钟珊珊：《风险社会视域下底层群体信息剥夺心理的传媒疏解研究——基于"什邡事件"的实地调研》，《新闻大学》2014 年第 1 期。

⑤ 魏娜、韩芳：《邻避冲突中的新公民参与：基于框架建构的过程》，《浙江大学学报》（人文社会科学版）2015 年第 4 期。

⑥ Lazarus R. S. , "Cognition and Motivation in Emotion", *American Psychologist*, Vol. 46, 1991, pp. 352 – 367.

⑦ 刘烨、付秋芳、傅小兰：《认知与情绪的交互作用》，《科学通报》2009 年第 18 期。

詹姆森·J. 卡茨（Jameson J. Katz）指出，"处于冲突之中，就是处于情绪的冲动之中……冲突使人们感到不舒服的部分原因就在于它伴随着情绪。"[①] Pessoa L. 将情绪定义为驱动力和动机[②]，情绪被视为人类行为（如注意和决策）非理性或者偏差的来源[③]。心理学关于情绪的研究在"愉悦度—激活度—优势度（pleasure-arousal-domi-nance，PAD）情绪模型"[④] 上取得共识，用以描述和测量情绪状态。愉悦度表示个体情绪状态的正负情感特性，也就是情绪的效价；激活度表示个体的神经生理激活水平和心理警觉状态；优势度表示个体对环境和他人的控制状态，即处于优势状态还是处于顺从状态[⑤]。情绪激活和情绪效价会共同影响高度知觉[⑥]（即放大距离）、时间知觉[⑦]和视觉反应。Clore G. L. 和 Storbeck J. 认为，情绪能够提供关于好与坏价值判断的具体信息，并且通过这种方式，情绪体验支配着我们的态度和思考风格[⑧]。

---

① A. M. Bodtker, J. K. James, "Emotion in Conflict Formation and Its Transformation: Application to Organizational Conflict Management", *International Journal of Conflict Management*, Vol. 12, No. 3, 2001.

② Pessoa L., "How do Emotion and Motivation Direct Executive Control?", *Trends in Cognitive Sciences*, Vol. 13, No. 4, April 2009, pp. 160 – 166.

③ Martino B. D., Kumaran D., Seymour B., et al., Frames, Biases, and Rational Decision-making in the Human Brain, *Science*, Vol. 313, 2006, pp. 684 – 687.

④ Mehrabian A., "Framework for a Comprehensive Description and Measurement of Emotional States", *Genetic, Social, and General Psychology Monographs*, Vol. 121, 1995, pp. 339 – 361.

⑤ 刘烨、付秋芳、傅小兰：《认知与情绪的交互作用》，《科学通报》2009 年第18 期。

⑥ Stefanucci J. K., Proffitt D. R., "The Roles of Altitude and Fear in the Perception of Height", *Journal of Experimental Psychology: Human Perception and Performance*, Vol. 35, No. 2, 2009, pp. 424 – 438.

⑦ Droit-Volet S., Meck W. H., "How Emotions Colour Our Perception of Time", *Trends in Cognitive Sciences*, Vol. 11, No. 12, 2007, pp. 504 – 513.

⑧ Clore G. L., Storbeck J., "Affect as Information about Liking, Efficacy, and Importance", in Forgas J., ed., *Affect in Social Thinking and Behavior*, New York and Hove: Psychology Press, 2006, pp. 123 – 142.

从怨恨情感角度而言，斯梅尔塞（Smelser）研究了怨恨在集体行动中的作用①。格尔（Ted Robert Gurr）的"相对剥夺感"说明了对自身利益得失的判断和评价会导致人们造反，引发"挫折—反抗机制"的产生②。当参与对抗性任务时，个体有时会为了获得更好的绩效而主动增加愤怒情绪③。詹姆斯·C. 斯科特（James C. Scott）认为农民"常识性的正义平衡感"被打破就会采取政治行动④。黄曬莉指出，人际冲突中"问题的焦点化"与"情绪的扩升化"之间拉锯消长，呈现虚实的转化，情绪介入水平的上升可以使实性冲突转化为情绪性冲突⑤。

从认同情感而言，认同情感的形成与集体抗争之间存在着密切关系。何艳玲吸取克兰德曼斯的理论观点并指出，对事件本身的共识是一种动员力量，可以将潜在的动员者变成实际的参与者，从而有助于运动的持续发展⑥。

就情感的外部刺激性而言，在媒体对一些冲突性议题"强—弱""官—民"等二元对立的报道框架中"情感"因素扮演着重要角色⑦，媒体情绪加剧了决策行为的非理性倾向⑧。

---

① Richard Jung, "A Review of Theory of Collective Behavior by Neil J. Smelser", *Industrial and Labor Relations Review*, Vol. 19, No. 2, January 1966, pp. 318 – 320, 原书为：Neil J. Smelser, *Theory of Collective Behaviour*, New York: Free Press, 1962.

② Gurr T. R., *Why Men Rebel* (*40th Anniversary Paperback Edition*), Paradigm Publishers, 2011, pp. 22 – 83.

③ Tamir M., Mitchell C., Gross J. J., "Hedonic and Instrumental Motives in Anger Regulation", *Psychological Science*, Vol. 19, No. 4, 2008, pp. 324 – 328.

④ 应星：《"气"与中国乡村集体行动的再生产》，《开放时代》2007 年第 6 期。

⑤ 黄曬莉：《中国人的人际和谐与冲突：理论建构及实证研究》，博士学位论文，台湾大学心理学研究所，1996 年。

⑥ 何艳玲：《后单位制时期街区集体抗争的产生及其逻辑——对一次街区集体抗争事件的实证分析》，《公共管理学报》2005 年第 3 期。

⑦ 袁光锋：《同情与怨恨——从"夏案"、"李案"报道反思"情感"与公共性》，《新闻记者》2014 年第 6 期。

⑧ 游家兴、吴静：《沉默的螺旋：媒体情绪与资产误定价》，《经济研究》2012 年第 7 期。

　　第三，价值评价。价值评价（也称"价值判断"）是对冲突事件的性质、涉事者的本质做出的主观性的评价认识。陈嘉明认为，不论是自然还是社会事件，如果它们攸关人的利益、情感等因素，就会有"好坏""善恶""合理不合理"等价值评价发生。事实通过人们的陈述，可能会改变原来的自然属性，而被赋予主观的价值属性①。Roseman、Antoniou、Jose、Roseman 认为，评价在情绪反应中起关键作用，它决定了个体的情绪感受②。Lanctôt 和 Hess 也持同样的观点，认为评价决定了情绪反应和感受的本质③。

　　第四，行动意向。冲突的行动意向指的是对涉事者、旁观者等冲突主体所要采取的反应而实施的行动倾向。命题态度和信念构成了一个人行动的意向，即行动理由。④ "抗争行动形式库"（repertoires of contention）由查尔斯·蒂利提出，用以描述一个群体为争取共同利益在一起行动时所可能采用的一系列随时间不断发展演化的策略和手法的组合⑤。形式库的词义源于戏剧，其中涉及的社会运动及其反对者之间发生的互动可以理解成一种"策略性表演"⑥。集体行动形式库一方面具有相当的稳定性和可预见性，因为主要受到行

①　陈嘉明：《事实与价值可分吗——以生态伦理学为视角》，《学术月刊》2011年第8期。

②　Roseman I. J., Antoniou A. A., Jose P. E., "Appraisal Determinants of Emotions: Constructing a More Accurate and Comprehensive Theory", *Cognition & Emotion*, Vol. 10, No. 3, 1996, pp. 241 - 278; Roseman I. J., Evdokas A., "Appraisals Cause Experienced Emotions: Experimental Evidence", *Cognition & Emotion*, Vol. 10, No. 3, 2004, pp. 241 - 277.

③　Lanctôt N., Hess U., "The Timing of Appraisals", *Emotion* (*Washington, D. C.*), Vol. 7, No. 1, 2007, pp. 207 - 212.

④　陈亚军：《意向、理由与行动——兼论实用主义的相关主张》，《华东师范大学学报》（哲学社会科学版）2013年第1期。

⑤　郭小安、刘明瑶：《媒介动员视角下"表演式抗争"的发生与剧目——以"中青报门口访民集体喝农药事件"为例》，《现代传播》2016年第5期。

⑥　Tilly, Charles, "*Contentious Repertoires in Great Britian 1758 - 1834*", in M. Traugott. Durham, Repertoires and Cycles of Collective Action, NC: Duck University Press. 1995, pp. 15 - 42.

动者所处文化的影响，行动者会按照他们熟悉的方式行事①；一方面具有可变性，行动者会在原有手法的基础上进行改良甚至创新，从而为集体行动形式库内容的改变奠定基础②。以此为基础，泰勒和范代克（Tayler & Van Dyke）专注于抗争行动的工具性诉求和外在效果，提出了"策略形式库"（tactical repertoires）的概念，所有策略形式都包括三个方面的内容：主张（contestation）、意图（intentionality）和集体认同（collective identity）③。格拉索（Friedrich Glasl）认为，冲突行为是一个不断升级的过程，阐述了冲突行为升级的九个阶段模型（见图0-9与表0-5），每个阶段行为主体的主观情感、形象、价值和利益均不同④。

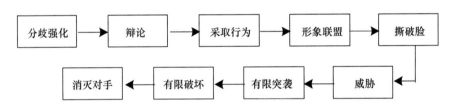

图 0-9　格拉索（Friedrich Glasl）（1999）：冲突行为升级的九个阶段模型

①　魏伟：《街头・行为・艺术：性别权利倡导和抗争行动形式库的创新》，《社会》2014 年第 2 期。

②　赵鼎新：《社会与政治运动讲义》，社会科学文献出版社 2006 年版，第 221—224 页。

③　Taylor, Verta, Nella Van Dyke, "'*Getup, Standup*': *Tactical Repertoires of Social Movements*", In The Blackwell Companion to Social Movements, edited by David A. Snow, Sarah A. Soule and Hanspeter Kriesi. Malden, MA: Blackwell Publishing, 2004, pp. 262 - 293.

④　Friedrich Glasl, *Konflict Management*, *Ein Handbuch Für Führungskräfte*, *Berater-innen und Berater*, Bern, Paul Haupt Verlag, 1997. English edition: Confronting Conflict, Bristol, Hawthorn Press, 1999, 参见常健《公共冲突管理》，中国人民大学出版社 2012 年版，第 48—52 页。

表 0-5　　格拉索（1999）：冲突升级阶段的特征、对抗方式与主观感受

冲突阶段	特征	对抗方式	主观感受	
1. 分歧强化	利益化为立场	内外出现差别	怀疑对方诚意	情绪带入
2. 激烈争辩	关注输赢的名声	准理性争论	感受到威胁	
3. 单方面行动	采取行动	迫使对方让步	感受被迫对抗阻碍	
4. 形象与结盟	形成固定形象	攻击对方名誉	设法保护自己的名声	价值介入
5. 撕破脸面	关注神圣价值	揭穿对方道德形象	设法报复	
6. 威胁策略	局面失控	发出实际的威胁	恐慌	
7. 破坏性打击	视对方无人性	主动伤害对方	害怕与仇恨	行动展开
8. 致敌分裂	力图摧毁对方	毁灭性打击	管住自己的生存	
9. 同归于尽	不惜一切代价	消灭敌人	无视自身安危	

资料来源：常健等编著《公共冲突管理》，中国人民大学出版社 2012 年版，第 52 页。

斯蒂芬·罗宾斯指出冲突行为有强弱之分，他用"冲突强度连续体"来表示冲突行为的强度[①]（如图 0-10），"大多数情况下，处于连续体顶端位置的冲突常常是功能失调的，功能正常的冲突一般来说位于冲突连续体的较低水平上"。

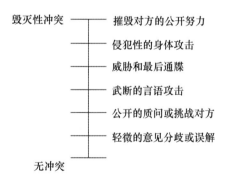

毁灭性冲突 —— 摧毁对方的公开努力

—— 侵犯性的身体攻击

—— 威胁和最后通牒

—— 武断的言语攻击

—— 公开的质问或挑战对方

—— 轻微的意见分歧或误解

无冲突

图 0-10　斯蒂芬·P. 罗宾斯（Stephen P. Robbins）（2002）：
冲突强度连续体

───────────────

①　斯蒂芬·罗宾斯：《组织行为学（第七版）》，中国人民大学出版社 2002 年版，第 393 页。

事实认知、情绪情感、价值评价、行动意向四者共同构成社会公众结构化的主观意识，四个层面相互作用，彼此循环。Korsgaard M. 等人依据冲突过程将冲突前因分为三类：要素输入（input）、行为（behavior）和意义创造（sensemaking）①。要素输入是形成冲突最初始的条件，会使个体处于易引发冲突的情境下；由要素输入导致的个体在行为表现方面的差异，会引发冲突的行为（conflict-provoking behavior）；这些行为又会进一步引起意义创造（sensemaking）的过程，使双方当事人经历情境定义（naming）和责任界定（blaming）的感知过程，并在这一过程中判断行为的重要性，由此引发冲突行为的、认知的、情感的表现，包括沮丧、生气、沉默、纠正、报复等负面情绪②。Pondy 认为，条件、态度、认知或行为只是冲突发展过程中的一个环节，不能空洞地确定冲突就是它们，要找出它们之间的联系，并且整个冲突过程中的关系可以被条件、情绪、感知和行为这些因素的某种稳定特征所刻画，也可以被其趋势所刻画③。Gottman 认为，在冲突升级过程中，行为者主观心理的四种因素：价值、认知、情绪和意志相互作用，在此基础上产生和平抗议、有限阻碍和暴力对抗，导致冲突升级④。因此，防范社会破坏性冲突发生、利用冲突的正能量要从个体的主观意识结构入手，改善认知、情感、价值和行为。Lenzietal 从心理学视角来看，认为公民参与（civic engagement）旨在试图影响公共事务并有利于其改进的认知、

---

① Korsgaard M. , Jeongs , Mahony D. , "A Multilevel View of Intragroup Conflict", *Journal of Management*, Vol. 34, No. 6, 2008, pp. 1222 – 1252.

② 张钢、崔红云：《冲突不对称的前因：一个基于过程观的分析》，《科技进步与对策》2013 年第 3 期。

③ Pondy L. , "Organizational Conflict: Concepts and Models", *Administrative Science Quarterly*, Vol. 12, No. 2, 1967, pp. 296 – 320.

④ 许尧：《群体性事件中主观因素对冲突升级的影响分析》，《中国行政管理》2013 年第 11 期。

情感态度和行为①。

公共冲突的心理层面研究集中于心理学与公共管理领域，整体上研究颇显丰硕，但具体来说还有不足。一方面，出于心理学的研究传统，个体冲突中的主体意识结构研究较多，而对于公共冲突中的个体意识结构以及其对个体间关系（或者说是群体性共识或差异）的研究并不多，群体性意识结构是公共冲突的公共性的主要特征，影响着公共冲突的组织化程度，左右着公共冲突的强度和烈度，此方面研究的欠缺不利于公共冲突治理的深度理论挖掘和实践指导意义发挥。另一方面，已有成果多倾向于心理学的视角，对公共冲突领域的专业性研究不足，很少有学者从公共冲突的阶段、公共冲突的过程、公共冲突的类型等公共冲突专业的视角或者维度展开针对性研究，这方面的研究需要公共冲突管理领域的学者加以关注并持续推进。

四　关于新闻建构与公共冲突及其治理的研究

对于媒体与社会冲突之间的关系早就有学者关注，传播学大师施拉姆曾说，"我们在谈到社会与大众传播的相互作用时，用'革命'这个词并不是偶然的。媒介一经出现，就参与了一切意义重大的社会变革——智力革命、政治革命、工业革命，以及兴趣爱好、愿望抱负和道德观念的革命。这些革命教会我们一条基本格言：由于传播是根本的社会过程，由于人类首先是处理信息的动物，因此，威尔伯·施拉姆、威廉·伯特说，信息状况的重大变化，传播的重大牵连，总是伴随着任何一次重大社会变革的"②。从对公共冲突发

---

① Lenzi M., Vieno A., Perkins D. D., Santinello M., Elgar F. J., Morgan A., Mazzardis S., "Family Affluence, School and Neighborhood Contexts and Adolescents'civic Engagement: a Cross-national Study", *American Journal of Community Psychology*, Vol. 50, 2012, pp. 197 – 210.

② ［美］威尔伯·施拉姆、威廉·伯特：《传播学概论》，陈亮等译，新华出版社 1984 年版，第 19 页。

生和治理的角度来看，仅仅关注新闻学、传媒学、文学、语言学领域的新闻议题建构及其方式对于公共冲突及其治理的研究意义相对局限，只有将新闻议题建构方式与公共冲突治理两者之间的关系了解明晰并研究透彻，才有助于在公共冲突治理中发挥媒体报道的正面功能，规避其负面效应。

上文对媒体议题的已有研究进行了综述，通过总结可以发现，关于新闻议题建构的相关研究多集中在新闻传播领域，在公共管理领域并未得到广泛关注和深度研究，媒体对新闻议题建构与公共冲突及其治理之间关系的研究并不多见。

（一）新闻媒体对公共冲突过程的影响

在公共冲突治理的视域下，媒体是公共冲突爆发、升级与化解的重要参与者。作为外部影响因素，网络和新媒体等虚拟技术通过民意表达、冲突的渠道和组织化程度等影响着冲突的发生和发展[1]。

1. 冲突爆发：新闻媒体对"媒介化抗争"的工具效应

20 世纪传播媒介的变革与扩展，为社会运动提供了前所未有的机遇和展示[2]，不少国外的研究者（Einwohner R. L. [3]、Garrett[4]、Simon C. [5]）已经关注到媒介与抗争之间的关系，国内学者（如抗争政治的研究者）对此也展开了较为翔实的研究。

受西方社会运动理论话语核心的影响，媒介中心主义者托德·

---

① 胡锐军：《社会冲突治理与网络政治培育和规制》，《长白学刊》2013 年第 1 期。

② ［美］查尔斯·蒂利：《社会运动，1768—2004》，胡位钧译，上海人民出版社2009 年版，第 116—117 页。

③ Einwohner R. L. , *The Efficacy of Protest*: *Meaning and Social Movement Outcomes*, Unpublished Doctoral Dissertation, University of Washington, United States, 1997, p. 202.

④ Garrett R. , "Protest in an Information Society: A Review of Literature on Social Movements and New ICTs", Information, *Communication Society*, Vol. 9, No. 2, 2006, pp. 202 – 224.

⑤ Simon C. , "Reporting Demonstrations: the Changing Media Politics of Dissent", *Media*, *Culture & Society*, Vol. 30, No. 6, pp. 853 – 872.

吉特林（Todd Gitlin）将媒体视为抗争的工具和策略，甚至是决定性的因素①，尤其关注媒介对抗争事件的呈现。赵鼎新用"文化资源库"②（cultural repertoire）这个概念来涵盖在一定时空内一个群体发起抗争所能利用的文字性和符号性资源。基于"集体行动形式库"，周裕琼提出"抗争性话语形式库"（repertoire contentious discourse），即在一定时空和文化背景下，集体行动参与者所能采用的话语形式的总和③。媒介的信息"过滤作用"④ 不仅仅发挥着公众了解、理解与认知社会生活的中介与桥梁作用，不同主体利用媒体可以进行公共活动参与、表达利益诉求、塑造社会共识、动员社会资源、开展抗争行动。媒体通过刺激共同利益，建构集体认同，投射运动情绪，为社会运动争取外界的认可和支持⑤。丹尼尔·梅尔斯（Daniel J. Myers）曾经指出，抗争运动参与者要想获得政治努力的成功，如何接近和利用大众媒体至关重要⑥。

　　黄煜、曾繁旭指出，在一个缺乏各种抗争工具和组织形式的转型国家中，媒体对于社会动员与抗争的作用值得特别强调⑦。近些

---

① ［美］吉特林：《新左派运动的媒介镜像》，胡正荣校，张锐译，华夏出版社2007年版，第9—11页。

② 赵鼎新：《社会与政治运动讲义》，社会科学文献出版社2006年版，第211—226页。

③ 周裕琼：《从标语管窥中国社会抗争的话语体系与话语逻辑：基于环保和征地事件的综合分析》，《国际新闻界》2016年第5期。

④ Molotch, Harvey, Marilyn Lester, "Accidental News：The Great Oil Spill as Local Occurrence and National Event", *American Journal of Sociology*, Vol. 81, No. 2, 1975, pp. 235 – 260.

⑤ ［美］查尔斯·蒂利、西德尼·塔罗：《抗争政治》，译林出版社2010年版，第174页；［加］罗伯特·A. 海科特等：《媒介重构：公共传播的民主化运动》，暨南大学出版社2011年版，第42—47页；冯仕政：《西方社会运动理论研究》，中国人民大学出版社2013年版，第242—244页。

⑥ Daniel J. Myers, "Media, Communication Technology and Protest Waves", *The Escholarship Repository University of California*, http：//repository. cdlib. org, 1997.

⑦ 黄煜、曾繁旭：《从以邻为壑到政策倡导：中国媒体与社会抗争的互激模式》，《新闻学研究》2011年第109期。

年，随着互联网的兴起、新媒体的普及、公民维权意识迅速成长、媒介赋权（师曾志①，2015）与传播赋权能力的强化，在法律制度不健全、利益表达与制度化参与不通畅的现实缺陷下，"媒介化抗争"成为社会抗争的一种流行趋势（曾繁旭②，2012；郑雯③，2013）和有效策略（陈天祥④，2013）。媒体成为社会公众，尤其是处于大众传播时代的底层群众和弱势群体的发声渠道⑤，网络公民媒体为社会中相对弱势的个人与群体提供了"另类的公共空间"⑥。在此过程中，公众借助媒体介入权力分配，进行诉求表达、利益博弈、情感宣泄和行为抗争，媒体联系着潜在的行动者和行动机会⑦，促使"离场介入"⑧成为现实，在"新民权运动"⑨"连结性行动"⑩（兰斯·班尼特、亚力山卓·赛格柏格，2013）中发挥着形成社会共

---

① 师曾志、杨睿：《新媒介赋权下的情感话语实践与互联网治理——以"马航失联事件"引发的恐惧奇观为例》，《探索与争鸣》2015 年第 1 期。

② 曾繁旭、黄广生、李艳红：《媒体抗争的阶级化：农民与中产的比较》，《东南学术》2012 年第 2 期。

③ 郑雯：《"媒介化抗争"：变迁、机理与挑战——当代中国拆迁抗争十年媒介事件的多案例比较研究（2003—2012）》，博士毕业论文，复旦大学，2013 年。

④ 陈天祥、金娟、胡三明：《"媒介化抗争"：一种非制度性维权的解释框架》，《江苏行政学院学报》2013 年第 5 期。

⑤ M. S. Gleiss, "Speaking up for the Suffering (br) other: Weibo Activism, Discursive Struggles, and Minimal Politics in China", *Media*, *Culture & Society*, Vol. 37, No. 4, 2015, pp. 513 – 529.

⑥ Fraser N. , "Rethinking the Public Sphere: A Contribution to the Critique of Actually Existing Democracy", *Social Text*, No. 25/26, 1990, pp. 56 – 80.

⑦ 蔡前：《以互联网为媒介的集体行动研究：基于网络的视角》，《求实》2009 年第 2 期。

⑧ 王金红、林海彬：《互联网与中国社会抗争的离场介入——基于"乌坎事件"的实证分析》，《华南师范大学学报》（社会科学版）2014 年第 1 期。

⑨ 孙玮：《中国"新民权运动"中的媒介"社会动员"——以重庆"钉子户"事件的媒介报道为例》，《新闻大学》2008 年第 4 期。

⑩ 兰斯·班尼特、亚力山卓·赛格柏格：《"连结性行动"的逻辑：数字媒体和个人化的抗争性政治》，史安斌、杨云康译，《传播与社会学刊》2013 年第 26 期。

意①（高恩新，2009）、组织动员（孙玮②，2007；吕德文③，2012）、开展集体活动的工具性作用。Tarrow，S. G.（1998）曾经从"政治机遇与限制""框架策略"以及"动员结构"等方面讨论过社会抗争的升级过程④。新媒体，尤其是以微博为代表的"大众自媒体"⑤（mass self-communication）（Castells，2007）对抗争行动事件的新闻建构、行为艺术手法的组织动员和具体实施，直至行动诉求的修正、扩散和传播都有着重要影响⑥。有学者（魏伟，2014）指出，街头行动的核心就是制造出符合媒体报道规律、具有新闻价值的事实。一方面，街头行动以其艺术手法中"好"的创意来吸引媒体和公众的关注：提出一个争议性话题，形式新颖，具有视觉冲击力，这些创意来自于信息发达条件下对已有活动创意的借鉴；另一方面，媒体和传播技术的发展提升了个体行动者的力量和影响，促成集体行动个体化，少数运动"明星"利用"数字的逻辑"⑦（the

---

① 高恩新：《互联网公共事件的议题建构与共意动员——以几起网络公共事件为例》，《公共管理学报》2009 年第 4 期。

② 孙玮：《"我们是谁"：大众媒介对于新社会运动的集体认同感建构——厦门 PX 项目事件大众媒介报道的个案研究》，《新闻大学》2007 年第 3 期。

③ 吕德文：《媒介动员、钉子户与抗争政治——宜黄事件再分析》，《社会》2012 年第 3 期。

④ James Richter，"Power in Movement：Social Movements and Contentious Politics. Rev. and updated 3d ed"，*Perspectives on Politics*，Vol. 11，No. 3，2013，pp. 916 – 918. 原书为 Tarrow，S. G.，*Power in Movement：Social Movements and Contentious Politics*，Cambridge，MA：Cambridge University Press，1998.

⑤ Castells，Manuel，"Communication，Power，and Counter-Power in the Network Society"，*International Journal of Communication*，No. 1，2007，pp. 238 – 266.

⑥ 魏伟：《街头·行为·艺术：性别权利倡导和抗争行动形式库的创新》，《社会》2014 年第 2 期。

⑦ 蒂利（2009）认为抗争行动形式库和群体性的诉求伸张，以及参与者协同一致的价值（worthiness）、统一（unity）、规模（numbers）和奉献（commitment），（简称 WUNC）的集中展示共同构成了社会运动的三大要素。其中，N（number）代表了社会运动的规模，即"参与运动的总人数"，请愿书上的签名，拥护者的呼声，水泄不通的街道"。

logic of numbers）（Porta & Diani①，1999），通过自媒体的发布和扩散能够迅速产生极大的社会影响②。部分学者（李苏鸣③，2005；王曼④，2012）对新媒体环境下街头行为艺术中运用新的数字传媒技术进行社会动员的"快闪"行动进行了分析。

　　资源动员理论是目前美国社会运动研究采用的主流视角，一个集体行动所能动员的资源总量将会越来越成为决定社会运动的规模和成败的关键⑤（赵鼎新，2006）。弗里曼（Jo Freeman）把运动资源分为有形资源和无形资源，前者包括金钱、空间以及对运动进行宣传的手段（如媒体），后者主要指人力资源，如技能、关系渠道、时间、奉献精神等⑥。克里斯（Daniel M. Cress）和斯诺（David Snow）认为，运动资源应该分为道德资源、物质资源、信息资源和人力资源⑦。鲍勃·爱德华兹（Bob Edwards）和约翰·麦卡锡（John McCarthy）在综合前人研究的基础上提出，运动资源应该包括五种类型：道义资源、文化资源、社会组织资源、人力资源和物质资源。其中道义资源，指外界对运动的声援，具体形式包括合法性、团结性支持、同情性支持和赞誉⑧。李良荣强调集体行动中可供运用的抗争群

---

　　① Porta, Donatella Della, MarioDiani, *Social Movements: An Introduction*, New York: Blackwell, 1999, p. 174.

　　② 魏伟：《街头·行为·艺术：性别权利倡导和抗争行动形式库的创新》，《社会》2014年第2期。

　　③ 李苏鸣：《"快闪族"行动与群体性突发事件》，《公安研究》2005年第6期。

　　④ 王曼：《如何有效开展街头公益行为艺术：以"受伤的新娘"及"占领男厕所"活动为例》，《中国发展简报》2012年第1期。

　　⑤ 赵鼎新：《社会与政治运动讲义》，社会科学文献出版社2006年版，第182页。

　　⑥ Jo Freeman, *The Politics of Women's Liberation: A Case Study of an Emerging Social Movement and Its Relation to the Polity Process*, New York: London: Longman, 1978, pp. 170 – 174.

　　⑦ Daniel M. Cress, David Snow, "Moblization at the Margins: Resource, Benefactors, and the Viability of Homeless Social Movement Organizations", *American Sociological Review*, 1996, p. 1094.

　　⑧ Bob Edwards, John McCarthy, "Resource and Social Movements Mobilization", in D. A. Snow, S. A. Soule, H. Kriesi, the Blackwell Companion to Social Movements, MA: Blackwell Pub, 2004, pp. 125 – 128.

体内部或外部资源，包括传播的手段、媒体影响、公共知识分子和意见领袖的参与等都作为社会运动的资源对事件爆发具有重要影响[①]。

总体上说，现有研究已经指出，媒体有助于将社会抗争问题化（何艳玲[②]，2005；陈映芳[③]，2006；Mertha[④]，2008；Cai[⑤]，2010）；形成行动者的身份感（孙玮[⑥]，2007）；增强其社会动员能力和文化资本，甚至成为社会抗争的存在形式本身（曾繁旭[⑦]，2009；Yang[⑧]，2009）。媒体在公共冲突中的工具效应的基础逻辑在于促成议题的增量性关注和结构性升级：个体议题—媒体议题—公众议题—公共议题。

2. 冲突走向：媒体与社会冲突之间的互动互构

Gitlin 提出社会运动与媒体之间的"霸权模式"（hegemony model）关系，即西方的社会运动总是难以在媒体上得到恰如其分的呈现，其对于媒体策略性使用的空间并不大[⑨]。随着互联网互动特性的

---

① 李良荣、郑雯、张盛：《网络群体性事件爆发机理："传播属性"与"事件属性"双重建模研究——基于 195 个案例的定性比较分析（QCA）》，《现代传播》2013年第 2 期。

② 何艳玲：《后单位制时期街区集体抗争的产生及其逻辑——对一次街区集体抗争事件的实证分析》，《公共管理学报》2005 年第 3 期。

③ 陈映芳：《行动力与制度限制：都市运动中的中产阶层》，《社会学研究》2006年第 4 期。

④ Mertha A. C. , *China's Water Warriors：Citizen Action and Policy Change*, Ithaca, NY：Cornell University Press, 2008, pp. 110 – 149.

⑤ Cai Y. S. , "Collective Resistance in China：Why Popular Protests Succeed or Fail", *China Review International*, Vol. 17, No. 1, 2010, pp. 100 – 112.

⑥ 孙玮：《"我们是谁"：大众媒介对于新社会运动的集体认同感建构——厦门PX 项目事件大众媒介报道的个案研究》，《新闻大学》2007 年第 3 期。

⑦ 曾繁旭：《形成中的媒体市民社会：民间声音如何影响政策议程》，《新闻学研究》2009 年第 100 期。

⑧ Yang G. B. , *The Power of the Internet in China：Citizen Activism Online*, New York, NY：Columbia University Press, 2009, pp. 64 – 84.

⑨ Campbell J. C. , Despard L. E. , "Book Review：The Whole World is Watching：Mass Media in the Making and Unmaking of the New Left by Gitlin. T. ", *Foreign Affairs*, Vol. 98, No. 4, 1980, pp. 718 – 719.

凸显，媒介与行动者之间早已突破了这种关系模式，也并不是简单的工具效用关系，而是更为复杂。Gamson W. A. 、Wolfsfeld G. 指出，社会运动与大众媒体间存在着依赖关系：社会运动需要媒体保持关注度，提供偏向性的报道框架，媒体需要社会运动为其创造戏剧和冲突[①]。马卫红、黄荣贵也指出，互动与互构是互联网媒介与行动者关系的突出特征，两者推动着集体抗争行动的演变。郭小安、刘明瑶剖析了"表演式抗争"的场域、道具、仪式、媒体介入四个要素及媒介动员与"表演式抗争"的互动关系[②]。黄煜、曾繁旭认为，媒体与社会抗争之间是一种"互激模式"[③]（co-empowerment model）：媒体与社会抗争在某一议题上形成密切的关系形态，因此，社会抗争成为一个地区媒体环境甚至整个媒介体系的舆论焦点，不断得到强化与升级，并促使行动者调整目标诉求，进而又影响媒体的报道内容和报道方式。互激模式的出现取决于两个变量：一是议题进入高度媒体市民社会的环境当中，形成互激效应；二是政策企业家进行灵活的框架使用，促进新运动文化在议题当中的出现。因此，在一个媒体环境越发达的地方，媒体与社会运动之间互激效应就越明显。媒体与抗争业主之间的密切互动、媒体的策划、聚焦及社论引导运动发展下的互激效应推动了社会运动的模式转换。

3. 冲突发展：影响新闻建构的社会环境分析

（1）媒体冲突呈现受历史因素和社会环境因素的影响

中国传媒三十多年的发展变化带来的矛盾张力使媒体产生了差

---

① Gamson W. A. , Wolfsfeld G. , "Movements and Media as Interacting Systems", *The Annals of the American Academy of Political and Social Science*, No. 528, July 1993, pp. 114 – 125.

② 郭小安、刘明瑶：《媒介动员视角下"表演式抗争"的发生与剧目——以"中青报门口访民集体喝农药事件"为例》，《现代传播》2016年第5期。

③ 黄煜、曾繁旭：《从以邻为壑到政策倡导：中国媒体与社会抗争的互激模式》，《新闻学研究》2011年第109期。

异化，一方面，作为市场解放力量的一部分，中国传媒在商业动力下的自主行为脱离了传统意识形态规制人民思想的功能，不仅相当程度上满足了受众消费阅听的需要，同时开拓产业发展，追求自身利益的最大化；另一方面，中国传媒仍然扮演着执政党的"喉舌"角色，是"舆论导向"的有效工具，国家机器的组成部分①。曾繁旭将基于媒体平台之上的社会组织、社会民众与国家之间的互动机制称为"媒体市民社会"②。依据媒介环境的竞争性和地方监管的严格程度，将媒体体系或者媒介环境分为"低度媒体市民社会""中度媒体市民社会""高度媒体市民社会"，他们各自有其相对应的社会行动互动方式。处于低度媒体市民社会环境中的媒体在政治上多扮演"党的喉舌"角色，没有给市民社会言论带来释放空间，由于这类议题与其角色冲突巨大，且该地区媒体没有竞争压力，故迎合受众的意愿并不强烈，所以常噤声，或避重就轻，按官方的需要引导舆论，对社会运动发挥的作用甚为微弱。而在高度媒体市民社会的环境中，社会抗争得到了媒体言论的大力支持，媒体在议程设定、舆论导向方面参与了运动，领导了运动，两者形成了互激效应、相互强化③。

中国并不存在一个完整、统一的媒体环境，曾繁旭认为，传统媒体策略性框架过程有助于促成官方舆论与民间舆论的互动，最终带来政策回应，传统媒体发挥着"调停者"的功能④。王斌、胡周萌指出，现实中有不少因素影响和制约着媒体在社会抗争中发生作用，如媒介体制、媒介机构运作规律和媒体从业者、抗争主体的社

---

① 黄煜、曾繁旭：《从以邻为壑到政策倡导：中国媒体与社会抗争的互激模式》，《新闻学研究》2011 年第 109 期。
② 曾繁旭：《形成中的媒体市民社会：草根声音如何影响政策议程》，《新闻学研究》2009 年第 100 期。
③ 黄煜、曾繁旭：《从以邻为壑到政策倡导：中国媒体与社会抗争的互激模式》，《新闻学研究》2011 年第 109 期。
④ 曾繁旭：《传统媒体作为调停者：框架整合与政策回应》，《新闻与传播研究》2013 年第 1 期。

会资本和抗争策略，它们使传统媒体成为抗争事件的鼓动者、助推者、协调者和阻抗者①（见图0-11）。

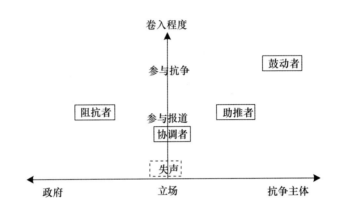

图0-11　王斌、胡周萌（2016）：社会抗争中传统媒体的角色

（2）不同性质媒体之间的互文与对冲影响着冲突的走向

"媒介间议程设置"指向了不同媒体之间的议题互动效果。纽曼（Noelle-Neumann）和Mathes指出媒介意见领袖的存在，即主流媒体（建制媒介，established media）与其他媒体（另类媒体，Alternative media）报道之间的"共鸣效果"（consonance effect）。而1991年，Mathes和Pfetsh证明了相反的结论，媒体议题可以由非主流媒体流向主流媒体，出现议题互动的"溢散效果"（spill-over effect）②。而在今天的中国，针对社会事件，主流媒体滞后报道与民间媒体超前报道之间形成的时间差使信息的时效性和权威性大打折扣，进而在社会冲突过程中导致两种效应：一是冲突状况和根源的真实性难以

----

① 王斌、胡周萌：《媒介传播与社会抗争的关系模式：基于中国情境的分析》，《江淮论坛》2016年第3期。

② 杨学丽：《从"邓玉娇案"看网络舆论参与下的议题互动》，《新闻爱好者》2009年第20期；徐宁：《BBS与报纸之间的议题互动探讨——以"芙蓉姐姐"为个案》，《新闻界》2005年第6期。

保障，加剧了民众对局势的模糊性认识，不仅不能使谣言止于真相，反而可能加重谣言的扩散；二是左右民众情绪，迅速形成"怨恨场"，使政府工作陷于被动。①

（二）媒体对公共冲突治理的影响

随着中国媒体规制体系的转变，李良荣认为，"事业性质、企业管理"成为当前我国新闻事业双重属性的表现形式。② 作为一种文化的生产者和商业的从属者，媒体的商业属性与公共属性并存，媒体的角色冲突导致媒体在公共冲突治理中所能发挥的作用具有正、负功能的区别。媒体在公共冲突治理中的正负功能与其利用主体和工具属性密不可分，这也从根本上反映了不同群体间的社会结构和权力关系。

1. 媒体在公共冲突治理中的正面功能

参与公共冲突治理是媒体监督政府、引导舆论、稳定社会的职责所在③。媒体监测环境、关系协调（Harold Lasswell，1948）、反映社会心态、感知社会意见（Elisabeth Noelle-Neumann，1993）的功能在公共冲突防范、提升冲突治理效果上意义重大。

第一，网络政治使大众传媒从传统的"一对多"型发展为"多对多"型，尤其是互联网的兴起和普及打破了传统大众传播媒介对信息源的垄断，降低了民意表达的门槛，拓宽了人们政治表达的空间和自由度，为公民的政治参与、政治沟通提供了新的渠道，提高了公众传播政治信息、表达民情民意的能力，有利于民意的表达和疏导④。

第二，大众传媒被认为应该是社会（各阶层）公众平等参与、

---

① 胡锐军：《社会冲突触发因素的政治学分析》，《政治学研究》2015 年第 2 期。
② 李良荣：《论中国新闻媒体的双轨制——再论中国新闻媒体的双重性》，《现代传播》2003 年第 4 期。
③ 陈世瑞：《公共危机管理中的沟通研究》，上海人民出版社 2011 年版，第 157 页。
④ 胡锐军：《社会冲突治理与网络政治培育和规制》，《长白学刊》2013 年第 1 期。

理性沟通的场域①（尤尔根·哈贝马斯，1999）。媒体的告知、教育、对话功能能够有效推动民众理性表达②（李明颖，2011），降低受众焦虑，防范社会风险行为③（Njenga F. G., etd., 2004）。

第三，社会化媒体使弱势群体在自我表达和赋权的过程中发泄对社会以及个人生活的不满，在促进良性信息的交换和循环中发挥民意舆论的安全阀、解压阀作用④（信莉丽，2014）。

第四，媒体的风险建构提高了风险的"社会能见度"，促进风险的决策民主⑤（郭小平，2007），提高政府科学决策和民主治理的意识。

第五，"传媒中介的协商"（mediated deliberation），即由专业传播者主持的媒体渠道上大范围的政治议题讨论⑥，通过传媒这一扩大化的协商场所（夏洁秋⑦，2007；聂静虹⑧，2013），有助于民意表达和公共商议，使社会冲突的共识达成更加迅速全面，继而促成社会民主、正义的实现⑨（李艳红，2009）。

第六，新兴媒介推动了政治的社会化，以"反腐利器"的角色

---

① ［德］哈贝马斯：《公共领域的结构转型》，曹卫东等译，学林出版社 1999 年版，第 218—230 页。

② 李明颖：《科技民主化的风险沟通：从毒奶粉事件看网路公众对科技风险的理解》，《传播与社会学刊》2011 年第 15 期。

③ Njenga F. G., Nyamai C., Kigamwa P., "Terrorist Bombing at the USA Embassy in Nairobi: the Media Response", *East African Medical Journal*, Vol. 80, No. 3, 2004, pp. 159 - 164.

④ 信莉丽：《社会化媒体中的弱势群体：自我表达与赋权》，《东南传播》2014 年第 4 期。

⑤ 郭小平：《"怒江事件"中的风险传播与决策民主》，《国际新闻界》2007 年第 2 期。

⑥ Michael Xenos, "New Mediated Deliberation: Blog and Press Coverage of the Alito Nomination", *Journal of Computer-Mediated Communication*, Vol. 13, 2008.

⑦ 夏洁秋：《相互承认的表达：公共政策过程中的大众传媒功能》，《南京社会科学》2007 年第 9 期。

⑧ 聂静虹、陈堂发：《试论新闻媒体在公共政策论辩中的功能优化》，《学术研究》2013 年第 2 期。

⑨ 李艳红：《传媒产制的"第三部门"：北美和澳大利亚社区媒体的实践、制度及民主价值》，《开放时代》2009 年第 8 期。

为政治的社会化和权力的社会监督搭建了通道①。孙五三从制度分析
的立场，提出了媒介特别是中央政府手中直接控制的媒介，在市场
转型期作为一种"治理技术"的观点，旨在制裁违纪官员，在全体
官员面前起到迅速而快捷的惩戒作用，在全国民众面前树立并巩固
党和政府公正无私的形象②。

　　不少已有的案例研究对媒体在公共冲突治理中的正面功能进行
了说明（Simon A. & Xenos M③，2000；Zaller J.④，2003；Graber
D⑤，2004；聂静虹⑥，2015）。陈力丹认为，如果媒体的监测环境功
能、关系协调功能、文化传承功能和文化娱乐功能能够规范地发挥
作用，大大减少不必要的社会冲突，调解社会矛盾，有利于构建和
谐社会⑦。孙玮也认为，中国媒体的功能只限于告知信息、表达诉求
和开展一定程度上的公共讨论，媒体的表意功能欠缺⑧，陈阳指出社
会动员和构建集体认同功能尚未被挖掘⑨。胡锐军认为，中国公民新

---

　　①　胡锐军：《社会冲突治理与网络政治培育和规制》，《长白学刊》2013 年第 1 期。
　　②　孙五三：《批评报道作为治理技术——市场转型期媒介的政治—社会运作机制》，复旦大学信息与传播研究中心、复旦大学新闻学院、中国新闻教育学会传播学研究分会、国际中华传播学会，《全球信息化时代的华人传播研究：力量汇聚与学术创新——2003 中国传播学论坛暨 CAC/CCA 中华传播学术研讨会论文集》（下册），2004年，第 16 页。
　　③　Simon A. , Xenos M. , "Media Framing and Effective Public Deliberation", *Political Communication*, Vol. 17, No. 4, 2000, pp. 363 – 376.
　　④　Zaller J. , "A new Standard of News Quality：Burglar Alarms for the Monitorial Citizen", *Political Communication*, Vol. 20, No. 2, 2003, pp. 109 – 130.
　　⑤　Graber D. , "Mediated Politics and Citizenship in the Twenty-first Century", *Annual Review of Psychology*, Vol. 55, No. 1, 2004, pp. 545 – 571.
　　⑥　聂静虹：《政府主导的传媒中介式协商：现状及问题——以中山市西区旧城改造为例》，《学术论坛》2015 年第 12 期。
　　⑦　陈力丹：《论传媒与构建和谐社会》，《电视研究》2005 年第 6 期。
　　⑧　孙玮：《转型中国环境报道的功能分析——"新社会运动"中的社会动员》，《国际新闻界》2009 年第 1 期。
　　⑨　陈阳：《大众媒体、集体行动和当代中国的环境议题——以番禺垃圾焚烧发电厂事件为例》，《国际新闻界》2010 年第 7 期。

闻的发展不均衡使其在整合社会方面的作用仍有待提高。①

2. 媒体在公共冲突治理中的负面功能

伴随着媒体商业化和市场化运营趋势的加强，媒体在公共冲突治理中的负面功能有所凸显。在商业压力和行业竞争等压力下，媒体暴力（Media Violence）使得媒体成为社会冲突的涉事者，这在新闻传播学、社会心理学已有广泛研究。"风险社会理论"的提出者贝克（Ulrich Beck）认为，大众媒体在风险的社会建构和社会界定，以及对风险的社会挑战中都扮演着关键的角色②。胡锐军指出，媒介因素（是指引发社会冲突的各种传播手段、传播平台、传播渠道、传播技术等因素的总和，包括媒介宣泄、媒体煽动、媒体动员、媒体指挥等）：信息失真与信息失灵交错为社会冲突的产生和爆发提供了诸多条件，增加了社会冲突辨识和治理的难度③（胡锐军，2015）。

第一，社会化媒体的出现为愤怒情绪传递、激进观点表达、社会风险感知带来新的挑战④（Kasperson，R. E.，1988），基于互联网的社会冲突，其组织性更加严密，渠道更加隐蔽，能够迅速达成共识、整合力量、形成组织并介入和参与冲突，破坏性更强⑤（胡锐军，2013）。

第二，新闻媒体对于政府行为的选择性报道使公民的不安全感附加上对政府应对风险能力的怀疑：要么对于政府不堪的一面，媒

① 刘素宏、丁艺：《议程融合、媒介社区化和自我赋权：公民新闻与社会整合的分析框架》，《电子政务》2013 年第 7 期。

② Simon Cottle, Ulrich Beck, "'Risk Society' and the Media: A Catastrophic View?", *European Journal of Communication*, Vol. 13, No. 1, 1998, pp. 5 – 32.

③ 胡锐军：《社会冲突触发因素的政治学分析》，《政治学研究》2015 年第 2 期。

④ Kasperson R. E., Renn O., Slovic P., Brown H. S., Emel J., Goble R., Ratick S., "The Social Amplification of Risk: A Conceptual Framework", *Risk analysis*, Vol. 8, No. 2, 1988, pp. 177 – 187.

⑤ 胡锐军：《社会冲突治理与网络政治培育和规制》，《长白学刊》2013 年第 1 期。

体倾向于关注负面消息并往往具有放大效应（张成福、边晓慧①，2013；胡锐军②，2015），约瑟夫·S. 奈伊（Joseph S. Nye）将媒体的行为形象地概括为扒粪（muckraking）与揭弊（whistle-blowing）③，降低了民众对于政府的信任感；要么迎合领导，仅从政府或官员的视角进行报道，削减内幕信息，媒体冷漠式、教条式、"和谐式"的统一灌输或宣扬不能消除公众对于事件的质疑，会引来更为激烈的不满情绪④（胡锐军，2015）。

第三，媒体对风险事件的快速广泛、大肆宣传催生民众恐惧和焦虑情绪的蔓延，给公众的社会安全感带来了诸多负面影响（李艳红⑤，2012；孙静⑥，2013）。

第四，媒体谣言的制作、传播、散布以及对公共冲突的爆发、升级和社会风险感知、沟通带来负面作用⑦（吴宜蓁，2005；陈虹，2011；陈少波，2012；唐小兵，2012；汪青云，2012；丁利强，2012；平章起，2014；曾繁旭，2015 等）。

第五，互联网以高速的信息流动、增大的流通面与便捷的沟通方式加速了社会运动扩散的过程，缩短了抗争的周期，从而可能启发和激发进一步的抗争行动，互联网强化了信息的不准确性⑧（Ker-

---

① 张成福、边晓慧：《重建政府信任》，《中国行政管理》2013 年第 9 期。

② 胡锐军：《社会冲突触发因素的政治学分析》，《政治学研究》2015 年第 2 期。

③ Nye, Joseph S. , *Introduction*：*The Decline of Confidence in Government*, In Nye J. S. , Zelikow P. D. , King D. C. eds. , *Why People Don't Trust Government*, Cambridge, MA：Harvard University Press, 1997, pp. 1 – 18.

④ 胡锐军：《社会冲突触发因素的政治学分析》，《政治学研究》2015 年第 2 期。

⑤ 李艳红：《以社会理性消解科技理性：大众传媒如何建构环境风险话语》，《新闻与传播研究》2012 年第 3 期。

⑥ 孙静：《新媒体在违法犯罪事件传播中的负导效应》，《青年记者》2013 年第 23 期。

⑦ 吴宜蓁：《企业网路谣言回应策略及其影响因素初探》，《广告学研究》2005 年第 23 期。

⑧ Kerbel, Matthew R. , Joel David Bloom, "Blog for America and Civic Involvement", *Harvard International Journal of Press Politics*, Vol. 10, No. 4, 2005, pp. 3 – 27.

bel & Bloom, 2005), 可能激化冲突的剧烈程度①（黄荣贵、桂勇，2009）。

必须说明的是，在媒介主体持续增加、技术水平不断提升和媒体自律自治能力尚不完备的情况下，媒体的正负功能使得其扮演着引发、升级社会冲突与预防、化解社会冲突的双重角色，对此学术界也是争议不断。

在已有的"新闻媒体对公共冲突过程的影响"的研究成果中，不少政治学领域的学者已经对新闻媒体在"媒介化抗争"中的工具效应进行了研究，指出了媒体作为一种抗争工具或者策略辅助冲突主体制造社会冲突，媒体在公共冲突中的工具效应的基础逻辑在于促成议题的增量性关注和结构性升级：个体议题—媒体议题—公众议题—公共议题。也有学者指出了新闻媒体在抗争运动中的工具属性之外的复杂关系，即媒体与社会冲突之间的互动互构关系左右着冲突走向，媒体在议题建构过程中受历史因素、社会环境因素、其他媒体的影响。对于"新闻媒体对公共冲突治理的影响"问题研究中，大部分学者就新闻媒体在公共冲突治理中发挥着正、负功能展开讨论，指出媒体在公共冲突治理中的双重角色：引发、升级社会冲突与预防、化解社会冲突。总体上看，首先，这些研究多集中于政治学、新闻传播学领域，而在公共冲突领域，尤其是公共冲突治理领域的研究成果并不多，缺少公共冲突的过程性视角，缺乏对于激发媒体在公共冲突治理中的正面功能、转化其负面功能的探索性研究。其次，随着媒体环境的改变，很多研究虽然从不同角度切入展开，但是多以社会事件为风向，视角零散，专业性不足，导致研究成果缺乏深度，系统性不足，指导意义欠佳。

---

① 黄荣贵、桂勇：《互联网与业主集体抗争：一项基于定性比较分析方法的研究》，《社会学研究》2009 年第 5 期。

五　对已有研究的文献述评

纵观已有的研究文献，可以发现现有研究文献呈现出以下特点和不足：

在研究学科上，学术界对于媒体的研究多集中于新闻传播学领域，立足传媒学的本源逻辑和理论对媒体及其新闻建构的社会效用进行分析；政治学、心理学中有部分学者对于媒介化抗争有所探讨，多集中于政治传播学、政治心理学、社会心理学，主要关注新媒体环境下媒体的工具效用和媒体与行动者的互动研究。公共管理领域对于媒体的公共属性研究有限，同时与其他学科之间的交叉研究成果不多。

在研究方法上，大部分政治学、公共管理学者对于新闻建构的研究多采用单案例分析法、多案例分析法、内容分析法、定量分析等。基于文本内容，过多地注重单一事件、单一类型的媒介报道分析，缺少跳出案例或者站在案例群基础上展开的针对性研究。对文本内容的分析限于语言学、修辞学的基础理论和方法，并没有在此之上实现方法创新或理论提升。

在理论支撑上，学者多借鉴中西方新闻传播学领域的议题设置理论、议题建构理论、框架理论、建构主义等来解决和回应自身学科的问题，尤其关注西方的媒介逻辑理论用以探讨中国本土化的问题。其一，忽视了公共管理自身学科的理论优势，尚未实现用公共管理的理论分析新闻建构对公共冲突的影响的研究。其二，新闻报道的题材多集中于公共领域中具有争议性、冲突性的社会问题或事件，已有研究缺少从公共冲突管理视角，利用冲突管理理论进行新闻建构与社会冲突及其治理之间关系的探讨和研究。其三，不同学科之间的理论对话有限，视角交互不多，创新不足，学术反思不强，限制了研究的理论价值和研究成果在实践指导上的意义发挥。

在研究对象上，近年来对互联网媒体相关问题的研究成为热点，如新媒体的话语分析、大众媒体的话语互动等。在公共冲突治理研究领域以社会事件为风向，凸显对新事物、新现象、新事件的关注，相对忽视了仍旧发挥重要作用的传统媒体及其与新媒体的交互作用，忽视了不同类型的媒介主体在新时期媒介环境下的互动关系，以及这种互动对公共领域、社会冲突的影响，对不同媒体的新闻建构对公共冲突及其治理的研究不充分。

在研究内容上，现有研究多集中于初步阶段的概念定义、理论介绍、案例探讨，所提出的建议也较为肤浅。经验分析较多，深层次的学理分析成果不足，研究成果零星，并没有形成系统化的具有理论意义的学术研究成果。虽然有一些研究成果颇为丰硕的学者，但是缺乏比较出色的专业化队伍，尚未形成成熟的研究范式，削弱了研究的理论价值与现实意义。

总的来说，从研究学科、研究方法、理论支撑、研究对象和研究内容上来看，关于媒体与公共管理、公共冲突治理的研究总体上还有很多不足，尤其针对具有争议性、冲突性的社会问题或事件的新闻建构，欠缺从公共冲突治理的专业角度对媒体的社会功能问题展开的系统化研究。欠缺的存在证明"媒体新闻建构对公共冲突及其治理的影响"这一研究问题具有进一步挖掘与提升的空间，也具有较强的理论价值和社会意义。

第三节　核心概念与理论支撑

一　核心概念阐析

（一）媒体、新闻与新闻建构

媒体是指传播信息的媒介。一般情况下，媒体可以分为传统媒体和新媒体两大类，传统媒体分别为报纸、杂志（第一媒体），广播（第二媒体），电视（第三媒体），新媒体为互联网（第四媒体）与移动网络（第五媒体）。为研究新闻议题建构与公共冲突及其治理问题的需要，本书所关注的"媒体"主要包括三类：政党部门主导的宣传媒体、社会企业组织的营利性媒体和微博、微信、博客等自媒体或者社交媒体，重点关注经过行政审批、具有发布新闻资质的媒体组织。

新闻是指通过报纸、电台、广播、电视台、互联网等媒体途径所传播的信息。广义而言，除了发表于报纸、广播、互联网、电视上的评论与专文外的常用文本都属于新闻，包括消息、通讯、特写、速写等，狭义的新闻则专指消息，消息是用概括的叙述方式、比较简明扼要的文字，迅速及时地报道新近发生的、有价值的事实。本书结合 1942 年陆定一提出的"新闻就是新近发生事实的报道"和范长江认为的"新闻就是广大群众欲知、应知而未知的重要事实"这两种定义，认为新闻存在两种基本属性：第一，新闻必须具有时间性。新闻所要报道的信息是新近发生的，没有时间性的信息就仿佛是明日黄花，没有任何价值。第二，新闻是客观事实的报道。不是事实的新闻就不能被称为新闻，也不能将事件的真相呈现给受众，这类信息毫无社会意义。因此，本研究立足于广义的新闻范畴，考虑报纸、广播、互联网、电视上的评论与专文外的常用文本，并对新闻消息中的历史信息（已经成为过去式的社会事件的报道，即炒冷饭）、不实信息（谣言、小道消息等）有意加以区分。

新闻建构是媒体关于新闻事件进行报道、以传递事实信息的过程，在此过程中媒体会使用不同的话语策略和建构方式，对社会事实进行有所重点、有所引导的呈现，进而引发受众的意识建构产生不同的变化、对公共冲突治理形成不同的影响。本研究中的新闻建构包括两个层面：表层和深层建构的整体（见图 0－12）。其中，新闻的表层建构主要是报道形式的建构，即新闻信息内容的主题选择、内容编排、叙述形式和态度倾向等；新闻的深层建构主要是议题框架的建构，即媒体新闻信息的提供方式及其为受众提供的看待问题的视角、思路和评判标准。本研究主要从公共冲突发生和治理的角度，指出新闻建构会对冲突主体和冲突过程产生重要影响，进而为

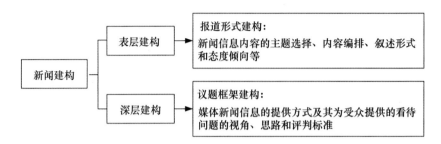

图 0-12　新闻的表层建构与深层建构

冲突治理提供机遇或形成障碍。

　　关于新闻建构对公共冲突发展及其治理的影响，本研究的理论前提是：媒体新闻是经由媒体人制作而成，其新闻报道的形成不应被理解为一种纯客观的、原始状态的呈现，而应当被理解为包含着媒体人某种特定的态度、立场和主张偏好的建构过程。新闻信息具有内在的建构性，商业收益、同行竞争、媒体形象、行业自律、政治考量、行政监管、法治考量等因素对其产生影响。新闻建构对公共冲突及其治理的影响分析主要关注三个方面的问题。第一，媒体新闻建构是包括表层的报道形式的建构和深层的议题框架的建构的整体。媒体通过使用话语策略，在选取事实、风险解读、人物评判的过程中对某些问题加以凸显，对某种态度加以强化；媒体选择的不同新闻议题框架，为人们提供看待问题的视角、思路和评判标准，这些会对公共冲突主体意识内容建构产生不同影响，进而影响公共冲突发展进程和治理效果。第二，根据新闻议题建构对公共冲突治理的功能，可将新闻议题建构方式进行分类：挑火式、灭火式、化解式和转化式；公共冲突治理过程包含四个阶段：潜在期、爆发期、升级期和平息期。在公共冲突治理过程的不同阶段，媒体各类新闻议题建构方式会对冲突治理效果产生不同影响，在这种议题生态下形成最终的冲突治理结果。第三，新闻建构在公共冲突治理中发挥作用需要一定的条件，其作用或正或负，主要看其是否与冲突治理的需要相契合。通过改变新闻建构发挥作用的条件，能使新闻建构更好地发挥公共冲突的正面功能，抑制或转化其负面功能。

（二）公共冲突与公共冲突治理

在本书中，对"公共冲突"的界定参考常健老师给予的定义。简单来说，公共冲突是事关公共利益的冲突。直接上讲，引发冲突的事项本身就是公共事项；间接上讲，虽然引发冲突的事项本身不是公共事项，但是冲突的发展影响到了公共秩序、公共安全、公共福利等公共利益。从传播学和信息理论出发，立足媒介主体，公共冲突的过程便是媒体在公共冲突的不同阶段（应该/实际上）说什么、怎么说的过程。

按照科斯的观点，社会冲突不仅仅有负面功能，社会冲突的正面功能经常超越其负面功能：内部整合、稳定、促进新群体形成、激发建立新规范、平衡等。公共冲突的作用是双向的，对公共冲突进行治理，创造和保持一种能使冲突变得对社会有益的机制十分必要。公共冲突治理就是为最大限度地引导和利用公共冲突的正面效能，控制和转化其负面功能，将公共冲突限定在适当的程度、范围和时间段内而提供的一种适宜条件、可行路径和合理方式。公共冲突治理分为三个层次：冲突处置、冲突化解、冲突转化。

二　研究理论支撑

（一）议题建构理论

议题建构理论（The Agenda-Building Theory）是对新闻传播学中议题设置理论（The Agenda-Setting Theory）的发展。

议题设置理论由美国传播学者 M. E. 麦库姆斯（Maxwell Mocombs）、唐纳德·肖（Donald Shaw）最早提出，认为"新闻媒介的优先议题将成为公众的优先议题"。议题设置通过议题的"图景重现"①（Walter Lippman，1922）来预示受众群体"想什么"②（Bernard Cohen，1963），媒介所突出强调的议题会直接影响受众对该议题重要性的判断，使其形成"议题的显著性（Salience）认知"（Maxwell Mocombs，Donald Shaw，1972）。

朗氏夫妇（Lang G. E & K. Lang）以此为基础，在对"水门事件"的研究中将其修正和发展为议题建构理论，提出了媒介议题发展成为公众议题的六个步骤：（1）报纸突出报道某些事件或活动，并使其引人注目。（2）不同种类的议题需要不同种类、不同分量看到的新闻报道，才能吸引人们的注意。（3）对处在关注焦点的事件或活动必须加以"构造"或给予一定范围的意义，从而使人们便于理解。（4）媒介使用的语言也能影响人们对一个议题重要程度的感受。（5）媒介把已成为人们关注焦点的事件或活动与政治图景中易于辨认的次级象征联系起来。人们在对某一议题采取立场时，需要一定的认识基础。（6）当知名且可信的人开始谈论一个议题时，议题建构的速度会加快。朗氏夫妇指出，在媒介议题发展成为公众议题的过程中，大众媒介、政治系统和社会公众进行着复杂的互动与博弈。

（二）公共冲突治理理论

公共冲突是事关公共利益的冲突。在内涵上，直接意义的公共冲突指的是引发冲突的事项本身就是公共事项；间接意义上讲，虽然引发冲突的事项本身不是公共事项，但是冲突的发展影响到了公共秩序、公共安全、公共福利等公共利益。在外延上，公共冲突包括仅涉及社会性的公共冲突，包括社会公众之间的冲突、社会公众与公共组织之间的冲突以及公共组织之间的冲突，也包括公共组织

---

① Walter Lippmann, *Public Opinion*, New York: Macmillan, 1922, pp. 317 – 358.

② Hollis W. Barber, "Book Review: The Press and Foreign Policy by Bernard C. Cohen", *Midwest Journal of Political Science*, Vol. 8, No. 2, May 1964, pp. 197 – 199.

内部冲突。

　　社会冲突不仅仅有传统认知里的负面功能，社会冲突的正面功能也愈发得到重视。公共冲突的作用是双向的，公共冲突治理就是为了最大限度引导和利用公共冲突的正面效能、控制和转化其负面功能，将公共冲突限定在适当的程度、范围和时间段内而提供的一种适宜条件、可行路径和合理方式，是创造和保持的一种能使冲突变得对社会有益的机制。[①]

　　公共冲突治理分为三个层次：冲突处置、冲突化解和冲突转化。三个层次相互联系、相互依赖，共同构成了公共冲突治理的整体战略结构。其中，冲突处置以结果为导向，主要处于行政领域，目标定位于对公共冲突的直接制止、控制和平息，防止冲突升级，尽快恢复正常的公共秩序。冲突化解以过程为导向，处于社会领域，目标定位在于消除双方的误解，建立信任关系，共同寻找满足冲突各方利益的解决方案。冲突转化处于政治领域，目标定位是转变造成冲突的结构性因素，需要广泛的公民参与。[②]

第四节　研究目的、方法与思路设计

一　研究目的

　　媒体的新闻报道内在地具有建构性。新闻建构是媒体使用不同的话语策略和建构方式，对社会事实有所重点、有所引导的呈现过程。媒体对"冲突性议题"这类敏感性新闻议题的建构与公共冲突及其治理之间关系直接且密切。本书在梳理现有文献的基础上，基于已有的媒体资料，以议题设置理论和公共冲突治理理论为基础，进一步探讨新闻建构对公共冲突及其治理的影响这一问题，力图实

---

①　常健等：《公共冲突管理》，中国人民大学出版社 2012 年版，第 14 页。
②　常健等：《公共冲突管理》，中国人民大学出版社 2012 年版，第 14 页。

现以下目的：

1. 立足新闻传播学和公共管理学的已有研究，借鉴社会心理学、语言学的理论，从公共管理的角度出发，将媒体新闻建构问题放置于公共管理的研究背景之下，从整体上进一步研究媒体新闻建构方式及其对公共冲突与公共冲突治理的影响。

2. 新闻传播领域中朗氏夫妇议题建构理论的重点是媒体宏观议题的建构和发展，与其不同，本书的研究对象和主要内容聚焦于新闻的微观建构，特别是新闻报道的标题设置方式、事实描述方式、结构安排方式、语言修辞方式。采用新闻文本分析、案例分析的研究方法，以公共冲突管理理论、新闻议题建构理论为理论框架，针对新闻建构对公共冲突及其治理的影响展开研究。

3. 在具体操作过程中，首先，从案例出发，基于对冲突案例的收集、积累和分析，预先考察新闻表层信息对社会冲突事件会形成什么样的影响，这种影响的程度如何，分析在新闻表层信息的不同方面对公共冲突发挥影响的基本机理；其次，从公共冲突管理理论出发，延续表层信息的作用机制分析，就新闻表层信息之下的深层建构问题展开讨论，区分媒体新闻的深层建构对公共冲突及其治理带来的不同影响，挖掘不同影响发生的内在机理和作用机制；再次，根据媒体新闻的深层建构对公共冲突及其治理的影响，对媒体新闻深层建构（即议题框架）区分基本类型，考察每一类型对公共冲突及其治理的影响，建立理论结构模型，讨论新闻建构方式对公共冲突发生影响的条件；最后，回到案例，采用案例分析法论证以上分析或发现，得出结论与启示，提出公共冲突治理中发挥新闻建构合理作用的建议。

4. 基于以上研究，立足于影响新闻建构的内外部因素、新闻深层框架建构影响公共冲突及其治理的作用机制、不同的新闻议题建构方式对公共冲突及其治理可能发挥的作用及其发挥作用的条件，提出公共冲突中发挥新闻建构合理作用的建议，以充分利用和积极引导公共冲突的正面功能，努力抑制和转化其负面功能。

二　研究方法

（一）文献研究法

文献研究法指的是围绕某一问题对文献进行检索、搜集、鉴别、加工、整理、分析、研究，进而形成对事物的本质属性和事实的内在联系的科学认识的研究方法。在学术研究中，文献研究法不仅仅可以明确问题的研究价值，了解相关问题的进展情况，还能为研究问题提供有价值的信息，为研究工作提供有益启示。本书采用文献研究法对新闻议题建构与公共冲突及其治理问题的相关研究成果进行检索、收集和分析，力图在已有研究上开展对于此问题的研究。

（二）文本分析法

文本分析法是按某一研究课题的需要，通过对一系列相关文本进行细读、分析、比较、综合，根据文本的外部特征和实际情况，从文本的表层深入到文本的深层分析，从而发现那些不常被受众注意和把握的深层意义，指出这些深层建构对公共冲突及其治理的影响机制。文本分析法一般包括文本查阅、鉴别评价、归类整理三个步骤。这种分析方法基于对二手资料的间接、非接触式研究，虽带有分析者的主观性，但以系统化的调查取样和充分客观的理据解释，并力图用事实与数据说话，进行客观、准确的分析，保证研究结果的说服力和可信度。本研究通过对新闻议题的文本进行取样查阅、鉴别评价、归类整理，挖掘其中的内在意义，发现新闻建构对公共冲突发挥作用的影响机制与内在规律。

（三）案例研究法

案例研究法是一种对一个或多个特殊事件进行系统研究的经验性研究方法，用来说明某一问题的内在规律或者分析事件间的逻辑关系。案例研究强调社会事件总的场景或所有因数的组合，描述现象发生的事件过程或事件后果，在宏观的社会环境下对个体行为展开研究与分析，从中探求现象的一般规律和特殊性，得出归纳性的普遍结论。本研究关注媒体对社会事件的新闻建构影响社会冲突的走向，展开具体新闻建构与公共冲突及其治理的关系研究，希望从案例分析中得出一般性规律和普遍性结论。

三　思路设计

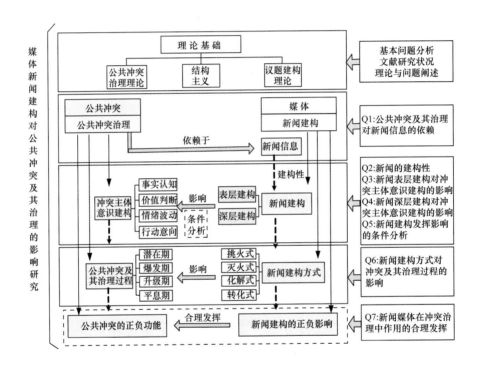

第五节　研究的创新点与不足

一　研究的创新点

媒体的新闻建构多集中于公共领域中具有争议性、冲突性的社会事件，对研究成果多集中于新闻学却具有交叉性的公共管理问题进行研究，本研究借鉴新闻学的理论基础，以公共管理学的公共冲突治理理论为支撑，结合不同学科理论体系和研究方法，展开"新闻建构对公共冲突发展过程和治理效果的影响"的问题研究，具体的创新点体现在以下三个方面。

（一）结合收集的案例及其新闻报道进行探讨分析，从结构分析出发，区分媒体新闻的表层建构、深层建构，提出了与公共冲突相关的四类 17 种媒体新闻深层建构的议题框架。

（二）将公共冲突主体的意识结构区分为事实认知、情绪波动、价值判断、行动意向四个方面，考察媒体新闻深层议题框架对受众意识内容建构的引导机制，阐述以表层建构和深层建构为整体的新闻建构的四种方式对公共冲突及其管理的四个阶段的不同影响，形成基本的理论结构模型。

（三）分析新闻建构影响公共冲突及其管理的具体条件，区分不同条件下新闻建构在公共冲突及其管理中可能发挥的正面和负面作用，判断新闻建构作用性质的标准是否与冲突管理需要相契合，以条件管理为契机发挥新闻建构的合理功能。

二　研究的不足

虽然整个研究有所发现，但依旧有一些不足，以后的学术研究将基于这些不足做进一步的完善和深化。

（一）基础数据的搜集和研究方法的不足

媒体往往是社会事件发生之后才会进行框架选择和新闻建构，这就自主排除了那些"从无到有"的挑火式新闻建构对冲突事件的影响及其对社会发展的功能。为开展对这一类媒体新闻的研究，探索公共冲突潜伏阶段的新闻建构对公共冲突的影响，只能依靠主观判断来进行基础资料的收集，这一类数据的主观性难以实现对"新闻建构对公冲突过程的影响"这一问题更为全面周到的研究。由此可以预期，本书总结的影响冲突进程的 17 种新闻议题框架是不完全的。也相信，正是这种不完全研究将为笔者后期做到更为全面的研究提供可能和机会。

（二）新闻建构对公共冲突主体的影响研究仅涉及冲突个体意识建构的影响，截至行动意向的形成

公共冲突更多地体现为一种"物理化了"的现实行动，并在此过程中涉及人与人之间的互动关系。囿于精力和篇幅有限，本书并没有就此问题展开研究，这将成为笔者以后学术研究的主要内容之一。

（三）公共冲突治理中的新闻建构管理策略的可操作性不足

在市场经济的今天，要求各类媒体选择不同框架进行新闻报道似乎并不妥当。公共管理者既要保障媒体的自由发言权利，又要防止偏激行为对社会带来负面伤害，应对两种目标共存之下的困境需要公共管理者采取更有操作性的行动方案。

第 一 章

公共冲突及其治理对
新闻信息的依赖

公共冲突是事关公共利益的冲突事件。新闻信息作为一种影响公共冲突及其治理的外部变量，公共冲突的爆发、升级和扩散及平息、化解与转化都会对其产生依赖。一方面，公共冲突的爆发、升级和扩散需要有能够引发公共冲突的信息，需要新闻信息在关键人群中的传播，需要较迅速的传播速度，需要新闻信息内容能够引发公众的对立和共鸣，还需要新闻信息的持续供给。另一方面，公共冲突治理也需要有助于冲突平息、化解、转化的信息，需要信息对关键人群产生影响，并被广泛接受，需要引发对抗的信息不断消减等。以互联网为代表的现代媒体技术的发展更好地满足了公共冲突及其治理对新闻信息的需求，强化了公共冲突及其治理对新闻信息的依赖。

第一节　公共冲突发展对新闻
信息的依赖

新闻与新闻信息不同，新闻是近段时间内发生的、有价值的社会事实，具有原生质的特点；新闻信息是媒体选择社会新闻事实中具有价值的部分，进行建构加工后呈现于世的产品。公共冲突发展对新闻信息有所依赖，这种依赖体现为公共冲突需要有能够引发冲突的新闻信息，需要新闻信息在关键人群中的传播，并以较迅速的传播速度将引发冲突的新闻信息扩散开来，并且新闻信息的内容能够引发公众的对立和共鸣，还需要新闻信息的持续供给。

一　冲突产生依赖引发冲突的信息

公共冲突发展对新闻信息的依赖首先体现在，公共冲突的产生依赖媒体提供能够引发冲突的新闻信息。社会事件的发生不一定能成为新闻，成为新闻的社会事实也不一定能引发公共冲突，只有媒体将社会新闻事件建构成带有公共冲突潜能的新闻信息，才有可能真正引发公共冲突。

借鉴物理学中自然物燃烧的原理——物理学中自然物燃烧的产生和进行必须同时具备以下三个条件：还原剂（可燃物）、着火点和氧化剂（助燃剂），社会燃烧理论指出，引起社会无序、社会大规模的不稳定，需要燃烧物、助燃剂和导火线三个因素的同时具备①。任何公共冲突的发生都不可能是毫无缘由的，燃烧物是产生公共冲突的根本原因，主要在于"人与自然"关系的不协调和"人与人"关系的不和谐。导火线是公共冲突爆发、升级的直接诱因，如某些社会纠纷、突发事件等。助燃物是与可燃物质相结合能导致燃烧的物质，社会转型期、突发事件增多、矛盾纠纷陡增、利益纠葛频现，这为媒体提供了创造引发公共冲突新闻信息的现实素材。然而，事件本身的冲突只是基础，真正引发社会广泛关注的冲突则是被建构出来的。受商业利益的驱动，很多社会性媒体在新闻报道中对负面新闻题材有所青睐，它们瞄准这些现实素材中的冲突方面，择取具

---

① 牛文元：《社会物理学与中国社会稳定预警系统》，《中国科学院院刊》2001年第1期。

有市场需求的新闻卖点，甚至无端制造与事件相关的谣言。这些新闻信息的提供可能会发挥"助燃剂"的功能，引发公共冲突。从一般意义来说，媒体提供新闻信息是对社会民众知情权的实现；从公共冲突的角度来看，媒体提供的新闻信息不仅仅满足了社会民众基本的知情权，当媒体在新闻建构中对社会事件的呈现有违预期、对涉事人物的刻画有所偏误，造成这些新闻素材以媒体负面建构而呈现为负面新闻时，还能够引发社会民众价值判断、情绪态度的改变，进而发挥"助燃剂"的负面功效：将潜在的社会冲突引向公开化，将个人的社会冲突引向公共化，将轻微的社会冲突引向严重化，将短期的社会冲突引向持续化，最终导致冲突状态由潜在浮出"水面"，冲突性质由个人关系走向公共集体，冲突程度由低烈度、低强度走向高烈度、高强度。

二　冲突发展依赖信息在关键人群中得到广泛扩散

公共冲突的关键人群对冲突的发展进程有着决定性作用。公共冲突发展对新闻信息的依赖体现在，冲突的发展进程需要新闻信息在关键人群中传播扩散。按照对冲突发展进程的影响和作用，公共冲突的主体可以分为当事方（又可以分为直接当事方和间接当事方）和第三方（又可以分为旁观第三方、媒体第三方和中介第三方）两类。[①] 以上两类主体都可能对公共冲突发展进程有着关键性的影响。冲突主体对冲突发展施加影响需要新闻信息在冲突主体，尤其是其中的关键人群中得到广泛传播。

在冲突潜在阶段，社会事项和问题等冲突源头已经处于酝酿之中，但尚未浮出"水面"，公共冲突的爆发需要新闻媒体发挥其专业的敏感性，去捕捉可能引发冲突的社会问题和稍显苗头的社会冲突，并将捕捉到的事实进行新闻建构，带入到与此事实有着直接利益相

---

① 常健、徐倩：《医患冲突升级中各类主体作用研究——基于对 150 个案例的分析》，《上海行政学院学报》2017 年第 4 期。

关的人群之中，使其在知情后采取可能的冲突互动行为。

冲突爆发之后，需要媒体以新闻报道的形式将冲突事件传播到当事方和现场知情者以外的人群中。媒体新闻信息在第三方人群中的传播为冲突的扩散、升级和持续提供条件。其一，媒体新闻信息在旁观第三方人群（即无关群众）中传播会扩大冲突事件的知情范围，大规模的人群对事件的围观一般会被定义为外部的支持者，"外在支持者对于冲突升级具有很重要的作用"①，他们提高了冲突当事方采取对抗行动的底气，易于引发冲突互动行为；其二，夹杂着主观情感和价值判断的媒体新闻可以发挥"意见领袖"的功能，引导旁观者产生与新闻信息一致的认知结构和判断倾向，局部异质性观点的减少将导致意见的单一、极化，促进冲突升级；其三，基于媒体新闻的信息内容，围观者各自脑补建构社会事件细节，易于引发旁观者从第三方的中立角色转变成为冲突的助推者，甚至直接介入到冲突事件中，导致冲突进一步扩散和升级。另外，先声夺人的媒体新闻可能成为其他媒体新闻建构的"标榜"，直接引导其他媒体的新闻建构行为和围观群众看待此事的倾向，为冲突当事方和中介第三方提供舆论支持或压力，进而影响冲突事件的走向。

三 冲突升级依赖信息引发公众对立和共鸣

公共冲突对新闻信息的依赖还体现在，媒体新闻内容能够引发公众对立和共鸣。在新闻信息引发公共冲突，或者对公共冲突产生影响这一过程中，仅仅依靠单方面的新闻信息生产和传播主体并不能促成公共冲突事件，还需要新闻客体对媒体新闻信息的接受、认可和相信，并在此影响下真正成为受众的人群产生情绪的对立和价值的共鸣。

能够引发公众情绪对立和价值共鸣的新闻内容，一方面需要媒

---

① Dean G. Pruitt, Sung Hee Kim. , *Social Conflict: Escalation, Stalemate, and Settlement*, New York: McGrraw-Hillm Companies, 2004, pp. 136 – 137.

体新闻的报道对象，即社会事件本身具有一定的新闻性和社会意义，"任何正在发生的事情，如果可以确定、证实、衡量和命名的特点越多，新闻的发生点就越多"①，同时，只有具有足够的公共价值与社会意义的社会事件，才更有可能引起公众关注；另一方面，新闻内容具有现实冲击性，最为关键的是，经过媒体新闻建构呈现的社会事件与受众意识中的"应然"内容相违背、相冲突。如媒体新闻建构呈现于众的社会事件对受众意识中优秀传统文化的挑战、对基本伦理道德的亵渎和对富有约束力的法律规范的蔑视等，这些都可能会成为媒体新闻动员社会民众，引发冲突或导致冲突升级的信息来源。"不良信息传播之所以在社会冲突事件形成中发挥作用，一个重要的前提恰恰在于作为传播受众的部分民众之中存在潜在的文化冲突"②，与受众潜在意识中应然内容有所冲突的新闻信息更有可能引发受众的情绪对立与价值共鸣，从而为之后的行动准备提供心理条件。不少限于局部地区的拆迁冲突、征地冲突在媒体新闻建构下升级、扩散成为大范围、多数人参与的、与政府直接对峙的公共冲突的事例对此已作出充分说明。

四 冲突扩散依赖信息的快速传播

信息传播与扩散是冲突发展与升级的基础条件。公共冲突发展依赖新闻媒体较迅速的传播速度以克服新闻报道与冲突事件发展的时差问题，实现社会事件发展情况的及时公布和广泛知情。

缺乏新闻媒体的支持，冲突事件的相关信息多会借助人际之间口耳相传的单一线性方式进行传播，因此信息内容有限，传播速度较慢，传播范围有限，信息的可得性差。因此，在很多情况下冲突事件的新闻信息要迟滞于冲突事件的发展进程，人们对社会事件的

---

① ［美］沃尔特·李普曼：《公众舆论》，阎克文、江红译，上海人民出版社2006年版，第245页。

② 王广聪：《泛化与扩散——不良信息传播对社会冲突事件形成作用的犯罪学分析》，《山东警察学院学报》2010年第5期。

了解处于"过去时"的状态。随着新闻媒体的主体丰富和技术发展，现代新闻媒体突破了以往的口耳相传的单一线性方式，在现代媒体技术辅助下形成了多渠道、放射性、复合式的广泛传播模式，冲突不是静止不变的，新闻信息的快速传播实现了新闻报道随着冲突事件发展同时更新，保证了人们对社会事实的了解接近于"现在进行时"，有效解决了新闻报道与冲突事件发展的时间差问题。对于受众来说，当冲突事件有了新动向、新发展时，分布于不同地域的受众便可以及时获得新闻消息，了解冲突事件的发展进展和处理情况，作出冲突情境下的决策。只有对冲突事件即时消息有所获取，受众才能了解冲突事件的最新情况；也只有对冲突事件即时信息的获取，才能实现受众对社会冲突事件的知情和对新闻信息的理解、分析和接受，引起受众或认同支持或反对质疑的及时反应，进而对冲突事件产生影响。

五 冲突持续依赖信息不间断传播

新闻的信息能量是信息内容、信息速度与信息数量之间的乘数效应，媒体信息提供的速度和持续性是影响公共冲突发展进程的重要因素。对于冲突发展对媒体信息提供与传播速度的依赖在前面有所陈述，这种依赖关系还体现在冲突发展需要媒体持续性地提供新闻信息。

在冲突发展过程中，冲突持续是指冲突在保持现有状态的前提下出现时间上的拖延，"当对立各方的冲突目标是扩展性的、在冲突目标上的共识程度低、冲突各方不能理解其对手胜利与失败的象征意义时，冲突将会延长"[1]。冲突持续需要媒体持续性地提供与之相关的新闻信息。媒体持续提供与之相关的新闻信息首先能够保证受

---

[1] Lewis A. Coser, *The functions of Social Conflict*, London: Free Press, 1964，载于冯耀云《冲突的持续性：S 村农民与政府征地纠纷问题研究》，博士学位论文，吉林大学，2013 年。

众对冲突事件的知情权，由此实现受众对事件进程的了解和基于了解事实之后引发的主观反应。尤其是对于慢性发酵、周期较长的新闻议题，冲突事件发展依赖于媒体持续性的新闻报道。新闻信息的持续性来源于对社会事件的及时追踪和题材建构，公共冲突发展需要持续性的新闻报道来满足社会民众的知情权，同时持续性的新闻报道也在维持着新闻事件的热度，扩散着冲突事件的相关信息，复制着受众认知判断，强化着受众身心体验，是积蓄公共冲突能量的基本方式。现实生活中也存在不少关于社会事件有头无尾、有前无后的新闻报道，不了了之的媒体新闻报道状态很难影响社会事件的发展方向。失去信源或者媒体缺席的社会事件是难以甚至无法发展成为公共冲突的。

第二节　公共冲突治理对新闻信息的依赖

一般来看，进行公共冲突治理需要三个关键的条件支持，而新闻媒体正好能够满足这三个条件：公共冲突治理需要一个利于冲突平息、化解和转化的主体空间和舆论环境，新闻媒体提供的有助于冲突平息、化解、转化的新闻信息，有利于减少负面情绪对冲突主体的干扰，引导第三方配合公共冲突治理的举措；公共冲突治理需要关键人群持有诚心化解冲突的意愿，新闻信息中的共同利益、价值共识、方案建议和和解愿景能够帮助关键人群树立化解冲突的信心和期待，实现公共冲突治理的目标；公共冲突治理需要社会围观者给予支持、配合的态度，而不是反对、阻滞公共冲突治理行为，有利于冲突治理的新闻信息能够被社会人群广泛接受，有效地满足公共冲突治理的需求；公共冲突治理过程需要不断消减引发公共冲突的新闻消息，媒体以对信息资源的把握，通过对话新闻、互动新闻的形式增加控制能量和化解能量，抵消冲突能量。

由此来看，公共冲突治理所需要的条件，媒体新闻均可以以自己的方式加以满足，且这种满足功能是其他社会工具所不能替代的，公共冲突治理对新闻信息有所依赖。

一 依赖有助于弱化对立的信息

如同公共冲突产生需要媒体提供能够引发公共冲突的新闻信息一样，公共冲突治理也依赖媒体提供助于冲突平息、化解、转化的新闻信息。

依据科多拉·莱曼（C. Reimann）对冲突管理过程的阶段划分：冲突处置、冲突化解和冲突转化[1]，公共冲突治理的系统化结构可以分为冲突处置、冲突化解和冲突转化三个层次[2]。其一，冲突处置直接借助带有强制性的行政力量压制冲突，使其走向表面平静。冲突处置依赖媒体提供采取冲突强制处置措施的原因、情况与后果的相关信息，以明晰社会民众对强制处置冲突行为必要性的认知，消除对冲突处置行为的误解和不满，为冲突化解和转化创造可能的机会。缺乏媒体对冲突处置措施的解释性信息，民众在面对冲突处置措施时易出现更为强烈的抵触行为。其二，冲突化解需要媒体基于社会事件建构利于冲突化解的新闻信息。因资源竞争引发的公共冲突的化解需要媒体启示主体存在合作共赢的可能性；因利益表达受限或者利益对立引发的公共冲突的化解，需要媒体提供利益表达、利益沟通和利益整合方案讨论的机会；因认同差异引发的公共冲突的化解，需要媒体引导冲突主体间的互动式反省和反思式对话，以探索对立中存在的认同的源泉[3]。因专业知识不足导致的公共冲突的化

---

[1] Cordula Reimann, "Assessing the State-of-the-Art in Conflict Transformation-Reflections from a Theoretical Perspective", *Berghor Research Center for Constructive Conflict Management*, 2004, pp. 9 – 13.

[2] 常健、许尧:《论公共冲突治理的三个层次及其相互关系》,《学习与探索》2011 年第 2 期。

[3] 常健等:《公共冲突管理》, 中国人民大学出版社 2012 年版, 第 110—112 页。

解，需要媒体提供专业信息；因误导消息、谣言而升级的公共冲突的化解，需要真实客观、具有说服力的新闻信息来明正视听。这些利于化解冲突的新闻信息很大程度上依赖于媒体加以提供，媒体的新闻消息可以为冲突化解提供一个有利的舆论空间和良好的互动氛围。其三，在冲突转化的长期过程中，"作为信息传播和政令上传下达的媒体，在这（权益表达）过程中往往被寄予厚望，起着引导和化解社会冲突的建制性作用"①。消除引发公共冲突的深层次的结构性因素，完善合理的社会制度，依赖媒体动员、引导社会民众参与制度设计的过程，媒体以提供新闻信息的方式潜移默化地产生持续影响，有利于涵化广大公民产生有序参与制度建设的理念和行为。

二　依赖能影响关键人群的信息

冲突当事方和冲突第三方是公共冲突中的关键人群，也是公共冲突治理的主要着力点，他们往往决定着公共冲突的发展进程和基本走向。冲突治理依赖新闻信息对冲突当事方和冲突第三方产生影响。

公共冲突治理依赖能影响关键人群的信息，首先体现在冲突治理需要媒体新闻发挥信息公开的作用。信息公开是公共冲突治理行动的第一步，媒体新闻对冲突事件信息的公开保证了事件真相的呈现，有利于冲突当事方跳出自我禁锢的认知牢笼，了解对方的真实需求，也利于围观群众和其他媒体消除误解、误评，客观看待整体事件的发展脉络，采取理性围观、报道行为，这是成功的公共冲突治理的前提。其次，公共冲突治理依赖新闻媒体以舆论监督的方式约束涉事冲突各方乃至第三方的过激言论和行为，为其情绪平静、理性对话、规范沟通以实现可行性方案的创造提供外部条件。再次，公共冲突治理需要媒体的新闻信息消解由冲突事件引发的负面情绪

---

① 戴海波、杨惠：《论社会冲突性议题建构中的媒体公共性》，《新闻界》2017年第3期。

和评判的极端化带来的冲突能量，缓释甚至净化冲突事件化解后的余存情绪，这有利于冲突事件的顺利化解和保证化解效果的可持续性。

媒体在公共冲突治理过程中的信息公开、舆论监督、能量消解等功能是其他任何冲突治理工具难以实现的，公共冲突治理依赖于媒体及其新闻信息的这些功能，对公共冲突的关键人群产生明正视听、行为规范和情绪引导的影响。

三 依赖能被广泛接受的信息

在新闻业中，相对于新闻建构者，传播受众处于强势地位，他们以自身注意力为资本拥有新闻信息的"消费权"，因此受众对新闻信息是否接受决定着新闻信息的传播范围，进一步决定着新闻信息影响力的大小。而社会民众对关于冲突的新闻信息的接受程度影响着冲突治理的进程和效果，冲突治理依赖于媒体提供能够被社会民众广泛接受的新闻信息。

对新闻信息的接受是对其产生认可与相信的开始，难以想象社会民众对冲突新闻信息质疑声四起，难以接受的公共冲突治理是如何开展的。没有社会民众对有利于平息、化解和转化公共冲突的新闻信息的接受，就难以实现各方主体在事实认知层面的统一，也无从谈起基于事态稳定之后主体间进行理性的对话和冷静的沟通，以及冲突化解方案的达成。社会民众对关于冲突事件媒体信息的质疑、抵触也会引发更为强烈的反抗、打击和报复行为，造成公共冲突的持续和升级。因此，冲突治理依赖媒体提供有利于冲突事件平息、化解和转化的新闻消息，且保证这些新闻消息能够被社会民众广泛接受。为此，实现社会民众对有利于冲突治理的新闻消息的接受，需要媒体了解受众的真正需求。一般来说，民众接受新闻信息内容的动机包括求知欲、好奇心、交际渴望、生活娱乐、参与诉求等，因此，要从受众的实际需求出发建构新闻内容，提高新闻内容的可接受度；使用易于理解的新闻用语，简化繁冗的新闻报道，克服受众的新闻接受障碍,增加新闻内容的可理解程度;利用受众的从众心理,鼓励意见领袖建构有利于冲突治理的新闻信息,增加新闻信息内容的可接受度;增加事实信息的真实性论证,确保信息的可证实性,提高新闻内容的可信度等,这些都有助于新闻信息的广泛接受,为有效的冲突治理创造机遇。

四　依赖引发对抗的信息不断减少

媒体新闻建构能够引发冲突,也能够消解冲突,媒体引发的公共冲突需要借助媒体将其平息。在公共冲突治理中,刺激冲突爆发与升级的新闻信息的存在需要促进冲突平息与化解的新闻信息与之进行能量抵消,不然会导致冲突一味走向持续、扩散和升级。公共冲突治理依赖媒体不断消减引发对抗的新闻信息。

大型冲突爆发的可能性分析模型[①]将冲突能量、控制能量和冲突化解能力视为导致大型冲突爆发和影响冲突严重程度的自变量,其中,冲突能量是冲突意愿与可用资源的乘数效应(即冲突能量=冲突意愿×可用资源)。冲突意愿涉及价值评价,关于冲突当事方和第三方的绝对化价值评价的新闻信息易于引发更为强烈的对抗行为,公共冲突治理需要媒体提供涉及纠正价值判断、警示评价偏误的新闻信息。信息资源是可用资源中的一类,公共冲突治理依赖媒体提供新闻信息正是对信息资源的把握,以借助其实现新闻内容之间的相互印证或相互推翻,在不同媒体之间的对话中消解能够引发公共冲突的新闻能量。另外,在冲突化解能力中,意识形态化解能力在化解各种分歧和冲突中具有重要作用。媒体是建构社会意识形态的重要力量,新闻媒体能通过社会传统文化的标榜、价值共识底线的提示、风俗信仰的规约和共同理想的号召等方式,在冲突主体间创造化解冲突的外部条件,公共冲突治

---

① 常健等:《中国公共冲突化解的机制、策略和方法》,中国社会科学出版社2013年版,第37—74页。

理需要这些外部条件，也只有这些外部条件具备之后才能保证冲突治理行动的成功。

第三节　现代媒体强化了公共冲突对新闻的依赖

如果说"媒介是人体的延伸"，那现代媒体技术的发展将媒介的延伸功能发挥得淋漓尽致。近些年，现代媒体技术的发展，尤其是随着网络技术的进步，新媒体、自媒体对社会生活的快速融入，逐步形成了全媒体景观的时代语境。以信息技术为代表的现代媒体技术的发展对现实生活的处处渗透，使人们经历着新的媒介力量带来的种种革新。以现代媒体技术为依托，媒体提供的新闻信息出现增量的变化，引发质的改变，更好地满足了公共冲突及其治理对新闻信息的需求。互联网的容量接近无穷，以互联网为媒介，扩大了人们对社会的接触面，增加了人们对社会的了解，人们拥有更多的机会，也能从更多的媒介窗口和渠道认知周围环境。媒体技术改变着人们认知社会、评判现象、了解事件的方式，强化着公共冲突及其治理对新闻媒体的依赖。

一　信息提供海量化

现代媒体技术的发展首先实现了关乎某一主题与社会事件的新闻信息的海量提供。海量新闻信息的出现，一方面得益于新闻主体从传统的媒体组织扩散至普通的社会民众，新闻主体的多元化、分散化增加了媒体的新闻源，丰富了媒体的新闻内容；另一方面得益于现代媒体技术的进步，信息接收终端日趋多元，信息传播速度超越以往。新闻信息以裂变的方式生产并传播，信息传递与现实行动间的时间差急剧缩短①。当具有新闻价值的冲突事件出现后，多元媒体实现了人际之间超越时空的即时沟通与联络，来自各个领域的信息主体借助多样化媒体传播技术为社会生产、传播与之相关的海量新闻信息。具有利益诉求的社会民众也可能投注于网络媒体建构社会新闻事件，以冲突化的新闻内容引起关注，利用"网络抗争"打造"媒体事件"为对方施压，进而实现权益维护。

不仅如此，现代媒体技术的发展改变了人们认知世界的方式，社会民众惯于从海量的新闻信息中有选择性地了解事件，认知社会。公共冲突的发展和治理都需要新闻信息的配合与支持，在满足群众需求的同时实现既定目标。

二　信息提供精准化

当新闻信息以海量规模浸入到社会生活的方方面面时，与之相伴的是，鱼龙混杂、混淆是非、错置因果、主观臆断等虚假新闻和失实消息频现甚至泛滥状况的出现，人们时时刻刻面临着辨别新闻真假、区分信息虚实的现实问题。现代媒体技术的发展不仅扩充了媒体新闻信息的规模和数量，也在新闻信息的质量方面，如正确度、精准度、清晰度等有所回应和改进。公共冲突正需要这种高质量的新闻信息实现高效率地冲突治理。

当虚假新闻和失实消息频现网端、得以传播时候，人们的信息接收、内容解读、事实判断以及由此引发一系列主观行为的过程，会增加冲突事件发展的曲折性，为公共冲突治理设置障碍。消除这种障碍需要发挥现代媒体技术，尤其是网络的"自清洁"功能②。其一，现代媒体技术的发展增加了新闻报道的信源，造成了新闻信源的结构性变化，人们在接收新闻消息时不再紧追某一单一媒体，

---

① 北京大学新闻与传播学院课题组：《新媒体时代：舆论引导的机遇和挑战》，《光明日报》2012 年 3 月 27 日第 15 版。

② 常健：《网络舆情的"自清洁"功能及其实现条件》，《天津社会科学》2013年第 6 期。

在解读新闻报道、形成事实判断时也不是局限于某一特定类型的媒体，新闻信息内容彼此之间的矛盾和排斥会引起网民的自觉筛选、自发质疑，来源于不同媒体的新闻信息之间的对话、交锋增加了人们辨别信息真假的机会，也丰富了人们验证新闻真实性的方式，冲突治理依赖网民的这种信息筛选和内容质疑进行信息净化、内容修正、去伪存真和事实澄清，在精准信息、明晰事实的基础上开展主体沟通、冲突调解、依法仲裁等冲突治理行动。其二，现代媒体技术赋予了人人发声的"麦克风"，在不实信息出现或讹传消息传播之时，当事者的事件说明、自我辩护成为具有信度的新闻消息，会对冲突事实的澄清、事件谣言的辟除、恶性猜疑的消除和负面能量的消解起到关键作用。公共冲突治理需要当事主体及时、可信、有说服力地发声来创造冲突治理的主观条件、净化公共冲突治理环境，而当事方的发声行为多依赖现代媒体技术，现代媒体技术的进步也加速了当事方发声成为现实并在冲突治理中发挥作用的步伐。其三，现代媒体技术与社会冲突相互裹挟，数次社会事件的洗礼成就了部分新闻媒体的社会公信力和影响力，冲突治理依赖富有公信力和影响力的新闻媒体在鱼龙混杂、泥沙俱下的新闻消息中进行事实说明、认知明晰和判断引导，助力有效的公共冲突治理行动。

三　突破信息时空约束

现代媒体技术的发展培养了人们感知环境、认识世界的新方式，突破了影响公共冲突发展与治理的信息条件约束，使得社会民众的信息需求与媒体技术的信息满足得以匹配，冲突发展与治理对媒体新闻的依赖愈发强烈。

媒体新闻信息克服了社会事件的地域性局限和社会民众的在场性问题，事发地域范围和民众在场与否对于冲突的发展和治理的意义正在减弱。在过去传播技术并不发达、信息稀缺的传统社会，社会事件发生的知情范围集中于涉事者和间接当事人，周围民众对事件的知情和了解多来源于人与人之间的口头传播。因此，传统社会中的信息多借助人际关系进行，是固定在某些社会人际网络范畴中的信息生产与传播行为。而随着现代社会信息技术的发展和媒体技术的进步，尤其是网络媒体的发展，新闻媒体突破了社会事件发生后的地域传播，克服了不知情者的非在场性问题，音影媒体的发展把受众带入冲突情境、使其身临其境成为可能。现代媒体技术的持续发展进一步实现了其广人之视听、新人之知识的社会功能，使得其即使在与自己有着难以跨越的物理距离和时空障碍的世界中发生的社会事件也能即时获得消息，且在技术支撑下实现情境回归。现代媒体对信息约束条件的突破导致公共冲突发展和治理对其依赖性越发强烈。

四　信息多对多自主交互功能

在传统的媒介环境中，由于反馈机制不健全，某些社会事件得以新闻报道后会形成以新闻媒体为中心的分散式传播，受者在单向度的链式传播模式中只能被动接受媒体发送的新闻信息，缺少传者与受者以及受者与受者之间对话交流的条件，不同信息链条之间的交叉十分有限。传统的媒体环境和技术条件为人们了解外部世界打开了一扇窗，人们能够透过"这扇窗"去了解更多的社会状态。然而，约束于传统的信息传播模式，人们只能"哑巴式"地去看、去听，然后基于所看所听去猜想，难以实现对这些事件新闻信息的自主"发声"与对话交流。而以互联网为代表的媒体技术的发展突破了这一传统媒体环境信息传播条件的限制和束缚，形成了网络化多向自主交叉传播模式，实现了不同主体之间的平等对话、隔空交流和开放交际。网络媒体以其信息多对多自主交互功能，让新闻受众感到了期待已久的平等与民主，建构了前所未有的公共领域，这是传统媒体无法提供的。

现代媒体技术的日新月异使人们抛弃了以往落后的信息传播方式，由于新的信息传播条件的创新性完备形成了"多对多"的网络化多向自主交叉传播局面，多样传播技术同步发展，多种传播手段并列应用，"从理论上来讲，未来世界中，每一个意识主体的意义系统都可以无障碍地传播给别的意识主体，也可以接受所有其他意识主体的意义系统，实现'传播无极限'"。① 人们既是新闻信息的接收者，也是新闻资源的制造者和传播者，现代媒体技术的发展使得传者与受者之间的界限更为模糊，也使传者与受者、受者与受者之间的主动性和互动性达到了以往所未有过的程度。冲突事件的发展依赖这种不同主体间的互动性与主动性，增加了冲突事件发展过程中的曲折情节或平息了冲突事件的发展态势，也为公共冲突的治理明晰冲突前因后果、修正冲突事件信息、消解事件不实信息、净化网络舆论空间创造了更为便捷的条件。随着现代媒体技术的发展形成的"多对多"的网络化多向自主交叉传播模式，强化了冲突发展进程与冲突治理对新闻信息的依赖。

五 信息利用的便捷性

现代媒体技术的发展为冲突发展及其治理带来的最直接的作用便是其工具性功能，即现代媒体技术作为一种工具或者平台在冲突发展及其治理中发挥作用：冲突的爆发和升级需要日新月异的媒体平台和技术支撑，冲突化解和转化依赖与日俱进的媒体平台和技术辅助。

一方面，新媒体技术成为引发和升级冲突的直接工具，冲突的爆发和升级需要媒体平台和传播技术提供支撑。近年来，以互联网为主要阵地的"新媒体事件"（也称为"网络事件"）频现网端，新媒体在引发社会冲突事件中发挥了决定性作用。如"罗尔募捐"事件依托微信公众号这一新媒体进行资金筹集，结果当事人诈骗的真相败露，引发众人不满情绪与质疑心态。可以说，新媒体为此事件的出现提供了至为关键的技术条件，甚至可以说，如果没有新媒体

---

① 蔡尚伟：《未来的传播形态与社会文明形态》，《人民论坛·学术前沿》2017年第 23 期。

可能不会出现这类事件。同时，现代媒体条件的发展衍生出不少"网络维权""媒介抗争"的社会性冲突事例，因互联网工具维权成本小、门槛低、易上手、普及率高，尤其方便草根人群在网络维权中将其作为工具加以使用；同时网络媒体互动性强、传播速度快、影响人群广，在冲突扩散与升级中可以增加外部舆论压力，可能会产生较快的成效，这是传统媒体所不能企及的，因此在漫漫长路的维权过程中网络媒体备受青睐。

另一方面，冲突化解和转化依赖不断发展的媒体平台和技术辅助。依托网络媒体技术引发的冲突事件的治理需要媒体技术加以辅助，如起源于媒体技术的"新媒体事件"的化解需要新媒体技术进行信息验证、事实阐析和结果公布，才能对关注此事件的民众给予有力回应。因此，起端于网络的社会事件需要在网络空间利用先进的媒体技术才能得到彻底化解。同时，对于利用网络媒体技术升级、扩散的冲突事件的治理需要利用网络媒体技术释放情绪、平息事态，为冲突主体进行理性对话、客观交流营造良好的舆论空间和媒介压力，引导公共冲突从升级、扩散走向化解、转化。

第 二 章

媒体新闻的建构性

　　媒体新闻的发布是一个历经建构的过程，其中，隐含着新闻建构的策略、方式、层次结构等，这些都会对受众关于新闻事件的认知、判断的意识建构产生引导作用。媒体新闻与受此引导的民众对新闻事件展开的双重建构，影响了公共冲突的发展进程及其治理效果。

　　本章主要分析媒体新闻的建构性，首先，从建构主义理论出发，阐述"媒体与受众对社会事实的双重建构"的基本观点，重点阐述新闻建构的两个层次——新闻建构包括表层的报道形式的建构，也包括深层次的议题框架的建构，并对媒体新闻建构的基本特征进行总结；其次，分析媒体自身因素和媒体生存环境对新闻建构的影响；最后，在对500余则新闻的分析之上归纳媒体新闻建构常用的八种策略技巧。

第一节　新闻建构的层次与特点

一　媒体与受众对社会事实的双重建构

（一）建构主义理论

建构主义理论（Constructivism）是一种关于知识和学习的理论。

瑞士心理学家皮亚杰（Jean Piaget）在儿童认知发展理论中便指出，学习是一种"自我构建"的思想，认知是由主体主动建构与自我理解的。与之不同，苏联心理学家维果斯基（Lev V ygotsky）认为，学习是一种"社会构建"，学习者所处社会文化历史背景对认知过程有重要影响。美国心理学家斯腾伯格（R. J. Sternberg）和德国生理学家卡茨（Katz, SirBernard）指出了个体的主动性在建构认知结构过程中的关键作用①。

在建构主义学习理论中，"意义建构"是其核心概念，加上"情境""协商"和"会话"构成了建构主义学习环境的四大要素。建构主义学习理论将皮亚杰的"自我建构理论"、维果斯基的"社会建构理论"以及个体的主动性均纳入其中，认为学习是通过信息加工活动建构对客体的解释，而个体是根据自己的经验建构知识的。据此，介于每个个体的学习过程是一种基于自身的意义的建构，已有知识经验和所处文化情境的不一致，会导致其学习到的知识也不是统一的，这种建构所形成的知识是个体化的、情境化的。

放到更广泛、更普遍的社会层面和意义上来说，建构主义是一种客观世界与主观世界的联系方式，因个体情况各异，这种联系的形成与带来的结论各不相同。并且，这种联系的形成过程与最终状态会受到多重因素的影响。比如，社会环境的因素（包括外部信息的提供情况等）、个体所处的社会环境（包括个体对外部信息的可得性等）、个人情况的不同（包括个体已有的知识经验、个体的智力等）。每个因素的不同方面和不同属性对最终建构形态的呈现均有影响。

（二）媒体与受众对新闻事实的双重建构

在"媒体通过新闻信息引导受众进行社会事件认知和建构"这一问题中，单纯考虑"外部信息供给"这一因素对受众认知与行为的影响，可以发现，社会公众通过媒体信息对社会形成认识，这一过程是社会公众基于既有的经验和知识，对媒体信息进行有意或者

---

① 参见杨维东、贾楠《建构主义学习理论述评》，《理论导刊》2011 年第 5 期。

无意的浏览、加工、处理而对报道事件形成认识和判断，形成自己理解的过程，这个过程被认为是"受众建构"。在这个过程中，原有的知识、经验是新的认识的生长点，媒体发布的信息是新认识形成的部分基础和外界刺激，媒体给予的是新闻信息，在这个媒体供给—受众接收的过程中，信息传递是基础环节，更重要的是受众个体对新闻信息的加工、处理，进而形成理解、建构意识，媒体对个人的影响最主要的便是影响受众的意义建构。换句话说，倘若受众是一些没有经验知识、自主意识和思考能力的"傻瓜"，自然不会对媒体信息进行加工处理，也自然不会产生基于这些信息处理的事实认知、价值判断和情绪波动，更谈不上会产生采取什么样的行动意向了。

媒体新闻报道本身是一个建构意义的过程，媒体在新闻报道中对社会事件进行建构性呈现。媒体是实现新闻信息从信息源传递到受信者的一切技术手段，信息是媒体工作的基本对象和核心要素。在现代新兴媒体持续更新、不断发展的形势下，相对于音频信息和影像资料，"文字符号"呈现作为媒体信息提供的基本形式，依旧占据着主导地位。媒体工作者在发布新闻前要进行事件选择、信息搜索、事实阐述、价值评判（不管是显性环节还是隐性环节）、意义呈现等一系列的活动，这个过程都是一种基于文字符号的建构过程。比如，媒体多关注什么样的社会事件，便会对这样的事件进行范围圈定或者属性界定，这个界定的过程需要用文字来表达，并将其传递给共同工作者；媒体选择某一社会事件后对其进行信息搜索，便会设定关键字，这种关键字的选择也是一种基于建构的文字表达，并围绕于此进行信息收集；媒体对社会事件的事实报道是经过文字符号建构得以实现的，其中夹杂着基本的事实信息和价值判断，也是媒体利用文字表达进行意义建构的过程。

基于以上分析可以总结，媒体新闻对公共冲突的影响起始于媒体新闻报道中对于社会事件的建构性呈现和受众受此影响对新闻事件进行的意识建构。本研究立足于公共管理学科，通过对以上两个环节展开研究，分析媒体新闻的建构性及其对公共冲突发展及其治理的影响。

二　媒体新闻的表层建构与深层建构

（一）媒体新闻建构

"媒体新闻"也可以被称为媒体的"新闻议题""新闻话题"，主要包括新闻标题与内容阐述两大部分。其中，媒体表达离不开新闻标题，狭义上讲，"媒体新闻"可以说是媒体的新闻标题。新闻标题是人们对于新闻议题的首要关注点，新闻标题建构是媒体将复杂的社会事件进行选择性地高度概括、简化表达的过程，具体内容是对新闻标题的补充性说明和具体化阐述。两个部分共同构成了媒体对社会事件的新闻议题信息，在建构过程中两者相互支持，相互补充，构成了媒体对某一社会事件进行新闻报道的"宏观结构"。

议题建构理论是对新闻传播学中麦库姆斯"议题设置理论"的发展。议题设置理论提出，通过议题的图景重现①来预示受众群体"想什么"②，媒介所突出强调的议题会直接影响受众对该议题重要性的判断，使其形成"议题的显著性（Salience）认知"③，议题设

---

① Walter Lippmann, *Public Opinion*, New York：Macmillan, 1922, pp. 317 – 358. 注：W. 李普曼（Walter Lippman, 1992）在《公众意见》一书中提出"新闻媒介影响我们头脑中的图像"思想。

② Hollis W. Barber, "Book Review：The Press and Foreign Policy by Bernard C. Cohen", *Midwest Journal of Political Science*, Vol. 8, No. 2, May 1964, pp. 197 – 199. 原书为：Bernard Cohen, *The Press and Foreign Policy*, NJ：Princeton University Press, 1963. 注：伯纳德·科恩 1963 年在《报纸与外交政策》一书中，提出论断：在多数时候，媒介在告诉他的读者该怎么想时可能并不成功；但是在告诉读者该想些什么时，却异常有效。

③ 参见［美］麦库姆斯、T. 贝尔《大众传播的议程设置作用》，郭镇之译，《新闻大学》1999 年第 2 期。注：M. 麦库姆斯（Maxwell Mocombs）和唐纳德·肖（Donald Shaw）于 1972 年在《舆论季刊》上发表论文《大众传播的议程设置作用》，提出假设：大众媒介通过日复一日的新闻选择和发布，影响着公众对于什么是当天最重要的事件的感觉。

置理论认为"新闻媒介的优先议题将成为公众的优先议题"①。朗氏夫妇以此为基础，在对"水门事件"的研究中将其修正和发展为议题建构理论，提出了媒介议题发展成为公众议题的六个步骤②，并指出在此过程中大众媒介、政治系统和社会公众进行着复杂的互动与博弈。

朗氏夫妇议题建构理论的重点是对媒体宏观议题的建构和发展，关注媒体与不同主体的关系。与其不同，本研究中的"新闻建构"主要聚焦于媒体新闻的微观建构，特别是新闻报道的标题设置方式、事实描述方式、结构安排方式、语言修辞方式和新闻报道具体内容的先后顺序排列、组织结构安排、段落关系摆布、事件联系设置，以及这些新闻建构对公共冲突进程及其治理的影响。

（二）媒体新闻的表层建构与深层建构

新闻建构是指通过使用话语策略，在选取事实、风险解读、人物评判的过程中对某些问题加以凸显，对某种态度加以强化，从而对受众的认知、情感、价值判断和行动意向形成影响。正如诺曼·费尔克拉夫所指出的："话语实践在传统方式和创造性方式两方面都是建构性的：它有助于再造社会本身，它也有助于改变社会。"③ 因

---

① 参见［美］M. 麦库姆斯、T. 贝尔《大众传播的议程设置作用》，郭镇之译，《新闻大学》1999 年第 2 期。注：M. 麦库姆斯（Maxwell Mocombs）和唐纳德·肖（Donald Shaw）于 1972 年在《舆论季刊》上发表论文《大众传播的议程设置作用》，指出，在媒介和公众的议程之间，存在一种因果联系，即经过一段时间，新闻媒介的优先议题将成为公众的优先议题。

② 注：议题建构的过程总结六个步骤：1. 报纸突出报道某些事件或活动，并使其引人注目。2. 不同种类的议题需要不同种类、不同分量的新闻报道，才能吸引人们的注意。3. 处在关注焦点的事件或活动必须加以"构造"或给予一定范围的意义，从而使人们便于理解。4. 媒介使用的语言也能影响人们对一个议题重要程度的感受。5. 媒介把已成为人们关注焦点的事件或活动与政治图景中易于辨认的次级象征联系起来。人们在对某一议题采取立场时，需要一定的认识基础。6. 当知名且可信的人开始谈论一个议题时，议题建构的速度会加快。

③ ［英］诺曼·费尔克拉夫：《话语与社会变迁》，殷晓蓉译，华夏出版社 2003 年版，第 60 页。

此，媒体的新闻议题是具有建构性的，新闻媒体可以通过使用话语
包装和修辞手法左右人们的认知和判断，建构社会关系的属性，进
而影响社会公共秩序。

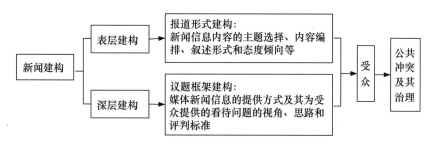

图2-1　新闻的表层建构与深层建构及其作用

具体来说，新闻建构包括报道形式和内容编排的表层建构，也
包括提供看待问题的视角、思路和评判标准的议题框架的深层建构
（见图2-1）。新闻的主题、形式、信息内容等属于新闻议题的表层
建构，媒体新闻的表层建构以具体信息的提供影响了人们的认知内
容。媒体选择哪些事件作为新闻对象进行建构，决定了受众通过媒
体新闻了解的社会事件的范围，媒体进行新闻建构采取的顺叙、倒
叙或插叙的方式影响着受众对新闻事件的关注点。媒体新闻所提供
的信息可多可少，可正可反，也会出现正面多、反面少或者与之相
反的不同情况，媒体新闻不同倾向数量的比例结构影响着人们对报
道对象的认知结构。

但是，媒体新闻对公共冲突及其治理的影响，不仅在于其所提
供的新闻信息，更重要在于其提供新闻信息的方式。媒体选择的提
供新闻信息方式，集中体现在新闻报道的标题、导语、引文、重要
段落的组织和事实提供的先后顺序上，由此为受众提供看待问题的
视角、思路和评判标准，这些会在信息提供中形成一种议题框架。
媒体从看待问题的视角、思路与评判标准出发进行新闻建构所形成
的议题框架，便是媒体新闻的深层建构。媒体不同的议题框架会引

导人们从不同的视角去看待新闻事件，从不同的思路去分析新闻事件的原则，用不同的标准去评判新闻事件的性质。在公共冲突及其治理的过程中，媒体通过建构新闻议题的不同框架来影响冲突相关各方对冲突的认知和对冲突性质的评判，从而引发情绪的波动和行动意向的选择，促使公共冲突或爆发、升级、恶化，或平息、化解、转化。

三　媒体新闻建构的特点与风格

新闻是经由媒体人制作而成，新闻的形成不应被理解为一种纯客观地对社会事件的原始呈现，而应当被理解为包含着媒体人主观偏好的建构过程。媒体新闻建构有以下三个特征。其一，态度植入是媒体新闻建构的首要特征。媒体新闻建构属于文字文化，它"依靠概念思维，只有形成明确的概念和恰当的判断，才能清楚地书写语句"①。概念定义、判断先行是媒体议题建构的特点。陈嘉明认为，"不论是自然或是社会事件，如果它们攸关人的利益、情感等因素，就会有'好坏''善恶''合理不合理'等价值评价发生，从而具有价值的因素。事实通过人们的陈述，可能会改变原来的自然属性，而被赋予主观的价值属性"②。因此，媒体新闻建构中难以避免定义、判断、态度、评价的主观带入。支持、反对还是中立的态度表达是媒体议题建构的基础要素。其二，立场优先是媒体新闻建构的另一特征。立场问题就是所谓的"站队问题"，是人们在认识问题和判断事实时所处的位置，即支持哪方，反对哪方。媒体新闻建构者是带着立场进行报道的，立场选择表达了建构者的价值偏向和观点倾向，决定了媒体新闻的受众定位。其三，主张表达是媒体新闻建构的又一特征。态度与立场的选择使得媒体在新

---

① 刘少杰：《网络社会的感性化趋势》，《天津社会科学》2016 年第 3 期。
② 陈嘉明：《事实与价值可分吗——以生态伦理学为视角》，《学术月刊》2011年第 8 期。

闻建构中无意识地进行了主张表达。主张是"群体成员对其认为有侵犯性或感到不愉快的社会状况的申诉"①，话语申诉往往制造共识，形成共鸣。主张表达一般会成为后期社会行动的动力来源。

（一）不同属性的媒体新闻建构风格

1. 党政部门媒体：政治动机更强，导致不够中立

作为公共组织的喉舌，党政媒体内嵌于特定政治体制框架，在进行新闻建构时多担负宣传、教化、引导的功能。宣传性新闻报道是党政部门媒体的主要建构类型，其立场全面、话语严肃、保持权威，在传递意志、维护形象、塑造关系等方面发挥着重要作用。因此，从维护统治、政策宣传、治国理政的需要出发，党政媒体在新闻建构中政治动机更强，导致其在新闻建构中不够中立。

随着媒体评论版块的开发，公共组织的媒体开始发挥不仅仅局限于"喉舌"的作用，而是集多功能于一身，社会责任感更强。党政媒体就专业知识疑问提供解惑，当分歧走向断裂时进行纠偏，舆论自行审判时给予警醒，网络接近暴力时提供劝诫，这些都是其不同功能的体现。释疑性新闻建构是新闻媒体以专业知识对受众的疑问进行回应的建构类型。如，央广网转载《法制日报》的两则新闻《中日对江歌案均有刑事管辖权 中国有属人管辖权》（2017 - 11 - 15）和《章莹颖、江歌等在海外遇害 国内司法机关能出手吗？》（2017 - 11 - 16），对两则社会事件的焦点法律问题进行释疑解惑。而劝诫性新闻建构是对有暴力倾向的言辞进行劝诫，防止暴力行为的建构类型。如，央视网原创两则新闻报道《江歌被害案，请等等真相》《披上道义的外衣，网络暴力就有理了吗？》（2017 - 11 - 15），劝诫人们停止过早的价值评判，等待真相，并警戒产生暴力伤害的不良行为。

---

① ［加］约翰·汉尼根：《环境社会学（第二版）》，洪大用等译，中国人民大学出版社2006年版，第64页。

2. 企业营利性媒体：商业动机更强，导致不够客观

追求盈利是每个正常运行的商业媒体的正常需要。基于经营利润的考虑，企业营利性媒体在进行新闻建构时商业动机更强，导致其新闻报道出现了过度迎合受众需要、不够客观的问题。

对于市场化经营的媒介而言，媒体的影响力与其商业收益直接挂钩，媒体影响力越高就意味着利润越高。因此，在利润最大化原则的支配下，媒介会更有冲动去选择一些易于吸引眼球的社会事件进行报道，发挥事件本身的影响力以增强媒体的影响力。面对海量信息的生产和过剩信息的供给，营利性媒体在新闻建构中善于利用受众的猎奇心态，在夸大其词、断章取义的策略中进行"标题党"式的新闻炒作，也或许从社会民众的单一立场出发进行亲民性甚至民粹性的新闻建构，乃至对深陷冲突中的某一方制造谣言，或展开恶意攻击。其最终目的是抢夺受众的注意力，增加新闻报道的点击率、收视率、阅读量和转发量，以获取新闻报道带来的商业收益。

营利性媒体自身所带有的过度商业化特征，可能使其背离媒体存在的社会功能和公器价值，媒体商业性对其公共性的侵蚀，甚至取代，造成了媒体新闻建构不够客观。

3. 社交工具的自媒体：民粹倾向存在，导致不够理性

互联网是社会转型期的最大变量[1]，随着信息技术和平民意识的双重驱动，以发挥社会交往为主要功能的自媒体在新闻建构中存在民粹主义倾向，导致其新闻建构不够理性。

其一，新闻建构主体向全体民众开放，社会民众不单单满足于被动接受新闻报道，更希望参与到新闻报道的生产、传播的过程中来。以社会民众为新闻建构主体会促使其产生民意庞杂，彼此互动，充满民声而容不得其他声音的新闻报道相互传播、相互感染，导致

---

① 舒晋瑜：《2017 年舆情事件出炉，网络热点折射社会深层变化》，《中华读书报》2018 年 1 月 3 日第 13 版。

其出现不够理性的缺点。其二，自媒体的发展为社会民众参与新闻评论，就新闻事件进行互动提供了平台和机会，然而这种互动大部分是社会民众单方面的价值评价和道德审判，缺乏来自不同立场声音的理性对话和观点交锋，也缺少网络狂欢之后的冷静分析，具有明显情绪化色彩。在"沉默的螺旋"效应下，与自我认知相违背的社会媒体被公众"边缘化"，在这种情形下，自媒体话语权仅仅"集中于"社会民众手中，也会造成其感性色彩较强、理性意识不强。其三，社会民众在自媒体平台传播的极端化认知和情绪性框架为还原事件真相、淡化价值判断、弱化冲突对立、进行对话沟通设置了障碍。这样进一步加剧了自媒体的民粹倾向，更多的人在单向度的认知、判断的道路上越走越远，需要外部力量加以打破。

（二）不同级别事件的新闻建构倾向

1. 对重大公共事件的新闻建构强调正面引导

通过对以《人民日报》为代表的相关媒体研究发现，中国媒体在面对重大公共事件时，会以整体利益为重，多围绕其正面功能进行新闻建构。如，在非典 SARS 病毒侵袭中国的期间[1]，在面对亚洲金融危机和欧洲次贷危机[2]之时，在对禽流感相关状况进行报道的过程中[3]，中国媒体使用的最少的新闻建构方式便是将其置于国家、社会、组织、群体、个人之间的冲突框架中。由于人们对这些领域并不熟悉，对这些方面的信息获取完全依赖于媒体。将社会负面事件进行具有建设性的新闻报道，促使人们面对公共危机保持理性和冷

---

① Luther C., Zhou X., "Within the Boundaries of Politics: News Framing of SARS in China and the United States", *Journalism & Mass Communication Quarterly*, Vol. 82, No. 4, 2005, pp. 857 – 872.

② Mao Z., "Cosmopolitanism and Global Risk: News Framing of the Asian Financial Crisis and the European Debt Crisis", *International Journal of Communication*, Vol. 8, 2014, pp. 1029 – 1048.

③ 薛可、王舒瑶：《议程注意周期模式下中美主流媒体对突发公共卫生事件的报道框架——以〈人民日报〉和〈纽约时报〉对禽流感的报道为例》，《国际新闻界》2012 年第 6 期。

静，防止恐慌情绪的肆意蔓延，有利于抑制其负面效应，并在挖掘事件的社会价值中将其转化为有益于民众成长和社会进步的机会。借助媒体新闻建构维持的良好、稳定的社会秩序为公共危机应对和公共冲突化解提供了外部环境和机会。

2. 对常见社会冲突的新闻建构带有负面倾向

社会转型期，冲突和矛盾充斥于社会生活的方方面面。面对常见性的社会冲突，囿于办媒宗旨、版面分布、意义考量等原因，主流媒体存在缺位、失声的问题，而营利性媒体发挥着填充这种缺位和失声的作用。在对这些常见社会冲突进行报道时，媒体青睐于采用带有负面倾向的冲突框架。社交自媒体在这种新闻框架和判断倾向的引导下，不断强化这种负向认知和判断。同时，社会转型期的冲突常态提升了人们的风险意识，人们对于常见的社会冲突比较熟悉，对存在争议的新闻事件往往依赖自己固有的认知路径和判断定势，这样就会造成冲突认知、负向判断与事件频发的恶性循环。

第二节　影响媒体新闻建构的主要因素

媒体新闻建构存在"无意识而为之"和"有意识而为之"的两种情况。"无意识而为之"的媒体新闻建构多是源于媒体新闻报道的主观行为属性，这种建构行为深嵌于媒体新闻人的意识结构中，媒体在新闻报道中的主观性使得新闻建构是"无意识而为之"；同时，"有意识而为之"的媒体新闻建构多是源于媒体所生存的外部环境的影响，即媒体生存环境中的经济、政治、社会和文化因素使得新闻具有建构性，媒体以其明确的选择与策划进行新闻呈现，以使媒体适应外部环境的约束和支持。因此，媒体自身因素和媒体生存环境均会对媒体新闻的建构方式产生影响。

一　媒体自身因素的影响

新闻人利用文字符号进行社会事件的事实阐述、情节描述、事件解读、人物评价等均是意义建构的过程，这个过程深受媒体人个体已有知识、过往经验、社会关系等因素的影响，同时媒体组织的自身属性、组织目标、发展阶段、组织文化等也会对新闻建构产生重要影响。

（一）新闻人个体因素

作为拟态环境的建设者，新闻人的自身因素会对媒体新闻建构产生重要影响。这些因素包括新闻人的专业素养、职业道德、知识系统、历史经验、社会关系等。专业素质过硬的媒体人会采用多种技巧对社会事件进行追踪报道，保证事件信息的持续供给，在新闻建构中会运用巧妙的话语策略进行事件呈现，同时也利用更多资源进行信息传播，以实现预期目标。职业道德的优劣对于新闻建构有着重要影响，具有良好职业道德的新闻人会在新闻建构中尽力遵循职业道德，摆正中立立场，努力进行客观建构；而职业道德较差的新闻人则可能会有意地进行新闻建构，采用多样化的建构方式和策略，使其产生预期效果。知识系统越是完备的新闻人，越容易减少因为知识匮乏而产生带有偏颇性新闻报道的可能性；知识体系的疏漏可能会导致新闻人在此类社会事件的新闻建构中出现失误。历史经验的丰富能够使媒体人在进行新闻建构中保持中立、理性的态度；缺少历史经验或人生阅历的新闻人在新闻建构中往往难以做到不偏不倚。社会关系易于影响人们的利益倾向，新闻人在面对生活情境中的类似新闻事件进行建构时，易于受关系网络的牵绊，产生有所偏颇的新闻报道。

（二）媒体组织内部因素

新闻人所依托的媒体组织的内部因素也会对新闻建构产生影响。其中，媒体的社会属性、组织目标、发展阶段、组织制度与文化等都会对媒体新闻建构有所影响。一般来说，作为党政喉舌的党政媒体在新闻报道时多从政治需要出发，在新闻建构时强调社会大局意识，而作为社会经营性的社会媒体在新闻建构过程中多从商业利益出发，追求更高的社会关注度。处于起步阶段的媒体在新闻建构中相对来说比较保守，追随大流，以防止过度言论影响媒体的正常运行和成长；而对于处于成熟阶段的媒体组织可能会在新闻报道中进行风险尝试，对新闻事件进行过度建构，以抢夺受众注意力。严密且执行有力的组织制度会从组织的发展、组织的形象等方面引导媒体人的新闻建构行为，竞争性的组织文化可能会催生更多的偏颇性新闻建构行为。

二　媒体外部环境的影响

媒体的生存环境涉及经济、社会、政治、行政和法律等多个层面中的多重因素（见表 2 - 1），媒体在新闻建构过程中可能会有意识地"考虑"这些因素，使得这些因素对媒体新闻建构产生影响。[①]

表 2 - 1　　　　　　　**影响新闻议题建构的主要因素**

层面	影响因素	
经济	商业收益	同行竞争
社会	媒体形象	行业自律
政治和行政	政治考量	行政规制
法治	法定权利	司法执法

资料来源：作者自制。

（一）经济因素

首先，媒体的经济生存环境会对媒体新闻建构产生影响，其中，

---

① 本部分已发表，具体信息：常健、郝雅立：《媒体新闻议题建构方式与公共冲突及其治理》，《理论探索》2017 年第 2 期，内容稍有调整。

媒体的商业收益和同行竞争对新闻建构的影响最为重要。一方面，媒体具有商业属性，媒体的商业成本和收益会对媒体新闻建构产生决定性的影响。经济收益是媒体正常运行的基本保障，社会广告投资是媒体收益的主要来源，而广告商投资的媒介选择主要受社会关注度的影响。因此，面对媒体运行的收益需求和广告投资的选择参照，媒体新闻报道会将受众本位设定为基本导向，新闻建构行为则基于吸引社会关注的基本动机。在媒介化的社会，受众猎奇、求新的心态在不断膨胀，注意力在不断缩短并聚焦至新闻标题。如何根据受众的需要、兴趣、心理、态度等来确定报道的选题、内容、角度、方式，就成为媒体新闻建构中需要考虑的重要问题。"在各种议题的肉搏战中，如何包装和操纵话题并使之成为关键议题以吸引公众的注意力成为了媒体的首要目标。"[①] 因此，媒体会在新闻建构上积极挖掘新的卖点，抓住人们眼球，寻求较高的关注度，提高收视率、阅读率、收听率、点击率，追求新闻的首发时效和轰动效应，追求媒体商业收益的最大化。另一方面，考虑到商业竞争的运作模式和盈亏衡量，日趋激烈的媒体行业竞争要求媒体新闻在建构方式上不断推陈出新，有所创意。若想在行业竞争中立于不败之地，媒体在新闻报道中不仅仅要努力"抢"新闻素材，向受众提供独家的新闻事实以吸引关注，还要尽力以独特的文本策略、语言策划、报道视角、思想观点在新闻建构上标新立异、独树一帜，力求在众多同行媒体竞争中脱颖而出。

（二）社会因素

媒体的社会生存环境会对媒体新闻建构产生影响，尤其是媒体社会形象和行业自律要求会对新闻建构产生较为重要的影响。一方面，媒体形象是媒介主体在社会信息生产和传播过程中与受众心中有意塑造的基本品相和印象的集合。媒体形象确定了媒体的

---

① 李春雷、雷少杰：《社会舆论场中媒体价值判断的分析》，《南昌工程学院学报》2015 年第 5 期。

风格类型、信息的方向定位、报道的质量高低、受众的目标群体及有别于其他媒体的特质或价值。良好的媒体形象意味着社会的承认和受众的接受，有助于形成媒体的竞争优势。因此，媒体自身的社会形象会约束媒体的新闻建构行为，甚至会作为一种参照坐标发挥基本的指导作用。另一方面，行业自律是媒体人以媒体行业内的行规、行约主动进行自我管理、自我约束、自我协调的行为。媒体的行业自律要求会对媒体形成行业内的约束压力，它要求媒体新闻建构要遵从行业共同秉持的职业道德，承担应当履行的社会责任，否则就会受到同业的道德谴责甚至规则处罚，失去同业的尊重甚至在业内的立足之地。因此，行业的自律要求会影响媒体新闻建构行为，使其在用词筛选、角度切入和尺度拿捏等方面进行自我约束。

（三）政治因素

媒体所处的政治和行政环境也会对媒体的新闻建构产生影响和约束，其中，政治考量和行政规制要求是媒体新闻建构的重要影响因素。在中国，新闻传播与意识形态具有密切的联系。与执政党和政府保持一致，坚持正确的政治方向和舆论导向是对官方媒体和社会媒体新闻建构行为的基本要求。尤其是在关乎一些碰触社会底线的敏感问题进行新闻报道和议题建构时，对媒体的政治考量会要求其坚持政治正确、顺应主流舆论导向。与此同时，政府行政规制会约束媒体运行和新闻建构。政府通过行政审批、行业许可、文化审查对媒体运行进行监管，要求新闻媒体在已有的制度框架内开展行动，如若违背政府行政规制的要求会受到行政处罚。因此，政治考量和行政规制为代表因素的政治和行政环境会对媒体新闻建构产生重要影响。

（四）法治因素

媒体生存环境中的法治因素也会对媒体新闻建构产生约束，其中，法律对各项权利的规定、司法部门对侵权责任的判定以及执法部门对法院裁定的执行是影响新闻建构的最重要因素。媒体所处的法治环境要求媒体在进行新闻议题建构时必须遵守国家的相关法律法规，在"舞刀弄枪"时保证自己的新闻议题不侵犯他人的合法权利。一方面，不得侵犯其他媒体的知识产权。媒体在进行新闻转载时必须进行合乎要求的标注。另一方面，不得侵犯涉事人的合法权益。报道内容是否符合事实，议题建构是否合乎规范，有没有不当不实的叙述和侮辱他人的言论和过度报道等，这些都是需要格外注意的。在公民对自身享有的法定权利日益明确，司法更加公正，执法日益规范和严格的大背景下，法治因素对媒体新闻构建的影响正在不断提升。

以上这些经济因素、社会因素、政治因素和法治因素会对媒体新闻建构方式产生不同程度的影响。同时，这些影响因素之间相互制约，例如，在商业收益与媒体社会形象之间，同业竞争与行业自律之间，商业收益、同业竞争与行政规制、法治约束之间都存在着一定的相互对立和相互制约。这些因素之间的相互制约关系会造成各自对媒体新闻建构影响能力的正反区分和强弱波动，进而决定新闻建构的最终形态。因此，在新闻议题管理中要从这些影响因素出发，对其进行限制或者创造条件，以此抑制或者鼓励相关新闻议题建构的行为。

第三节　新闻建构的八种话语策略

基于网络爬虫获取的 500 余个新闻报道，主要涉及征地冲突、拆迁冲突、医患冲突、经济冲突、高校冲突、环境冲突、社会冲突等领域的新闻报道和事实评价，本研究采用文本分析法，根据新闻建构中的文本特点及其对受众意识的影响方式进行新闻归类，并对每一类别进行类型分析。总结发现，媒体新闻建构常用的策略技巧主要集中于以下八种：变换背景、引导想象、渲染情节、凸显后果、贴注标签、隐性评价、归因定位、行动倡议。

一　变换背景

变换背景是对事件情境的改变，主要有情境预设和去情景化两种。情境预设分为两类。一类是利用耸人听闻的字眼描绘新闻的震撼性场景，引导受众自发想象，"脑补"现场情境，进而产生恐慌、愤怒、悲伤等负面情绪；如"广州女摊贩遭城管掐脖　女儿在旁大哭"（《南方网》，2013 - 03 - 07）。另一类是情境置换，新闻建构中设置某一情境，使受众产生媒体设置状况下的思考，引发受众身临其境，感同身受。如"遇到和颐酒店这种情况，你该如何自救？"（《今日头条》，2016 - 04 - 07）。

去情境化是把报道对象从所处的具体社会情境中抽离出来进行孤立化解读和认知。忽略事发的社会背景和前因后果，或者攻其一点，不及其余，使受众产生以偏概全、一叶障目的简化认知。如"河南项城近200人征地起冲突　官员称打死有钱赔"（《凤凰网》，2012 - 08 - 14），媒体舍弃了拆迁冲突产生的社会情境和官员言论的特定背景，对官员的言论进行强调报道，易于引发受众的愤怒与不满情绪。

二　引导想象

引导想象是媒体使用关联性的情节、质疑性的字眼和引人深思的语句等话语方式来引导读者自发想象，一方面，可以凸显可能无中生有的冲突结果；另一方面，使人们在理性思索中作出适当反应。如"教师悲愤讨薪到底打了谁的脸？"（《搜狐网》，2016 - 05 - 13）这种质疑性的媒体新闻不仅能够吸引眼球，博取人们关注，发问的方式也可以引导人们进行进一步解读，产生自己的思考和判断。"换屏起纠纷顾客扬言要砸店　一天后手机店果然被砸"（《腾讯大楚网》，2016 - 05 - 09），这种新闻建构让人不由自主地将"顾客纠纷"与"店面被砸"这两件事情联系起来，不自觉对事情的前因后果进行联想，进而产生顾客砸店的事实判断和对顾客蛮横行为的愤怒与厌恶。

三　渲染情节

在新闻建构上，媒体主动迎合受众猎奇心理，使用刺激性的字眼来描述过程细节，还原现场情境，演绎事件情节，渲染激烈行为，这样的新闻建构一方面放大了社会戾气，夸大了社会风险，引发了负面情绪；另一方面通过工具的呈现和行为的描述对他人也形成了示范效应。如"山东警察推搡中拔枪指男子头：想袭警？欢迎啊"（《腾讯网》，2015－07－20）媒体以动作描述和话语呈现的方式为受众建构了一幅警察暴戾、霸道行事的图景，让人无意识地将注意力放在警察的暴力执法上，产生对执警群体的抵触、气愤情绪。

四　凸显后果

坚持结果导向，站在结果的角度对事件进行侧重报道，以博得社会关注，增加受众震撼，是媒体新闻建构常用的策略之一。在新闻建构中，不同角度的结果呈现往往从一定程度上说明了事件对社会的损益影响。如"西安雁塔发生城管与商贩冲突：城管1死6伤，多车受损"（《网易财经》，2016－06－25），此条新闻对结果的直接呈现使人们毫不费力地想象到事件的严重程度。而反转式结果的呈现在新闻建构中以出其不意的方式凸显了事件结果的有违常理而难以接受，这些新闻在建构中多有条件性前置，以不合乎推理的事件进展吸引眼球，引发关注，有的新闻以讽刺性的口吻揭示社会问题，引人深思。

五　贴注标签

贴注标签是媒体新闻建构采用的典型策略之一。突出事件涉及者的职位、头衔、社会角色和地位，强调事发地或者事件类型，以一概全，对某一类群体贴以标签，对某一属性进行强调，赋予符号，来建构人们的"类"认知。"类"认知的形成使人们在面对社会问

题时惯于进行归类判断，转变事件性质，引爆甚至升级冲突。如
"农民工""富二代""官二代""剩女"等群体性称谓和"闹访"
"讨薪""贪污""诈骗"等事件性质标签。如"女子拒不配合防疫
登记，还打电话找'卢书记'"（《网易》，2021 – 01 – 14），这一新
闻议题将注意力锁定在"书记"这一职位上，将事件的搞特权本质
揭露出来。

六　隐性评价

对事件的性质、程度、价值进行隐性评价是媒体报道的"态度
标记"① （White，P. R. R.）。媒体通过选取有态度倾向的材料来表
达观点，或通过强调、对比、隐喻等修辞手法来暗示或明示受众，
激发其反预期。如"人性，可以丑恶到什么程度——潍坊纱布门事
件众生相"（《搜狐网》，2016 – 11 – 06），媒体将事件性质进行隐性
定义后加以报道，引发人们对人性的质疑，滋生了冷漠麻木和疏离、
不信任的社会气氛；"教育部的一件头等大事'校园欺凌'谁之过，
怎么防？"（《南方周末》，2016 – 05 – 28），以媒体的视角突出了治
理校园欺凌事件在教育事业中的重要地位，暗语教育部在治理校园
欺凌事件中应承担起相应的社会责任。

七　归因定位

媒体新闻建构中的归因定位策略是指媒体在不经过核实、调查
和分析的前提下对社会事件进行隐晦或者明确的原因定位，将矛头
指向公共冲突中的某一方或者其他对象，引发对社会事件的原因判
定和责任判属。如"尸横遍野！昆明的征地冲突事件背后可能有一
堆贪官！"（《新浪》，2016 – 10 – 14），媒体直接将冲突事件的原因

---

① White P. R. R.，"Evaluative Semantics and Ideological Positioning in Journalistic Discourse—A New Framework for Analysis"，in Lassen，I. （ed.），John Benjamins，Amsterdam，*Mediating Ideology in Text and Image*：*Ten Critical Studies*，2006，pp. 37 – 69.

定位于政府官员的贪腐行为，引导受众将矛头指向政府官员，对其产生愤怒、不满、怨恨的情绪。

八　行动倡议

媒体新闻建构在方法上多采取"间接暗示"或者"直接表达"，在语气上多采取反问、疑问、祈使、建议、警告等口吻实现对行动的倡议，在内容上多强调问题的严重性和事件的危险性，引发社会反思，提出社会的期待或者美好愿景，引导人们自发作出行为选择。如"'人被猴子弄死'，做新闻能不能对生命有起码的尊重？"（《今日头条》，2016 - 04 - 22），媒体以反问的语气直接提出了行动倡议，一方面指责了新闻人不尊重人的基本现实，另一方面也发起了新闻人要守住基本职业道德的倡议。"农家女被冒名顶替上大学，'被改写人生'需公平交代"（《凤凰网》，2020 - 06 - 11）提出事情追责和善后中要尽可能地"补偿"被顶替者失去和被改变的人生这一值得深思的建议。

【讨论】衡量媒体功能的基本尺度与框架

媒体到底是"谁"？媒体应承担怎样的社会责任？媒体的公共性问题一直是传播学研究的核心议题。不少持有"媒体公器论"的学者对媒体应然的公共价值和社会功能进行解读，如构建话语空间，表达公共诉求，体现公共利益，成为社会公众的代言人；进行舆论监督，合理质疑社会问题，成为社会责任的守望者；建构社会文化，树立正确价值观，成为社会文明的启蒙者和引领者。媒体具有"社会公器"的基本属性，这种表述在一定程度上体现为一种期待，因为随着媒体技术的发展、媒体类型的丰富和媒体使用者的普及，不少社会媒体往往走着与之相反的道路。他们有的沦落为小集团牟取商业利益的赚钱工具，有的以窥视、猎奇、报道他人隐私为主要工作内容，有的成为社会娱乐，甚至是低级、庸俗趣味的追随者。尤其在大众猎奇、对争议性事件有着强烈关注的时代，关注利润动机的媒体在围绕具有争议性的事件进行报道时往往忽视其自身承载的公共价值，进而为社会成长与进步设置障碍。为了引导媒体尽可能地发挥好其应然的社会公器作用，需要为媒体社会作用的衡量设定尺度和框架，并基于此反思和治理现实生活中不符合媒体公共价值标准的"伪公共性"问题，提出优化媒体社会功能的举措建议。①

一　媒体的社会功能贵在公器价值，推动社会成长与进步

结合媒体演变发展的历史来看，长期以来，传统媒体多以正面新闻引导为主，而新媒体的出现多充当了负面新闻的推崇者。从社会成长与发展的角度看来，欲使媒体实现其应有的公器价值与社会功能，使其公共服务职责落在实处，应在观念上把媒体视为一种推动力量，一种促进整个社会在经济、政治、社会和文化等方面的公共决策过程中实现最大可能的平等参与权的推动力量。媒体对于实现这种平等参与权的推动作用集中体现在三个方面。

其一，信息告知，保障社会民众的知情权。信息传递是媒体最基本的社会功能，也是其存在于世的基本价值。社会民众对公共信息，尤其是关乎争议事件、社会冲突、公共危机的信息，持有好奇、急迫甚至焦虑、担忧的心情，从本质上体现出对及时性、充分性媒体信息的需求，媒体"以一种公共的传播方式向广大受众公开、宣传受众未知、欲知的事"② 为根本宗旨，从速度、数量和质量上满足社会民众信息需求，为社会公众增加信息福利。

其二，促进参与，实现不同主体的表达、对话和辩论。仅仅提

---

① 注：本部分已发表，具体信息：郝雅立、温志强：《社会治理视域下媒体公器价值的衡量框架与尺度分析》，《河南大学学报》（社会科学版）2020 年第 4 期，内容稍有调整。

② 方延明：《媒介公共性问题研究三题》，《扬州大学学报》（人文社会科学版）2004 年第 6 期。

供信息难以保证媒体实现对社会进步的推动，民众参与是以媒体力量促进社会成长和进步的第一步，就公共事务进行诉求表达、交互对话与观点辩论是社会民众进行公共参与的基本形态。媒体以广泛普及的媒介设备实现了信息生产与传播的低成本化，开拓了自下而上的社会交流方式，为实现意见的平等交换、自由辩论和政府、非政府组织、公众三者之间良性互动提供了技术支撑。

其三，依法监督公共行为，镜鉴政府、问责行政。媒体负有监督政府的职责，其所取得的成效也有目共睹。作为政府公共行为的外部监督主体，人民群众的监督权在很大程度上是通过媒体来实现的。近年来，媒体的监督功能不断强化，媒体监督"落地见果"的事例一再出现。媒体以其日益强大的影响力在政务监督中发挥着不可替代的作用。媒体以"曝光""上头条""上热搜"等方式监督着政府的执政行为，由媒体作为中介的舆论监督正在成为制约权力的重要方式之一。

"社会公器"是媒体问世以来自觉追求的一种应然理想，具体体现为媒体在促进社会成长与进步中所做的"贡献"有多少。媒体的信息告知、促进参与与依法监督行为在根本上保证着媒体的公共属性，推动着社会成长与进步。反观现实，试问，媒体新闻的信息告知、促进参与与依法监督等公共职能的履行程度是怎样的？有没有一些媒体的缺位、错位和越位问题？媒体这些职能的履行对于社会的成长与进步能起到什么样的、多大的作用？对于这些问题的回答，似乎又无从下手。因此，本书认为若想确保媒体在公共领域尽可能地发挥好其应然的社会公器作用，为媒体在社会治理、成长与进步中发挥有益工具价值，需要一个衡量媒体社会功能的基本尺度或框架。

二　衡量媒体功能的基本尺度与框架

哈贝马斯《公共领域的结构转型》中的"公共性"概念为媒体的社会公器价值的定位标准与衡量框架提供了很好的借鉴。哈氏的

"公共领域"指的是资产阶级（如咖啡馆、俱乐部、沙龙、协会、教团、新闻界和广场等具有批判意识的私人组织而成）通过公共讨论的方式来调节社会冲突的一个公共话语空间，平等性、公共性、开放性与批判性是公共领域的基本特点。（1）具有独立人格、批判意识的私人组成的公众；（2）拥有自由交流、充分沟通的媒介或载体；（3）能够就普遍利益问题自由辩论、充分交流，并进行理性批判，最终达成共识①，这三个条件是构成公共领域的支点。在三个条件中，私人能就普遍利益问题进行独立思考并展开理性的批判讨论是公共领域得以存在并延续的核心，而真正的公共话语空间的形成得益于公众舆论的媒介或载体，它们对公共领域中平等发言与交往、公开讨论、理性批判、达成共识功能的实现起到了重要的机制化作用。

以此为基，衡量媒体社会公器作用的尺度必然包括以下六个方面，如表2-2所示。

表2-2 **衡量媒体功能的基本尺度**

方面	维度
是否提供均等的知情权？	经济结构、阶层分化、地域差别
是否提供开放的表达权？	表达环境、表达主体、表达渠道、表达技能、表达内容
是否能够容纳不同观点？	媒体类型的多样性、包容异议的制度环境、保护发言人的媒体技术
是否促进社会理性讨论？	对非理性讨论的态度，对话目的、规则程序与效益，讨论平台建设
是否助于形成民众共识？	主流媒体的权威、舆论监督的持久性、舆论监督的均衡性
是否影响公共政策行为？	信息对称程度、基层民意的领袖地位、对政策理性的补充程度

（一）是否提供均等的知情权

知情权与表达权是社会民众基于媒介拥有的最基本的两项权利，

---

① ［德］哈贝马斯：《公共领域的结构转型》，学林出版社1999年版，第187—205页。

显而易见，知情权置于表达权之前，知情权的实现是享有表达权的前提。媒体的开放性程度和发展水平、社会的发展阶段和已有的结构，这些都与社会知情权均等与否紧密相关。

第一，社会知情权的实现程度依赖于媒体的公开程度，媒体公开是实现信息告知这一基本功能的前提。媒体的公开性不仅仅要求媒体必须对公众保持公开透明、真实客观，在读题时代的媒体环境中，更强调媒体报道的新闻议题设置要以关键词的形式进行公开的、客观的说明和解释，而不是故意以设疑、反问、省略等方式来吸引受众的关注。因此，某种意义上说，故意创设情境以吸引受众、增加关注的媒体新闻是对社会受众知情权的变相侵害。

第二，社会阶层分化状况影响民众知情权的均等化程度。一方面，各种社会因素的影响使社会知情权出现了阶级差异，知沟理论已经说明了信息社会中的经济结构对社会阶层分化的影响。知识鸿沟和信息鸿沟的存在进一步拉大了这种阶级差异，相对于社会底层的农民和打工者，享受高等教育的人和拥有信息检索高级技能的人实现了更高程度、更加丰富、全面的社会知情权。另一方面，媒介技术的发展模糊着社会阶层之间的界限，媒介应用的亲民化和媒体工具的普遍化慢慢缩短和消弭着社会知情权的阶级差距，众多社会新闻伴随移动终端的共时传播进入到不同阶级层次的民众视野中。

第三，不同地域之间的信息落差也会造成社会民众知情权的不同。因地域差别而造成的社会知情权的不均等性可以究因为媒体技术的发展程度。就历史发展进程来看，以往的报纸、杂志只是流行于城市乡镇，农村农民的信息可及性较差；随着电视、广播等视听媒体的出现，农民一改过往的边缘化地位，走出信息孤岛，加大了与外界的沟通，但部分落后山区依旧保持着信息飞地的状况；如今计算机、移动设备和网络技术的发展进一步解决了人们获取信息、实现知情的障碍，但互联网不同程度的通畅性依旧使得不同地域的信息可抵性不同，这也是由经济基础以及受此影响的民众的知识水平、认知能力等决定的。一般来说，无论从知情的速度，还是知情的丰富程度、理性程度、全面程度，经济落后地区的人们的社会知情权的实现程度不及经济发达地区。

（二）是否提供开放的表达权

"举凡对所有公众开放的场合，我们都称之为公共的"①，公共领域的首要特点是开放。媒体社会公器功能的实现首要要求的就是开放性。公共与封闭截然相对，表达权的开放使不同社会地位的民众可以自由发声，有助于将社会问题从基层直接反映出来，投入到人们的公共视野中，进而影响公共议程和政策制定。表达权开放与否与外部的表达环境和内部的表达主体、表达渠道（或称平台）、表达技能、表达内容等均有关系。

第一，媒体的表达环境深受社会制度，尤其是媒体制度的影响。一方面，媒体制度及其衍生的媒体生存之道决定了媒体发声的偏好。一般而言，党政媒体多站在政治立场上为公共管理发声，企业媒体受到党政主义和专业主义不同程度的拷问而有所偏倚，社会媒体则力求在相互信息填补和纠正中寻求真相。媒体的表达环境决定着媒体表达的开放程度和自由程度。另一方面，媒体在面对制度约束时并不是被动而为的，尤其是社会媒体，它们会采取匿名化、无名化等方式进行公开的意见表达，在制约表达的制度环境里实现表达自我。

第二，知识鸿沟与信息鸿沟的存在，社会结构中公众角色的不同，使得不同阶级参与公共事务决策的机会以及在公共领域的话语权存在不平等的可能，这就导致了表达权的非开放性问题，即表达权的封闭性现实。约翰·基恩（John Keane）注意到了公共媒介也会不平等地分配表达权和被告知的权利，新闻工作者反而依赖仅由媒介指派的一组专家或"撰稿人"来代表公众说话②。媒体将这些

---

① ［德］哈贝马斯：《公共领域的结构转型》，学林出版社 1999 年版，第 2 页。
② ［英］奥利费·博伊德·巴雷特、克里斯·纽博尔德：《媒介研究的进路》，汪凯、刘晓红译，新华出版社 2004 年版，第 324 页。

专家或"撰稿人"作为公众的代表，所言的却是部分群体的社会利益和需求，而不是应然上的公共利益与需求。"大多数原则"是媒体进行新闻报道的基本原则，媒体对于剩余部分信息的忽略必然有违于对公共性的秉承和坚守。

第三，是否运用了贴切形势的表达技能关乎着表达权的开放程度。在转型期的中国，因利益格局调整，社会利益分化，社会矛盾增多，社会民众就自身利益问题进行诉求表达。在过去，社会民众多采取向地方政府以本土化的方式表达诉求，开展维权行动。当地方政府面临维稳政绩却不能满足自身诉求时，再寻求更高层次组织甚至中央政府的帮助，于是拦访、截访、追访的行为出现了。而如今，时过境迁，出于对成本与收益的考虑，更多的人采取利用媒体工具进行诉求表达和抗争维权。鉴于媒体发言的制度性规定，为了不被禁言，更为贴切形势、合乎规则的利益表达方式能够促进社会问题的公开呈现。

（三）是否能够容纳不同观点

开放的表达权力图促使更多的人说出自己的意见和观点，表达的开放性与媒体的容纳度息息相关。是否允许不同人群发声是社会民众表达权实现程度高低的体现，表达后是否能对外呈现，进而得以倾听与被倾听，也取决于媒体对不同声音的包容程度。鼓励表达，尊重多元，容纳异议，甚至秉持"异议先行、顺议后行"原则是对媒体的基本要求，媒体是否能够容纳不同观点，促使多元观点得以呈现也成为其是否有助于社会健康发展的衡量标准。如何判断媒体是否能够容纳不同的观点？包容异议的制度环境、多样化的媒体类型、保护发言人的媒体技术等这些因素都影响着媒体对于不同观点的容纳水平，是衡量媒体对多元声音包容水平的重要因子。

第一，媒体对于不同观点的容纳度体现着社会对不同人群的包容度，媒体的容纳程度受整体制度背景、社会结构和社会意识的影响。"在任何问题、任何事情上，只有一种意见、一种声音是不可能的，也是危险的。"① 历史上存在不让说话、不让发言的时期，对不同声音一味地捂、盖、压，会让社会在统一步调中僵硬运转，失去活力。自由民主的市民意识的兴起、新社交媒体的发展大大增加了人们的表达机会，这对过往的禁言制度提出了挑战，倒逼社会对异议、不同、差异、多元观点的包容。"承认自身的既有立场同时包容多元主义存在，或许是双方能够参与意义共建的基础"②，媒体对于不同观点的包容促使社会共识的构建。

第二，多样化的媒体类型和媒体的保护性技术大大扩展了不同观点的呈现机会。单一政党媒体时期，媒体作为政党组织机构的新闻代言人，其所报道、所传播的议题均是来自政党的声音。企业化社会媒体的出现丰富了媒体类型，媒体更为关注社会领域，互联网技术的发展和新媒体社交平台的兴起大大解放了人们的发言束缚，"两微一端"的出现让更多的人自主成为发声主体，开始生产观点，并借助媒体平台广泛传播。尤其是在过往匿名化的媒体技术下，发言人得到了技术保护，促使更多的社会声音浮出水面，网络媒体一度成为多元观点交锋的平台。实名制验证作为一种对自由发声的保护和控制，让更多的人在负责任、讲后果的制度环境下表达自我，有助于清除不明发声，杜绝恶劣言论，形成文明发言的网络线上氛围。但实名制也让一些人在"沉默的螺旋"效应下不敢讲真话，说出来会被屏蔽，讲出来会被禁言，进而湮没一些社会真声音。

（四）是否促进社会理性讨论

尊重表达的差异、容纳观点的不同，因为差异与不同的存在才能使讨论与对话成为可能。公开讨论是人们进行政治参与、开展社会沟通的基本形式。在冲突情境中，理性的对话和讨论是冲突治理

---

① 林晖：《重构解读框架：网络时代的主流媒体与中国社会共识——当代中国媒介变革透析》，《现代传播》2013 年第 2 期。
② 张小娅：《对话的重要性：国际传播中的理解与接受》，《清华大学学报》（哲学社会科学版）2015 年第 1 期。

的重要方式，是在媒介化环境中利用冲突机会、借助冲突能量促进社会成长的重要路径。媒体是否能够正视并引导非理性讨论、不同主体在对话中所要实现的目的、媒体讨论平台的建设与对话效益的实现都是衡量媒体是否有益于社会发展与进步的基本框架和尺度。

第一，媒体是否能够正视并引导非理性讨论。抱怨、调侃、谩骂等形式的非理性表达与争辩的存在是正常的，过去的非理性思维不一定弱于现在，网络媒介的出现只不过是增强了非理性声音的可视感。要正视非理性的表达，表面上它似乎影响着社会理性讨论的形成，但非理性表达能促成底线意见的完全呈现和负面情感的积极释放，使更为理性和彻底的对话成为可能：表达过滤掉非理性的情感因素，之后的思绪沉淀和底线意见促成主体间理性对话与互动讨论，达成均可接受的共识性方案，为最终的公共政策制定提供标准。

第二，理性讨论与对话不以说服为目的，不苛求孰优孰劣的定论，重在平等的互动过程，旨在实现彼此理解的追求。借助于"听众来电""公民新闻"、自媒体发声等机械性的技术手段实现的对话多是一种"技术性对话"[①]，在本质上有一种此强彼弱的地位或主导与被主导的关系，达不到真正的对话的要求。"真正的对话"是"参与者自愿而公开地进行真正的'关系建构'的对话，其中一方控制和主导的成分被降至最低"[②]，它不将公众视为受众，不将其视为试图影响的对象。因此，真正的对话以彼此倾听、彼此互动、彼此理解作为终极目标。

第三，媒体讨论平台的建设与对话效益的实现得益于良好的制度规则。近年来，越来越多社会科学家注意到对话讨论在公共冲突治理、公民成长和社会进步中的重要意义，越来越多的媒体也在实践中成功地为公共讨论搭建平台。从《婚姻保卫战》的家庭内部冲

[①]　Martin Buber, *Dialogue*, *Between Man and Man*, R. G. Smith, Trans., Boston, MA：Beacon Press, 1955, pp. 1 – 39.

[②]　张小娅：《对话的重要性：国际传播中的理解与接受》，《清华大学学报》（哲学社会科学版）2015 年第 1 期。

突、《开讲啦》的成长教育讨论、《奇葩说》的多元观点辩论，到《新闻观潮》的社会热点互动、《中国舆论场》的话题全民参与，这些媒体节目鼓励更多的人在公共场合表达自己，在多元互动、观点交织、思维碰撞中进行观念争论、话语争锋，启迪人们的心智。综上观之，这些媒体都有表达与对话的规则和程序，所有讨论均在规则框架内按照程序进行。媒体讨论平台的建设能否实现对话效益，是媒体能否实现其公共属性、实现公众教育和社会成长共赢的判断标准。

（五）是否有助于形成民众共识

媒体的多样化发展鼓励了人们自由表达，进而使多元化观点的呈现、分享、争论成为可能。毋庸置疑，多元意识的存在也为社会共识的形成提出了更多挑战，为媒体工作提出更高要求。塞缪尔·P. 亨廷顿曾言，在一个转型社会和发展中国家，共识与秩序比自由更重要。媒体的公共属性在更高层面上体现为对社会共识的塑造，这也是媒体社会公器功能的终极体现。因此，媒体能否促进社会共识的形成成为衡量媒体及其议题的基本尺度。

共识，即为一种社会大多数的同意。多元意识与社会共识貌似是对立的，但在本质上并非如此。社会共识来源于多元观点的公共讨论，社会上存在的不同观点为社会共识的形成提供基础。多元观点的存在犹如基础素材，使社会共识的形成牢牢扎根于现实，且合乎预期，不同观点经过彼此之间的博弈争论会主动形成主流意识，剔除边缘噪声，并且在公共讨论的过程中形成分享与理解，促进多元观点的整合与共识思想的塑造。"对话即便能够实现双方的相互理解，却不足以让精神层面缺乏共识的人们接受对方的价值观，从而和谐相处。"① 媒体对于社会公众精神共识的搭建意义非凡，媒体有助于形成民众共识的作用主要体现在主流媒体的权威、舆论监督的

---

① 张小娅：《对话的重要性：国际传播中的理解与接受》，《清华大学学报》（哲学社会科学版）2015 年第 1 期。

持久性和均衡性等方面。

第一，冲突、质疑、揭露、恐慌在网络社交媒体传播中受到高度青睐，"网络建构的冲突和质疑框架只会放大中国社会的风险"①，这就需要主流媒体发挥主导和纠偏作用。主流媒体所具有的影响力对净化繁杂声音、引导社会注意力、明晰社会方向有着重要作用。主流媒体的公共性价值的发挥主要依托评判功能，在纷繁复杂的舆论场域中要承担意见领袖的角色，引导其他媒体进行理性报道与评论，促进多方主体进行意义共建，以大局意识引导社会共识，从公民视角巩固社会认同，真正发挥媒体的社会公器功能。

第二，媒体舆论监督的持久性影响着社会共识的形成和巩固。媒体有始无终的报道、网民一时的线上狂欢、社会评价的单向极化都无助于媒体监督的持久性和均衡性。媒体间的理性讨论与对话能够促进人们形成社会联结，塑造社会共识。通过讨论，他们能够"由内在转向外部"：讨论使多方内在的观点表达得更为清晰，使人们更清晰地认识自己的观点，了解他人的观点。在明晰彼此观点之后，实现真正的外部沟通，使人们作出判断，促使方案的选择和社会共识的形成。

（六）是否影响公共政策行为

公共政策是对整体社会利益的权威性分配。戴维·伊斯顿认为，公共政策作为一种政治系统的输出行为，是对周围环境压力的反应②，这一压力有一部分是通过媒体带动的舆论压力呈现出来的。具体包括：（1）媒体聚集底层群众的民意压力；（2）媒体跨越层级传递的体制压力；（3）媒体代言专家精英的智慧压力。从政策过程理论来看，政策的建构与出台有其必经路径：个人问题—社会问题—公共问题—政策问题，相应的议程为：个人话题—社会关注—公共

---

① 林晖：《重构解读框架：网络时代的主流媒体与中国社会共识——当代中国媒介变革透析》，《现代传播》2013 年第 2 期。

② ［美］戴维·伊斯顿：《政治生活的系统分析》，华夏出版社 1999 年版，第 37 页。

议题—政策议程，其中，社会关注和公共议题环节均存在媒体介入议程的情况。托马斯·R. 戴伊指出，媒体在政策问题的确定、议程设置和政策评估环节发挥着重要作用①，这些作用与媒体带给政策过程的外部压力密切相关，媒体自身的政策议题设置能力对政策外部压力的大小有所影响。

在媒体普及的时代，媒体在政策过程中扮演着重要角色。第一，媒体以生产信息的方式呈现社会问题，不同的媒体有不同的信息呈现方式，阿利森（Allison）指出，相对于私人部门，公共事务更容易受到媒体的关注，政府决策经常在媒体的关注中进行②；第二，媒体以其特有的便捷性和普遍性将政策问题传播到更多公众之中，媒体对政策问题的紧紧追随会引来越来越多的重视和关注；第三，社会民众通过媒体获取政策信息，形成问题认知，社会民众通过媒体平台表达意愿、反映需求，专家精英借助媒体进行观点陈述和意见交锋，媒体通过信息传达和主体互动塑造社会共识与公共利益，为政策决策者提供有效信息。因此，媒体议题的信息对称程度、基层民意的领袖地位、对政策理性的补充程度都会形成政策议程的外部压力而对政策过程产生影响。

第一，媒体议题的信息对称程度是媒体能否影响公共政策行为的第一标准。客观性、真实性是对媒体议题的第一要求，不同媒体议题信息内容的不一致必然不能阐明清晰真实的社会事实，更不可能进入政策议题界定的范围。有所偏好与成见的媒体议题也不能确保其代表的是大多数人的意见，影响着公共政策的科学性和执行力。媒体议题的信息对称包括媒体、民众与政策主体之间事实信息的真实性、社会问题传播的一致性、政策内容宣传的无歧义等方面，是保证公共政策科学性的基础。

第二，媒体议题在基层民意的领袖地位。媒体议题能否准确了

① ［美］托马斯·R. 戴伊：《理解公共政策》，华夏出版社 2004 年版，第 28—30 页。
② 陈世瑞：《公共危机管理中的沟通研究》，上海人民出版社 2011 年版，第 111 页。

解基层民意，传递基层声音，甚至能否代表民众"倒逼"政府作出顺应民意的政策行为体现着媒体社会公器价值的大小。媒体议题的基层民意领袖地位来源于社会民众的高度卷入和参与，影响着公共政策的终极走向，保证了公共政策的合法化程度，减弱了公共政策的执行阻力，促使公共政策产生较高的社会满意度。

第三，媒体议题对政策理性的补充程度。在公共政策过程中，囿于社会问题的复杂性、人的能力的有限性和各种条件的限制，每一政策环节在有限理性思维下展开，终极政策的选择不一定是最优之选。媒体的出现改变了公共政策制定这一有限理性模式的条件。媒体通过增加发声主体和备选方案拓展了政策理性的有限程度，通过扩大监督范围减少了政策执行的误差。媒体发声利于制定的政策合乎民意，媒体监督促进政策执行的正确，媒体以其对政策理性的补充影响着政策主体的行为。

三　衡量媒体社会功能的框架阶梯

以上六个方面构成了衡量媒体议题建构功能的基本框架，总体而言，六个方面并不是彼此孤立、独立存在的，而是从低到高、前后贯穿、循序渐进的，共同构成一个整体性、系统化、阶梯状的媒体功能衡量框架。

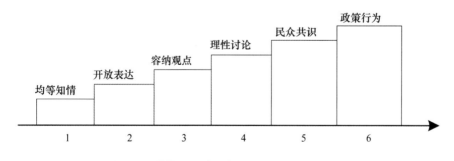

图 2-2　媒体议题对冲突治理的工具价值阶梯图

即前一个方面的实现是后一个方面实现的前提和基础，前一个方面的完成也会促成后一个方面的实现，后一个方面的实现进一步夯实前一个方面的完成程度。媒体的出现促使知情趋于最大程度的均等化，知情的均等化促进社会民众利用简单便捷的媒介工具进行自由表达，并打造自己的信息传播平台；媒体对不同主体多元观点的容纳给予了他们乃至围观者就这些观点进行理性讨论的机会，媒体搭建的低门槛公共讨论空间使更多的人参与进来，更多的观点加以呈现，民众相互争辩，观点彼此博弈，最终择优汰劣，民众在媒体平台的公共讨论中增进彼此了解，塑造社会共识；社会共识的达成为公共政策行为提供了方向，媒体的社会公器价值得以发挥。

四 不符合媒体公共性标准的三种"伪公共性"常态

就此媒体社会功能的定位标准和衡量框架，结合现实，本书提出三种常见的不符合媒体社会公共性标准的状况，用哈贝马斯的话来说就是一种"展示出来的、被操纵"的公共性，即媒体三种"伪公共性"行为。

（一）私人事务公共化

公私界限的清晰是公共性的基础，公私界限的模糊促使私人事务体现出公共事务的性质。拜媒体所赐，私人事件因为被媒体技术性炒作而备受关注，一度成为公共话题，占据自由、公开讨论公共事务的空间平台。近年来，随着自媒体的兴起，私人事务公共化已成为不少媒体事件的主要类型，因此也被称为"媒介事件"。如2013 年，南派三叔（网络作家，代表作《盗墓笔记》）自曝出轨婚姻破裂后，该事件一度占据自媒体平台，自媒体平台的社会关注与炒作将一家庭内部私事"公共化"，侵蚀了公共空间。

（二）公共事务模糊化

有些具有公共意义的社会事务，因为媒体的情绪化对待而弱化了其公共性，导致本应得到关注的公共事务却备受冷落。在市场规则下，貌似只有娱乐化的信息才能引起更多的关注，媒体以娱乐化方式表达社会情绪的倾向愈发明显，这一倾向正在逐步消解着媒体共建公共空间的行为意义。在此影响之下，社会公众产生了"泛娱乐化"情绪，导致其对本应严肃对待的公共事务也产生了情绪化的态度，多数事件淹没于信息洪流中，公共事务在情绪宣泄中淡退出人们的视野。

（三）公共事务隐匿化

具有公共意义的事件因不能被公开、媒体的报道无故中断、含糊表达等原因隐匿于人们的视野之外，从而丧失其本有的公共性。隐匿事件是对公众知情权的拒绝，是操纵出来的社会形态。模糊的事件处理结果、无故的媒体中断报道、无端的拒绝透露信息等都是公共事务隐匿化的表现，前端事件的积极报道，后续结果信息量不足，给人一种"不了了之"的错觉。公共事务隐匿化导致事件所应该具备的公共意义被稀释、被淡化，进而丧失事件本有的公共属性，造成社会民众质疑感的增强。

五　优化媒体社会功能的举措建议

在媒体管理过程中，要在媒体公共性衡量框架内对其"伪公共性"行为进行及时鉴别并加以治理，使其在公共空间发挥应有的公器价值与功能。

（一）强化媒体人的专业技能，引导社会公众的媒体热情

技术的普及和发展让更多人有了借助媒体将"个人事务"提升至"公共事件"的机会，对这一问题进行管理，首先要甄别这类新闻是出自于"有意炒作"的个人动机，还是出自"以小见大"的社会现象的反观，对于前者需要加以抑制。有意炒作多是借助技术进行媒体平台攻势，专业媒体人要以快速度、高效率的方式对其加以识别，并抓住有效时机，进行例证证明、广而告之和制度警示，将社会公众的媒体热情引向真正意义的公共空间。以技防技、以技治技，这些都要求媒体人在技术上更胜一筹。

（二）提升媒体人的以引导公共情怀，增强公共空间的话语建树

对于借助媒体将"个人事务"提升至"公共事件"的问题，也有"以小见大式"曝光社会问题、提出政策议程、推进制度更新的可能，对此媒体人不应该忽视。哪些新闻事件属于此类呢？建议可以以衡量框架中的六个方面为标准进行分辨，在议程设置中正视并重视公共事务，对其进行高频度、多角度、多方式的议题建构和新闻报道，引导社会民众和管理部门进行关注和反思。这不仅需要媒体行业人士具有专业素养，还需要媒体人具有社会观念、管理意识、预见能力和社会情怀。以技防技、以技治技的工具理性只是媒体管理的一部分，媒体的公器价值的发挥需要打造具有媒体专业技能和社会管理情怀的综合素质的队伍。

（三）引导媒体人处理好工具理性与价值理性的关系

媒体是一种社会信息的传播工具，更是一种社会价值观念的承载体。媒体人在从事媒体工作过程中要利用好媒体在信息制造与传播中的技术功能和工具优势，更要注意媒体在议题建构、观念影响、价值引导方面的公共理性作用，平衡好媒体工具理性与价值理性的关系。在技术比拼、效率竞赛、流量争锋的媒体环境下，媒体人要发扬媒体工具理性，占据主导地位。以工具理性为过程管理，以价值理性为终极追求，利用制度激励、规则约束、教育示范等方式引导媒体人处理好媒体工具理性与价值理性的关系刻不容缓。

第 三 章

公共冲突主体意识的建构

冲突主体意识结构的构成要素包括事实认知、情感波动、价值判断和行动意向，这四个要素是意识结构本身固有的，每个要素以增量的变化导致整体意识的转变。媒体新闻建构通过对冲突主体意识内容的建构产生影响，进而左右公共冲突发展进程及其治理效果。冲突治理过程需要对冲突主体的意识内容建构采取针对性举措。不管是就某一具体的冲突事件进行即时性的意识建构管理，还是在广泛意义上开展长期性的预期管理，只有了解了冲突主体意识结构及其内容建构的基本规律，才能有的放矢地进行冲突治理。

第一节　公共冲突主体意识
结构四要素

关于人的主体意识结构的分析，大多集中于心理学研究中，社会心理学对其关注颇多。在新闻学、公共管理学界，也有一些学者对公共冲突主体意识结构展开分析，不少学者（徐祖迎[①]，张钢、

---

① 徐祖迎：《网络动员对冲突管理的四大挑战》，中国管理现代化研究会、复旦管理学奖励基金会，《第十届（2015）中国管理学年会论文集》，2015 年，第 7 页。

崔红云①，许尧②等）将人的主观心理（这里我们将其称为"意识结构"）分为认知、情感、价值和行动四个方面。从主观感受到采取行动的个体"心理—行为"过程也集中于这四个方面的增量变化，进而促成意识内容的转变。

媒体新闻通过对社会事实的建构，构造以现实世界为原始蓝本，但与现实世界有偏离的"拟态环境"。因此，媒体新闻建构之下的"拟态世界"既不是不以人的意志为转移的真实的客观世界，也不是纯粹臆想的主观世界。受众将一系列主观活动置于这个大众媒介建构的拟态环境中，在有意识或者无意识的主观行为中对媒体新闻选择理解和自发想象，建构自以为的真实世界。"由于这种加工选择和结构化活动是在一般人看不见的地方（媒体内部）进行的，所以通常人们意识不到这一点，而往往把拟态环境作为客观环境本身来看待"③，并基于此进行关于新闻事件发展来龙去脉和因果关系的事实认知，产生新闻事件"是否是令人不舒服""有多么得令人不悦"的情绪波动和"是否是不合乎情理""是否是挑战自身信念"的价值判断，进而为受众产生"是否参与冲突"的行动意向提供支持。

一　事实认知

认知是知识和信念的集合，公共冲突的事实认知（以下称为"冲突认知"）是人们对带有冲突色彩的社会事实的看法、知识及信念等。一般来说，公共风险、社会危机和公共冲突的认知建构主要来自三个方面：个人经历的直接经验，他人转述的间接经验，经由媒体报道所获得的知觉体验。在媒体产业如此发达的今天，媒体对个体知觉的社会建构能力增强。由于公共冲突具有起初阶段参与度

① 张钢、崔红云：《冲突不对称的前因：一个基于过程观的分析》，《科技进步与对策》2013 年第 3 期。

② 许尧：《群体性事件中主观因素对冲突升级的影响分析》，《中国行政管理》2013 年第 11 期。

③ ［美］李普曼：《舆论学》，林珊译，华夏出版社 1989 年版，第 89 页。

低、发生后关注度高的特点，大部分人对公共冲突的社会认知几乎都是通过媒体报道获得的。

（一）事实认知的四个特征

1. 认知具有锁定性，不易改变

媒体新闻的表层建构往往不仅仅是就事论事，对某一具体社会事件进行事实呈现，而是在提供这些事实信息的同时，更多的是采取贴注标签、价值审判等策略，以改变社会公众关于相似社会现象的刻板印象和固有评价。而对于受众来说，他们对某一社会事件新闻报道的选择性关注和意见表达，更多的也是基于已有社会事实和感受的记忆勾连。按照锁定的认知方向，受众对新闻事件进行有选择的关注和解读，人们很难改变已沉淀于认知深处的固化的认知内容。

2. 认知的路径依赖性

"是怎样"是媒体新闻表层建构需要考虑的基本问题，而更重要的问题是，新闻建构对受众的思维的影响，即受众"怎样想"。在不间断的媒体新闻刺激下，受众会被培养出思考问题的基本模式，并持续强化。在已有的思维模式下，受众在面对具体社会事件之时会不自觉地遵循惯性，产生路径依赖，即按照已有的信念轨迹，在固有的思维定式和认知路径下对当前事件进行认知判断。

3. 认知的预设性

基于认知的锁定性和路径依赖性，认知会表现出预设性。并且随着媒体新闻表层建构的持续暗示，认知的预设性在个体头脑中不断强化，在人际之间不断传染，逐渐累积，由此产生了一个强大的"话语丛"或"意见场"。在某种消息的刺激下，认知的预设性会促进人们自发想象出自以为真实的社会事实，预言社会发展趋势，基于此建立社会预期。

4. 认知的解放

每个人对同一事情会有自己的观点，理解不尽统一，尤其是在面临压力与结构出现问题时①。随着媒体的发展，尤其是随着社交媒体的互动程度的增加，"是什么""为什么""怎么办"的媒体新闻串联、演进和不同主体的讨论、交流催生了认知的解放，促使人们自发正视社会不公正问题，并探求其深刻的、制度性的、系统性的归因。认知解放的"核心就是对现有制度的结构化弊端的认识"②，这一过程可以"通过自身经历、学习过程或与其他抗争者讨论来实现"③。

（二）冲突认知的两个维度

本书认为，冲突认知是包含冲突原因、冲突主体、冲突情节、冲突过程等基本冲突信息的认识，也是媒体新闻建构时侧重考虑的方面。受启发于达伦多夫关于社会冲突程度的观点，在学理研究中涉及冲突程度的"冲突认知"一般被分为两个维度：冲突的强度和烈度。

冲突强度和冲突烈度是媒体进行新闻建构的着力点。冲突强度是"冲突双方的能量消耗以及他们卷入冲突的程度"④，是冲突主体投入成本的体现。冲突强度的大小取决于冲突的根源状况，因此媒体就冲突强度进行的新闻建构多包含着冲突的具体原因和这一原因存在于社会的具体状态，即程度怎样、危害多大。如2016年《搜狐网》"津500套房竟引千人暴乱"这一新闻建构内容说明了"住房"这一社会原因会引发群体性的暴乱冲突，突出了住房这一社会问题对于人们生活的影响程度，"使千人卷入，并采取暴乱行为争取利益"，是对冲突强度的体现。

---

① Weick K. E. , "Prepare Your Organization to Fight Fire", *Harvard Business Review*, Vol. 74, No. 3, 1996, pp. 143 – 148.

② 曹峰、李海明、彭宗超：《社会媒体的政治力量——集体行动理论的视角》，《经济社会体制比较》2012年第6期。

③ 孙小逸、黄荣贵：《维权情境中的自发性认知解放：以业主积极分子的权利意识的演进为例》，《社会》2016年第3期。

④ 谢立中：《西方社会学名著提要》，江西人民出版社1998年版，第223页。

冲突烈度是"冲突双方用以达到他们目的和利益的手段"①，
"冲突的程度是一种由轻微的语言冲突到严重的暴力革命的连续过
程"②，其烈度的高低取决于社会经济剥夺状况和冲突治理机制的较
量。媒体对冲突主体采用的方式、利用的工具、使用的言辞、解决
的方式等方面进行强调性建构，力图突出冲突烈度，隐含反映着不
同阶层群体的社会地位、公共冲突治理能力、冲突的制度化程度等
问题。如不少校园冲突事件的新闻报道，"曝山东怀孕女教师体罚学
生　用教杆敲打致脑外伤"（《人民网》，2015 – 12 – 17）、"11 岁女
学生遭教师体罚：脱光上衣趴地 4 小时"（《南方网》，2014 – 06 –
18）、"网传福建一老师体罚学生　双脚压在孩子背上"（《中华网》，
2015 – 03 – 21）、"浙江一幼儿园教师虐童　拎孩子耳朵提起离地"
（《搜狐网》，2012 – 10 – 24）等，多是对冲突烈度的凸显。

二　情绪波动

在公共管理领域，当"个人麻烦"与更为广泛的"公共"问题
之间出现失落的环节，情绪便产生了③。情绪是来自个体认知与自
身意义的联结，进而产生的一种生理唤醒和心理体验。情绪的认知
理论认为，"认知和评价在情绪变化中起决定性作用，是情绪产生的
根本条件"④。对周围事件的认知是情绪产生的基础条件，相对于自
身意义的评价是情绪产生的关键要素。

（一）核心情绪的愉悦维度和唤醒维度

按照 Russell 的观点，作为人的最基础的神经生理状态而展延成

---

① 谢立中：《西方社会学名著提要》，江西人民出版社 1998 年版，第 223 页。

② 朱力：《中国社会风险解析——群体性事件的社会冲突性质》，《学海》2009
年第 1 期。

③ 王丽萍：《情绪与政治：理解政治生活中的情绪》，《清华大学学报》（哲学社
会科学版）2014 年第 2 期。

④ 刘晓峰：《情绪管理的内涵及其研究现状》，《江苏师范大学学报》（哲学社会
科学版）2013 年第 6 期。

特定情绪的出发点，核心情绪先于初级情绪与次级情绪存在①，是初级情绪与次级情绪的原型。作为一种基本的心理原始状态，核心情绪是一个具有愉悦和唤醒两个不同维度的连续体（如图 3 - 1）。愉悦维度在愉悦与非愉悦之间变化，表明哪种情绪被刺激激活；唤醒维度在平静与兴奋之间变化，表明激活程度的高低。

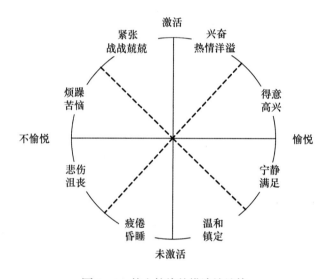

图 3 - 1　核心情绪的描述性结构

资料来源：Russell J. A. , "Core Affect and the Psychological Construction of Emotion", *Psychological Review*, 2003, 110, 145 – 172.

　　情绪（Emotion）一词词源来自于拉丁文 movere，译为搅动、骚动或扰动。情绪波动是在核心情绪的连续体中进行的一种情绪状态向另一种情绪状态的转变，其背后的机理是不同的情绪属性被不同程度地激活，进而促成不同主体的情绪体验。情绪具有即时性，时间短暂。情绪波动不是疾风骤雨、突然而至的改变，而是一种微妙酝酿、有起有伏的变化。情绪波动与对周围事件的认知和相对于自

---

　　① James A. Russell, "Emotion, Core Affect, and Psychological Construction", *Cognition and Emotion*, Vol. 23, No. 7, 2009, pp. 1259 – 1283.

身意义的评价均相关，核心情绪在认知与评价活动基础上进行体验性表达，认知的调整和评价的变化都会引发情绪的波动。

（二）个体情绪和群体情绪

从主体属性来说，情绪可以分为个体情绪和群体情绪，它们都来自人们对各自社会生活情景的认知和评价。就情绪对公共冲突的影响来看，一般情况下，个体情绪引起的是个体之间的小规模冲突，能引发社会化规模性公共冲突的情绪是群体情绪，而群体情绪必然始自于个体情绪的社会认同和持续循环。

在每个人都可以充当"媒体人"的媒介社会，人们更乐于进行情绪表达。社会的"情绪"属性日益增强，因此有学者称当今社会为"情绪社会"，称当今时代为"情绪时代"。焦虑与怨恨是公共冲突中出现较多的两种情绪属性，媒体就某些社会事实进行议题建构，促进焦虑与怨恨的情绪缓释，这对于公共冲突的预防与化解、防止不良社会情绪爆发并引发越轨行为有着关键作用。情绪缓释指的是媒体制度化、合法化的情绪宣泄功能，即媒体引导社会组织或者个人在法律保护的框架内、不妨碍公共利益和社会秩序的前提下进行不满情绪的宣泄、利益主张的表达，以实现缓解社会不良情绪、释放社会冲突能量目的的舆论调控范式。刘易斯·科塞（1998）曾指出："如果没有发泄互相之间的敌意和发表不同意见的渠道，群体成员就会感到不堪重负"。情感参与是习惯于父爱式情感管理的中国民众进行公共活动参与的重要特征，"公民缺少专业知识，对于官僚主义程序不熟悉，只是在情感上参与一些事务，而不是超然的和理性的"[①]。情绪缓释将媒体视为一种"社会安全阀"，媒体进行理性的新闻议题表层建构，能够减少社会公众情感化的非理性参与，增强公民在参与公共事务专业性基础上的情感性，促进社会意义创造和

---

① Mary Grisez Kweit. , Robert W. Kweit. , "The Politics of Policy Aanalysis: the Role of Citizen Participation in Analytic Decision Making", *Policy Studies Review*, Vol. 3, No. 2, 1984, pp. 234 – 245.

政治制度更新。

三 价值判断

社会学家赫伯特·甘斯曾言："新闻本身不局限于对真实的判断，它也包含了价值观，或者说，关于倾向性的声明。"[1] 价值判断表明了新闻议题的基本倾向。具体来说，价值判断，也称价值评价，是人们对各种社会现象、社会问题，在价值观层面作出大与小、好与坏或应该与否的判断，其中暗含实情和理想之间的不符，体现出对某种"应该型"结果的要求。

媒体是一种传播工具，更重要的是，在这种工具运转过程中进行着价值传播，于事实信息传递中展开价值判断和价值强化。在一场公共冲突中，相对于事实信息，价值信息更受媒体关注和青睐。价值判断比事实告知更具有影响力，决定了媒体在反映客观世界时的倾向性，它强化情绪，关乎人在面对社会风险与公共冲突时所持有的定力。为此导致的事实让步于情感、价值超越于事实的现象在一些冲突事件中会出现。在媒介的注意力经济时代，"偏颇化、怪诞化的媒体价值判断很容易在各种光怪陆离的声音中博上位……越是能够引爆话题、操纵议题的价值判断越是频频被抛出，而媒体也乐此不疲地制造和兜售话题"[2]。消费主义引领下，媒体价值判断混乱，出现媚俗化、偏颇化、功利化的趋势，而价值断裂是任何一场公共冲突的升级症结和化解难点。

价值判断涉及善恶与应当与否，媒体新闻的价值判断均有倾向和强度两个属性。价值判断倾向是判断对象是对是错的性质选择，价值判断强度是判断对象对或错的程度定位。价值好坏的性质判断是绝对的，而其强度判断是相对的。受众本身就具有某些价值倾向，

① Jans H. J. , The Messages behind the News, *Columbia Journalism Review*, Vol. 17, No. 1, Jan. -Feb 1979, pp. 40 – 45.

② 李春雷、雷少杰:《社会舆论场中媒体价值判断的分析》,《南昌工程学院学报》2015 年第 5 期。

媒体围绕社会中制度化、结构性的诱导因素进行新闻建构，一方面印证了受众先前的价值判断倾向，另一方面强化了这种判断倾向的程度。如 2017 年《搜狐网》对李文星传销案作出报道标题："李文星之死：寒门子弟考上 985 又如何？终究没走出原生家庭！"（2017 - 08 - 07）。《三联生活周刊》建构新闻报道："李文星之死：从贫困中来，到贫困中去"（2017 - 08 - 08）。每个人都有接受教育的诉求，并期望也理所应当地认为，应该可以通过知识改变命运，但是这样的标题设置使人不免作出"读书对于贫困家庭的孩子来说没有用"的判断，在强度上以一个案例全盘否定了接受高等教育对于贫困家庭孩子的价值和意义。

四　行动意向

行动意向理论学者塞尔对行动的性质作出两方面的规定：心理行动和物理行动①，前者是一种对采取何种行动以实现某种目标的心理活动，后者是现实中实施的一种外在的肢体动作。具有意向性的行动是"以人的内在心理活动为基础，具有明确目的和意向"②的行动。而行动意向是人们为实现所持的期望而相信进行某种行动便会将其实现的意愿和决定。就此来看，行动意向与人们的期望和信念相关，期望表明了人们行动意向的目标，信念提出了人们采取行动的具体方式和方法。就行动主体来说，他相信采取这样的行动方式能够，或者有助于实现自己的目标，进而使人们带着意向去行动。

理性行为理论指出，行为态度和主观规范共同决定了个体特定的行动意向。行为态度外显于情绪情感，是一项具有性质和强度的主观行为，引导着行动的方向和程度，主观规范为个体行动提供框架，约束和限制着行动者的行动方式。

---

① Searle J., Minds, *Brains and Science*, Cambridge: Harvard University Press, 1984, p. 63.

② 史天彪：《塞尔意向行动理论探析》，《天津大学学报》（社会科学版）2014 年第 3 期。

　　基于以上分析，本研究认为，行动意向是行动者期望与行动之间的一项意志活动，"是一个赞成某行动要优于其他行动的全面的评价"①。个人期望、个体信念、行为态度、主观规范共同制约和决定着行动意向。意向具有改变性，行动意向不同于行动，它作为一种心理活动而存在于行动之前或者过程中。行动与意向的序列存在交叉，行动意向会"连续地对行动产生效用直到行动结束"②，也可能在行动实施的过程中有所改变和调整。

　　"除了态度与意见之外，大众媒介创造的关于现实的图画对个人的行为具有重要的影响"③，媒体对行动的主要影响在于形塑了人们的行动意向。新闻议题通过对个人期望、个体信念、行为态度、主观规范的建构和影响形塑着人们的行动意向。

　　第一，个人期望是个体行动的目标。2017 年"辱母杀人案"发生后引起轩然大波，《新京报》（2017 – 03 – 26）发文："'刀刺辱母者案'上亿条评论：请珍惜民意对法治的'助推'"，倡导法治建设者要利用民众评论实现促进法治建设的目标。第二，个体信念是指人们相信采取某种行动会产生某种后果。《新浪财经》（2016 – 05 – 04）"深圳女教师坐滴滴顺风车被杀害　监管不力引担忧"的新闻标题暗示着滴滴顺风车这一交通方式的不安全性，发生危险的概率较高，引发人们产生为了安全而不搭乘、少搭乘滴滴顺风车的行动意向。第三，行为态度是对人们就某些问题或现象产生或支持或反对的情绪。《搜狐网》（2016 – 04 – 22）发布新闻"冠生园原董事长遭遇意外　谁在'消费逝者'？"，报道了冠生园原董事长景区意外身亡事件，"消费"一词的使用表明了对一些媒体和社会公众戏谑此事的不满态度和厌恶情绪，引导人们拒绝这种行为。第四，主观规

---

　　①　刘国锋：《戴维森论行动与意向》，《哲学研究》2007 年第 1 期。

　　②　O'Shaughnessy B. , "Searle's Theory of Action", lepore E. , Gulick R. , *John Searle and His Critics* , Oxford：Basil Blackwell Ltd, 1991, pp. 271 – 288.

　　③　［美］马克斯韦尔·麦库姆斯：《议程设置：大众媒介与舆论》，郭镇之等译，北京大学出版社 2008 年版，第 164 页。

范。《今日头条》对该社会事件也进行了新闻报道，其建构的新闻标题为"'人被猴子弄死'，做新闻能不能对生命有起码的尊重?"（2016 - 04 - 22），这样的新闻报道体现了对新闻建构中失德行为的无奈，进而发起一种倡议，即进行新闻报道要讲究职业道德，对生命要有最起码的尊重，是对新闻人和社会公众遵守道德规范的一种意向引导。

五　四要素之间的关系

综合以上，事实认知、情绪波动、价值判断、行动意向四者共同构成社会公众结构化的主观意识，四个层面在公共冲突主体展开策略性活动过程中有着复杂关系。

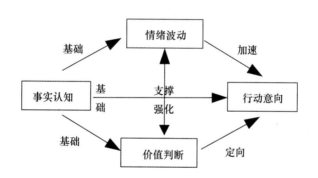

图 3 - 2　冲突主体意识结构四要素之间的关系

第一，公共冲突主体意识结构以事实认知为基础，最终指向行动意向。事实认知是情绪波动和价值判断行为产生的充分和必要条件，并最终为行动意向的形成提供心理基础。Festinger（1957）曾指出，决定人类行为的不是客观的地理环境，而是人所感知到的行为环境。事实认知为情绪波动、价值判断提供直接性的信息刺激，进而驱动行为意向产生，给实际行为以力量和方向。

第二，媒体新闻在影响公共冲突主体的意识结构时，四者的产生顺序可能会发生跳跃，或者有交织重叠的现象。Korsgaard M. 的冲突过程观指出了冲突要素输入、行为与意义创造之间的循环关系，其中便涉及冲突情境、行为表现、意义判断之间的相互作用。情绪波动对事实认知具有引导功能，"作为直接结果，核心情绪暗含在注意、知觉、思考、判断、想象以及记忆检索中"[①]。媒体新闻的建构不仅仅是传递了基本事件信息，也夹杂着价值判断，引导着主体情绪，多种功能集于一体。受众在读取到这样的新闻报道后，同时获取的是关于新闻事件的事实认知、被扰乱的情绪和价值判断，在群体情绪感染和舆论价值引导下产生行动意向，甚至采取实际行动。

第三，冲突的发生并不是单一的某个层面发生变化或者发挥作用，在任何一场冲突过程中，四者之间相互联系，并相互作用。Pondy 指出了冲突环节与整体冲突之间的关系，冲突环节的特征、趋势与关系刻画了整体冲突[②]。公共冲突主体的价值判断与情绪波动的交互作用尤其明显，特别是在负向情绪和判断的维度上，两者之间相互支撑、相互强化。在既有的情绪波动和价值判断作用下，人们易形成定势思维和刻板印象，面对同类型的事件会不假思索地设定事实脉络，无意识地为事件赋予意义，并在不断印证中反过来强化个体情绪和价值评判，最终形成事实认知、情绪波动、价值判断三者之间的恶性循环，导致冲突行为的发生。

第四，公共冲突主体的"行动意向"到"采取行动"之间存在着距离。媒体新闻对冲突主体行动意向的塑造不一定能导致意向中行为的实际发生，也不一定会导致行动意向结果的出现。冲突主体自身积极地参与将加快行为意向的产生，但从"产生行动意向"到"采取实际行动"，再到"行动结果出现"，三者之间存在着距离，这些距离的跨越需要其他条件的匹配。当有来自社群的物质和人力

---

① Forgas J. P., "Mood and Judgment: The Affect Infusion Model (AIM)", *Psychological Bulletin*, Vol. 117, No. 1, 1995, pp. 39 – 66.

② Pondy L., "Organizational Conflict: Concepts and Models", *Administrative Science Quarterly*, Vol. 12, No. 2, 1967, pp. 296 – 320.

支持时，行为的改变和接受新的方法才会变得容易和可行。① 因此，媒体新闻对公共冲突主体意识结构的影响仅仅停留在心理层面，心理活动为实际行动开展提供方向，而真正实际行动的展开还需要其他社会条件的支持，行动意向的预期结果的实现也需要更多社会条件的具备和其他社会因素的配合。

第二节　基于过去与现在的冲突主体意识建构的管理现状：舆情引导

舆情引导是一项立足心理活动的社会治理行为，需要关注到事实认知、情绪情感、价值评价、行动意向四要素构成的人的心理意识结构，尤其是要重视与公共性事件相关的情绪要素在舆情发展中的重要作用。在舆情发展过程中，情绪演变会经历生发积累、唤醒扩传、膨胀互燃、缓和趋稳四个阶段，在舆情发展的不同阶段人们会采用以情绪释放缓解情绪、以行为约束控制情绪、以认知纠偏调节情绪三种情绪引导方式。这三种方式存在不完全性和不合理性，建议在阶段区分与重点运用、衔接互补与协同推进、要素联系与整体周全、科学应急与持续坚持等举措中加以完善。②

一　公共冲突舆情引导立足于人的意识建构活动

国内学者对舆情概念探索较早的文章之一《做好舆情分析是有效引导的前提》指出，舆情分析实质上就是在政治上估量社会心理③。舆情是民众对社会客观情况做出的主观意愿反应，舆情引导是

---

① 何舟、陈先红：《危机管理与整合策略传播》，武汉大学出版社 2010 年版，第21 页。

② 注：本部分已发表，具体信息：郝雅立、温志强：《突发事件舆情引导：基于心理活动建设与管理的视角》，《领导科学》2021 年第 12 期，内容稍有调整。

③ 《做好舆情分析是有效引导的前提》，《中国记者》2001 年第 3 期。

对民众基于社会客观情况产生的主观意念进行的方向性引导，使其朝着"领路者"期望的方向去发展。从一定程度来看，舆情就是社会民众心理活动的客观变化，对人的心理活动进行分析应基于人的主观心理的客观规律，了解人的主体意识结构。而对这一问题的回应多集中在心理学，尤其是社会心理学对其关注颇多。

随着行为公共管理学的兴起，也有一部分公共管理领域的学者对人的意识结构问题有所回应，如张钢、崔红云强调感知过程和情感在冲突中的重要性[①]；许尧指出，认知、情绪、意志和价值构成人们的主观心理，这些要素在群体性事件不同阶段发挥的作用不尽相同[②]。徐祖迎在研究网络动员问题时指出，认知、情绪、评价和意志是动员过程的重要要素[③]。本研究也认识到了新闻议题框架能够对受众的认知、评判、情绪和行动意向产生引导作用[④]。以人的心理结构为切入点进行社会问题分析已成为行为公共管理学者进行相关研究的重要视角。

在舆情治理中，建设性的舆情引导思维可以借鉴这种视角，着眼于舆情演变过程中人的心理结构，重视这一结构中认知、评判、情绪和行动意向各要素的变化，提出更有针对性、更有建设性、更有效果的舆情治理策略。

二　情绪因素是公共冲突舆情引导的关键变量

之所以关注到情绪在公共冲突舆情引导中的关键地位，称其为"关键变量"，是因为笔者在进行了大量的文献阅读和现实素材整理

---

① 张钢、崔红云：《冲突不对称的前因：一个基于过程观的分析》，《科技进步与对策》2013 年第 3 期。

② 许尧：《群体性事件中主观因素对冲突升级的影响分析》，《中国行政管理》2013 年第 11 期。

③ 徐祖迎：《网络动员对冲突管理的四大挑战》，中国管理现代化研究会、复旦管理学奖励基金会，《第十届（2015）中国管理学年会论文集》，2015 年，第 7 页。

④ 常健、郝雅立：《新闻议题框架对公共冲突治理的作用机制及其管理》，《国家行政学院学报》2018 年第 4 期。

分析后发现，公共冲突引发舆情后的舆情引导工作不同于常态化社会情景下的行动。首先对这种区分的考虑起源于对"舆情"与"舆论"两个概念不同点的关注。舆情是作为受中介性社会事项的刺激而产生的社会政治态度，舆论则指的是借助各种传媒手段进行传播的公众意见。舆情是在中介事项刺激之下产生的混态，感性、杂乱，不显明朗；舆论则是长久积淀下来的意见，相对理性和清晰。因此，冲突出现后，要更多关注这一中介性事件引发的相对混乱的社会公众态度的情况，进而进行引导，而在常态化的社会情境下则更应关注公众较为清晰的认知呈现和意见表达，对此进行引导。

冲突出现后，社会进入应急状态，为了保证社会秩序的尽快恢复，此背景下的舆情引导多在情绪层面展开，辅以认知引导，如具体情境中的情绪唤醒、合理范围内的情绪表达、正确策略下的情绪控制、规范路径中的情绪释放等，引导情绪能量释放到对突发事件应对和社会治理的正面影响中。如新冠肺炎疫情突然出现后，由于事关社会的公共安全和人们的健康利益，疫情的未知性和不确定性让人们在安全需求的驱使下产生了恐慌、焦虑、担忧、责备、质疑、无助等消极情绪，相互交杂，得不到回应，这严重阻碍着人们客观认识新型冠状病毒、科学干预治疗和防控扩散行为。这种形势下，管理者的舆情引导工作首先是进行情绪安抚，再配合开展认知引导行动。如关注大疫面前社会的相互援助和同舟共济、志愿者深入基层提供暖心服务等方面的报道，及时辟除疫情谣言，减少恐慌情绪。

在常态化社会背景下开展舆论引导多是围绕认知层面展开，辅以情绪疏导，以认知明晰、认知纠偏、认知补充等为主要方式，旨在确立正确的认知内容，以此来影响人的心理结构中的其他三个层面，继而影响人们的认知态度和舆情发展的趋势。这是因为常态化社会背景下人们的情绪多处于一种平和、冷静的状态，能对社会现象进行更为客观、理性的认知、分析和判断，而不受到非理性情绪的干扰。如提供常规化的意见表达渠道、进行规律性的常识和科普宣传、开展主流意识形态引导、纠正认知误区、提升文化教育水平等。

三　公共冲突及其舆情发展中的情绪演变与引导方式

世间万物皆有生命周期，公共冲突的发展通常会历经潜伏期、爆发期、升级期、平息期四个阶段，在这一过程的不同阶段，由冲突事件引发的社会舆情也相应呈现出酝酿期、涌现期、震荡期、回落期四个阶段。舆情是事件本身很重要的推动因素，任何事件的发生和变化都受到社会舆情的影响，中观群体的情绪和具象微观个体的情绪也都沿着舆情的轨迹上下波动，并左右着舆情的发展方向。关注到这种周期性过程，从过程视角入手可观察到舆情发展不同阶段的情绪变化规律，为舆情引导提供新的思路。

（一）舆情发展中情绪演变的四个阶段

在公共冲突舆情发展过程中，情绪演变过程出现了生发积累、唤醒扩传、膨胀互燃、缓和趋稳四个时期，具体如表 3-1 所示。

表 3-1　　　　　　　突发事件及其舆情发展中的情绪演变阶段

事项	阶段			
冲突事件	潜伏期	爆发期	升级期	平息期
社会舆情	酝酿期	涌现期	震荡期	回落期
情绪演变	生发积累期	唤醒扩传期	膨胀互燃期	缓和趋稳期

每个人都是夹带着自己的认知和判断生活在这个社会中的，伴随这些认知和判断也会酝酿出与之匹配的情绪，并且深受他人影响，长久以往便形成相对固化的情感和态度，并左右着人的决策行为。事件爆发后，大量的社会声音开始涌现，情绪的出现可能是基于对此事件的认识和判断而酝酿或产生的突现情绪，也可能是对基于以往常态化社会生活中沉淀已久的积累情绪的唤醒。当事件突发，在多信息源影响下的人们多持有观望态度，这个时间段的情绪处于一

种弥散状态，不会集中于某个点，情绪反应也是多种交织，散乱分布并相互作用，舆情走向也相对模糊。历经一段时间后，人们对事实认知不断进行自我明确，价值判断得以固化，情绪属性也相继得到确定、不断强化，此阶段事件引发的舆情反应是在高强度的情绪能量裹挟下出现的，并进一步推动着情绪在个体间扩散传播，最终形成情绪的群体集合。人与人之间的情绪"互燃"推动舆情走向极化发展，引发人们的心理震荡，导致事件走向升级期。在有力的应对举措和妥当的社会舆情引导方式等管理干预下，事件发展逐步走向平息的发展轨迹，同时与之伴随的社会舆情进入回落期，而与之相关的社会情绪也进入到缓和趋稳阶段。

（二）四个阶段情绪引导的三种方式分析

在对舆情进行引导的一系列举措中，可以发现，舆情管理者已经在舆情发展的不同阶段采用多种针对情绪变化或基于情绪的感性行为进行管理的多种举措，具体包括以情绪释放缓解情绪、以行为约束控制情绪、以认知纠偏调节情绪。

1. 方式一：以情绪释放缓解情绪

以高压锅为例，冲突管理理论学者齐美尔的"安全阀理论"已经启示我们，对社会情绪的管理首先应靠"疏"而不是"堵"，要给予情绪能量一个释放的出口。在互联网信息技术如此普及的今天，人们借助网络释放情绪的门槛变低、成本减少、渠道增多；随着社会管理制度的进步和优化，人们释放情绪、表达不满的路径和方式也日益丰富；社会文化的成长和繁荣可以让人们在情绪寄托与表达中有所选择，这都在一定程度上缓解了情绪的过度积累和舆论的紧张极化。

在舆情管理中，以情绪释放缓解情绪的舆情引导策略多被使用于事件爆发后的舆情涌现期，如图 3－3 所示。这个阶段，围绕事件的各类声音和情绪铺天而来，与之相关的联想记忆和体验也纷至沓来，构成了舆论场。如果管理者采取限制人们的表达行为，阻断倾听民声、了解民意的机会，势必会强化已有的消极情绪，引起反感、反抗的对立情绪，不仅不利于事件的应对和解决，反而为其设置了障碍。

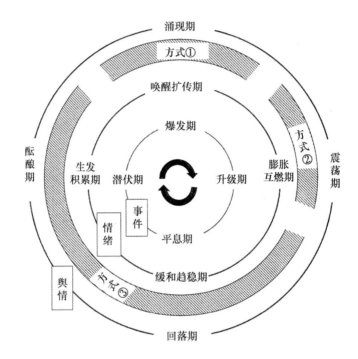

图3-3　突发事件舆情发展不同阶段的情绪引导方式

　　"安全阀制度"在舆情引导中发挥了积极的社会功能，但需要注意的是，这一制度虽然为社会负面情绪的发泄提供了可控的无害出口，导致主体"不再需要将目标放置在解决令人不满意的状况上，而仅仅要释放出由此所产生的敌意"，以保持整体关系和秩序的不变。"但在这种情况下，令人不满意的状况仍旧保持不变或变得更加严重。"① 因此，仅以情绪释放缓解情绪的舆情引导行为可能会解决一时的、表层的情绪宣泄问题，但对于建设性、持续性的情绪管理

————————

　　① ［美］L. 科塞：《社会冲突的功能》，孙立平等译，华夏出版社1989年版，第31页。

增益不大，甚至会因为主体的本质需要没有得到满足而产生对社会系统的反功能。

2. 方式二：以行为约束控制情绪

在处置突发事件过程中触及某些社会敏感问题或者产生社会道德伦理震撼的时候，如果与民众的利益诉求、价值观念、历史记忆、心理心态等发生碰撞，社会情绪会迅猛聚集，快速爆发，推动舆情走向高潮。社会情绪需要宣泄的出口，但是释放和宣泄并不是毫无边界与尺度的，在破坏性的情绪宣泄结果出现之前要对其进行约束和控制。

以行为约束控制情绪这一方式多出现在突发事件的升级期和舆情发展的震荡期，如图 3 - 3 所示。在这个阶段中，情绪不再飘忽不定，而是高度集中、相互燃烧，走向极化成为既定趋势，受之驱使的行为意向正在逐步转变为极端的现实行动，具有较强的暴力破坏倾向。情绪的冲动导致更少的有成就的交流和更多的负面行为螺旋上升[①]，因此要约束这种情绪宣泄行为。如依法处置不负责任乱说话、说假话、恶意制造舆论爆点的行为，对网络调侃、煽动舆情等行为进行追责，针对自媒体乱象开展网络信息专项治理行动，净化网络空间和生态。

如何处理好允许并尊重情绪表达和控制过激情绪极化传播的关系是舆情管理中的重要问题，处理好这一关系的关键在于对情绪表达边界和尺度的把握。约束不当的情绪表达行为，控制情绪的过度渲染和传播，能有力地避免恶性情绪借助特定事件对社会产生不良影响和破坏冲击。但同时要关注舆情发展中情绪过度表达和渲染背后的真正利益需求，以防范过分关注突发事件处理、一味压制情绪导致情绪长期积累而引发深层次的社会结构问题。

3. 方式三：以认知纠偏调节情绪

在事件趋于平息，社会秩序归于向常态化状态的恢复过程

---

① J. M. Gottman. , "*What Predicts Divorce? The Relationship between Marital Processes and Marital Outcomes*", Hillsdale, NJ, Lawrence Erlbaum, 1994, p. 110.

中，关于事件的舆情也逐步回落，人们情绪出现最大程度的平静与稳定，引导社会进行理性讨论和深度反思成为社会舆情（舆论）引导的重要方式，这种方式可能会持续到下一个抢夺舆论高潮的突发事件爆发之前，如图 3 - 3 所示。理性讨论的参与能让人们将情绪收起来，并把其背后的需求说出来，对于真正解决由具体事件引发舆情高潮的背后问题有所帮助，也能防止该事件衍生出不必要的社会风险。

需要明确的是，以认知纠偏调节情绪要保证对人们各自认知的尊重，在尊重基础上明确正误，开展纠偏。人的认知基于各自生活阅历，各有不同、存有差异是必然且有益的。认知纠偏并不是要促使人们的认知统一化，而是要为人们提供进行诉求表达后的理性辩论平台，让人们在发声和讨论中树立科学认知、鉴别认知误区、纠正偏误评价、形成价值共识，引导人们拓宽认知范畴、提升认识视野、重构理性预期，在此过程中保证舆论的主流论调和社会的多元发展。如公开官方信息并开展社会讨论、发布文件草稿并征集社会意见、创办主题讨论性的电视或广播节目等。

"安全阀制度"的"整体不完全效应"① 提醒我们为人们提供情绪释放的出口虽然能缓解一时的紧张情绪，但并不能从根本上解决引起人们情绪波动的问题。除了就问题解决问题的行动路径，行为公共管理学启发我们，情绪管理要将其融入人的意识结构四方面内容的建构中，从社会认知和价值判断层面加以影响，给予适当范围内的认知碰撞和价值争论机会，引导情绪进入更加理性、更为平和的状态。

四　从心理建设出发进行突发事件舆情引导

舆情引导本身是一项立足于心理活动的社会治理行为，舆情发

---

① Otto Fenichel, *The Psychoanalytic Theory of Nenrosis*, New York：W. W. Norton & Co.，1945，p. 563.

展是一个情绪过程，对舆情的引导其实也是对由事件引发的社会情绪的引导。以上三种方式是舆情发展过程中情绪引导的主要方式，但在实践中还存在方式的不完全性和不合理性，基于此本书从心理建设角度提出以下建议。

第一，科学判断公共冲突引发舆情后不同阶段中情绪的具体属性和强度，将情绪释放、情绪控制、情绪调节三种方式区分开来，有重点地将其运用到不同舆情情境中。目前来看，舆情管理惯用情绪控制方式，对其高度依赖，且不区分舆情发展阶段和情绪具体属性。情绪调节的常规工作不够充分，情绪释放的有效程度不高，这与传统的"控制型"社会管理模式密不可分。这种操作很难实现舆情管理的预期效果，且会引发社会不满意情绪的膨胀，阻滞突发事件的有效解决。因此要在实践层面区分冲突事件及其引发的舆情的发展阶段，根据不同阶段有重点地推出情绪引导和心理建设方式。

第二，树立冲突事件舆情发展过程的整体观和系统观，保证情绪引导不同方式的有效衔接和相互补充。冲突事件与舆情发展是相互交织在一起、互相影响的，这个过程中的不同阶段紧密联结，也会因为认知或判断的改变而出现阶段反复或跳跃的情况。与之匹配，在关注情绪引导和心理建设的阶段性方式之外，还要探索冲突事件舆情发展过程中情绪建设的全面性，促使不同情绪引导方式在不同阶段能够有效衔接、相互补充、协同推进。

第三，充分意识和正确认识情绪波动与事实认知、价值判断和行动意向之间的联系性，保证舆情心理建设的体系性周全。作为人的心理结构的四要素之一，情绪的属性和强度是与其他三个要素密不可分的，对于情绪的引导要配合对其他三个要素发力，相互带动，促进心理结构建构综合性的提高。

第四，客观认识事件应对与社会舆情引导之间的区别和关系，保证各项制度举措的落地见效。冲突事件是突然出现的眼前事故，舆论舆情是带有长期积淀的主观态度的集合，情绪引导与心理建设是一项长期文化工程，不可能在一次冲突事件舆情管理中就实现目标，需要在有耐心、有坚持、有实效的制度落实和治理方略中不断改进。

第三节 基于未来的冲突主体意识建构的管理现状：预期管理

当前社会正处于转型、转轨阶段，计划经济体制走向市场经济体制，封闭社会愈显开放，文化交流共融取代单一文化垄断，整个社会呈现出不同于传统时期的开放性、包容性和一体化。预期是社会公众对未来社会发展和自身状况的预估和判断，在不同时代背景下，人们所面对的社会环境的不同必然导致预期形成机制的变化，预期的满足或者未达均会影响公众的情绪、评价和行动，预期管理不当会引发社会易变、浮躁、冲动与冲突。为此，认知预期，了解影响预期形成的目标、信念与制度环境这三个基本变量，探讨新时期个体一阶预期和群体高阶预期的形成机理，基于此开展社会公众预期管理，发挥预期管理在引导预期理性、协调预期均衡、稳定合理预期方面的功能，对于不必要社会冲突的预防意义重大。①

一 对预期管理的阐述

（一）"预期"的含义解读

与"预期"对应的英文名词性词语是 expectation，《牛津词典》给予的解释是：一是因某事有发生的可能性而相信其定会发生的信念，即预料、期待；二是对某种愿望将会实现的希望，即希望、盼望；三是相信某事会以某种方式进行或者某人会有某种举动的强烈

---

① 注：本部分已发表，具体信息：郝雅立：《公共冲突中的社会预期管理：目标、信念与制度环境》，《中国行政管理》2018 年第 7 期，内容稍有调整。

信念，即期望、指望。根据《现代汉语词典》的解释，"预期"含有"事前期望"的意思。《辞海》解释"预期"还有"事情发生之前的日期"的意思。总体来说，关于预期的解释主要有两类：一是相信某事、某愿望、某种行为将会在未来发生的信念；二是对将来的某事、某愿望、某种行为发生日期的主观判断。

以《牛津词典》三种解释为依据，剔除"事情发生之前的日期"的预期含义，本书将"预期"定义为：基于现实条件而对未来的某件事、某行为、某愿望发生的可能性的主观预先判断。预期具有以下特征：

（1）预期是一种带有主观性的心理判断行为，"预期从本质上说是主观的，它是某个特定人物所作的个人判断"①，以此区分出预期的理性程度。

（2）预期是关于未来事件的一种有根据的期待和判断，科学的、理性的预期是一种有条件性的说明。其条件有：主体地位与角色、社会利益、个人需要、知识积累、规则认知、信息质量等。

（3）预期来源于未来的不确定性，是一种对未来情况的估计。"所有的决策都具有时间性，都是在时间中发生的，都是以预期的未来为基础而做出的。"② 随着这种未来不确定性程度的改变，预期表现出时间上的变动性。

（4）预期有好坏之分，不同性质的预期对社会公众信心有不同的影响。公众对社会的发展若有积极预期将促进社会良性运行。因此，要关注对不同性质预期的协调，克服消极预期，发挥预期的积极、正面的社会功能。

（5）预期具有从众传递性，同向预期可形成预期认同，反向预期易形成预期冲突。如图 3-4，江世银将个人预期升级到集体预期，

---

① ［澳］卡特等：《合理预期理论》，李振林译，中国金融出版社 1988 年版，第14页。

② ［美］斯蒂芬·罗西斯：《后凯恩斯主义货币经济学》，余永定、吴国宝、宋湘燕译，中国社会科学出版社 1991 年版，第2页。

再到预期衰减的过程体现为缓变期、剧变期、稳定期和消失期四个阶段。① 其中稳定期为社会预期行为由个体行为变成群体行为的过程，同向的个体预期形成社会的预期认同，不同方向的个体预期易产生预期冲突。

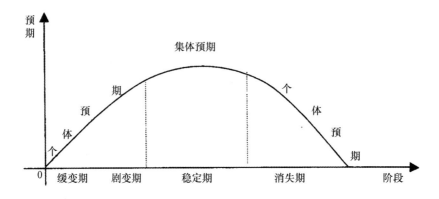

图 3 - 4　不同阶段预期交替图

资料来源：江世银：《预期的性质、特征及其对经济运行的影响》，《内蒙古师范大学学报》（哲学社会科学版）2006 年第 3 期。

（二）"预期管理"的含义解读

基于以上分析，预期管理（Expectations Management）是指社会预期管理部门利用所掌握的各种政策、工具和手段，对公众社会预期的形成和变化进行引导和调节，以协调和稳定合理的社会预期的过程。

（1）主体既定为社会预期管理部门，目前还不存在担负这种职责的部门。

（2）社会预期管理是一项涉及经济、政治、文化等社会各领域的综合性活动，因此要处理好不同部门之间的关系，防止越位、缺位、错位等问题。

---

① 江世银：《预期的性质、特征及其对经济运行的影响》，《内蒙古师范大学学报》（哲学社会科学版）2006 年第 3 期。

（3）预期管理是以心理引导为主要内容的过程性调整活动，依赖管理者自身所掌握的各种政策、工具和手段，不能过度依赖武力、暴力等强制性手段。

（4）预期管理的目的是客观认识实际，理性作出预期，协调和稳定合理的社会预期。

二 预期管理的三要素

非理性预期下的预期认同引发叠加效应，引发社会行为的失范和社会秩序的混乱。在现实社会中，由预期管理缺位或者失当引发的社会冲突频繁出现，警示我们不得不正视并重视预期管理。

（一）有关公共冲突争议中预期管理的经验性案例

案例一：王老汉是 Q 村一个年过六旬的老大爷。老两口由于没有稳定的经济来源，儿子又不在身边，日子过得一向节俭朴素。深秋时节，王老汉和老伴儿趁遛早时间跑去收割机收割玉米的地里捡拾遗落的玉米，弄个玉米糊糊粥喝。过了没多久，地里遗失的玉米越来越少了。王老汉两口几乎也捡不到什么玉米了。一日清早，发现不知谁家田地里的玉米还没收，老两口就挨着地边开始顺手"收"起来。不晓得，这家玉米的主人正在地的另一侧看着这一切的发生。王老汉发觉被人逮个正着，慌忙想逃，谁料到，心脏病突发，一下晕厥在地，当场死去。儿子听说父亲因为捡玉米时候被人发现而突发心脏病去世的消息，便将对方告上公堂，并借着自己十几年在外面打拼的关系，充分动员自己的人脉，判决最后要求对方赔偿 12 万。对方的情况更是不乐观，老头有几十年的身体顽疾，坚持认为对方偷自己玉米在先，自己没有赔偿的责任。王儿子见不到赔偿的钱，发动关系借机想把事情闹大以获取赔偿。当地法院告知了地方政府此情况，当地政府害怕王儿子的关系，担心因此事危及了自己的乌纱帽，强制要求村街委会拿出 12 万抚慰王老汉一家。事情至此才得以平息。

——案例来源：作者调研整理所得。

案例二：2013 年 11 月，按照相关文件要求，B 市在人大、政协、环保志愿者团队和企业负责人中聘请了 50 人担任大气污染防治监督员。大气污染防治监督员经过针对性培训活动，全市 50 名大气义务监督员正式持证上岗。为实现上级政府减少排污、防止大气污染的指标，监督员常常开着巡逻车满街转悠。城市内不允许焚烧垃圾，农村里不允许焚烧庄稼秸秆和树叶。哪里有火，巡逻车就开到哪里，哪里有烟，叫停声就喊到哪里。一天，防治大气污染的治理热线接到举报说××村与××村之间浓烟滚滚，好像在焚烧什么。于是，一连几辆拉着警笛的巡逻车浩浩荡荡地开到了事发地，发现确实是浓烟滚滚，并夹杂着怪异的味道。询问情况得知是村子里有人家在办丧事。按照当地习俗，在埋葬死者后要焚烧葬礼纸活和死者生前的衣物，否则是对死者的不敬和对生者的恶咒。纸活的燃烧对大气的污染并不严重，可是衣物的燃烧极易造成燃烧不充分，并且特殊材质的焚烧会严重影响大气质量。这些监督员便上前制止，并竭力掩盖火势。他们的行为遭到死者家属殊死反抗，最终造成监督员与殡丧主家的激烈争执。

——案例来源：作者调研整理所得。

案例三：南京圣韩玻璃有限公司是一家典型的合资企业，原来的国营老厂为摆脱困境而引进外资，变为股份制经营。但是改制之后，一线工人的工资几乎没有增长。最后工人们围堵了总经理的办公室，与公司总经理、人事经理对话，结果涨了 5% 的工资。但工人们需要的不仅是增加工资，而是一个真正能维护自己权益的领头人。之前大部分工会主席基本都是行政方指定的。在工会主席换届选举时，工人们发现前任工会委员的名字又出现在了选票当中，不满情绪彻底爆发。一些工人在选举现场撕掉选票以示抗议。由于工人的抵制，选举一时无法继续。南京市总工会委派指导员施志刚来到圣韩公司，帮助工人们重新选举工会主席。于是圣韩公司在南京市总工会的指导下开展了海选，一位叫周金霞的女工高票当选。大家期望她能带领大家翻身，能带领大家提出要求或者提高待遇。

　　——案例根据互联网资料整理，来自中央电视台新闻调查栏目。

（二）案例共性的抽取与剥离：目标、信念与环境

　　预期是个体根据已有信息作出的预知判断，是一项具有客观依据的主观活动。公共冲突中的预期管理要从对于冲突的定义出发，"冲突是相关各方由于意识到利益、目标、信念或者期望的对立而导致的对抗性互动"[①]。防范冲突的预期管理要从主体间目标等的客观对立、各方受阻的认知信念和在此之下产生的对抗性行为三方面出发。设定预期是一种基于客观信息的主观判断和预测，旨在确定行动目标；表示预期也是个体在实现自身目标过程中采用的工具性策略。詹姆斯·汤姆森认为"工具性行动一方面根植于所欲求的结果，一方面依赖于对因果关系的信念"[②]。就此，我们得到影响预期形成的三个基本变量：

　　所欲求的结果：目标是什么？想得到什么？

　　对因果关系的信念：实现目标的路径和步骤，即需要怎么做。

　　环境：关于公共利益事项的预期环境主要是制度因素。主要表现为两个方面："拥有的机会"与"受到的制约"。

　　结合以上三则案例，对预期管理的共性进行抽取与剥离，可以发现目标、信念与环境三个变量在不同案例中的具体表现。

[①] 　常健等：《中国公共冲突化解的机制、策略和方法》，中国社会科学出版社2013年版，第4页。

[②] 　［美］詹姆斯·汤普森：《行动中的组织——行政理论的社会科学基础》，敬乂嘉译，上海人民出版社2007年版，第18页。

表 3 - 2　　　　　　　预期管理三个基础变量的内涵解释与案例表现

要素	内涵	说明	表现	
目标	欲求结果	想得到什么？	案例1	王某：得到大额抚恤金； 地方：以求一方一时安定；
			案例2	监督员：达到上级政府、领导的考核指标； 丧主：敬畏逝者，祈福生者；
			案例3	工人：涨工资、选举真正代表； 企业：指派代表以维护自身利益；
信念	目标路径与 行动步骤	需要怎么做？ 只要……就能……	案例1	王某：动员关系、打官司、闹大； 地方：判处案件、部门互通、兜底；
			案例2	监督员：暴力制止； 丧主：极力反抗；
			案例3	工人：围堵、撕选票、重新选举； 企业：涨工资、指派代表、重新选举；
环境	(1) 机会：可以利用什么？ (2) 约束：受到什么牵制？		案例1	王某：自身关系、政府维稳心态； 地方：公共财政、内部人际、维稳政绩；
			案例2	监督员：权力地位、执法暴力； 丧主：暴力反抗、民间风俗不得违背；
			案例3	工人：抵制行为、合法权益，层级关系； 企业：权力地位，工会制度；

资料来源：作者整理。

1. 目标

"目标"，也可被理解为：需要、追求、欲求、期待、愿景、动机、利益等，指的是想要达到的境地或标准，是所期望实现的结果，重点指向预期在未来将会实现的领域。目标是人们采取某个行动的驱动力，是人们行动的方向和所指向的终点。目标是一个具有未来视角的概念，它"指向一些对未来的想象的事态，这些事态据信可以在未来的时点上取得或者逼近"①。由于每个人的目标并不是单一

---

① ［美］詹姆斯·汤普森：《行动中的组织——行政理论的社会科学基础》，敬乂嘉译，上海人民出版社 2007 年版，第 149 页。

存在的，不同人的目标之间有依赖性，它们相互牵制，这就使得目标呈现出不稳定性的特征。目标之间出现的对立性为冲突的爆发埋下了隐患。

2. 信念

"信念"，用最简单的话来说，就是"相信什么"，"相信怎么做就会实现什么"，相信"有什么样的'因'就会有什么样的'果'"。人类社会发展的过程是不断探索不确定性，并试图利用已有的、发展中的智慧和知识把未知的不确定性转化为已知的确定性的过程。所以，"信念"一词，在这里被认定为一种"已有的、发展中的智慧和知识"，即是对因果关系的认知与判断，它依赖于个体对某一原因的认知、解读、释义，并基于此选择策略。个人信念来源于个人的亲身经历或者对他人一手经验的借鉴。费斯廷格指出个人信念或见解具有稳定性。[①]"在欲望给定的情况下，人们在任意时间点上的知识状态，就决定了所需变量的种类以及操纵它们以满足欲望的方式。"[②] 这种在行动上表现出来的"满足欲望的方式"在主观头脑中则表现为实现目标的信念。当个人在身处的环境之中欲求拥有利益，便会自主寻找有助于实现这一利益的战略决策。

3. 环境

影响预期形成的环境因素广泛且复杂，宏观的环境论者将一切不确定的因素都归结为环境。由于我们讨论的是公共预期的问题，所以影响预期形成的客观因素中，处于波动中的动态因素相互作用，使得预期形成不再是对过去经验和已有信息的简单映射，过程甚为复杂。而其中相对静态的制度状态是最主要的，也是最重要的环境因素。制度的最大功能是建立预期，制度的存在为预期的建立提供了制度背景，制度既可以限制某些预期选择，也可以刺激某些预期

---

① Festinger, L., "Informal Social Communication", *Psychological Review*, Vol. 57, No. 5, 1950, pp. 271 – 282.

② ［美］詹姆斯·汤普森：《行动中的组织——行政理论的社会科学基础》，敬义嘉译，上海人民出版社 2007 年版，第 18—19 页。

产生的动机，具体表现为：拥有什么机会？如何利用这种机会？受到何种制约？怎样摆脱这种约束等。制度如同固定化的社会方式，要阐述一种在"广阔范围内的所有参与者之间被模式化了的行为方式，这样人们才能够了解要发生的事情"①，也能够根据制度选择自己的行为方式，建立自己的预期。

（三）预期形成的静态原理

综上可得，预期的形成立足于主观因素与客观因素两个方面。主观上说，每个人展开某项活动都有自己的欲求目标，即"我想得到什么"，同时每个人又有自己实现这个目标的行动路径或行动策略，即"我要怎么做"。"我想得到什么"的欲求目标与"我要怎么做"的行动步骤便构成了一个人预期形成中最基础的主观因素。客观上讲，每个人开展某项行动都要考虑到身处的环境，主要表现为"拥有某种机会"与"受到何种制约"，以及由此衍生的"如何利用这种机会""怎样摆脱这种约束"。"目标明确的个人将依照个人报复而利用可得的机会，……在个人所相信的约束条件范围内，个人关于因果关系的信念和他认为合适的标准或准则将指引他的行动"②，客观环境因素影响着主观上的目标定位和策略选择，进而影响着个人的预期形成。所以，静态上预期的形成大致经过来自于个体的"人"与来自于环境的"制度"这两方面、四个基本变量的相互作用，具体如图 3 – 5。

三　预期管理三要素动态作用的机理分析

预期是一种基于客观判断的带有主观预测性的目的性行动。由于每个人的目标状态不同（如明晰程度、高低程度等），信念认知有异（如信息不完备、认知有偏差、经验不充分等），对客观环境的判

①　[英]科尔巴奇：《政策》，张毅等译，吉林人民出版社 2005 年版，第 21 页。

②　[美]詹姆斯·汤普森：《行动中的组织——行政理论的社会科学基础》，敬乂嘉译，上海人民出版社 2007 年版，第 118—120 页。

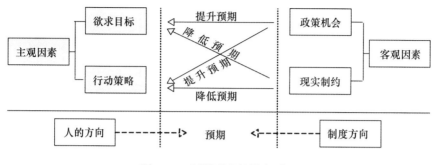

图 3 - 5　预期形成的静态原理

断有漏洞（如知识不全面、定位不理性等），再加上环境因素处于动态的变化之中，所以，任何一项预期的形成不再是简单的"根据已有信息，只要怎样，就能怎样"的一阶预期，而是动态的多项变量相互作用、最终实现博弈均衡的高阶预期；预期的实现也不再是单纯的"个人的某些行动必然会带来最终的某个结果"的个人预知判断，而是所有行为个体基于彼此依赖、相互作用而形成的整体性互动结果。

（一）基于个体的"一阶预期"

"一阶预期"也可以称之为"元预期"，是个体自己对某种事项、某些信息产生的简单的首次反应和作出的初步结果判断，不涉及两者乃至更多主体之间的信息反馈和信息沟通。实现一阶预期最基础的客观条件是信息公开机制。如，政府公开某一事项、政策或者信息，预期者基于自身的知识、追求、信念、位置、需要、力量、理由等对这一政策进行解释、建构，并赋予其意义，在淡化某种政策意义或放大某种政策取向的过程中形成自己对这一政策的预期。

（二）基于群体的"高阶预期"

"高阶预期"来源于经济学领域凯恩斯《就业利息和货币通论》中的选美概念，是"用自己的智慧去预期一般人认为的最美者"。Sanfey A. G. 等学者也表明，决策不仅取决于个体既有的公平观念和标准等一阶预期形成因素，还受社会预期的影响，即预期决策是基

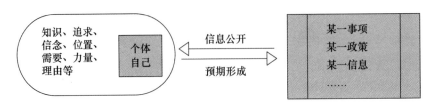

图 3 - 6　一阶预期的形成示意图

于社会预期形成的预期。①

　　简单来说，高阶预期是指预期者根据预期别人的预期来形成的自己的预期。在公共问题处理过程中，高阶预期不仅仅包含预期者对他人预期的考虑，还存在预期者通过与信息发布者、与他人进行信息的交流与沟通对其施加预期影响，以实现自己最大化预期。所以，公共问题中的高阶预期不仅仅是"政府与公众之间的博弈过程"②，它具有更加复杂的噪声信息模型。

　　1. 高阶预期中预期者有自己的欲求目标和行动路径；

　　2. 参照系下他人的预期和制度规则是个人作出高阶预期的复杂的外部环境，为此要进行对他人预期的预期；

　　3. 高阶预期是不同个体基于自身和他人的一阶预期作出的预期反应，是个人自设预期与参照系下预期的综合；

　　4. 预期交流是高阶预期形成的前提，个体之间的预期交流会形成群体性的预期认同；

　　5. 高阶预期包括不同公众个体或者群体之间、个体或群体与政府之间进行的复杂博弈，以实现各自组织的最大化预期。

　　假设社会中仅存在甲、乙、丙三个个体，或者三类已有共识的

---

　　① Sanfey A. G. ，"Expectations and Social Decision-Making: Biasing Effects of Prior Knowledge on Ultimatum Responses"，*Mind and Society*，Vol. 8，No. 1，2009，pp. 93 - 107.

　　② 马文涛：《预期管理理论的形成、演变与启示》，《经济理论与经济管理》2014年第8期。

群体，或者个体甲在其认知和信息范围内只能预估乙、丙两人的预期，其高阶预期形成的动态过程大致如图 3 - 7：（1）政府公开某项政策信息，个体甲根据自己的知识、追求、信念、位置、需要、力量、理由等形成个体甲的一阶预期，个体乙、丙形成各自的一阶预期；（2）个体甲基于自身预估个体乙、丙的预期，在参照对象信息干扰下形成二阶预期；（3）个体甲通过语言、态度、行为等与政府进行信息反馈，力争通过政府改变政策内容、实现条件等实现自身最高预期，个体乙、丙也是如此；（4）个体甲基于自身预估个体乙、丙的二阶预期和信息反馈，在此信息干扰下形成三阶预期；（5）个体甲通过语言、态度、行为等与政府进行信息反馈，力争通过政府改变政策条件以实现自身最高预期，个体乙、丙也是如此……如此地反复无限循环，最终只能会出现两种结果："预期循环"停止于政策时间的截止，或者政策某一主体预期崩溃引发的冲突事件。

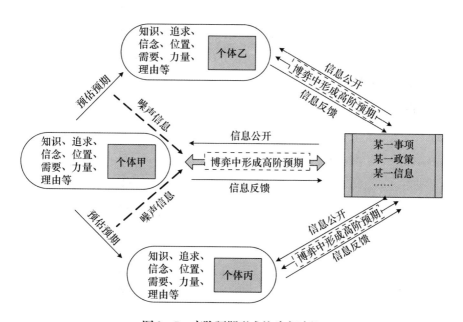

图 3 - 7　高阶预期形成的动态过程

（三）社会预期的主导形式：参照系下的高阶预期

任何人预期的形成不可能是仅仅取决于自己的信息和偏好的一阶预期，而是与他人的预期行为密切相关的高阶预期。高阶预期的形成是一个复杂的无限循环的过程，"高阶预期中经济人会更依靠公共信息"[①]，因此耗时长，预期者"更新自己的决策变慢"[②]，这就使得"预期形成的复杂化，会影响到群体达成共识的效率"[③]。现实生活中的预期形成多为高阶预期模式，即融合了对他人预期的预期而形成个体预期的状态。在社会转型期整体性疏离加剧、个人原子化显著的背景下，加上个人认知不完善、信息不完备、突发情况多等不确定因素的影响，个人预期的形成更多是依据备受信赖的公共信息，以保持个人预期的可实现性，个人预期的一致才能形成社会的整体预期和群体的基本共识。

四 以预期管理实现公共冲突预警

（一）追求信息交流的效率，实现理性预知

信息交流与反馈是预期形成的基本机制条件。坚持公开、透明的信息公开制度，防止小道消息基础上的倾向性信息积累。值得强调的是，"公众的预期形成机制内生于宏观政策本身并受其可信度的影响"[④]。信息的权威性、可信性、可说明性和可理解程度也深刻影响着信息交流的效率，影响着社会公众作出理性预期的程度。一方面，要追求高效率的信息交流机制，保证政策信息的及时知晓和公

---

① Morris S., H. S. Shin, "Coordinating Expectations in Monetary Policy", in Jean-Philippe Touffut, *Central Banks as Economic Institutions*, Edward Elgar Publishing, 2008, pp. 88 – 104.

② Woodford M., The Festschrift Conference in Honor of Edmund S. Phelps, Imperfect Common Knowledge and the Effects of Monetary Policy, *NBER Working Paper*, No. 8673, 2001, https://www.nber.org/papers/w8673.

③ 李拉亚：《预期管理理论模式述评》，《经济学动态》2011 年第 7 期。

④ Albanesi S., Chari V., Christiano L., "Expectation Traps and Monetary Policy", *The Review of Economic Studies*, Vol. 70, No. 4, 2003, pp. 715 – 741.

众对政策信息的全面认知，在此基础上开展良性信息互动，消除预期管理过程中的各种"信息噪声"，促进政策信息制定者与社会公众理解的一致性。另一方面，公共部门要了解社会公众的真正需求，以其作为设定预期的起点，加强预期信息的沟通，引导社会公众根据已有的信息作出理性预期，促进政策预期的一致性。

（二）以共同知识为工具，协调预期

预期管理理论要求政府协调不同的人作出的不同预期，超越现实的预期要加以降低，低于现实的预期要适当拔高，引导不同的预期向政府主导的政策方向和政策目标靠拢，政府在设定预期时要兼顾预期差异，力求协调不同，实现共识。"社会预期来自社会文化背景下，群体成员共同遵守的社会规范、道德准则和社会习俗的内化"①，协调预期以共同知识的分享为前提：（1）树立整体目标，鼓励个人依据整体目标确定个人目标，防范非理性目标的出现。（2）克服经验性预期行为，客观认识现状，加强因果关系的认知和探索，关注文化知识的宣传与教育，提升社会公众开展群体活动的文明程度。（3）弥补制度缝隙，增强规则的完备性，强化社会共同遵循的规则和底线，使社会公众在明晰的规则制度体系内进行理性预期。

（三）依靠政府许诺与官员信用维持合理预期，防范冲突

社会公众理性预期的形成需要政府组织的引导协调，也需要政府组织进行持久性维持。政治信任是社会公民相信政府或政治制度会制定符合他们利益的政策，并实现符合他们预期的政策结果的一种心态。政府官员是政治信任的塑造者、传播者和巩固者，也是政治信任的侵蚀者、破坏者和推翻者。政治信任犹如社会公众与政府之间的一期心理契约，政府官员首先要理性认知和合理预期，防止作出不可实现的许诺，避免过高预期不能实现而引发社会不满；同

---

① 王芹、白学军、李士一：《情绪背景和社会预期对社会经济决策行为的影响》，《心理与行为研究》2015年第2期。

时也不能为了实现社会公众的满意而故意降低预期，导致社会发展活力不足，造成社会资源浪费。政府官员进行了"前瞻性指引"后要尽最大努力实现，不能实现时要主动作出可信性的解释说明，保证增强政治信任的稳固性和政府的公信力。

第 四 章

新闻表层建构对冲突主体意识建构的影响

具体来说，新闻建构分为表层建构和深层建构。新闻建构对公共冲突过程的影响首先表现在于其所提供的信息上，比如新闻的主题、形式、信息内容等，这些属于新闻表层建构。新闻表层建构集中于新闻报道方式的建构，通过博取普遍关注、引导偏差认知、激发对立情感、强化群体共识四种作用机制，对冲突主体意识内容建构产生影响。

第一节　新闻的表层建构：报道形式建构

新闻的主题、形式、信息内容等属于新闻议题的表层建构，媒体新闻的表层建构以信息提供的方式影响人们的认知内容。媒体选择哪些事件作为新闻对象进行建构决定了受众通过媒体新闻了解的事件范围，媒体进行新闻建构采取的顺叙、倒叙或插叙的方式影响着受众对新闻事件的关注点。媒体新闻所提供的信息可多可少，可正可反，也会出现正面多、反面少或者与之相反的不同情况，媒体新闻数量的比例结构影响着人们对报道对象的认知结构。

一 新闻报道的主题

（一）新闻报道的主题选择

新闻主题是新闻报道的对象，即新闻报道的事件以其相关范围。选择什么样的主题是新闻报道的首要步骤。媒体新闻的主题选择决定了受众通过新闻报道了解社会的范围，因此，新闻主题框限了受众视野，影响了人们的认知内容。每一个社会事件都有被选择、被呈现至受众的视线之中的可能，选择者是媒体。虽然自媒体时代的到来丰富了媒体的多元化主体，但是只有与公共利益相关的事项才会更有可能进入人们的视野。不同媒体可能会对不同的社会事件进行新闻建构，但是哪个事件被媒体选择并进行新闻建构，其中存在着概率。这一概率的高低与媒体所在的内外部环境、自身素质和发展需求有关。在受众了解世界的过程中，媒体新闻主题的选择影响着人们对眼前世界有什么事物和发生了什么事情的认知和判断。

议程设置理论认为，大众媒体可以通过提供信息和安排相关议题来有效地左右人们关注哪些事实，并对他们谈论这些事实的先后顺序产生影响。在信息爆炸的读题时代，媒体的这种议程设置功能越显强大。不仅如此，新媒体的出现使得媒体主体多元化，媒体也已经从议题推送和议程设置走向议题互动和议题净化。媒体选择哪些事件作为报道对象进行新闻建构，决定了受众通过媒体新闻了解的事件范围和社会图景。不同主体就新闻建构主题进行互动，证实或者证伪着新闻主题，清晰着事件的发展脉络，净化着新闻生态。对于媒体提供的社会新闻，新闻主题的选择使得人们从"不知道"转变为"知道"，由"不了解者"转变为"了解者"；媒体新闻建构引导着受众了解社会问题的重点，印证着社会事实发展因果，影响着受众的事实认知和真相判断。

（二）新闻报道的主题比例

媒体新闻提供的主题信息改变了人们对某一社会问题或者社会现象的认知结构。新闻就某一主题所提供的信息可多可少，可集中、可分散，可持续、可短暂，新闻主题数量的比例影响着人们对报道对象的认知结构。

数量意味着事件的影响力。当某些敏感的社会问题出现时，媒体为了争得噱头、赚取眼球，竞相进行主题推送。媒体对社会事件聚焦关注，展开不同角度、不同方面的议题呈现。新闻主题的"聚焦行为"无不扩大着事件的影响力。对于社会民众来说，新闻主题数量的累加意味着社会事件对于更广泛的社会群体、对于更普遍的社会需要有着相关性的意义，这种对共性价值的凸显说明社会事件在发生和发展的过程中需要得到更多的、更持续的关注。在媒体新闻的持续刺激下，受众或许会出现视线被"引诱"的情况，受众的注意力被"迁移"至以往不曾关注的社会问题或关注程度并没有那么高的社会事件上，新的关注热点取代了过往的关心话题，或强化了已有的社会预期和问题判断。新闻主题的数量比例重塑了受众认知结构。如近年来媒体对警民对立、环境抗争、医疗纠纷、师生冲突、家庭矛盾等负面新闻或冲突事件的青睐，呈现出一个风险常存、冲突常态的形势，媒体新闻的风险感知刺激让本处于社会转型期的民众对当前阶段社会矛盾集中的状态判断和认知信念更加强化，民众出于自卫心理更加关注负面消息。媒体新闻与受众需求的对接促使负面消息报道形成恶性循环。

二　新闻报道的文本形式

新闻报道并不是简单地对已经发生、正在发生、可能发生的社会事件进行记录或者展望，而是包含着对时间顺序和事件重要性有所排序和判断的表述和交流方式。新闻报道的形式是媒体新闻表层建构的主要方面。根据叙事学的时序理论，按照事件叙述次序的不同，顺叙、倒叙、插叙是新闻报道的主要形式。

（一）顺叙的新闻形式

顺叙是按照社会事件发生的自然时间序列进行追踪报道的新闻形式。考虑到受众的"认知经济"原则，新闻报道要选择与受众认知经验相一致的形式。时间顺序假设认为，读者会按照时间顺序重新组织心理表征，会根据现实世界的经验把相关信息整合到适当的时间位置进行表征。以时间为顺序进行新闻报道往往是对某一冲突或者冲突事件刚刚发生，或者结束后进行事件梳理的新闻建构的主要方式之一。

顺叙的新闻形式能简化受众的认知和判断过程，使其尽快认识到事件的前因后果和各方主体的冲突互动行为，有助于受众通过新闻报道做出冲突归因判断和价值评价。

（二）倒叙的新闻形式

在媒体新闻建构中，倒叙是最常见的报道形式。因为对当前事件"此时此刻"发展状态的时间要求，新闻报道更青睐基于此时此刻展开倒叙式的议题建构。倒叙的新闻写作形式首先意识到报道对象的多维性，"一维的话语时间不可能与多维的故事时间完全平行，两者之间常出现不协调的形式"[①]。将哪个部分与其他部分进行顺序倒置安排并不是随意的，而是按照事实的重要性程度或受众关心程度依次递减的次序，先主后次地安排消息中各项事实内容。其目的在于博得受众眼球，引发更多主体的社会关注，增加新闻报道的影响。目前，大部分冲突事件新闻报道多采用倒叙的形式，以打破自然时序的时间倒错的叙事逻辑，将选择的事件情节或带有观点的关键字放置于醒目位置，而将其他被认为是无关紧要、不相关的部分进行暂时搁置，或"引而不发"。

倒叙的新闻形式突破社会事件的自然时间序列，以"我"的视角将新闻内容中被认为最有价值的部分凸显出来，受众在这种新闻建构形式的影响下，容易对新闻中加以强调的部分形成深刻印象和重复记忆。在倒叙的新闻引导下，受众易于形成与新闻信息倾向一致的价值判断，产生与其相似的情感体验和共鸣。

---

① 王文华：《谈热奈特的叙事时序理论》，《云南财贸学院学报》（社会科学版）2007 年第 2 期。

（三）插叙的新闻形式

插叙是暂时中断叙述中心事件的过程，插入一段与主要情节相关的信息的叙述方法。这些相关信息可能是对过去的追叙，可能是对未来的预叙，也可能是发挥说明解释作用的诠叙。在媒体新闻表层建构中，对当前事件的报道联系到历史事件，并对其连锁事件进行报道或者展开类别化反思，是插叙的常用方式。在对 PX 项目引起邻避冲突的相关报道中可以经常发现此类媒体新闻建构方式。同样，在相关新闻报道中对 PX 项目的专业知识进行阐述和诠释也是属于插叙的新闻建构形式，对于清晰受众基础认知、化解已有的冲突事项、预防类似冲突重演有所帮助。

在冲突性新闻建构中，插入与此冲突相关的或者类似的其他历史事件，建立事件关联，促成事件类别划分，引导受众将当前事件与历史事件进行同类别认知和归属，能有效降低受众的认知成本，提高受众的认知效率，且易于使得认知效果符合新闻建构的预期。

三　新闻报道的信息内容

新闻的基本功能在于提供信息，新闻的信息内容主要体现在其信息倾向上，即不同比例结构的新闻倾向影响着公共冲突主体的意识建构。

（一）媒体新闻的信息倾向

新闻报道的信息内容更多体现在新闻倾向上，倾向表明着媒体的态度和立场。是赞成还是反对，是褒扬还是贬低，是支持还是警示，媒体新闻的倾向反映了媒体的态度立场，代表不同立场和判断的媒体新闻的数量比例影响着受众认知的结构。在更为一般的意义上来说，媒体新闻的呈现塑造了人们对眼前这个世界中对与错、善与恶、美与丑、和谐与冲突的认知判断。

（二）媒体新闻的倾向比例

新闻数量与新闻的影响力之间并没有绝对的正相关性，新闻信息的倾向在新闻建构中更能影响人的冲突事实认知。就某一个领域、话题或者群体来说，新闻倾向的比例结构影响着受众对整体社会态势、某一社会问题、某一社会人群的认知、把握和判断。如，近年来媒体在关于警察执法的新闻报道中过度强调警察与民众之间的冲突和对立，而忽视了警察为人民服务、奉献自我的正面形象，这样使得受众形成一种警察滥用权力、民怨积累，警民关系紧张、冲突不断的判断，造成民众对于警察群体乃至其职务背后的政府等公共组织的行为保持警惕，甚至产生敌意。媒体或者在新闻报道中凸显主体对立，直述冲突情节，强调冲突的不可调和；或者就不同的事件主体，选择立场，进行"站队"，通过对事件的细节凸显和人物刻画，甚至直接评价，给予某一方态度上的支持和对另一方的否定、质疑和批判。在袭警事件发生后，新闻报道多对警察滥用权力引发袭警行为做出批判性预设，塑造了受众对警察粗暴执法的固定认知，对后续类似甚至沾边的社会事件的判断形成定势思维。对于单一事件来说，媒体也可以从主体利益、价值取向、关系重塑等方面出发，选择对冲突化解或者社会和谐有益的一面进行正面的新闻建构，媒体新闻信息的不同倾向和不同倾向之间的轻重比例影响着人们对社会冲突程度的认知结构。

在本研究看来，新闻信息倾向可以分为正向、中性和负向三种，冲突发展是走向爆发与升级，还是走向平息和化解，不仅在于新闻建构数量的多少，也取决于不同新闻信息倾向之间（尤其是正面的新闻建构与负面的新闻建构之间）的比例。在已知事实和真相的基础上，倘若新闻报道大部分是正面引导性的，强调主体兼顾，统筹全局，将促进冲突走向平息，实现化解；倘若新闻报道坚持某一冲突当事方的立场，以对单一对象的负面抨击为主，冲突发展趋势多表现为爆发、升级和扩散。而要想实现冲突转化，发挥冲突的正面功能以促进社会成长和制度完善，需要更多的避免态度和立场传递的中性陈述，以溯本求源、明正视听，形成社会公众的自主判断。

第二节 新闻表层建构影响冲突主体意识建构的话语策略

媒体新闻表层建构对冲突主体意识建构产生影响依赖于其自身的新闻内容，涉及媒体在进行新闻表层建构时为实现目标所采取的话语策略。通过对网络爬虫获取的500余例新闻报道的标题和内容进行文本分析，发现媒体新闻表层建构采用的话语策略主要集中于以下八种：变换背景、引导想象、渲染情节、凸显后果、贴注标签、隐性评价、归因定位、倡导行动。不同的新闻建构的话语策略分别对冲突主体的意识结构中的事实认知、情绪波动、价值判断和行动意向四个方面产生不同影响；同时，媒体受众的触媒反应和建构内容也会对媒体新闻报道的建构方式和话语策略有所影响。媒体新闻表层建构的话语策略与冲突主体意识建构之间相互作用、相互影响，具体如表4-1所示。①

表4-1　　**新闻表层建构影响冲突主体意识建构的话语策略**

新闻表层建构的话语策略	主要手段	对冲突主体意识建构的影响
变换背景	情境预设、去情境化	事实认知
引导想象	巧设导入、创设情境、语意省略、质疑发问	
渲染情节	对形象、动作、语言、表情、工具、环境的生动描述	情绪波动
凸显后果	形容词模糊、副词模糊、数据表现	
贴注标签	命名、定义、建立联系、类型划分	价值判断
隐性评价	直接唤起、间接激发、间接暗示、间接强化、反预期	

---

① 本部分已发表，具体信息：常健、郝雅立：《媒体新闻议题建构方式与公共冲突及其治理》，《理论探索》2017年第2期，内容稍有调整。

新闻表层建构的 话语策略	主要手段	对冲突主体意识 建构的影响
归因定位	质疑方案、定位起因、谴责行为、传递情绪、批判报道	行动意向
倡导行动	反问、疑问、祈使、建议、警告、需求表达、畅想未来	

资料来源：本表格由作者整理所得。

一　影响事实认知的话语策略

在公共冲突中，对冲突事件的事实认知是冲突主体情绪起伏和形成价值判断、行动意志的基础。媒体新闻表层建构的一些话语策略会显著改变冲突主体对冲突事实的认知，其中最典型的话语策略包括"变换背景"和"引导想象"。

"变换背景"是媒体新闻在涉及冲突事件的事实陈述中，对事件发生的情境和背景作出建构性表述，以此引导受众将对冲突事件的认知及关注点放置于不同于实际的背景情境之下。变换背景的常用策略具体包括情境预设和去情境化。情境预设策略是通过在新闻报道中对某方面背景情境的重点强调，使得冲突主体将所发生的事件与媒体所强调的背景情境联系起来，从而对冲突事件产生的原因、意义、相互关系形成不同的整体认知。去情境化策略则是新闻建构中将事件脱离开与其相关的社会背景，仅强调冲突事件本身，使得冲突主体无法理解事件产生的前因后果，或是只能根据自己的经历或想象来补充背景情境信息，从而对冲突事件形成脱离原本情境的理解。

"引导想象"是媒体在新闻建构过程中引导受众在心理视像的自动补白过程中自动形成事实认知和价值判断。正如费利潘德·墨菲（Philipand Murphy）所指出的，"一个问题的事实不确定性越强，就越容易被社会建构"①。媒体新闻通过提供不确定的、模糊的事实信息引发受众自主想象，受众想象产生于媒体建构的社会情景，受众据此情景将自身经验形成的暂时联系进行新的结合，拼凑成具体的冲突情境。媒体通过巧设导入、创设情境、语意省略、质疑发问等话语策略和建构手段，引导受众根据自我想象进行补白，构筑其心理视像，并形成认知和判断。

二　引发情绪波动的话语策略

在公共冲突中，情绪的负向波动会直接引发冲突爆发，导致冲突升级。媒体在新闻表层建构过程中会采取一些话语策略来影响冲突主体的情绪性质和情绪强度，其中最典型的话语策略是"情节渲染"和"凸显后果"。

"渲染情节"是在对具有冲突性质的新闻事件报道中，媒体通过对事件背景、人物形象、动作、语言、表情、工具、环境等进行生动描述甚至渲染，以冲突过程中的细节再现来阐述事件情境和过程，进而调动受众的感官体验，使远离现场的受众也如同在场一般。"要展现，不要叙述"② 是这种新闻建构话语策略的基本原则，它要求"帮助受众以一种身临其境的在线状态了解事实并参与体验"③。渲染情节的话语策略不仅仅满足了冲突事件基本信息的呈现，增强了冲突事件的现场感，也增加了新闻报道的情感含量和情感冲击，易引发受众的情感共鸣，增加受众的情感强度。

"凸显后果"是从冲突事件的结果角度进行新闻表层建构，把冲

---

① Philip Murphy, M. Maynard, "Framing the Genetic Testing Issue: Discourse and Cultural Clashes among Policy Communities", *Science Communication*, Vol. 22, No. 2, 2000, pp. 133 – 153.

② 高钢:《新闻报道教程——新闻采访写作的方法与技术》，高等教育出版社2010 年版，第 112 页。

③ 操慧:《重构现场:新闻报道的空间叙事策略》，《四川大学学报》（哲学社会科学版）2011 年第 3 期。

突事件本身当作背景，把冲突结果当作核心要素来处理，凸显甚至夸大冲突所造成的损失或后果，引发受众在对冲突后果的直视中产生归因判断和价值评判。"情感唤起是由人的预期与经历的不一致程度决定的。"[①] 在后果程度的描述上，新闻表层建构常用的手法包括：（1）以形容词进行模糊化的程度性描述，使用"触目惊心""耸人听闻""可惊可愕"等形容词描述冲突后果；（2）以直接性的数据表现冲突结果，给人以一种强烈的视觉冲击，让受众自觉定位冲突的严重程度，想象冲突的残酷性；（3）以副词进行模糊化的程度性描述，利用"至少""迄今"等词语进行模糊表达，在比较性的话语中凸显冲突结果的严重性，同时以备随时更新冲突动态。

三 引导价值判断的话语策略

在公共冲突中，价值判断会使冲突主体以事实认知的角度，支撑和强化负面情绪，并为行动意志定向。媒体在新闻表层建构中会采取一些话语策略来影响甚至改变冲突主体的价值判断，其中典型的策略是"贴注标签"和"隐性评价"。

"贴注标签"是媒体在新闻建构中使用某些已经固化的、受众熟知的标志性词语，将冲突事件归于某种特定的社会情境、事件类型和价值类别，形成理解和评价冲突事件的基本方向，使受众的视野在解读新闻过程中只能局限在标签词语设定的评价范围内，难以做出超越于此范畴的其他评价。戴维·巴勒特（David Barrat）指出，标签策略是"对事件进行鉴别，给它们命名、下定义，与其他事件联系起来"[②]，"一个事件，只有在为人所知的社会和文化身份的范围内找到位置才能'有意义'"[③]。新闻表层建构对受众价值判断的

---

① 王天华：《新闻语篇的隐性评价与动态读者定位》，黑龙江大学出版社 2010 年版，第 140 页。

② ［英］戴维·巴勒特：《媒介社会学》，社会科学文献出版社 1989 年版，第 95 页。

③ 霍尔等：《作为社会生产的新闻》，转载于张国良《中国传播学评论（第一辑）》，复旦大学出版社 2005 年版，第 148—153 页。

影响并非都是明显和公开的。贴注标签的话语策略使用标签性词语易于唤起受众的集体记忆，受众在标签性词语的引导下，会依赖于基于过去事件形成的刻板认知和固化判断来同化新生事件。在这种"结构化"的路径依赖和思维定式的影响下，受众即使存在一定的自由度和能动性，对事件的认知和理解也难以逃离已形成的框架和路径。

　　为了遵守规约，媒体往往避免使用直接性的态度和价值表达话语，媒体新闻建构经常采用更加隐蔽的"隐性评价"策略。正如怀特（P. R. R. White）所评论的，对事件的性质、程度、价值进行隐性评价是媒体报道的"态度标记"[1]，其共同特点是"立场先于事实"。隐性评价话语策略的常用手段主要包括直接唤起、间接激发、间接暗示和间接强化等。"直接唤起"是通过纯粹的信息内容来陈述事实，引导受众根据自己的文化和社会定位作出评判[2]。"间接激发"是新闻媒体以其自身立场进行主观表达，引导受众做出对人物、事件的价值判断。"间接暗示"是媒体在不直接表达对社会事件价值评价的前提下，把对事件、人物的评价间接地映射给受众，让其领会言外之意、弦外之音，从而对受众的心理和行为施加影响。"间接强化"是新闻媒体以间接的态度表达（支持或者反对）为激发读者作出价值判断、强化情感势能创造条件。另外，"反预期式"的隐形评价建立社会现实与受众预期的违背关系，映射社会事件的不合乎预期与常理，当受众的事件预期与其所见所闻高度不一致时，情感就随之被唤起、激发，甚至加以强化。此类新闻建构话语在提供信息的同时通过评价的共享和同化，使受众的态度立场不断明晰，情

---

　　[1]　P. R. R. White, "Evaluative Semantics and Ideological Positioning in Journalistic Discourse-ANew Framework for Analysis", In Lassen, I., Strunck J., Vestergaard T., *Mediating Ideology in Text and Image: Ten Critical Studies*, John Benjamins Publishing Company, 2006, pp. 37 – 69.

　　[2]　王天华：《新闻语篇的隐性评价与动态读者定位》，黑龙江大学出版社 2010 年版，第 88 页。

感势能不断增强。

四　影响行动意向的话语策略

冲突是由主体间利益、价值、目标、信念或期望的互不相融而引发的对抗性行动。冲突中的行动意向直接决定了冲突的方式和烈度。媒体新闻表层建构的一些话语策略会直接或间接地影响冲突主体行动意向的确定，其中最重要的策略是"归因定位"和"倡导行动"。

归因（attribution）是"个体对某一事件或行为结果的原因的知觉"①。"媒体不同的归咎方式会对公众的理解、感知和反应有很大影响"②。"归因定位"是媒体在新闻表层建构中以自己的认知判断为基础，对某种社会事项或者社会现实进行的因果解释和推论。其具体方式包括：对解决方案的质疑，对可能起因的定位，对主体行为的谴责，对事件情绪的传递，以及对媒体报道的批判等③。它通过对认知的引导、对情感的唤醒和对评价的转变影响冲突主体的行动意向。首先，媒体新闻的归因建构通过对事件的因果解释，强调或者模糊部分信息以形成事件的归因倾向，引导受众对新闻事件的认知、理解和记忆。其次，媒体新闻的归因建构暗示了事件的起因，确定了事件引发的社会情绪性质及其矛头指向。最后，媒体新闻的归因建构会转变冲突主体对事件的价值判断，"面对同一事件，媒体采用不同的新闻归因就会形成不同的报道主题，那么其对事实的选择和描述，对事件的结果和影响的评价都将产生较大的差别"④。事

---

① 张爱卿：《归因理论研究的新进展》，《教育研究与实验》2003 年第 1 期。

② Susarla A. , "Plague and Arsenic: Assignment of Blame in the Mass Media and the Social Amplification and Attenuation of Risk", In Pidgeon, N, Kasperson, R. E. , Slovic, P. (Eds.), *The Social Amplification of Risk*, UK: Cambridge, 2003, pp. 179 - 206.

③ 潘霁、刘晖：《公共空间还是减压阀？——"北大雕像戴口罩"微博讨论中的归因、冲突与情感表达》，《国际新闻界》2014 年第 11 期。

④ 陈红梅：《框架与归因——关于乌鲁木齐 7.5 事件报道的比较研究》，《新闻与传播研究》2010 年第 1 期。

实认知、情绪波动和价值判断的三个方面共同作用于冲突主体的行动意向选择，使冲突主体确定自己的行动定位。

倡导行动是媒体新闻建构影响冲突主体行动意向的直接策略。媒体善于使用反问、疑问、祈使、建议、警告等语气，以直接表达或间接暗示的方式引导社会公众进行反思，建立合理期望与愿景，自发采取行动。具体来说，借他人之口进行意见呈现、举证说明、专家点评、组织提议是其发声的主要方式。媒体就某一社会问题或者事件对社会公众进行意见、评论收集后，会以比例的形式呈现在新闻报道中，这种"投票"式的话题往往会引发人们对意见倾斜和社会站位。通过媒体新闻进行事件之间的关联思考，促进行为关联，并佐证什么样的行为助于社会成长。媒体在新闻报道中强调专家对问题、事件、人物的点评，以智慧的权威进行行动的倡议，或者以组织提议的方式试探性提出行动方式的可行性。值得强调的是，社会媒体在当前的媒体行动倡议中发挥着日显关键的作用。社会媒体犹如一个"扳机"，往往会将社会事件刺激成为冲突的触发事件，引发制度调整、政策完备等行动。

第三节 新闻表层建构影响冲突主体意识建构的作用机制

公共冲突是事关公共利益、涉及公共事务的社会冲突。通过内涵讯息和外延讯息的传递，媒体新闻的表层建构会对冲突主体的意识建构产生重要影响，从而引发、增强或削弱、打消冲突主体参与冲突的行动意向。在公共冲突过程中，媒体新闻表层建构通过对公共冲突主体意识内容的建构发生作用，进而影响公共冲突的产生、扩散、升级、平息、化解、转化。媒体新闻表层建构对公共冲突主体意识内容建构的影响主要是通过以下四种作用机制实现的：博取普遍关注、引导偏差认知、激发对立情感、强化群体共识。

一 博取普遍关注

关注是一种心理状态，是对心理活动对象的指向和集中。关注贯穿于人的心理活动始终，受众的关注一旦形成，就会影响其对媒体新闻信息的选择性接受、选择性理解和选择性记忆。

（一）选择性接受

海量信息的提供使人们深陷信息筛选的恐惧之中。美国心理学家约翰·卡乔波研究表明，作为一种应急机制，人的大脑存在"负面偏好"的生存机制，即对于坏的新闻信息更为敏感，反应也更为强烈。因此，媒体提供的负面消息或建构的负面新闻更能迎合公众心理，得到受众的选择性接受。另外，人们在不同的媒体新闻消息间进行选择过程中对与自身相关的消息或符合自己兴趣点的消息更加关注。媒体新闻表层建构多结合社会公众，尤其是社会公众的切身利益进行风险性、冲突性的社会事件呈现，受众在负面消息的偏好机制下加快了新闻报道进入个体大脑兴奋中心的速度，使新闻报道很快引起受众关注，获得受众接受。如："谁会是下一个雷洋？"（《新浪新闻》，2016 - 05 - 12），将雷洋个案普遍化，让社会公众对自身处境产生担忧，扩大了对法治社会的焦虑。

（二）选择性理解

个体对媒体新闻报道消息的理解受到两种因素的影响。其一，结构因素，即感官刺激在人的神经系统中引起的反应。一些媒体在议题建构过程中使用刺激性词汇、鼓动性语言的话语策略，通过"眼球效应"刺激个体神经性反应，博取关注的同时引发受众从刺激性、鼓动性话语出发理解新闻事件。如，"拆迁公司涉黑'血拆'能否化解？"（《香港凤凰周刊》，2016 - 11 - 04）；"山东警察推搡中拔枪指男子头：想袭警？欢迎啊"（《腾讯网》，2015 - 07 - 20）。其二，功能因素，这类因素与个体的情绪、需求、经验和记忆有关。在新闻建构中，媒体采用单一问题符号化、普遍化策略将问题扩大至周围群体，以促进个体在媒体引导下把特定符号当作现实，并联系自身，产生行动卷入的意向。如，"海南校园欺凌调查：很多孩子受欺负不告诉爸妈"（《南国都市报》，2016 - 05 - 17），"校园欺凌事件频发　大量个案被'内部消化处理'"（《法制日报》，2015 - 07 - 13）。这类媒体新闻建构就易引起社会上的父母群体的关注，使其产生选择性理解，质疑自己子女在校园的处境。

（三）选择性记忆

选择性记忆是在已被注意和理解的信息中挑选出对自己有用、有利、有价值的信息储存在大脑中，在个体的选择性理解之上进行记忆保持，促使受众在后期持续性关注该事件。一方面，从新闻建构的角度来说，新闻报道中建构的标题因其简短、形象、新奇，且易于理解而使其被选择性记忆的可能性较高；新闻报道的表层建构中采用的倒叙、插叙形式凸显的新闻信息更容易引发受众关注，并得以持续性记忆；不同媒体对同一新闻事件的重复性报道和转载会对受众产生持续刺激，强化受众的选择性记忆。另一方面，选择性记忆受个体的要求、需要、态度、经历等方面的影响。一般情况下，关乎自身切身利益的新闻信息内容，如涉及自己的职业行业、身份角色、利益政策、社会网络等方面的新闻信息，都是符合受众兴趣点的新闻信息，受众会进行选择性记忆。受众对于能够满足自身需求、有助于自身利益维护和防止自身利益受损的新闻信息的记忆程度较高，也会对于符合自己经历、态度和预期的新闻消息有侧重地进行记忆。

受众的选择性记忆会固化受众的认知结构，反过来会影响其对媒体新闻的选择性接受和理解。受众多青睐于符合自身认知结构的新闻消息，并对其进行与自己选择性理解方式相吻合的路径进行新闻信息解读，造成受众关注、新闻认知与理解内容的反复性循环。

二　引导偏差认知

媒体新闻建构是媒体基于自身认知，以新闻信息为工具，对社会事件进行呈现和叙述的过程。受众对新闻信息进行解读，在建构性新闻信息的引导下对社会事件进行主观建构。因此，社会事件的于世呈现状态是媒体和受众双重建构的结果，媒体与受众的建构行为都会影响社会事件的最终呈现形态。不可靠叙事理论把叙述者与读者的活动结合起来，区分了六种涉及不可靠性的类型：误报、误读、误评、不充分报道、不充分解读、不充分评价，其中，误报与不充报道涉及事实/事件轴、误读与不充分解读涉及认知/感知轴、误评与不充分评价涉及伦理/评价轴①。受众在浏览新闻信息过程中接受新闻报道的引导，造成对社会事件的不可靠性认知与判断，具体表现为：表面性误读、想象性认知和片面性评价。

（一）表面性误读

安伯托·艾柯（UmbertoEco，2009）曾语："一切阅读都是误读。"阅读的实质话语是对话，其中的误读是一种典型的符号学问题。新闻报道以简短的话语进行事件、观点的呈现，读者从自身的立场和态度对媒体报道的表面信息进行解读会导致误读出现。其一，情境性误读。基于媒体新闻建构者和读者社会语境的不同，读者会集中关注新闻报道的表面信息，而忽视深层信息，产生无意识地有误解读。其二，结构性误读。读者与新闻建构者专业认知、知识结构的不同，会导致读者对新闻信息的解读与新闻建构者本身所要传递的含义之间产生差距。其三，习惯性误读。新闻建构者对新闻报道范式的传统性保持，或者对权威的习惯性服从会异化新闻事件，新闻对社会事件的误报会引发读者误读；另外，读者也会根据自己的阅读习惯和思维模式对新闻消息进行解读，这种习惯、模式与建构者的不一致也会产生信息误读的情况。

（二）想象性认知

想象性认知，即"脑补"，是指读者在阅读新闻报道的过程中倾

---

① 詹姆斯·费伦、玛丽·帕特里夏·玛汀：《威茅斯经验：同故事叙述、不可靠性、伦理与〈人约黄昏时〉》，载于［美］戴卫·赫尔曼《新叙事学》，马海良译，北京大学出版社 2002 年版，第 35 页。

向于根据自己的态度立场发挥主观想象来"想当然"地修补新闻内容。认知的基础来自于个人体验，新闻建构主体利用文字策略引导读者想象，读者以己度物，通过主观自认为合理化地信息加工、漏洞修补，自我修复，影响了对事件信息真实、客观地认知和判断。如，"我的右肾去哪了？"（《海南特区报》，2016 – 05 – 06）这一新闻建构会使读者在第一时间自主想象到病患者在就医过程中器官被移植，间接引导读者形成对医院医生行业"妖魔化"的想象。

（三）片面性评价

"评价先行"是不少媒体新闻建构的语言策略，读者对新闻报道的误导导致读者失真性判断和片面性评价产生。其一，对性质的片面评价。如，"医生创收指标是医患冲突根本原因"（《人民日报》，2012 – 03 – 30）。这一新闻将医患冲突的根本原因指向医生的创收指标，而忽视了其他社会原因，这一片面性评价易于将医患冲突的矛盾焦点集中于医生素质与医疗体制之上。其二，对程度的片面评价。"教育部的一件头等大事'校园欺凌'谁之过，怎么防"（《南方周末》，2016 – 05 – 29），将校园欺凌事件置于"教育部的一件头等大事"的地位，以媒体的身份直接评价管理欺凌事件的重要性，对欺凌冲突的社会影响起到扩散作用。其三，对价值的片面评价。"人性，可以丑恶到什么程度——潍坊纱布门事件众生相"（《搜狐》，2016 – 11 – 06），将"纱布门"事件直接上升为人性的高度，造成了事件性质的转换，引发了冲突情绪的恶化与升级。

三　激发对立情感

情绪是伴随着对外界事物的关注和认知过程产生的主观感受，是个体对环境知觉到的有害或有益消息的反应。社会关注会集中人的注意力，事实认知会形成人的信念，由事实认知引发的情绪波动为人们形成应对问题的行为意向提供动力。媒体对新闻题材的负向建构与广泛传播让更多的社会公众在集中关注和塑造信念中，易于产生害怕、担忧、慌张、焦虑、恐惧、愤怒等负面情绪体验，在这些情绪的驱动之下，人们出于本能地选择保护性行为。

（一）愤怒情绪

媒体在对社会事件新闻的表层建构中会采取细节性、过程性描述策略激发人的愤怒情绪。如，《腾讯新闻》对河北美院与当地村民的冲突情境的新闻建构为"征地冲突拿学生当'肉盾'河北美院：辅导员干的"（2016 - 04 - 11），"肉盾"一词凸显了征地冲突的升级对学生的巨大伤害，并将这种冲突伤害直接归因为辅导员，这一前后因果关系的搭建极易引发受众对辅导员行为的愤怒和对学生遭遇的同情；《南方都市报》建构新闻"广州女摊贩遭城管掐脖　女儿在旁大哭"（2013 - 03 - 07），"掐脖""女儿大哭"的话语将民警在冲突中的具体细节加以呈现，激发了受众对城管的气愤情绪。

（二）质疑情绪

悲伤情绪的渲染和同情性话语的表达降低了社会公众的信心，易于引发质疑情绪，造成情绪对立。如，《兰州晨报》（2012 - 09 - 06）的新闻"运葡萄货车侧翻遭村民哄抢　货主无奈流泪"，在"村民哄抢"与"货主流泪"的情境比较中，引发受众激愤而又无奈的情绪。长此以往，随着类似媒体新闻的涵化，人们很容易对社会产生质疑与失望的心态，对社会信心的丧失会引发更多潜在的对立情绪，造成阶层分化的严重和社会对立的恶化。

（三）恐惧情绪

媒体新闻表层建构中震撼性词汇的使用提醒了冲突的严重性，使受众瞩目、警醒和震惊，引发人们恐惧。如，《新京报（北京）》（2008 - 11 - 22）对钉子户叶斌反强拆的行为进行新闻报道"布满铁钉不会要人命，但很震慑"，通过对反强拆措施的描绘，强调铁钉布阵的极端方式，给人以震慑，令受众深感恐惧。章莹颖案发生后，相关调查发现一直吸引着媒体的关注，2019 年 6 月庭审曝光其中很多细节，有些媒体便建构"令人发指！性侵＋殴打＋割下头颅，章莹颖案被害全过程首次公开！"这样的新闻议题，对极其残忍、令人发指的作案手段的直接呈现让人心生恐惧。

（四）无奈情绪

媒体新闻建构采用戏谑性、嘲讽性、娱乐性的词语，引发人们的无奈情绪和有益反思。如，《澎湃新闻》（2016－11－15）的新闻报道"中国PM2.5污染最重，人群却最耐受"以"最耐受"的反讽话语说明雾霾问题的严重性和人们生存其中的无可奈何。值得注意的是，悲悯、震撼、戏谑和嘲讽性的新闻建构可能会在社会公众主体认知、分析、判断和思考中引发对立性的愤怒情绪，带来社会悲愤情绪的共鸣和谴责行为的卷入，引爆、扩散并升级社会冲突；也可能引发受众进行建设性的反思，使人们对媒体新闻背后反映的深层次的社会问题进行有益思考，促进冲突化解和转化。

四　强化群体共识

共识思维是共意行为的前提。在媒体新闻建构过程中，媒体根据自身立场进行认知引导和价值判断，读者据此形成自己的情绪态度，并采取"站队"行为。"同一队列"的人持有同样观点和态度，易于达成共识，为共意行为提供思想支持。

（一）对比化思维

对比化思维的引导是冲突性新闻表层建构的常用策略，通过媒体对不同群体之间的对比，能够清晰地区分不同群体之间的差异，划出不同群体之间的界限，受众在此类新闻议题的影响下会自觉进行群体选择与归属。在媒体新闻建构中，对比思维主要体现为强弱势群体的对比。如，《东北新闻网》的新闻报道"武装人员殴打村民，凸显权力暴戾"（2013－06－16）和"体罚学生揪头撞墙，教师缘何'辣手摧花'？"（2016－06－28），《腾讯新闻》的报道"农民焚烧秸秆被拘，治雾霾不能'欺软怕硬'"（2016－11－29），《中国网》的新闻报道"河南项城近200人征地起冲突　官员称打死有钱赔"（2012－08－14）中，将村民、农民、学生置于弱势地位，将武装人员、政府、官员、教师置于相对的强势地位，两类群体在具体新闻情境中以对立化的角色出现。这类新闻报道的呈现进一步放大了弱者形象和强者形象的对立，使持有弱者身份的人极易获得社会同情，点燃了非涉事者的对立情绪，加重了社会冲突的群体性导向。

（二）极端化思维

极端化情境的对比引导也是冲突性新闻表层建构的基本范式。数据呈现、占比说明等媒体新闻的"比例原则"是将具体问题焦点化、凸显社会问题的严重性、将社会单向问题上升为结构问题的基本策略。如，"中国 PM2.5 污染最重，人群却最耐受"（《澎湃新闻》，2016－11－15）。这一新闻标题中的两个"最"字将中国民众的生存环境中的雾霾危机加以凸显，直接加重了社会公众对整体环境危机的焦虑和担忧。如，"近八成医生不希望子女从医　医患冲突再成关注焦点"（《新华网》，2013－10－27）。"八成"这一比例在新闻报道中的呈现将社会大众对医患冲突的担忧表现得淋漓尽致，读者会根据这一比例自觉选择保护性行为，采取相同的或者是类似的行动策略。

（三）群体性思维

身份标签是某一社会群体的标识，媒体新闻建构将某一冲突主体的具体身份冠以标签极易引发具有此类身份的人，或者与此类身份对立的人的情绪共鸣，产生不同主体间的群体认同，一事出现，众人带入，继而形成群体化思维。群体性思维会强化人们的认知偏差和负面情绪，固化已有的主观判断，最终引发规模化的群体性失范行为，导致撕裂社会关系的现象出现。如，"刚为人父的人大硕士，为何一小时内离奇死亡？"（《齐鲁晚报》，2016－05－11）。这一新闻建构方式通过雷洋个案将中国人民大学的校友关怀激发出来，并呼吁有法律和新闻专业背景的校友加入，一度发表声明，呼吁警方公开执法过程，增进相互认同感，以共同体的身份声援雷洋案件的公正查处。

综合以上来看，博取普遍关注、引导偏差认知、激发对立情感、强化群体共识是媒体新闻表层建构影响冲突主体意识建构的四种基本作用机制。媒体新闻表层建构通过新闻主题、报道形式和信息内容增加或者弱化新闻的关注度和影响力，进而对冲突主体的事实认知、情绪波动、价值判断和行动意向发挥作用，影响公共冲突的发展趋势和治理效果。

但是，媒体新闻的表层建构只是限于媒体新闻的主题、形式与信息内容，仅仅观察到媒体新闻表层建构对冲突主体意识建构的影响不足以将"媒体新闻建构影响公共冲突及其治理"这一问题解释清楚。媒体新闻建构对公共冲突及其治理的影响机制关键在于媒体新闻的深层建构，即新闻框架的建构，它为受众认知、评判新闻事件提供看待问题的视角、思路和评判标准，引发受众从不同方向进行认知、评判，并导致不同的情绪变化和行动意向，这些问题将在下一章节中进行具体分析和阐述。

第 五 章

新闻深层建构对冲突
主体意识建构的影响

　　媒体新闻表层建构对冲突主体意识建构的影响主要在于其新闻主题、报道形式和信息内容对冲突主体事实认知、情感波动、价值判断和行动意向发挥作用。媒体新闻表层建构在具体方式上主要采取不同的话语策略，通过博取普遍关注、引导偏差认知、激发对立情感、强化群体共识四种作用机制对冲突主体意识建构产生影响。

　　但是，媒体新闻影响公共冲突发展进程及其治理效果，不仅在于其所提供的新闻信息，更重要在于其提供新闻信息的方式。正如社会学家赫伯特·詹斯（H. J. Jans）所言，"新闻本身不局限于对真实的判断，它也包含了价值观，或者说，关于倾向性的声明"①。在公共冲突及其治理的过程中，媒体通过建构新闻议题的不同框架来影响冲突相关各方对冲突的认知和对冲突性质的评判，从而引发情绪的波动和行动意向的选择，促使公共冲突或爆发、升级、恶化、或平息、化解、转化。

---

　　① H. J. Jans, "The Messages behind the News", *Columbia Journalism Review*, Jan. -
Feb, 1979, pp. 40 – 45.

第一节　新闻深层建构：议题框架建构

一　新闻的议题框架及其作用

"框架"（Farming）这一概念，来自于研究媒体新闻议题设置与建构的框架理论。根据戈夫曼（Erving Goffman）的解释，"框架"是用来解释人们理解世界的持续的互动过程，是人们将社会真实转换为主观思想的重要凭据，也就是人们或组织对事件的主观解释与思考结构①。布鲁梅尔（H. Blumer）认为，框架是通过互动的过程来建构问题并寻求答案②。斯诺（D. A. Snow）等人认为，框架是通过经验、推论和互动构建一套"解释纲要"（schemata of interpretation）的过程，并以此指导未来的行动③。基特林（T. Gitlin）认为框架是选择、强调和排除④。恩特曼（Robert Entman）认为框架是从感知到的现实中挑选出一些方面，并在传播文本中使之显著，为此，框架包含了选择和凸显两个作用，以便推进特定的问题定义、因果关系解释、道义评价和（或）提出解决方案的建议⑤。费尔赫斯特（G. T. Fairhurst）和萨尔（R. A. Sarr）提出了框架建构的技能，包括隐喻、故事、传统、口号、工艺品、比较和倾向性解释等⑥。总

---

① Erving Goffman, *Frame Analysis: An Essay on the Organization of Experience*, Boston, MA: Northeastern University Press, 1974, pp. 123 – 155.

② H. Blumer, *Symbolic Interactionism: Perspective and Method*, Engle wood Cliffs, NJ: Prentice-Hall, 1969, p. 61.

③ D. A. Snow, E. B. Rochford, Jr., S. K. Wordenetal, "Frame Alignment Processes, Micro Mobilization, and Movement Participation", *American Sociological Review*, Vol. 51, No. 4, 1986, pp. 464 – 481.

④ T. Gitlin, *The Whole World is Watching: Mass Media in the Making and Unmaking of the Left*, Berkeley: University of California Press, 1980, pp. 6 – 7.

⑤ Robert M. Entman, "Framing: Toward Clarification of a Fractured Paradigm", *Journal of Communication*, Vol. 43, No. 4, 1993, pp. 51 – 58.

⑥ Mickey Zemon, "Book Review: The Art of Framing: Managing the Language of Leadership By G. T. Fairhurst, R. A. Sarr", *The Journal of Academic Librarianship*, Vol. 23, No. 5, September 1997, pp. 123 – 126.

而言之，依据框架理论，"新闻不仅告诉我们该想些什么，而且告诉我们该怎样想"①。

媒体提供的新闻议题框架体现在新闻报道的标题、导语、引文、重要段落的组织和事实提供的先后顺序上，它为受众提供看待问题的视角、思路和评判标准。值得注意的是，不同的议题框架会引导人们从不同的视角去看待新闻事件，从不同的思路去分析新闻事件的原则，用不同的标准去评判新闻事件的性质。例如，当出现身穿警察制服的人与过街行人发生口角和肢体冲突的事件发生后，有的媒体将其放在"警民冲突"的议题框架内来进行新闻报道，有的媒体则将其放在"假扮警察"的框架中进行新闻报道。前者会引发受众去思考警民关系为什么会出现不和谐，后者则会引导受众去思考如何防止被假冒警察所欺骗。可见，媒体选择不同的新闻议题框架进行报道，会引发受众从不同方向进行认知、评判，并导致不同的情绪变化和行动意向。

二　新闻议题框架与报道形式的联系和区别

新闻建构是表层建构与深层建构的整体，媒体新闻的表层建构集中于其报道形式建构，而深层建构体现于其议题框架建构。新闻的议题框架（Agenda Frame）与报道形式（Reportage Form）同时存在于媒体的新闻建构中，两者有所同也有所异，同时彼此之间又相互联系，不可分割。

（一）载体相同

新闻报道形式与议题框架都依托文字、符号为载体，对具体的社会事件进行呈现，社会事件和报道表达是两种框架的共同载体。

（二）层次不同

新闻报道形式是一种较为直观、表面的信息呈现方式，而议题

①　McComb M. E. , "Explorers and Surveyors: Expanding Strategies for Agenda Setting Research", *Journalism Quarterly*, Vol. 69, No. 4, 1992, pp. 813 – 824.

框架是一种隐含在新闻报道之中的深层次框架。报道形式是受众接收到的关乎冲突事件的第一层次信息，即对是谁、在哪里、是什么、怎么样等事实性问题的回答，其中包括对这些基本事实信息的呈现顺序组合；议题框架是在第一层次信息传递过程中为受众评价事件提供的视角、思路和评判标准，受众接受和解读第一层次信息之后，在议题框架的引导之下会产生为什么、将如何、对与错、好与坏、优与劣的判断和评价。

（三）结构不同

新闻报道形式与议题框架各有其结构。新闻报道形式是对标题、导语、主体和结语的组合模式，强调对社会事件基本情况的呈现。在新闻报道过程中，可能会出现直接的价值评价，也可能通过对某些事件信息的凸显映射媒体的价值判断倾向。议题框架则强调对标题、导语、引文、重要段落的组织和事实提供的先后顺序的建构，内含对事件重要性的排列和价值评价的基调。因此，议题框架本身不是价值评价，却提供了价值评价的框架。

（四）作用不同

新闻报道形式与议题框架各有其作用。新闻报道形式为人们提供关于社会事件的来龙去脉和发展进程的事实信息，是一种对社会事件基本形态的呈现；议题框架为受众提供看待问题的视角、思路和评判标准，是对社会事件性质、归因和未来发展的判断。

（五）议题框架隐身于报道形式之中

新闻报道形式与议题框架难以分割，媒体新闻在对社会事件的信息报道中进行议题框架的建构，传递媒体对社会事件的性质、人物品质的善恶、事件态势的好坏等方面的评定框架，进而对受众的意识建构形成影响，以受众意识内容的建构形成一种舆论态势，影响着冲突事件的发展方向。

第二节　与公共冲突及其治理相关的
四类新闻议题框架

　　媒体的新闻建构会对公共冲突及其治理产生重要影响，这种影响是通过新闻报道所隐含的议题框架来实现的。有些新闻议题框架会激化冲突的爆发，加速冲突的升级，并使冲突持续恶化；有些新闻议题框架却有助于冲突的平息，促进冲突的化解，引导冲突的转化。为了分析新闻报道中与公共冲突治理相关的议题框架，我们通过对网络爬取的 500 余例与公共冲突相关的新闻报道进行分析，发现了四类 17 种新闻报道的议题框架。①

一　刺激冲突爆发和升级的新闻议题框架

　　在涉及公共冲突的新闻报道中，发现了 5 种议题框架会促进冲突爆发、升级或恶化，可以将它们分别概括为 "关系对立框架" "群体歧视框架" "主观故意框架" "悖于伦理框架" "违背法理框架"。基于这些议题框架的新闻报道，会强调冲突各方之间的对立关系，或分析冲突一方的主观动机和意图，或表明冲突某一方行为的无理或违法，导致冲突爆发或升级（见表 5 - 1）。

表 5 - 1　　　　　　　　**刺激冲突爆发和升级的新闻议题框架**

议题框架	文本内容	话语策略
关系对立框架	官民矛盾、警民对抗、公私对立	凸显对立、夸张事态、强调规模
群体歧视框架	种群/民族/阶层/性别/年龄/职业/地域等	标注身份、强调敏感关系

---

　　①　注：本部分已发表，具体信息：常健、郝雅立：《新闻议题框架对公共冲突治理的作用机制及其管理》，《国家行政学院学报》2018 年第 4 期，内容稍有调整。

续表

议题框架	文本内容	话语策略
主观故意框架	主观动机、计划意图	阴谋论、动机归因
悖于伦理框架	社会悲情、英雄就义、社会道义	在道德制高点上质疑、评判、谴责
违背法理框架	政府、官员、企业的违法行为	将行为与法律规定进行对照

（一）关系对立框架

"关系对立框架"是指凸显冲突相关主体间关系对立的议题建构。它将社会事件置于主体间对立关系的框架中进行报道，在文本内容上呈现为官民矛盾、警民对抗等。媒体多采取重述已有情境、凸显双方身份、夸张冲突事态、强调冲突规模的话语策略，将主体间的分歧、矛盾作扩大化、严重化描述，强化对立关系。在社会转型期、改革深水期，利益多元化导致矛盾和冲突多发，这种议题框架更容易获得认同。

如：《北京青年报》（2014 - 10 - 17）对昆明市晋宁县晋城泛亚工业品商贸物流中心项目施工过程中，企业施工人员与富有村部分村民的冲突事件进行报道，将新闻议题建构为："底层互相撕咬，谁是发动机？"这一新闻议题将建筑工人与村民共同称为"底层"人员，议题框架便直指与之相对应的"上层"人员，引导人们自觉将矛头指向政府、企业家等这一类上层人员，强化了政社、商民之间的冲突。"一文读懂雪乡宰客事件：有导游称九个月磨刀，三个月宰羊"《腾讯网》（2018 - 01 - 03）的新闻议题以"磨刀"和"宰羊"的比喻定义导游和游客的关系，不自觉地将两者关系框定为"对立"，附以九个月与三个月的时间对比，易引发不同群体间的对抗情绪。

（二）群体歧视框架

"群体歧视框架"是指凸显多数群体对少数群体歧视关系的议题建构。它在文本内容上呈现为对某一种群、民族、阶层、性别、年龄、职业等人群的针对性报道，采用标注身份、强调事宜、借用敏感，强调地域等话语策略，以凸显弱者与强者、少数与多数、特殊与一般之间的冲突。特别是在冲突事件涉及各类少数群体时，这种议题框架更能吸引眼球，特别是能引起少数群体的共鸣。

如，在多地探索整治与规范网约车之际，《每日财经》《DoNews》（2016-04-28）发文《专车新规5月出台 官方称网约车属高端服务不应每人打得起》，一改原文《多地整治网约车探索"规范路径"》的本意，并采用群体歧视框架的议题框架，招致众多围观，激化了不同社会阶层之间的矛盾，在评论区引发一片质疑声。

（三）主观故意框架

"主观故意框架"是指凸显冲突事件当事方不良动机的议题建构。它在文本内容上呈现为对主观动机和计划意图的猜测和分析，在话语策略上经常采用阴谋论、动机归因等方式。在作用机制上，它主要是满足受众对事件产生原因的好奇心，在作用结果上会使受众对某一冲突当事方产生厌恶心理。

如，《新华网》（2014-12-26）发布新闻议题："'黑拆''血拆''艾滋拆'一再上演 谁在操控'拆迁部队'"，将多地发生的拆迁冲突归结为背后的操控力量的阴谋策略，以对幕后黑手的身份猜测引发受众对拆迁冲突中极端化暴力行为的质疑和气愤。《新京报》（2014-05-15）发文"南海'发烧'，谁在意图绑架东盟?"，以疑问的口吻引发受众好奇心，猜测阻碍中国与东盟一体化进程的主体身份。《快资讯》发布"周口男婴丢失闹剧：人性最大的恶，是消费别人的善!"（2021-04-04）的新闻议题，直接对当事方故意制造闹剧的行为定义为"人性恶"，并深度讨伐弃人性善良和诚信如敝履的态度。

（四）悖于伦理框架

"悖于伦理框架"是指将冲突事件置于伦理道义评判之下的议题建构，以凸显该事件在伦理道义上的失范。在文本上，伦理道义框架会涉及社会悲情、英雄就义、社会道义的内容，在话语策略上通常是站在伦理道德的制高点上对相关行为进行质疑、评判和谴责。

在作用机制上，它主要是借助人之常情、事之常理的为人处事传统和规范，其作用结果是受众对违背伦理道德的行为口诛笔伐。神圣价值观保护模型（Scared value protection model）提出，当某些行为违背了人们的重要价值观的时候，会唤起人们的道德愤慨或道德净化反应①。悖于伦理框架便是利用人的道德愤慨或道德净化反应来引导受众的行为意向。

如，2016 年 10 月 30 日《搜狐网》对潍坊产妇纱布留子宫事件进行报道，从人性丑恶的角度建构"人性，可以丑恶到什么程度——潍坊纱布门事件众生相"的新闻议题，于悲愤的情绪中将医生丧失基本伦理道德的行为诉诸笔端，引发社会关注和强烈不满。2017 年 9 月 8 日搜狐自媒体用户发文《谈"榆林产妇坠楼案"：患者的自己决定权是医疗的"最高"伦理》，将产妇在生产过程中的生命权不自主认定为丧失伦理的医疗举措，以伦理失范的框架不仅指出医疗制度的漏洞，更凸显这一漏洞给当事方和社会带来的伤害，进而需要即刻完善。2020 年 4 月 1 日自媒体用户在邻友圈发帖曝光山东理工学生虐猫事件，议题建构为"山东理工大学学生虐猫！活猫直接剥皮、火烧！"，血淋淋的描述字眼将主体悖于伦理底线的行为呈现出来，一时激起人们的气愤和广泛谴责。

（五）违背法理框架

"违背法理框架"是指将冲突事件置于社会法理语境下的议题建构。其文本内容主要涉及违背法律法规的行为信息，讨论法与权之间、法与理之间、法与情之间的冲突，在话语策略上是将相关行为与相关法律法规进行对照，说明其内容违法、程序违法。其作用机制是利用公众对违法行为的零容忍态度，其作用结果是使受众否认相关行为的合法性。

《凤凰资讯》（2016 - 05 - 11）"雷洋事件中，警方办假案了

① Sturmer Stefan, "Bernd Simon, Collective Action: Towards a Dual-pathway Model", *European Review of Social Psychology*, Vol. 15, No. 1, 2004, pp. 55 - 59.

吗?"的新闻议题以疑问的口气直接将雷洋一案的涉事警方的行为放在社会法理框架之中进行考究。《每日电讯》(2013 - 01 - 16)指出"征地拆迁'权大于法'是冲突之源"。《澎湃新闻》(2017 - 01 - 08)"江西一农民合法在建房遭多名城管强拆 执法队长称权大于法"与《新京报》(2017 - 01 - 09)"强拆者坦言'权大于法'置法治于何地"两个新闻议题直接将拆迁过程中的城管执法的权力信息呈现出来,在价值判断上是对执法者在执法行动中出现的法权冲突的凸显,引导人们对这种违背法理的行为产生厌恶和气愤情绪。山东考生被顶替事件被曝光后,搜狐自媒体用户发文《山东农家女被冒名顶替上大学,背后的恶远远超过你想象》(2020 - 07 - 05)采用违背法理的框架直指高考公平正义背后的以权违法、违背常理的恶行,引发人们愤怒和事件升级。

二　有助冲突平息的新闻议题框架

在涉及公共冲突的新闻报道中,我们发现了 4 种有助于冲突的平息议题框架,可以概括为"偶然例外框架""技术失误框架""客观原因框架""各自归因框架"。基于这些议题框架所进行的新闻报道,会强调事件的偶然性和个别性,强调技术失误或客观原因,引导受众从"偶然例外事件"或"好心办坏事"的角度来解读新闻事件,从而促使公共冲突降级或平息(见表 5 - 2)。

表 5 - 2　　　　　　　　有助于冲突平息的新闻议题框架

议题框架	文本内容	话语策略
偶然例外框架	事件的偶然性、个别性、特殊性	整体问题个人化、一般问题例外化
技术失误框架	事项的复杂性、处理复杂性的技术	强调技术水平的有限性
客观原因框架	自然灾害、社会条件、环境变化	强调外因、必然趋势、不可抗力
各自归因框架	揭露各方不当行为、对各方进行归责	指出各方过错、兼顾彼此责任

（一）偶然例外框架

"偶然例外框架"是指凸显冲突事件的偶然性和个别性的议题建构。其文本内容是描述相关事项的偶然性、个别性和特殊性，其话语策略是将整体问题个人化、一般问题例外化、普遍问题特殊化。其作用机制是利用人们对偶然、个别和例外情况的轻视和容忍，其作用结果是使受众不再将相关事件视为整体、一般和普遍的现象。

如，《中国网》（2014 - 03 - 04）"黄细花代表：导游不良行为只是个别现象"对新《旅游法》实施后的导游和游客之间的诸多争端事件作出回应，肯定了新《旅游法》对规范旅游市场的作用，指出一些导游存在不良行为只是例外现象，整体旅游市场正在走向规范化。《第一财经日报》（2014 - 09 - 16）以"多家商学院否认出现官员退学潮：只是个别现象"的新闻议题，回应中组部禁止领导干部参加高收费社会化培训项目政策的出台引发领导干部退学 EMBA 风潮一事，以个别事例的话语突出这一问题的偶然性，引导受众作出整体形势良好的判断。百度自媒体用户发文《邓州 14 岁女孩疑似因为上网课自杀，这只是个案，我们不能因噎废食》（2020 - 03 - 02），这一标题选择将此事件定义为个案，利用偶然例外框架启发大家认识到事情的特殊性，理性看待此事，不要以偏概全，形成错误认知。

（二）技术失误框架

"技术失误框架"是指凸显冲突涉及事项是由于技术失误导致的议题建构。其文本内容主要是描述涉及事项的复杂性和处理难度，其话语策略是强调技术水平的有限性。其作用机制是利用技术问题的专业性来进行技术归因，其作用结果是使受众降低对相关方主观意图的质疑。

如，湖南湘潭产妇死亡事件发生后，社会一片唏嘘，网络争议声不断，《京华时报》"湖南湘潭妇幼保健院：羊水栓塞导致产妇死亡"（2014 - 08 - 14）与《搜狐》"湖南湘潭产妇死亡事件：肺羊水栓塞导致死亡非医疗事故"（2014 - 09 - 12）等议题在说明产妇死亡原因的事实信息的同时采用技术失误框架，将死因归于羊水栓塞这一难以突破的技术原因之上，一方面给出了正面回应，化解了人们的悲愤情绪，使人们克制情绪静下来反思；另一方面鼓励人们发展技术以避免此类悲剧的再度重演。

（三）客观原因框架

"客观原因框架"是指凸显造成相关冲突事件的客观原因的议题建构。其文本内容是描述自然灾害、社会条件、环境变化等，其话语策略是将客观原因、必然趋势、传统文化和社会环境等不可抗力因素作为导致冲突的原因。其作用机制是外部归因，作用结果是使受众淡化人为因素在冲突进程中的作用。

如，河北省张家口市蔚县柏树乡柏树村 8 岁男孩被几名同学强行叫出，围殴致亡。2014 年 7 月 10 日，《扬子晚报》将此事定义为社会文化使然这一客观原因："小小年纪行凶，背后有'暴力文化'魅影作怪"，《南方都市报》将此事定义为社会留守儿童的通病这一社会问题的呈现："'闲来无事找人打'是留守者的生存样本"，由此容易引发人们对留守儿童的集中关注，思考这些客观原因带给社会的不良影响。2019 年，四川凉山发生山火，在人们惋惜消防战士的牺牲、质疑当地政府防火和救火举措的有效性之时，《搜狐》自媒体用户发布的"四川凉山森林大火起火原因令人咂舌：天灾！一棵 80 岁松树被雷击起火"（2019 - 04 - 07）这一新闻议题直接指出起火原因是雷击，天灾不可避免，这一议题框架的采用有助于人们了解山火发生的客观原因，打消心中疑虑。

（四）各自归因框架

"各自归因框架"是指强调冲突各方主体的过错和责任的议题建构。在文本内容上，主要是对冲突涉事者各方的不当行为进行揭露、对各方原因的归责，话语策略上采用中立态度指出冲突当事方的过错，以全局视角讨论双方的责任。其作用机制是各自归因，作用结果是纠正过度偏向某一方的议题，平衡双方的冲突能量。

如，《新京报》（2016 - 05 - 06）就女司机违规变道、别车等不文明开车行为招来一顿暴打，打人者被刑拘一事进行报道，建构"变道女司机被打事件，自食其果谁都不冤"的议题，强调女司机和打人者的各自过错导致冲突，各自都要承担后果，引导冲突走向平息。当人们谴责警察对抱孩子母亲的违规与粗暴行为时，《凤凰网》（2017 - 09 - 01）发布"警察抱摔案：警察有错，抱孩子的妈就'天然对？'"的新闻议题，指出抱孩子妈妈的不当思维和行为导致冲突产生，将人们失衡的判断加以纠正，在平衡判断中促使冲突平息。百度自媒体用户（2019 - 06 - 28）发布"周琦爽约事件：周琦有错，王仕鹏就全对吗？"这一新闻议题，直接暗示了此事件周琦和王仕鹏都有不对之处，引导人们统观全局，不要将注意力仅局限在一方身上。

三　促进冲突化解的新闻议题框架

在有关公共冲突的新闻报道中，有 4 种有助于冲突化解的议题框架，可以被概括为"利益依存框架""价值共识框架""共赢方案框架""和平景象框架"。基于这些议题框架的新闻报道聚焦共同利益、强调价值共识、倡导共赢方案、展望和平未来，使受众感受到存在着化解冲突的基础和条件，并对冲突化解的结局产生憧憬，从而对冲突化解进程产生促进作用（见表 5 - 3）。

表 5 - 3　　　　　　　促进冲突化解的新闻议题框架

议题框架	文本内容	话语策略
利益依存框架	共同利益、相互依存、相互联系	区分立场与利益，显共性略差异
价值共识框架	价值取向一致、存在共同价值作基础	强调主流、重申共识、着眼大局
共赢方案框架	共赢方案、以往案例、合作可能	强调双输可能，力陈合作益处
和平景象框架	冲突化解的条件、希望、未来前景	建立和平预期、展示未来前景

（一）利益依存框架

"利益依存框架"是指凸显冲突相关方之间存在共同利益的议题

建构。其文本内容涉及共同利益、相互依存、相互联系等内容，话语策略是区分立场与利益，显示各方共性，忽略彼此差异。其作用机制是强调各主体间存在的相互依赖关系，作用结果是使受众将注意力从差异点转向共同点。

如，《人民网》健康卫生频道（2016 – 09 – 14）发表议题为"首都医科大学附属北京安贞医院宋现涛：医患是对抗疾病的利益共同体"的报道，议题将医患双方的共同利益（对抗疾病）置于点睛之处，为诸多医患冲突的化解提供利益共存的现实条件，强调医者与患者之间是利益互依的共同体，应建立互相尊重、互相理解的关系。《搜狐网》（2017 – 08 – 16）建构新闻议题："医师：以信助诊打造和谐医患'共同体'"，强调医患两者之间的互信互依，以信息化建设、信用机制建立共同体关系。2020年年初新冠肺炎疫情发生时，湖南省党媒《红网》发文《面对疫情，我们和武汉人是生命共同体》（2020 – 01 – 28），以"生命共同体"的利益联结定位武汉人与非武汉人的共生依存关系，引发人们关注彼此共性，弱化身份差异。

（二）价值共识框架

"价值共识框架"是指凸显冲突各方相同、相似或接近的价值取向的议题建构。其文本内容涉及一致的价值取向，共同的价值基础，话语策略是强调主流价值，强调价值共识，着眼大局。其作用机制是利用人们在共同生活中形成的共同价值信念，作用结果是使受众忽略个体间的价值差异。

如，《人民网》（2017 – 06 – 28）发布议题"无锡：暴力伤医频发呼唤医患信任"，从相互信任的价值尺度出发，力图在互信价值观念和信任医患关系的建设中减少暴力伤医事件。《中国青年报》（2012 – 05 – 12）借关注公益事业的明星姚晨微博粉丝突破2000万这一新闻，说明利用互联网进行利益表达的时代趋势，以"'怀有善念与希望的小市民'，加油！"的新闻议题指出，任何以互联网为媒介进行利益表达的冲突在本质上是存在价值共识的：怀有善念与希望。这种强调和谐、美好的社会主流意识形态为网络化社会冲突的化解提供了一致性的价值基础。由《凤凰网》发布的"农家女被冒名顶替上大学，'被改写人生'需公平交代"（2020－06－11）新闻议题引导社会对待这类事件要遵循公平正义的价值取向。

（三）共赢方案框架

"共赢方案框架"是指凸显共赢可能性的议题建构。其文本内容涉及可能的共赢方案，以往成功案例介绍，寻找共赢方案的程序设计、支撑技术、实践模式等，其话语策略是强调双输可能，陈述合作益处。作用机制是利用冲突各方对推动可能收益的恐惧，作用结果是促进各方采取合作态度。

如，《广州日报》（2016－03－04）发文在议题中指出"中立性是医闹第三方调解的前提"，医闹调解过程中寻求一个秉持中立原则的第三方调解主体是关键，也是对于医者和患者来说共同的双赢方案。《京华时报》（2015－06－18）的议题"预防医患冲突不在安检而在沟通"为医患冲突的预防提出了"沟通"这一共赢方案。2020年1月27日《海东时报》的新闻议题"疫情是敌人，武汉人不是！我们一定打赢这场疫情阻击战！"鼓励大家理性对待疫情之下的武汉籍人群，将攻克目标共同指向新冠疫情，促使更多人达成合作抗"疫"、实现共赢的目的。

（四）和平景象框架

"和平景象框架"是指凸显冲突化解前景的议题建构。其文本内容涉及冲突化解的条件、希望和化解后的美好前景，话语策略是强调冲突化解的可能，展示冲突化解后的美好。其作用机制是利用受众对和平生活的向往，其作用结果是激励冲突各方为争取和平解决而努力。

如，《人民网》（2014－12－11）发文《高强谈卫生改革：政府社会民众缺一不可》，在标题中强调卫生改革需要政府、社会、民众三方的共同努力，描绘了在三方努力下医药卫生服务体系良性运转的美好画面。《北京晨报》（2012－02－20）发布新闻议题："《感动生命》医患和谐相处",向大众展现出和谐的医患关系应该是怎样的,引导人们对和谐的医患关系产生憧憬。《羊城晚报》(2015 - 10 - 22)"日本的医患这样相处"的新闻议题让人们意识到在医患关系十分紧张的形势下,构建和谐的医患关系的可能性与可行性。在对新冠肺炎疫情的应对中,"'我们与患者一起跳舞',中医方舱医院里这一幕很暖心"(《光明网》,2020 - 02 - 20)与"武汉患者这一鞠躬 成都医生的心融化了"(《中国网》,2020 - 02 - 20)等新闻议题给人们呈现了一幅医护患关系和谐、相处融洽、相互支持和理解的友好画面。

四 引导冲突转化的新闻议题框架

在涉及公共冲突的新闻报道中,可发现 4 种引导冲突转化的议题框架,分别被概括为"预期偏差框架""制度缺陷框架""结构暴力框架""落后文化框架"。基于这些议题框架所进行的新闻报道,会将冲突看作一种机遇,一种不断探求社会成员利益的"最大公约数",不时调整、更新和改变社会制度,以最需要者的诉求避免结构暴力、推动社会结构优化的机遇,使受众产生抓住机会的希望和意愿,将关注点转向改革或完善相关的制度,建立新的机制,消除产生冲突的制度根源。实现和平学创始人加尔通(Johan Galtung)所说的"用非暴力方式创造性地实现了冲突转换",从而实现可持续的积极和平(见表5 - 4)。

表5 - 4 引导冲突转化的新闻议题框架

议题框架	文本内容	话语策略
预期偏差框架	冲突主体的目标、预期、信念的偏误	将有偏差的预期与冲突相联系
制度缺陷框架	法律、制度、规则、程序的漏洞	将制度缺陷与冲突相联系
结构暴力框架	权利、利益、义务、责任的社会分配	将冲突与不合理的社会结构相联系
落后文化框架	传统文化、习俗、惯例的不合时宜	将落后文化与冲突发生相联系

（一）预期偏差框架

"预期偏差框架"是指凸显宏观预期定位的错误导致冲突发生的议题建构。其文本内容涉及冲突主体的目标、预期、预期实现信念中的偏误，其话语策略是将这些有偏差的预期或目标与冲突发生联系。其作用机制是利用设定预期中的偏误，作用结果是使受众对冲突进行目标设置、预期设定的归因。

如，《和讯网》"2018 年不确定性风险在于国内经济增速不及预期"的新闻议题采用呈现经济增速与设定预期之间的距离，以说明预期设定的偏差会引发更多的不确定性。2018 年 1 月 2 日，《今日头条》"房价下跌有望！31 省市收不抵支，或倒逼楼市改革！"的新闻议题以多个地方政府财政债务的反噬为由引导人们树立房价下跌和楼市改革的预期，预期的依据不足、逻辑失范和立场偏差不利于房地产市场的稳定发展，住房这一关乎民生的经济问题会酝酿大范围、高潜能的冲突能量。《澎湃新闻（评论）》"深圳虐童案，处罚'爆料者'并不离谱"（2018 - 12 - 28）的新闻议题与人们期待对借助媒体进行社会恶劣现象爆料行为的鼓励性话语相反，这种偏差易于吊起人们"胃口"，引导人们对爆料行为保持一种理性态度。

（二）制度缺陷框架

"制度缺陷框架"是指凸显制度与冲突之间的因果关系的议题建构。其文本内容涉及相关法律、制度、规则、程序的漏洞，其话语策略是将这些缺陷与冲突事项相联系。其作用机制是利用任何制度都可能存在的缺陷和不完善，作用结果是使受众对冲突作出制度归因。

如，在苏州市"12·3"拆迁导致重伤的案件发生后，《检察日报》（2013 - 12 - 06）发表以《制度源头发力，才能遏制拆迁冲突》为标题的文章，一方面警示人们制度力度不够是导致当今拆迁冲突多发的重要原因，另一方面也启示人们要从制度层面下手，防范拆迁冲突的破坏性作用。就衡阳县县政府公务人员陈建铁欲扶起躺在马路上的老人遭到路人劝阻一事，《扬子晚报》（2014 - 07 - 10）发布新闻议题"老人摔倒，不缺人扶，缺法律保护"，《人民网》《网易》等相继转载，指出保护公民积极见义勇为的法律法规的缺失让更多的人有所纠结，不敢施善，引发更多的内心折磨和人际冲突。《网易》（2019-05-26）发文《江苏东台发生血透患者丙肝感染事故，此类事件暴露血透管理漏洞》，直接指出制度操作不规范、管理漏洞的存在导致事故发生，正规执行规章制度对防范传染病流行的重要性。

（三）结构暴力框架

"结构暴力框架"是指凸显社会结构与冲突之间的因果关系的议题建构。其文本内容涉及权利、利益、义务、责任在各种社会群体间的分配，话语策略是将冲突事项与不合理的社会结构相联系。其作用机制是利用被压抑的社会能量，作用结果是将冲突能量引向改变社会结构的努力。

如，《凤凰新闻》（2017-03-30）建构议题"北京新规划：永远控人，永远是'外地人的错'"区分了北京人与外地人，否定了外地人在京生活权，暗语外地人永远被排除在城市规划之外，直指城市发展中人口失衡的社会结构性问题。又如，2017年《搜狐网》对李文星传销案作出报道标题："李文星之死：寒门子弟考上985又如何？终究没走出原生家庭！"《三联生活周刊》也建构议题："李文星之死：从贫困中来，到贫困中去"。每个人都有接受教育的诉求，并期望也理所应当地认为，应该可以通过知识改变命运，但是这样的标题使人不免作出"读书对于贫困家庭的孩子来说没有用"，"教育改变不了人们的社会所处阶层"的判断，以一个案例全盘否定了教育对于贫困家庭孩子的价值和意义，认为人们无力改变社会阶层分化的不平衡。

（四）落后文化框架

"落后文化框架"是指凸显传统文化与冲突之间的因果关系的议题建构。其文本内容主要涉及历史文化、习俗、惯例的落后等，话语策略是将冲突与不合时宜的传统文化联系起来。作用机制是利用传统文化与现代生活之间的时代差异，作用结果是受众倾向于抛弃旧的文化习俗，创造新的生活方式。

如，《人民网》观点频道（2015 – 10 – 19）就随地吐痰男子遭受他人指责时破口咒骂最终遭受壮汉出手教训一事发表议题"武力教训地铁'渣男'就能促成文明吗?"，说明道义指责对不文明行为的纠偏无力时，诉诸轻微的暴力也不一定能将不文明行为导入文明的轨道。第二天《网易新闻》"为地铁'渣男'被打叫好不是正义的入口"的议题也对这种以暴力维护公共秩序、促成公共文明的行为给予出于传统正义角度的质疑。另外，面对广场舞冲突层出不穷，《中国青年报》（2017 – 06 – 29）"少出门少惹事才算是'好老人'?"的议题，以传统文化中"好老人"的语气质疑少出门、少惹事这一解决涉及老年人冲突的方法，并对坏人变老、老人变坏这一问题的争议提出反思。《快资讯》转《人民日报》"996 工作制是病态的'加班文化'，涉嫌违法"（2020 – 06 – 11）这一新闻议题，将996 工作制直接定义为"病态企业文化"，为喧嚣一时的舆论热潮定调。

第三节　新闻议题框架的引导机制

有关公共冲突的新闻报道所隐含的议题框架，会对受众的认知和评判形成引导机制，引导受众对公共冲突事件的认知、思考、分析、归因、评价的方向，并进而影响受众对公共冲突事件的情绪和行动意向。具体来看，四类新闻议题框架会对受众的认知、评价、情绪和行动意向产生不同的影响。①

---

① 本部分已发表，具体信息：常健、郝雅立：《媒体新闻议题建构方式与公共冲突及其治理》，《理论探索》2017 年第 2 期，内容稍有调整。

一　引导冲突爆发和升级的机制

引发冲突爆发升级的议题框架会将受众的认知引向关注对立、少数人的遭遇、行为者的动机、伦理底线的突破和行为是否违法，使受众倾向于作出关系恶化、少数人受到压迫欺辱、行为违反道德或法律的判断，产生激动、痛苦、愤怒、无法容忍和原谅的负面情绪，并形成对抗、反抗、惩罚、报复、指控等行为意向（如表5－5）。

表5－5　　　　　　　　**引导冲突爆发和升级的机制**

议题框架	认知引导	评判引导	情绪引导	意向引导
对立关系框架	关注对立	关系恶化	仇恨、冲动	竞争、对抗
群体歧视框架	少数人的遭遇	压迫欺辱	痛苦、同情	反抗、报复
主观故意框架	行为者动机	邪恶意图	厌恶、愤怒	惩罚、打击
悖于伦理框架	伦理底线的突破	不道德、无道义	唾弃、不原谅	谴责、讨伐
违背法理框架	行为是否违法	违规违法犯罪	愤恨、不容忍	指控、举报

（一）对立关系框架的引导机制

对立关系框架将受众的认知引向对对立的关注，导致其产生关系恶化的评判倾向，出现仇恨、冲动的负面情绪，进而形成竞争、对抗的行动意向。

认识到主体关系的对立并产生关系恶化的判断易于产生仇恨、冲动的情绪。而伴随着仇恨、冲动的负面情绪，人们倾向于强化已有认知、增加情绪强度。在恶化认知与负面情绪的持续循环和影响下，受众易产生与仇恨对象进行对抗的行动意向，为冲突的爆发、升级和扩散提供心理条件。

如，《北京青年报》"底层互相撕咬，谁是发动机？"（2014－10－17）的新闻议题将受众的认知引向对引发底层冲突的"发动机"，即政府、企业家等这一类上层人员的关注，使其产生底层群众与上层人员之间关系对立并趋向恶化的判断，出现对上层人员的仇恨情绪，导致与其对抗行为意向的形成。搜狐自媒体用户"西安交大在读硕士溺亡　女友指责导师奴役学生冷漠无情"（2018－01－10）的这一新闻议题将师生关系定义为"奴役"，并用"冷漠无情"的字眼来描述教师态度，将两者关系对立起来，容易导致师生关系恶化，引起彼此间仇恨、对抗的情绪。

（二）群体歧视框架的引导机制

群体歧视框架将受众的认知引向对处于阶层低端和社会边缘位置的少数人群遭遇的关注，产生少数人身受压迫、遭遇欺辱的评判，对其产生同情，为之感到痛苦，进而出现对施压者、欺辱者的反抗和报复的行动意向。

少数群体对自身遭受歧视的认知使其产生不满、悲伤情绪；围观者对少数群体的遭遇有所认知，容易产生同情、气愤情绪。对自身遭遇的悲伤情绪易于引发当事方的反抗、报复的行动意向；而对少数群体的同情使围观者产生伸出援助之手、助其解除压迫、走出困境的行动意向。当人们对少数群体的歧视行为难以忍受时，可能会引发参与反抗、进行报复的行动之中。

如，"专车新规5月出台　官方称网约车属高端服务不应每人打得起"（《每日财经网》，2016－04－28），采用群体歧视框架的议题框架，以对打车群体进行不平等的阶层划分，以界定专车的受众市场，易于引发人们反对。

（三）主观故意框架的引导机制

主观故意框架是最容易引发冲突爆发和升级的议题框架之一。主观故意框架将受众的认知引向对行为者动机的认识和思考，以产生"行动者具有邪恶意图"的价值评判，引发对行动者的厌恶、愤怒等负面情绪，并形成惩罚、打击行动者的行动意向。

在媒体建构的新闻议题中，社会事件信息基本包含人为信息和情境信息两类。受众在解读媒体新闻议题时，会就这两个方面进行责任归因。主观故意框架利用新闻议题的归因机制，将受众的认识锁定于引发冲突的人为因素，将冲突的原因归结为行动者的邪恶动机。在这样的事实认知和价值评价基础上，受众易于产生对行动者动机与行为的厌恶、愤怒的情绪。由于人的本能使然，愤怒情绪往往难以抑制，进而成为恐惧、焦虑、担忧、悲伤和反抗、攻击、报复等极端行为的启动情绪。J. R. 艾柏瑞尔（J. R. Averill）认为，在不可控制的情形下，愤怒情绪和很多负面行为相关联，如抱怨、谩骂、摔东西、攻击、报复、暴力犯罪等①，人们在愤怒情绪下更倾向于冒险，形成谩骂、惩罚、打击行动者的行动意向，诱发很多连锁性的冲突事件。

如，"'黑拆''血拆''艾滋拆'一再上演　谁在操控'拆迁部队'"（《新华网》，2014 - 12 - 26）的新闻议题，将人们对极端化拆迁冲突的认知引向背后的操控者，并引发对操控者邪恶意图的猜测和对极端化暴力行为的愤恨，形成阻止、惩罚、打击"拆迁部队"背后操控者的行动意向，引发评论区对背后操控者的一片谩骂声。搜狐自媒体用户发布的"'郑州城管撤梯'致人死亡就是'故意杀人'"（2018 - 01 - 28）新闻议题将事件的原因直接在字眼上归为超权限没收工具的故意为之行为，易于导致人们对城管甚至这一群体产生不满、愤怒情绪，引发更为严重的涉及城市管理的冲突事件。

（四）悖于伦理框架的引导机制

悖于伦理的框架将人们对新闻事件的认知引向行动者言谈举止对伦理底线的突破，使受众产生行动者"不道德、无道义"的价值判断，引发对其唾弃、不原谅的负面情绪，进而在行动意向中形成对行动者的谴责和讨伐。

新闻议题对行动者言谈举止的深描，使受众意识到行动者对基本的社会道德、伦理道义、常情常理和行为准则的违背，出于道德感，人们对行动者进行不讲道德的负面评价。关于道德的判断是高度情绪化的。新闻议题悖于伦理框架对道德失范、行为越轨的冲突

---

① Averill J. R. , "Studies on Anger and Aggression: Implications for Theories of Emotion", *American Psychologist*, No. 38, 1983, pp. 1145 - 1160.

情境的建构最容易唤醒人们的愤怒、唾弃情绪，受此影响，人们易于产生谩骂、谴责、讨伐的行动意向。

如，"湖南一产妇裸死手术台上，病房反锁医生逃跑"（《凤凰视频》，2014－08－13）的新闻议题将事件焦点集中于事发后医生反锁门、逃跑的行为，将受众认知引向医者医院突破社会伦理底线的行为，产生医者无道德、无道义的价值评价，进而在道德感的驱使下唾弃医者无德行为，谴责院方失责行为，并展开对医者医院基本道德建设的讨伐。"宠物店回应为抬价剪兔耳，恐非个例，网友们直呼：太残忍了！"（《快资讯》，2020－09－08）这一新闻议题将"抬价"与"剪兔耳"形成鲜明对比，凸显这一恶劣、残忍行为对道德底线的突破，且广泛存在，引起人们的愤怒情绪。

（五）违背法理框架的引导机制

违背法理的框架将受众的认知引向行动者是否违法进行讨论，产生对行动者违规、违法犯罪行为性质的判断。这种认知和评判的过程激发受众对违规违法犯罪行为的愤恨、难以容忍的情绪，进而形成对其指控、举报的行动意向。

法律执行过程的规范性是人们对社会冲突进行事实认知和价值判断的重点。新闻议题将人们的注意力引向对行动者行为的合法性问题上，产生其行为是否合乎法律法规的思考，并从程序违法、内容违法视角作出违背法理的价值判断。确认行动者的违法行为，并对这一违背法理行为造成的伤害强度的判断，会引发受众对行动者的愤恨，甚至认为其不可容忍，进而产生对这种行为进行自觉指控和主动举报的行动意向。

如，"雷洋事件中，警方办假案了吗？"（《凤凰资讯》，2016－05－11）的新闻议题采用违背法理框架，直接表达了对雷洋事件中涉事警方行为的合法合理性的质疑，引发受众对涉事警察行为合法性的观察和思考。其结果，在真相未卜之时要么引起受众对涉事警察行为合法性的否定，并产生因其违法行为的暴力导致雷洋送命的判断，引发人们的愤恨情绪，对执法警察的不容忍态度将导致更多的举报、指控的行动意向。要么对警察行为合法性的肯定，会产生事出还有其他原因的判断，人们会对这些其他原因进行关注和追踪，而忽视了执法警察行为合法性的考量，进而左右着事件走向。"996工作制有违道德规范？规范治理靠什么"（《法制日报》，2019 - 04 - 18）这一新闻议题在是否合法、合理层面对996工作制提出质疑，引起人们反思。

二 引导冲突平息的机制

有助于冲突平息的 4 种议题框架会将受众的认知引向各种偶然因素、强调技术因素、外部环境因素和冲突各方主体的因素，使受众倾向于作出冲突涉及事项属于个别偶然现象、技术失误或外因导致，或者双方均有责任，产生容忍、无奈、体谅和理解、有所悔意和自责的情绪，并形成亡羊补牢、技术修补、解决外部环境问题和各方改正过错的行动意向（如表5 - 6）。

表 5 - 6 　　　　　　　　　　**引导冲突平息的机制**

议题框架	认知引导	评判引导	情绪引导	意向引导
偶然例外框架	各种偶然因素	个别现象	容忍	亡羊补牢
技术失误框架	强调技术因素	技术失误	体谅、无奈	技术修补
客观原因框架	外部环境因素	外因导致	理解、无奈	解决外部问题
各自归因框架	突破各方主体因素	各方均有过错	悔意、自责	各方改正过错

（一）偶然例外框架的引导机制

偶然例外框架将受众的认知引向冲突事件中的各种偶然因素，这些不确定的偶然因素导致事件发生，并引起冲突效应，使人们产生此冲突事件只是个别的意外现象，并不是整体、一般和普遍的现象的价值判断，进而形成对冲突事件的轻视、宽容、忍耐甚至原谅的情绪。容忍意味克制报复和惩罚行为，偶然例外框架易于形成亡羊补牢、事后补救的行动意向。

与偶然性相对的是必然性。必然性强调冲突事件发生的内部根据，是一种出于本质的不可避免、一定如此的趋向；而偶然性强调冲突事件发生的干扰因素，是一种非本质的可能性状况。新闻议题对冲突事件中偶然因素的强调，将受众更多的注意力由对冲突事件必然性的关注引向对冲突事件偶然性的关注，在价值判断上由必然性归因转移至偶然因素归因，能让人们易于接受和容忍冲突事件的发生，进而产生对偶然因素既往不咎，轻视冲突事件、及时进行事后补救的行动意向。

如，"黄细花代表：导游不良行为只是个别现象"（《中国网》，2014 - 03 - 04）的新闻议题一针见血地指出导游个体的不良行为并不是整个行业的普遍现象，而是一种个别现象。一方面，引导受众产生"导游行为不端引发冲突事件"只是个别现象的价值判断，对此要包容，轻视个别冲突事件对整体行业认知的冲击；另一方面，不能因部分导游的不良行为这一偶然因素否认整体导游行业的发展态势，要及时进行亡羊补牢，采取防范这种个别现象再次发生的补救措施。《搜狐网》"女教师'高铁扒门'只是个别现象，不要用师德绑架老师这个职业"（2018 - 01 - 12）的新闻议题直接指出事件的偶然性和行为主体的个别性，引导人们不要因为一人的行为就给一个群体"贴标签"，不要使之成为众矢之的。

（二）技术失误框架的引导机制

技术失误框架将受众的认知引向导致冲突产生的技术因素，使其产生"囿于技术水平有限，技术的失误是引发冲突事件的原因"的评价，进而体谅冲突事件的受害方，并对此类事件的发生产生无奈情绪，而这种无奈和体谅情绪也激励人们进行积极的技术研发，以修补类似事件发生的技术漏洞。

在人类社会进步史中，技术发展必然会使社会承担风险、付出代价、有所牺牲，这样的认知让人们在面对冲突事件时更具有体谅和包容的心态。新闻议题借用技术失误的框架，强调技术因素在冲突事件中的作用，忽视冲突爆发与升级中的非技术过失原因，以引发人们的理性态度，作出技术修补的理性行为意向。

如，"湖南湘潭妇幼保健院：羊水栓塞导致产妇死亡"（《京华时报》，2014 - 08 - 14）的新闻议题采用技术失误框架，将羊水栓塞的技术困境归为冲突事发的原因，争取人们的理解和体谅，引发受众对有限的技术发展水平的无奈，鼓励人们产生进行完善技能、发展技术的行动意向。

（三）客观原因框架的引导机制

客观原因框架将受众的关注点引向导致冲突发生的外部环境因素，由此引导人们产生冲突事件由外部环境因素导致的价值判断，争取得到受众的理解和同情，使受众形成解决外部因素以管理冲突的行动意向。

冲突原因分析的客观主义途径从社会及政治的组成和社会结构中寻找冲突的根源，认为冲突来自社会系统和组织结构[①]。新闻议题以客观原因框架将冲突事件的爆发原因锁定于外部环境，不涉及主观原因，有助于人们对冲突事件的爆发或升级产生理解，对冲突受害方产生同情，对冲突事件造成的社会不良影响感到无奈。为此，也更有动机和意向去进行外部问题的解决。

如，"小小年纪行凶，背后有'暴力文化'魅影作怪"（《扬子晚报》，2014 - 07 - 10）与"'闲来无事找人打'是留守者的生存样本"（《南方都市报》，2014 - 07 - 10）的新闻议题将围殴事件发生的原因锁定于暴力文化和留守者社会状态的外部环境因素，减少人们对施暴者的痛恨，认识到施暴者的施暴行为是非故意的，有着部分可以理解的动机驱使其作出施暴行为，同时也对受害方产生同情，也为此类事件的社会不良影响深感无奈和对留守群体社会状况无限担忧。在这样的认知导向和情绪动力下，人们倾向于产生改善暴力文化的社会影响、改良留守者生活状态的行为动机。百度自媒体用户发布"纳卡冲突问题是怎样形成的，是大国的影响还是亚阿两国

---

① 常健等：《公共冲突管理》，中国人民大学出版社 2012 年版，第 24 页。

历史遗留"（2020 - 11 - 11）的新闻议题引导人们客观认知眼下亚美尼亚和阿塞拜疆的新一轮冲突，提示人们意识到历史遗留问题可能是两国发生冲突的原因。

（四）各自归因框架的引导机制

各自归因框架将受众的认知引向对冲突各方行为的关注，而不是对单一一方的孤立观察，使人们产生"冲突各方，而不是某一方行为的不适宜才导致冲突的发生"的价值判断。在认知到不同主体的失范行为后，受众会对已形成的有所偏差的判断和行为进行调整，并对曾经坚持的偏差判断和过失行为有所悔意，且不断自责，出现改正过错的行为意向。

在冲突爆发后，新闻议题对冲突主体某一方的过度归因或对某一方的过度倾向性支持会导致更为失衡的议题生态。各方归因框架将人们的注意力导向不同主体在冲突互动中的行为，让人们意识到对于冲突的爆发或升级，涉事双方均有责任，并不是某一方原因所致，也督促双方认识到自身行为的不合宜，在悔意与自责中进行行为改进。

如，"变道女司机被打事件，自食其果谁都不冤"（《新京报》，2016 - 05 - 06）的新闻议题指出了冲突涉事双方各自错误的行为，而不是某一方单一主体的行为失范，才导致这一冲突事件发生。女司机违规变道、别车等不文明开车行为在先，打人者对女司机行为不能容忍进而施暴在后，最终引来囚禁之苦。新闻议题强调女司机和打人者的各自过错，平衡了议题生态中对女司机的过度支持和对打人者的过度不满，促使冲突走向平息。

三　引导冲突化解的机制

促进冲突化解的 4 种议题框架会将受众的认知引向共同利益、相同价值、可能的共赢方案和冲突化解的前景，使受众倾向于作出无根本利益对立、只是手段分歧、未必你赢我输、有共同美好未来的判断，产生放松、同心、信任、受到鼓舞的情绪体验，并形成求同存异、沟通消除分歧、积极合作、修复关系的行动意向（如表5-7）。

表5-7　　　　　　　　　　　引导冲突化解的机制

议题框架	认知引导	评判引导	情绪引导	意向引导
利益依存框架	共同利益	无根本利益对立	放松紧张情绪	求同存异
价值共识框架	相同价值	只是手段分歧	同心	沟通消除分歧
共赢方案框架	可能的共赢方案	未必你赢我输	增加信任	积极合作
和平景象框架	冲突化解的前景	有共同美好未来	受到鼓舞	修复关系

（一）利益依存框架的引导机制

利益依存框架将受众的认知引向冲突主体之间的共同利益，以使其认识到冲突主体间的对立并不是根本利益的对立，存在着彼此间共同利益的依存。冲突主体共同利益的存在使其放松了原有的紧张情绪，试图在求同存异中化解冲突。

"需求理论"学者约翰·伯顿提出冲突主要起因于未满足的需求。"冲突化解的核心不是通过权力消除冲突，而是寻求冲突双方的共同利益，和谐意味着关注利益的冲突化解"①，冲突主体发现利益的相互依存是化解彼此间冲突的现实条件和基础要求。新闻议题通过对不同冲突主体利益的表达、解读和解释，强调主体间不同利益需要的共同属性，圈定共同利益的范围和边界，在已有的利益需要基础上寻求共同的或者可以调和的利益，为冲突化解创造条件。

如，"首都医科大学附属北京安贞医院宋现涛：医患是对抗疾病的利益共同体"（《人民网》健康卫生频道，2016-09-14）和"医患双方本是命运共同体"[《中国青年报》，2015-05-15（02）]的新闻议题直接将医者与患者之间的关系定义为"利益共同体"，以相互依存的利益关系的界定为化解医患冲突创造现实条件。

---

① 刘顺义、王居仁：《关注利益的冲突化解——构建和谐社会可供选择的理论范式和实践路径》，《甘肃理论学刊》2006年第4期。

（二）价值共识框架的引导机制

价值共识框架将受众的认知引向冲突主体间的相同、相似或接近的价值取向，以使其产生冲突主体间无价值分歧、只是手段不同的判断。冲突主体之间的价值共识培育了更多的同心、齐心情绪，进而形成加强沟通、消除分歧、获得共赢的行动意向。

消除误解、凝造价值共识是冲突化解的心理基础。在多元化的价值观状态下，冲突化解的建设性道路是对多样性的接受，并基于此对共同性的寻求。价值共识是多元主体就某种价值达成基本一致的看法，"在价值张力的维系下与价值冲突保持着动态平衡"[1]。在价值张力的可承受范围内，媒体围绕冲突背后的共同价值进行新闻议题建构，能够引导受众看到冲突主体间的价值共识，在齐心情绪、协力行动中促使冲突走向化解。

如，"'怀有善念与希望的小市民'，加油！"（《中国青年报》，2012－05－12）的新闻议题，以不同市民"怀有善念、心有希望"的价值共识为框架，引导受众正确看待以互联网为媒介进行利益表达而引发的冲突，消除对这一领域冲突频发的误解，有助于对利益冲突的化解和受众冲突性认知的避免。《搜狐网》自媒体用户发文《2个月80只流浪猫被虐至死，山东理工大学学生敷衍道歉我们不接受》（2020－04－10）呼吁大家对不诚恳为虐猫获利行为深刻反思的行为表示拒绝，以此形成共识，讨伐有违道德和人性的恶行。

（三）共赢方案框架的引导机制

共赢方案框架将受众的认知引向化解冲突的可能的共赢方案，共赢方案存在的可能性使受众产生未必你输我赢的价值判断，进而增加信任情绪，减少竞争猜疑和相互防备，围绕对共赢方案的创新和探索达成积极合作的行动意向。

---

[1]　张乐：《寻求价值共识：一种消弭价值观冲突的新路向》，《南昌大学学报》（人文社会科学版）2012年第4期。

冲突化解致力于促进冲突各方合作，共同探寻能够满足各方利益需要的解决方案。"共赢（all-win），是冲突的各方不仅在问题解决中各自得到好处，而且不以牺牲外部群体或环境的利益为代价，通常情况下还会带来外部利益。"① 媒体以共赢性冲突化解的案例介绍、经验推介、方案提议或利益共赢的原则倡导、程序设计、支撑技术、实践模式等进行议题建构，力图针对不同冲突主体的共赢方案的创造性设计来凸显冲突化解的可行性。媒体采用共赢方案框架表明看待利益主体关系的一种态度，基于多元利益主体共赢方案的议题框架关注冲突各方的利益表达、利益协调和共同利益的扩展，鼓励其树立共赢思维，为化解冲突提供了现实性条件。

如，"中立性是医闹第三方调解的前提"（《广州日报》，2016 - 03 - 04）和"预防医患冲突不在安检而在沟通"（《京华时报》，2015 - 06 - 18）这些新闻议题强调选择中立的第三方进行调解，加强医患沟通对调解医患冲突的重要性。这样新闻议题让受众意识到医者与患者两者之间未必是一输一赢、一方压倒一方、互不相容或者互不妥协的竞争关系，而是存在在利益整合基础上进行方案创新、实现共赢的可能性。这样的判断增加了医者、患者和围观者的信任和信心，引导其形成展开积极合作的行动意向，促使冲突走向化解。

（四）和平景象框架的引导机制

和平景象框架将受众的认知引向冲突化解的前景，使其意识到冲突和解后存在值得期待的共同的美好未来。这样的议题框架给人以化解冲突的希望，受众易于受到鼓励，对化解冲突、实现和平相处产生憧憬，人们更有动力去进行裂痕修补和关系修复。

现实生活对和平的需求往往不是实现"没有炸弹、枪炮、硝烟和战争"这一类的消极和平，当然这是最基本的，但更重要的是一

———————————

① 李亚、李习彬：《多元利益共赢方法论：和谐社会中利益协调的解决之道》，《中国行政管理》2009 年第 8 期。

种"能从根本上改变威胁'人性尊严'的社会构造"①的积极和平。新闻议题的和平景象框架为受众描绘了冲突化解后人人得到尊重的和平景观，发出构造一种人与自然的良性互促，人与人之间的和谐合作、衷心互信互爱的状态的倡议，使得受众超越对负面情绪的体验而转向对和平前景的期待。在对冲突化解后美好未来的期待的驱使下，人们更有意向和信心去化解冲突、建造和平。

如，在医患冲突频发、医患关系紧张的时代背景下，"《感动生命》医患和谐相处"（《北京晨报》，2012 - 02 - 20）的新闻议题，将受众的认知从对医者与患者的紧张关系转向和谐关系，向大众展现和谐的医患关系应该是怎样的，且是可能存在的，对和谐的医患关系的憧憬和期待会促使人们产生修复医者与患者关系裂痕的行动意向。2020年6月南方出现汛情，"南方汛情刷屏！暴雨过后，还好有他们……"（《澎湃新闻》，2020 - 06 - 11）和"南方汛情一线现场，这些画面令人泪目"（《快资讯》，2020 - 07 - 18）等新闻议题将民警、社区工作者、消防人员等营救疏散群众、学生的事件聚焦在和平景象框架中，描绘了警察关切群众安危、群众感恩警察援助、警民互相关怀的景象，引导人们理性认知和塑造公共群体的社会形象。

四　引导冲突转化的机制

引发冲突转化的四种议题框架会将受众的认知引向预期目标、制度结构、社会结构和传统文化，使受众倾向于产生预期有偏差、制度有缺陷、社会结构不合理、传统文化有不足的判断，导致不满情绪的产生，并形成改进完善制度、变革社会结构、提升传统文化的行动意向（如表5-8）。

---

① 王学风、刘卓红：《池田大作和平教育思想探讨》，转载于高益民《和平与教育——池田大作思想研究》，教育科学出版社2010年版，第80页。

表5－8　　　　　　　　　　引导冲突转化的机制

议题框架	认知引导	评判引导	情绪引导	意向引导
预期偏差框架	预期目标	预期有偏差	对设定预期不满	建立理性预期
制度缺陷框架	制度结构	制度有缺陷	对制度缺陷不满	改进完善制度
结构暴力框架	社会结构	社会结构不合理	对社会结构不满	变革社会结构
落后文化框架	传统文化	传统文化有不足	对传统文化不满	提升传统文化

（一）预期偏差框架的引导机制

预期偏差框架将受众的认知引向先在设定的预期目标，使其产生将冲突源于先在预期目标存在偏差的归因判断。在情绪引导上，预期偏差框架易于使受众产生对先前设定的预期的不满意，进而形成建立理性预期的行动意向。

预期是人的一种目标性期待：预期设定过高，容易由其不可实现而产生挫败感，激发对立的情绪和冲突的互动；预期设定过低，会使其没有吸引力和激励性，难以实现预期对行动者行为的控制和引导。人们建立的预期对其展开后期行动的结果满意度有所影响：若预期实现，人们则会产生愉悦、热情的正面情绪，进而更加具有动力去进行下一阶段的预期设定；相反，若预期没有达成，人们倾向于出现不满、烦躁的负面情绪，导致对先在预期的不满，引发进行有根据、理性化设定预期的行动意向，以防止目标性偏差的出现引发冲突行为。

如，"房价下跌有望！31省市收不抵支，或倒逼楼市改革！"（《今日头条》，2018－01－02）的新闻议题采用预期偏差的框架，引发受众产生房价下跌的事实认知，媒体将房价下跌的预期建立在多地政府收不抵支的财政债务上，这是缺乏事实依据和理论论证的。基于事实依据的不充足和理论论证的不充分，这种预期是带有偏差的。房价下跌期望的落空容易引发人们对新闻议题的质疑，产生对引导人们树立先在预期行为的不满，形成纠正偏差预期、建立理性预期的行为导向。

（二）制度缺陷框架的引导机制

制度缺陷框架将受众的认知引向冲突过程中的制度结构，使其产生冲突源于制度缺陷和漏洞的判断。在冲突产生的制度性的归因判断之下，受众易于产生对制度结构的不满，进而形成改进、完善制度的行动意向。

制度系统是否健全决定了其对冲突关系的规范能力，进而影响了冲突的暴力程度。特纳认为，系统越是能够规范冲突关系，冲突的暴力程度就越低；相反，系统越是不能规范冲突关系，冲突的暴力程度越高[①]。制度设计的缺陷会使社会成员身陷不平等的社会关系中，成为分配规则的牺牲方，导致更多的"非指向性冲突"（nondirected conflict）[②] 出现。体制运行的僵化会使其难以承受富有张力的社会冲突，即使出现稍有能量的冲突事件便会引发巨大的冲突伤害。新闻议题的制度缺陷框架正是利用了关系到冲突发展的制度是否健全的视角，来引导受众对冲突事件进行事实认知，判断制度系统的不完备对冲突事件发展过程和冲突强度和烈度的影响，促使其产生完备制度系统以实现冲突转化。

如，"制度源头发力，才能遏制拆迁冲突"（《检察日报》，2013 - 12 - 06）的新闻议题，将受众的注意力导向拆迁冲突中的制度结构，从拆迁冲突产生的制度性原因角度进行议题建构，使人们产生对现有制度的不满意，意识到制度缺陷是拆迁冲突的重要原因，进而形成改进制度、优化结构的行动意向。"女子坐引擎盖哭诉，全网声援！奔驰道歉，理性维权为啥这么难？"（《每日经济新闻》，2019 - 04 - 13）的议题将新闻重心放在理性维权上，引导人们从单一的事件看到其背后普遍性存在的维权制度建设问题，有效维权制度的缺

[①]　常健等：《公共冲突管理》，中国人民大学出版社 2012 年版，第 55 页。

[②]　P. K. Edwards, H. Scullion, *The Social Organization of Industrial Conflict*, Oxford, Basil Blackwell, 1982，参见常健《公共冲突管理》，中国人民大学出版社 2012 年版，第 37 页。

乏导致理性维权行为的失效和"闹起来"维权行为的出现。

（三）结构暴力框架的引导机制

结构暴力框架将受众的认知引向冲突过程中的社会结构，使其产生社会结构的不合理导致冲突产生的判断，出现对当前的社会结构的不满意。面对社会冲突的影响和结构暴力归因，人们会形成变革社会结构的行动意向。

"冲突的根本原因是后天的，它们存在于广泛的社会结构和文化之中"①，"结构性暴力"是一种隐藏在社会制度中的合法暴力，是对某些人或某些群体的重要权利的否定和侵犯②，这些权利包括人的经济满足权利，社会、政治和性别平等。作为减少暴力的重要方法之一，"'和解'意为治愈创伤和结束暴力循环。和解方法之下有两条道路，一是调停，以化解冲突；二是调和，以使我们真正融为一体"③。媒体选用结构暴力框架，从人们"应该得到"与"实际得到"之间差距的结构性原因入手进行议题建构，使人们正视不合理的社会结构在冲突发展进程中的作用。对社会结构的不满意会促使人们意识到，结构性积极和平意味着"以自由取代压制，以平等取代剥削。完成这种取代的方式，是对话而不是渗透，是整合而不是分割，是团结而不是孤立，是参与而不是边缘化"④。因此，受众的行为意向不仅仅停留在化解冲突的调停方式上，而是更加关注转化冲突，在冲突调和中改革社会结构，为实现冲突主体真正的融为一体创造社会条件。

如，"北京新规划：永远控人，永远是'外地人的错'"（《凤凰

---

① 刘顺义、王居仁：《关注利益的冲突化解——构建和谐社会可供选择的理论范式和实践路径》，《甘肃理论学刊》2006 年第 4 期。

② 常健等：《中国公共冲突化解的机制、策略和方法》，中国社会科学出版社 2013 年版，第 118 页。

③ ［挪］约翰·加尔通、卢彦名：《和谐致平之道——关于和平学的几点阐释》，《南京大学学报》（哲学·人文科学·社会科学版）2005 年第 2 期。

④ 刘成：《积极和平与冲突化解》，《史学月刊》2013 年第 12 期。

新闻》，2017 - 03 - 30）的新闻议题以结构性暴力框架指出北京新规划否定了外地人在北京应该享有的平等权利，引发当地人与外地人之间、外地人与规划部门之间的冲突。人们对这种结构性暴力的认知和不满会导致变革北京人口分布的社会结构、保证外地人口在京权利的行动意向。"14 岁少年被母亲扇耳光跳楼身亡　全网斥责母亲 专家却呼吁父亲角色的回归"（《腾讯网》，2020 - 09 - 21）这一新闻议题，引导人们反思教育行动中仅有母亲、父亲缺席的社会性问题，暗含教育参与的结构不平衡问题是引发类似事件原因。

（四）落后文化框架的引导机制

落后文化框架将受众的认知引向冲突过程中涉及的传统文化，使其产生传统文化有所不足造成冲突事件发生的判断。此种判断引发人们对传统落后文化的不满意，进而出现剔除糟粕、改良落后、提升文化的行为意向。

文化观念作为一种心理因素，对冲突的发展进程和未来走势会产生重要影响。当人们用过时的文化标准衡量时下的社会现象时，难免会产生冲突。文化的不合时宜是导致冲突发生的后天性原因。当人们关注到落后文化对冲突发展的重要作用时，对落后文化进行与时俱进的发展有助于引导人们进行客观理性的认知、判断，防止出现非理性的情绪波动和行动意向，

如，"武力教训地铁'渣男'就能促成文明吗?"（《人民网》观点频道，2015 - 10 - 19）与"为地铁'渣男'被打叫好不是正义的入口"（《网易》，2015 - 10 - 20）的新闻议题提醒受众将对冲突事件的事实认知锁定于对人们行为方式产生影响的"文明文化""正义文化"。这种文化的落后与非理性驱使人们以诉诸暴力对不文明行为进行纠偏，终导致社会冲突出现。此种新闻议题引发人们对有所偏颇的"文明文化"产生不满，并力图进行文化提升。搜狐自媒体用户发布"河南高考卷'被掉包'：这样的事情很多人信，本身就是问题"（2018 - 08 - 08）的议题从文化心理建设层面指出群众缺乏辨别信息能力问题，这一问题的存在导致人们不加选择地误信消息，对与事件有关信息的发酵、传播和扩散带来的非理性催化作用。

第 六 章

新闻建构影响冲突主体
意识建构的条件

由前面的分析可以发现，媒体新闻建构会对公共冲突产生影响，但并非所有的媒体新闻都会对公共冲突产生影响。新闻建构影响公共冲突的作用机制是新闻建构对冲突主体意识建构发生作用，进而影响公共冲突及其治理。但是，媒体新闻建构对冲突主体意识建构发挥有效影响必须基于一定的条件，这些条件涉及宏观的经济、政治、社会和文化背景，也需要新闻媒体和受众各自条件以及两者之间相互匹配条件的具备。在这些条件下，媒体才能通过新闻建构有效地引导受众的意识建构，再进一步影响公共冲突的发展进程和治理效果。

从宏观的时代背景来看，推动新闻建构对受众意识建构和冲突发展及其治理产生影响的第一个背景性条件是市场经济的发展。市场经济为信息交换和新闻竞争提供动力。一方面，市场经济在本质上说是一种交换经济，有效的信息交换是媒体市场经济的运行基础。基于人们对交换对象的自主选择，交换过程中必然存在着主体竞争。媒体将新闻报道作为商品，来博取受众关注背后的新闻收视率、标题点击率、关注度。媒体在新闻报道中的商品化倾向，将会导致更多的标新立异、博取眼球的新闻内容得以建构。另一方面，市场经

济的发展衍生出新的信息需求，受众对新闻报道的期望和要求刺激
了媒体市场对报道对象的选择有所侧重，对冲突事件的新闻建构有
所偏倚。因此，媒体会牺牲一些事实真相和报道立场对冲突事件进
行新闻建构，从而对公共冲突的发展进程和治理形成阻碍或提供
支持。

政治和行政体制的变革是促使新闻建构影响受众意识建构和冲
突发展及其治理的制度性条件。党管媒体时期，媒体作为政党组织
机构的新闻代言人，其所报道、传播的新闻内容均是来自政党的声
音。媒体管理制度的松绑和办媒权力的下放，为媒介主体多元化发
展提供了机会，关于新闻建构的政策导向由封闭禁区走向多元开放，
由局限政务走向关注民生。"举凡对所有公众开放的场合，我们都称
之为公共的"①，媒体的开放性凸显出其公共性的本色。党政媒体稳
步发展，社会性媒体蓬勃丛生，自媒体紧密跟进，关于某一社会冲
突的新闻建构不仅出现数量上的增长，也呈现出以往没有的多元化
趋势。多元化的新闻建构格局为受众提供了更多的真相推论、是非
辨别、发展预期的机会和可能，进而为影响公共冲突发展和治理提
供条件。

思想意识和文化观念的改变是推动新闻建构对受众意识建构和
冲突发展及其治理发挥影响的文化性条件。市场经济的发展和制度
体制的变革，改变了人们的思想观念和行为模式，使人们由过去对
新闻报道的被动接受转变为现在对新闻议题的主动寻求。以主动、
互动、开放、共享为内核的新闻观鼓励人们在获取有效的新闻报道
后主动进行分享和传播，并展开沟通、交流与互动。交互式的新闻
观促使人们继续追踪冲突事件的相关新闻报道，以展开下一阶段的
信息分享和互动，这样的过程会对冲突事件发展和治理进程带来
影响。

信息技术的发展和提升为新闻建构影响受众意识建构和冲突发

---

① ［德］哈贝马斯：《公共领域的结构转型》，学林出版社1999年版，第2页。

展及其治理的实现提供了平台和条件。传统时期，冲突事件发生后往往仅局限在某一个群体、领域内进行传播，其范围有限、影响较小，人们也只关注身边的事情。而如今，以互联网、移动终端为代表的信息技术的发展突破了时间和空间的局限，延伸了人们的感知触角，提升了新闻信息的可得性，改变了人与人之间互通信息的模式。当冲突事件爆发后，媒体可以利用高新技术在第一时间发布新闻信息，受众也可以即时获取关于冲突事件的新闻消息，并借助信息传播网络的通达进行新闻分享。计算机储存技术、算法技术的发展为根据受众的兴趣和需要推送新闻信息提供了可能，人们对于曾经关注或者正在关注的冲突事件的新闻信息的可获得性大大增强。同时，信息技术的发展、交互式媒体运行方式为人们进行新闻对话与互动提供了以往不曾想象的便捷，扩大了冲突事件的影响力。

以上只是从社会环境的宏观角度分析了公共冲突中媒体新闻建构发生作用的背景性条件。谈到具体的中观甚至微观层面，在公共冲突发展及其治理过程中，新闻建构有效影响冲突主体意识建构、左右公共冲突及其治理，需要来自新闻媒体、传播受众各自条件的具备，同时也需要两者之间进行信息供需的匹配条件。

第一节　媒体条件

媒体是新闻信息的供给者，是新闻事件的建构者。在冲突潜在期，媒体以其敏感的触觉来感知大部分社会民众尚未意识到的社会问题，以其为主题进行新闻建构，引起社会关注；在冲突事件爆发后，媒体借助其专业的技能进行社会事件的新闻建构，对已发状况进行广而告之；在冲突事件持续或升级过程中，媒体以其特有的优势追踪报道冲突事件发展进程，向社会传递事件动态；在冲突事件平息后，媒体在新闻建构中就已发冲突发布警示、引导启示。媒体在公共冲突中发挥的这些作用需要具备一些自身条件。

一　媒体数量与多元化程度

从新闻信息的供给方来看，"在任何问题、任何事情上，只有一种意见、一种声音是不可能的，也是危险的"①，只有一方的话语和一种倾向的新闻内容难以对公共冲突产生实际性的影响。新闻媒体数量的增多、风格的多样和新闻信源的多元是公共冲突发展和治理中新闻建构发挥作用的条件之一。

市场经济的发展和行政体制的转型直接带来的是新闻媒体数量的急剧增加。传统媒体如雨后春笋，蓬勃发展；随着数字技术发展出现的新媒体的发展势头更猛劲，新闻主体走向平民化、普泛化和开放化；传统媒体融入数字技术后也适时作出调整和转型，相继推出新媒体类型。传统媒体和新媒体数量激增、层出不穷，必然会导致得以报道的社会事件的增多和关于具体事件的新闻报道数量的增长。当具有新闻价值的社会事件出现之后，不同媒体建构的与之相关的新闻信息会以其为中心进行裂变式的生产和传播，以信息漫灌的方式引起受众的广泛关注。

不仅如此，不同的新闻媒体各有其性质和风格，他们从自身性质出发，遵循自己的风格建构社会冲突事件，彼此之间相互补台或相互推翻、相互修正或相互印证的媒体关系对于冲突发展和治理意义重大。在进行新闻建构时，不同媒体会从社会事实和自身需要出发，有意识或者无意识地选择不同的立场和角度报道社会冲突事件。新闻建构中对某一方冲突主体支持或者反对的不同声音、不同媒体之间的信息联盟或交锋、不同新闻报道之间的相互证实或证伪，都会影响冲突主体的意识建构和公共冲突的发展走向。关乎公共冲突事件的新闻建构的数目总量、正反倾向的新闻报道的比例结构、新闻信息质量的好坏和效度的高低都会影响受众的意识建构，进而左

① 林晖：《重构解读框架：网络时代的主流媒体与中国社会共识——当代中国媒介变革透析》，《现代传播》2013 年第 2 期。

右公共冲突的发展方向和治理效果。

二　媒体的社会公信力

媒体的公信力是衡量媒体新闻传播力和舆论影响力的标尺。一般情况下，媒体的公信力越高，其建构的新闻信息的传播力越强，对舆论的影响力也越大。能够影响受众意识建构和冲突发展及其治理的新闻，多来自于具有高度公信力的媒体。公共冲突过程中，受众对媒体新闻的接受与相信是新闻建构发挥影响的前提条件。

第一，那些深受人们认可和相信的媒体会倍加珍惜其所拥有的受众信任，以此树立起来的媒体品牌形象也会激励其遵循已有的道德规范和行为准则，延续积累的知识技能和经验教训，在新闻建构过程中实事求是、精益求精，发挥媒体自身应有的社会功能，保证与社会事件有关的新闻信息的公信力。第二，具有高度公信力的媒体所建构的与社会冲突相关的新闻信息更易于进入人们的认知视野，得到人们的接受、信任和自主传播，助力于发挥其引导受众对冲突事件进行事实认知和价值判断的作用，进而左右公共冲突的发展进程。第三，媒体激增、信息泛滥是当前受众直接面临的媒介业态。信息海量，而有价值，甚至实事求是的信息却很显逼仄。具有高度公信力的媒体的新闻建构有助于受众快速走出因泛滥信息的干扰引发的事件迷思，梳理清楚冲突事件的来龙去脉，摆脱恶性新闻建构者的有意侵蚀，促进公共冲突正面功能的发挥。

缺失公信力的媒体"无论说什么，也会有人质疑"，他们很难得到受众的认可与信任，缺乏受众群体的媒体所建构的新闻报道在信息传播过程中备受阻塞，对人们意识建构产生影响的可能性很小，因此很难在冲突发展和治理过程中发挥作用。当社会事件发生之后，来自缺失社会公信力的媒体所建构的新闻信息会引发受者的猜测和质疑，甚至蔑视与无视。无法想象媒体的新闻信息在一片质疑声和否定声中如何引导人们对所报道的社会事件形成认知和判断。

三　新闻发布规制的合功能性

媒体发布新闻的规则环境决定着媒体新闻建构和信息传播的效果，影响着新闻建构对冲突主体意识建构和公共冲突的作用。媒体新闻建构的规则限制是否有助于利用和发挥公共冲突的正面功能？是否有利于抑制和转化公共冲突的负面功能？媒体建构与发布新闻所受到的规则限制对冲突功能的合乎性，是新闻建构影响受众意识建构和冲突发展及其治理的又一媒体条件。

众所周知，媒体发布新闻要受到来自法律法规的限制，受到来自传媒行业规则的制约和来自组织自身发展的约束。对媒体发布新闻的规则限制，过于严格紧凑会导致媒体功能的式微，过于宽松分散会导致媒体功能的逾越。如何在两者之间做好权衡，保持好规则制度的张力十分关键，这种张力便体现在新闻建构对公共冲突的社会功能的挖掘和引导上。于社会而言，公共冲突具有正面功能和负面功能，从公共冲突的功能来评判媒体建构与发布新闻所受到的规则限制是否合理，主要看其是否有助于利用和发挥公共冲突的正面功能，与是否有利于抑制和转化公共冲突的负面功能。媒体建构和发布新闻也有其正面功能和负面功能，媒体新闻的正面功能多是依靠其所报道的社会冲突的正面功能的发挥而实现的。失实有误、故作偏倚的新闻建构多是错置了冲突事件的原因或发展进程的细节，误评了冲突事件的性质或冲突主体的好坏，会造成不必要的冲突升级和扩散，给社会带来负面影响；实事求是、注重论证的新闻建构会让人们清楚地看到社会发展面临的现实问题和冲突现状，引导人们正视问题和冲突，群策群力地解决问题和冲突，以客观的冲突认知和理性的冲突化解来促进社会进步。

因此，要正视公共冲突正面和负面的社会功能，尤其要关注公共冲突的正面功能，改变出于对冲突负面功能的担忧而一味压制冲突造成对其正面功能的牺牲的惯有思维和做法。要允许媒体在原则性边框之内自由自主、不受干涉地开展新闻建构，发挥媒体在发现问题、挑出矛盾、升级关注、揭开真相、平息舆论、引导反思等方面的社会正面功能。

四 新闻传播与冲突事件时差

新闻是对新近发生或新近获知的社会事实的报道，时效性是体现新闻价值的基本要素，它既成就了新闻媒体的自身利益，也满足和实现了受众的知情权。新闻时差是媒体报道的社会事件的发生与新闻发布、传播之间的时间距离。新闻建构对受众意识建构和冲突发展及其治理产生影响，需要克服新闻建构和信息传播与冲突事件之间的时差问题。在冲突发展和治理过程中，媒体对冲突事件紧密追踪，以展开及时的新闻建构和迅速的信息传播，使得报道时间与冲突事件发生的时间尽可能接近，这是新闻建构影响受众意识建构和公共冲突的一个不可缺少的基础条件。

因为中间存在着新闻建构和信息传播的环节，新闻报道与社会事实之间存在时差是正常的。尤其在过去媒体环境下，新闻媒体受众群体有限，仅能在固定的时间进行有重点的新闻报道，新闻传播技术的不发达放大了新闻信息与社会冲突事件发生之间的时差问题。但如今现代媒体技术的发展已经让这种时差缩短到最低程度，社会冲突发生之后，新闻信息以趋近于"零时差"的速度即时发布，并得以传播。新闻有一种将局部的公开的社会事实扩大到更广的地域和人群之中的功能。新闻建构对社会事实的密步追随，使身处于不同地域空间的受众在第一时间知悉社会冲突的新动态。不同信息受众借助媒体技术展开短时间而有效率的交流、互动，受众彼此之间的对话以及由此做出的反应也即时性地成为影响冲突事件发展的因素，左右着公共冲突的发展进程和治理效果。

当然，并不是一味强调新闻报道要具有绝对化的时效性，以保证其对公共冲突产生影响，毕竟也有部分媒体利用时差优势进行深度新闻信息挖掘，对冲突主体意识建构产生"后发制人"的效果。也不是说趋近于零时差的新闻报道和传播必然能带来冲突主体意识建构的巨大转变，新闻建构有效影响冲突主体意识建构和公共冲突及其治理均需要其他因素和条件的匹配。但是，相对于将已成陈迹的社会事实作为新闻建构的对象，讲究时效性的新闻建构更有可能对公共冲突产生影响，新闻信息传播与冲突事件之间的时差问题是新闻建构影响公共冲突的条件。

第二节　受众条件

社会民众是新闻信息的需求者，也是新闻建构的潜在接受群体。成功成为新闻受众的那部分人会对新闻建构的社会冲突做出主观建构，在对冲突事件进行意识建构的过程中产生价值判断、情绪波动和行动意向，进而影响公共冲突的发展进程，为公共冲突的治理提供机遇或造成阻碍。在公共冲突中，新闻受众发挥这些作用需要自身具备一定的条件。

一　新闻信息需求

受众日益强烈的新闻需求是催生新闻消息得以持续建构，并对受众意识建构和冲突发展及其治理产生影响的原动力。社会转型时期，社会风险叠加、利益分配格局调整、冲突事件频发，人们民主意识与参与意识的成长使其对关乎公共利益的新闻信息产生强烈的需要，以求其为作出利益获取、风险规避的决策提供信息辅助。公共冲突是利益竞争、资源分配的表现形式，人们在关心与利益分配相关的新闻信息之时会对与冲突相关的新闻建构产生强烈需求。

在社会变迁引发频繁冲突的时代，人们需要更多、更丰富的新闻信息去支持人们采取风险防范的措施。在公共冲突爆发后，面对海量信息的筛选困境，人们习惯于在快时间、低沉本的读题模式下关注与冲突事件相关的新闻信息，作出基本的事实认知和判断，这就为新闻建构影响公共冲突发展和治理提供了条件。其一，猎奇性心态。人们持续追踪公共冲突事件的新闻信息以满足自身的好奇需求，新闻建构者会利用受众的这种心态进行悬疑式、引诱式的新闻建构，受众在这种刺激性新闻建构下产生的认知和判断多是偏误的。其二，自保式心态。出于自我保护的需要，为了在最早时间采取有效的自保、维权措施，人们身陷于一种获得有效信息的急迫情绪之中，并在新闻消息发布的第一时间内进行解读和利用，从新闻消息中得到自认为有效的信息。其三，知识型心态。知识型心态让更多的专业人士对特定领域公共冲突的新闻消息进行持续关注，以求在冲突事件中有所发现，获取新知。在这些心态的驱动下，人们会对新闻信息保持关注和追踪，受其影响产生的事实认知、价值判断和行动意向会影响冲突事件的发展进程。

二 新闻信息的获得能力

从新闻信息生产、传播到其发挥影响的过程来看，对于新闻接收一方来说，受众新闻信息的可得程度和易得程度，是决定新闻建构是否能有效影响冲突主体意识建构和公共冲突的重要条件。接收信息是新闻建构实现影响的初步环节，"让人们知道"是媒体新闻的首要功能，受众新闻信息的可得性直接决定了新闻建构是否有机会对冲突主体意识建构和公共冲突发生影响。受众易于获取新闻消息是加速新闻建构发挥作用的基础要求，新闻消息的易得性可以使新闻建构更快走进受众视野，进而影响受众意识建构、左右公共冲突发展方向的速度和程度。

按照一般经验来看，相对于身处经济发展落后地区的人们，处于经济发达、基础设施齐备和媒体传播技术先进地区的受众具有更为充分的新闻信息可得性和易得性。相对于不善于接受新鲜事物、创新技术的中老年人，年轻人的新闻信息获取能力更强。相对于传统媒体，人们对新媒体的新闻信息越发依赖。

受众关于公共冲突事件的新闻信息的可得性与易得性，一方面受制于新闻信息属性和媒体传播技术的发展情况，这在前面已有论述；另一方面涉及信息资源分配制度下受众获取新闻信息的技能。社会转型、制度转轨和现代信息技术的发展带来媒体新闻信息资源分配制度的变化。政府组织对新闻信息的管控措施会影响受众的信息可得性。不同的经济地域、不同的社会阶层、不同的社会群体在接收新闻信息时并不是完全平等的，他们对新闻信息的接受和认可程度也是各不相同的，新闻信息给他们带来的影响也是完全不同的。外部的经济发展水平、技术发展程度、社会制度和媒介生态的差异和受众自身的价值观念、知识体系、生活阅历、社会经验的不同都会导致人们面对同一新闻信息产生不同的反应，这会为新闻建构通过对不同人群意识建构的不同作用影响公共冲突进程提供前提性条件。同时，在外部制度条件和技术条件支持的情况下，民众若具有获取新闻信息甚至挖掘新闻、求实消息、追踪事态的基本技能和主动态度，会大大提高新闻信息的易得性，增加新闻建构在公共冲突中发挥影响的可能性。总之，若想发挥新闻媒体对公共冲突产生有效影响，需要提高受众的新闻信息的可得性和易得性。

三　对媒体及其信息的信任程度

一般来说，权威媒体之所以被称为"权威"，是因其长期从公共利益出发建构新闻，在最大程度上保持新闻媒体的中立性，在大部分情况下所发布的新闻信息历经走访证实，具有高度的可信性，因而具有最大程度上的冲突事实接近性，备受受众信任。在媒体日益多样、信源日趋丰富、新闻信息易得性持续增强的现实情况下，受众对权威媒体新闻信息的信任成为媒体新闻建构影响冲突主体意识建构和公共冲突发展及其治理的受众条件之一。

冲突事件本身因具备争议性、冲突性而备受媒体和受众的关注，而且公共冲突事关重大，涉及公共利益的分配。媒体信源和渠道多了，增加了小道消息口口相传、谣言传言肆意横行的可能性，人们很容易受到来自未经验证、虚实真假不分的媒体新闻信息的干扰，出现混淆事实、误信谣传、错置归因、模糊因果、误评优劣等情况。

此时，如果权威媒体关于冲突事件新闻消息的公布深得受众信任的话，就能够对新闻报道的社会冲突起到澄清事实、辟除谣言、明晰因果、修正评判的作用，为公共冲突的平息、化解与转化创造条件。相反，如果受众对权威媒体的新闻消息有所怀疑，进而对边缘媒体的新闻建构表示信任，将会助长不良媒体生产、传播偏误信息的气焰，并主动制造新的新闻信息传播链，引发更多主体意识建构的改变，导致冲突扩散和升级，为公共冲突的平息、化解与转化设置障碍。

第三节　传受匹配条件

在公共冲突中，新闻媒体的蓬勃发展和技术进步会将更多的冲突性新闻呈现于人们眼前，新闻受众的强烈需求和主动寻求会产生更多的新闻信息"饥渴"。若是两者有效匹配，会成功消解新闻信息供需不平衡的局面，助力于公共冲突正面功能的发挥；反之，若是新闻提供与受众需求信息不对称，两者之间出现距离甚至矛盾后，新闻建构将会引发更为强烈的信息需求，加剧其冲突功能对社会的冲击。因此，当公共冲突事件出现之后，新闻建构对冲突主体意识建构发挥有效作用不仅仅需要新闻媒体与受众各自条件的具备，也需要两者之间传受匹配条件的创造。

一　媒体关注与受众兴趣的契合

社会事件的公共性和重要性是新闻建构影响受众意识建构的基本条件。社会的快速变迁使其充满大大小小、形形色色的冲突与矛盾，但并不是所有的冲突事件都能得到媒体和受众的关注，也不是所有有关冲突事件的新闻信息和受众关注都能影响它自身的发展。

公共冲突的以下特征为新闻建构影响受众意识建构和冲突发展

及其治理提供了条件。第一，冲突事件具有较高的公共性价值。"公共性"是新闻价值的所在，也是赢得受众关注的基本起点。阿利森（Allison）指出，相对于私人部门，公共事务更容易受到媒体的关注，政府决策经常在媒体的关注中进行①。因此，只有那些具有公共属性、涉及公共话题的社会冲突才容易引起媒体的追踪报道和受众的持续关注，它们或者涉及某项重大公共利益的分配问题，或者涉及某些重大公共义务的承担，或者关乎某些群体的直接权利或切身利益。与这些问题相关的新闻信息易于引发舆论关注，对公共冲突事件的发展和治理产生影响。第二，公共冲突的社会伤害程度。越是严重的公共冲突越具有影响力，也越能引起第三方（包括媒体、受众、冲突管理者等）的关注，人们会依赖新闻建构了解冲突事件，获得相关信息，并进行决策。第三，公共冲突本身存在模糊性和争议性。模糊不清、有待追究的公共冲突使得新闻媒体在追踪事件真相过程中进行质疑式、验证式的内容建构，而存有争议、有待辩驳的公共冲突为不同媒体从多角度、多立场进行新闻建构提供了机会。无论是为了挖掘真相的新闻信息，还是出于观点争锋的新闻信息，都会对受众的认知、判断和情绪、行动产生影响，进而为左右公共冲突进程创造条件。

二　新闻信息需求与有效供给间的不平衡

从新闻的供求角度看，推动新闻建构对受众意识建构和冲突发展及其治理产生影响的最主要条件，是受众对公共冲突事件强烈的新闻信息需求和与该冲突事件相关的有效新闻信息供给相对不足之间存在矛盾。

在事关社会公共利益或公众切身利益的公共冲突出现以后，"准确信息的获得对于有效、精确地感知并控制我们所处的环境非

---

① 陈世瑞：《公共危机管理中的沟通研究》上海人民出版社 2011 年版，第 111 页。

常重要"①。为实现自身的最优决策，人们会对冲突事件的相关信息产生强烈的信息需求。而这种需求如果得不到有效的新闻信息的回应和满足，其他无效、虚假、错误甚至持有恶意的新闻报道便成为冲突事件信息的"填空者"。由于受众甄别信息的能力有限，这些新闻信息很快便会成为影响受众事实认知和价值判断的主要信息源。

在海量信息的读题时代，新闻建构对受众意识建构的影响日益明显。人们易于从新闻标题入眼，测量一个新闻报道对自己进行决策的实际效用。当新闻标题出现不符合常识、缺乏可靠依据、难以解释人们疑惑、不能满足人们认知或情感需要等问题而被认定为有效性不足时，人们会转向去寻找其他相关的新闻信息，这就给了新闻建构占据受众注意力、回应人们信息需求、影响受众意识建构的机会。人们易于将这些新闻信息视为冲突事件的真实信息而予以信任。而这些新闻信息可能是无中生有的主观制造，也可能是断章取义、一叶障目的主观异化。如果这些新闻信息影响到受众的意识建构，成为人们决策的依据，就易于引发决策的非理性，影响公共冲突的进程。

三　新闻价值倾向与受众价值偏好的一致

从新闻关注的角度看，推动新闻建构影响受众意识建构和冲突发展及其治理的另一个条件，是新闻建构对受众精神需要的满足。

冲突涉及人们追求的目标的相容性问题，冲突与情绪相依相随、相互裹挟。A. M. 鲍德克尔和 J. K. 詹姆森（A. M. Bodtker, J. K. Jameson）指出，"处于冲突之中就是处于情绪的冲动之中……冲动使人感到不舒服的部分原因就在于它伴随着情绪"②。在物质需要得

---

① 赵娜、李永鑫、张建新：《谣言传播的影响因素及动机机制研究述评》，《心理科学》2013 年第 4 期。

② A. M. Bodtker, J. K. James, "Emotion in Conflict Formation and Its Transformation: Application to Organizational Conflict Management", *International Journal of Conflict Management*, Vol. 12, No. 3, 2001, pp. 259 – 275.

到基本满足的今天，精神的空虚或者巨大的压力使人们产生刺激精神的需要，焦虑和不安让人们形成疏解心理压力的渴求。在这种情况下，一些关乎公共冲突的具有刺激性、情绪性的新闻信息便有了生存的"市场环境"，它们"为受众提供了一种精神上的刺激或放松，赋予一种现实感很强的生活意义"①。对与情绪相伴随的公共冲突的刺激性信息的新闻建构能够满足受众的精神需要，人们在接受和解读这些新闻信息时，能很好地填补其精神空白或舒缓其精神压力。而当人们从新闻信息中感到精神舒适时，便也会依赖其进行冲突事件的事实认知和价值判断。具有刺激性、情绪性的新闻建构能够满足受众精神需要，这为新闻建构在受众意识建构和冲突发展及其治理中发挥作用提供了动力。

四　新闻信息内容与受众预期相吻合

从新闻接受的角度分析，新闻议题内容与受众预期相吻合是推动新闻建构影响受众意识建构和冲突发展及其治理的又一条件。

预期是人们对尚不知情的社会状况的预先估计。当公共冲突爆发后，人们会基于历史记忆和已有经验对冲突事件的前因后果、来龙去脉和未来发展作出预期判断，这种预期判断往往出自于个体的偏好选择。新闻信息内容符合受众的预期，在实质上就是顺从了受众的偏好与选择。预期违背会引发受众的怀疑，而与预期相吻合的新闻信息更易于受众接受，减少人们对新闻信息的怀疑，在肯定新闻报道中相信其所言为真，并进行下一阶段的事实判断，影响公共冲突的发展和治理。而在对新闻信息进行选择和解读时，人们在认知依赖的路径下也会产生信息偏好，即人们会倾向于关注与自己预期相吻合的新闻信息，而忽略与自己预期相违背的新闻信息。这样会造成进入某一受众视野的新闻信息之间相互补充、彼此印证，强化受众的预期判断，为加速、强化新闻建构对公共冲突的影响提供

---

① 陈力丹：《假新闻何以泛滥成灾？》，《新闻记者》2002 年第 2 期。

可能。

五　受众经验的欠缺与新闻建构的弥补

从新闻供给的角度看，新闻信息对接于受众直接经验欠缺的领域是新闻建构影响受众意识建构和冲突发展及其治理的第四个条件。

随着社会分工的细化，不同的个体在其各自领域内变得越来越熟悉，越来越专业，而对其他领域充满陌生。朱克（H. G. Zucker）认为，在一个特定议题上，公众的直接接触经验越少，他们为获取该方面信息就越是被迫依赖新闻媒介①。对于可以直接接触、比较熟悉的领域内的问题，人们对新闻信息的依赖程度相对不会很强烈，但是对于不能直接接触、比较陌生的领域的问题，受众直接经验的欠缺会使其只能向他人寻找间接经验，而借助媒体从新闻报道中寻找信息是低成本、更快速的方式之一，由此导致受众对新闻信息产生强依赖。因此，与公众距离越远的领域的冲突事件，人们越是依赖新闻建构进行认知和判断，产生情绪波动和行动意向。受众直接经验的缺乏导致对新闻建构的"强制"依赖，为新闻建构影响受众意识建构和冲突发展及其治理创造条件。

---

① ［美］沃纳·塞佛林、小詹姆斯·坦卡德：《传播理论：起源、方法与应用》，华夏出版社 2001 年版，第 256—257 页。

第七章

新闻建构方式对公共冲突及
其治理过程的影响

媒体新闻建构包含围绕报道形式展开的表层建构和围绕议题框架展开的深层建构，以这两个层次建构为主要内容的媒体新闻不仅会对公共冲突的发展进程产生重要影响，也会对公共冲突的治理过程发挥作用。根据两层新闻建构对公共冲突治理过程的影响性质，可以将媒体新闻建构方式分为四类："挑火式""灭火式""化解式"和"转化式"。同时，可以将公共冲突治理过程分为潜在期、爆发期、升级期、平息期四个阶段。在公共冲突治理过程的不同阶段，四类新闻建构方式会对冲突治理效果产生不同的影响。

第一节　影响公共冲突及其治理
进程的新闻建构方式

媒体新闻包括围绕报道形式展开的表层建构，也包括围绕议题框架展开的深层建构。媒体新闻的表层建构和深层建构会对公共冲突的治理过程产生重要影响。按照对公共冲突治理过程的影响性质，可以对媒体新闻的建构方式进行定义分类："挑火式""灭火式"

"化解式"和"转化式"。[①]

一　挑火式新闻建构方式

"挑火式"新闻建构,是通过夸大冲突性质的事件报道、激发愤怒情绪的情节描述、引发负面评价的价值语词和针对特定主体的归因定位,促使公共冲突爆发和蔓延。

在表层建构上,"挑火式"新闻多在主题比例上集中持续呈现,标题设置上选择令人瞠目、耸人听闻的字眼以博得关注,善用变换背景、渲染细节的话语策略,并以贴注标签的形式进行问题归类,引发想象,在内容上多呈现对某些问题、现象和人物的质疑、反对和贬斥,凸显冲突的伤害性、危害的严重性和后果的不可预期性,在报道形式上采用倒叙方式直接强调重点,或以插叙的形式引其他而例证时下冲突。在深层建构上,"挑火式"新闻多采用"关系对立""群体歧视""主观故意""悖于伦理"和"违背法理"五种议题框架,以凸显对冲突性质的难以容忍和冲突结果的无法承受。媒体新闻在表层建构上强调冲突的严重危害与深层建构上凸显冲突的恶劣性质相契合,引导受众的事实认知和预期倾向严峻,价值判断偏于负面,导致不满、愤怒和怨恨等不良情绪的汇集和升级,易于引发冲突的爆发、升级和扩散。

社会燃烧理论(social combustion theory)指出,任何事件的产生都必须具备三个基本条件:一是燃烧材料,二是助燃剂,三是点火温度[②]。劳资矛盾、阶层分化、贫富差距、城乡分离、区域发展不平衡等人与自然、人与人的关系不协调问题是引发社会事件的燃烧材料,一般情况下这些燃烧材料不会自主燃烧,只有在达到了点火温度并施加助燃剂的情况下才会燃烧起来。在很多情况下,从事件

[①]　注:本部分内容已发表,具体信息:常健、郝雅立:《媒体新闻议题建构方式与公共冲突及其治理》,《理论探索》2017年第2期,内容稍有调整。

[②]　牛文元:《社会物理学与中国社会稳定预警系统》,《中国科学院院刊》2001年第1期。

本身的关注到对事件原因、参与人员、过程真相、处理结果的关注①，媒体"挑火式"的新闻议题建构方式发挥了燃烧"助燃剂"的作用：事实夸张报道、非理性判断、价值误导，甚至在刻意追求经济利益的目标下进行无中生有的挑动、小道消息的生产与传播，侵权性语言的恶言攻击等。这些"挑火式"的议题建构方式渲染了悲怒气氛和敌对情绪，不仅仅会促进冲突事件爆发，导致社会冲突升级，引发不良后果，也会对其他类似事件及其报道产生示范作用，为后继效仿者提供知识和技术支持。

二　灭火式新闻建构方式

"灭火式"新闻建构，是通过弱化冲突性质的事件报道、平息愤怒情绪的情节描述、消除负面评价的价值词语汇和归于客观的归因定位，抑制公共冲突的爆发和蔓延。其作用相当于火灾中的"灭火剂"。具体来说，"灭火式"新闻建构方式可能存在两种情况。第一，"灭火式"新闻建构方式是媒体新闻建构者通过"阐明式"的新闻建构将冲突事项进行事实说明，解释事情原委，过滤虚假信息，媒体之间相互补充信息，衔接信息断裂，真实全面报道，从而使社会公众对现实状况形成客观认知，避免无知性冲突。第二，通过"发声式"的新闻建构让涉事者将受到的伤害和痛苦向公众展示出来，涉事者情绪在宣泄过程中减弱势能，情感分享出来后获得满足，防止单方观点的无限制传播和负面情绪的无止境蔓延，引发没必要的社会质疑和群体矛盾，有益于防范大规模冲突的发生。

"灭火式"新闻在表层建构上多就舆论环境中争议较大、冲突强烈的新闻事件或社会问题，对某些大有争议、有所分歧的关键症结集中展开"对症"说明，并于新闻标题等醒目位置着重强调，在报道形式上以采取顺序方式讲冲突原委、阐释当事方观点，在言语上

---

① 郝其宏：《网络群体性事件的风险管理》，《河南师范大学学报》（哲学社会科学版）2016 年第 3 期。

没有过多的情绪裹挟，多是对冲突事实的平铺直叙。在深层建构上，"灭火式"新闻以"偶然例外""技术失误""客观原因"和"各自归因"为主要议题框架，以说明对冲突事件的错置归因，或强调冲突的可原谅性。"灭火式"新闻表层建构中的理性表述与深层建构中的归因说明的契合有利于引导受众疏解不良情绪，明晰冲突原因和冲突性质，促使冲突走向平息。

在公共冲突治理理论中，冲突控制，也可以说是"冲突处置"，是以结果导向的以结束武装冲突和平息暴力伤害为目标的一种冲突管理方式。冲突控制多依赖国家政权的强制力量进行冲突压制，讲究时效性和强制性。媒体以"灭火式"新闻建构的非强制性方式（如事实真相揭露、情感宣泄减能等）弥补官方的强制性冲突处置方式，以及时控制和防范冲突横向扩散和纵向升级。

三 化解式新闻建构方式

"化解式"新闻建构是以通过理性分析的事件报道、启发积极情绪的情节描述、引发正面评价的价值词语汇和指向冲突化解的归因定位，促使公共冲突得以化解的媒体新闻建构方式。其作用相当于"社会燃烧理论"中消除引发社会事件的"燃烧材料"，去除火灾的隐患。

"化解式"新闻在表层建构中多从整体出发，以中性的口吻分析不同冲突主体的利益诉求和责任过错，大部分新闻报道在比例结构上是正面引导性的，强调主体兼顾，统筹全局，在报道形式上多选用顺叙方式阐述冲突的来龙去脉，在话语策略上集中揭穿相关报道的话语"阴谋"，以修正已有的偏误认知和评价，引导人们形成化解矛盾、妥协合作的行动意向。在深层建构上，媒体选用"利益依存""价值共识""共赢方案"和"和平景象"四种议题框架，说明冲突主体间利益协商整合、价值共识塑造的可能性，并以立足彼此利益诉求的共赢方案为建议，在对冲突化解后的美好未来的期待中引导冲突走向和解。"化解式"新闻的表层建构和深层建构在冲突化解的必要性、可能性、可行性和可期待性方面的契合可以促进公共冲突的化解。

冲突化解理论认为，重新解释立场和发现共赢解决方案是冲突管理的基本路径。因此，冲突化解理论将关注点从冲突对抗转向解决问题，主张运用对话方式促进意见、立场、观点、方案的沟通，实现冲突的建设性治理。理查德·E. 沃尔顿（Richard E. Walton）认为，冲突管理中的第三方必须具备的条件有：权威性、公正性、可接受性及能力、技巧、经历。① 作为冲突治理的第三方主体，媒体"化解式"议题建构方式通过改变事件呈现方式，如实解释事件真相，加强社会反思，破除固有评价，加强多元对话，防范话语霸权等技巧来化解冲突，并促进公众进行理性判断，塑造社会认同。

与"灭火式"新闻建构方式不同，"化解式"新闻建构方式有三个明显的优势。第一，它使冲突能量得到理性释放，弥补利益表达"堰塞湖"的缺陷，起到了"社会安全阀"② 的作用。第二，媒体承担了冲突管理中具有权威性、公正性、可接受性及能力、技巧、经历的第三方角色，成为公共冲突化解的"助推者"（facilitator）③。第三，它使冲突各方的意见得到了充分的表达，促进生成一个民主、开放、和平的对话空间，防止"沉默的螺旋"的出现，各方的利益得到充分的尊重和考虑，各方主体进行换位思考，在此基础上形成的冲突化解方案更容易为冲突各方所接受和遵守，使得冲突化解局面能够得到长期维持。并且，媒体通过"对话式"的新闻建构方式将关于事项的专家评论、大众点评加以呈现，以意见对话、观点交锋、思想辩驳、主张沟通的形式防范话语霸权，使社会公众自觉进

---

① 常健等：《公共冲突管理》，中国人民大学出版社 2012 年版，第 194 页。

② ［美］L. 科塞：《社会冲突的功能》，孙立平等译，华夏出版社 1989 年版，第26—32 页。

③ 常健、原珂：《对话方法在冲突化解中的有效运用》，《学习论坛》2014 年第10 期。

行理性的性质分析和公正的价值评判，破除定向思维，加强社会反思，有助于公共理性和社会认同的塑造。

对于非制度和结构性缺陷引发的孤立性公共冲突，"化解式"新闻议题建构能发挥最佳的媒体作用。然而，如果导致公共冲突的原因不是孤立的事项，而与制度或结构上的缺陷有密切联系，那么"化解式"新闻议题建构在解决冲突方面就有些力不从心了。

四　转化式新闻建构方式

"转化式"新闻建构，是通过理性深度的事件报道、启发探索精神的事件分析、引发深入思考的价值词语汇和指向导致冲突的结构性原因的归因定位，促使公共冲突能量转向结构调整和制度改革。与挑火式新闻建构方式不同，转化式新闻建构的目标不是要导致破坏性的社会后果，而是要将冲突能量引到建设性的方向上，为社会的健康发展创造更有利的环境。与"灭火式"和"化解式"新闻建构方式不同，"转化式"新闻建构不是要抑制或消除冲突能量，而是要利用冲突能量的"火势"来消除或改变不利于社会和谐发展的结构性因素。

"转化式"新闻在表层建构上在主题选择和内容报道上多以某一类冲突事件为对象，总结此类事件发生的基本规律和背后根源，偶尔也会借用国内外的相关经验教训提出警示或者启示，以引导受众反思将冲突归因于制度结构的不完善为落脚点，倡导改善制度、优化结构等行动。在深层建构上，"制度缺陷""结构暴力""文化传统"和"预期偏差"是转化式新闻建构的主要议题框架，每一新闻建构都围绕引发冲突产生的制度、结构和文化原因，指出这些方面的漏洞或缝隙对公共冲突发生以及发展带来的作用，并勾勒制度优化之后的美好景象，以鼓励人们产生转化冲突的行动力。"转化式"新闻在表层建构与深层建构上均强调制度原因，对保持现状可能引发的严重后果的警示与对改变现状可能带来的美好未来憧憬相结合，引导人们将公共冲突的负面功能转化为正面功能。

从冲突转化理论的角度来看，冲突是一种机会，"如果予以建设性治理便会成为变革的正面的和建设性的力量"①。"转化式"新闻建构方式正是要利用冲突能量的正面功能，将冲突过程作为社会自我学习、自我进化、走向成熟的机会，促进社会发展和变革。从长期、深层次的政治、社会和文化原因出发，实现冲突由破坏性治理到建设性治理的转化需要利用媒体的倡导，对已经得到控制或者化解的冲突进行多角度反思，学习教训，警醒公众，努力实现解决问题方式的转化：从敌对走向合作，防止冲突反弹或者类似冲突的重现。

就冲突转化的维度来说，R. 瓦伊里宁提出了行动者、事项、规则和结构四个维度的转化，米埃尔在此基础上提出了情境、结构、行动者、争议事项和决策精英五个转化维度，"转化冲突"组织则提出了行动者、情境、事项、规则和结构五个维度。媒体"转化式"新闻建构多从目标转化、规则转化与结构转化三个方面进行冲突治理。（1）目标转化是冲突内部设置转化的一种方式，媒体通过新闻建构促进行动者（尤其是关键行动者）对其各自行动的原因和后果进行多角度理解和反思，以改变行动者对其设定的目标及其实现目标路径的方式；（2）规则转化是冲突外部约束转化的一种方式，媒体通过新闻建构揭露冲突产生的制度背景和规则约束，促进制度设计与规则设定的完善，实现以制度化的渠道和规范化的方式建设性地预防和处理冲突；（3）针对权力、地位、关系等社会深层次结构问题的改善，是冲突外部环境转化的一种方式，媒体以其巨大的社会影响力通过社会问题引导、意见观点表达、对话空间设置、改善路径探析等方式在社会场域的权力分配结构中对于改善冲突结构、防范结构暴力、促进竞争合作有着重要作用。

---

① 常健、张晓燕：《冲突转化理论及其对公共领域冲突的适用性》，《上海行政学院学报》2013 年第 4 期。

第二节　四类新闻建构在公共冲突及其
治理各阶段的影响

通过公共冲突治理的阶段性研究可以看清楚每个冲突治理阶段与新闻建构的关系，了解新闻建构在公共冲突治理的每个阶段中发挥的作用或扮演的角色。伴随着冲突研究理论的出现和深入，公共冲突及其治理的阶段划分是一个探讨已久的问题。将公共冲突进行分阶段研究是研究新闻建构对公共冲突治理作用这一问题的基本方法。庞蒂（Louis R. Pondy）、拉美尔、托马斯（K. W. Thomas）、罗宾斯（S. P. Robbins）等早期研究者都将冲突过程看作一个由隐性潜在逐步走向显性外露的过程。根据公共冲突发展和治理的过程规律，公共冲突治理过程可以分为四个阶段：潜在期、爆发期、升级期、平息期。

按照冲突治理的一般规律来看，任何冲突干扰行为（包括媒体行为）都会影响冲突的进程，四类新闻议题建构方式作用于公共冲突治理过程的不同阶段会对冲突治理效果产生不同的影响，具体如表7－1所示。同时，每个阶段中，四类新闻建构方式相互作用、相互影响，这个过程的综合结果影响着公共冲突的未来发展趋势和状态。

表7－1　　　**新闻建构方式对公共冲突及其治理过程的影响**

冲突阶段＼建构方式	潜在期	爆发期	升级期	平息期
挑火式	引发冲突	促使升级	阻碍化解	死灰复燃

续表

冲突阶段 建构方式	潜在期	爆发期	升级期	平息期
灭火式	压制苗头	抑制爆发	强行平息	严防复发
化解式	发现苗头	寻找原因	整合利益	重建信任
转化式	寻找苗头	利用能量	结构创新	进化发展

资料来源：本表格由笔者自制而成。

一　在公共冲突潜在期的影响

冲突的潜伏期是冲突的萌芽阶段，其间就有隐秘性而没有明显的冲突行为。具体来说，相关事项和问题等冲突源头已经出现，冲突产生的温床也已经存在，但人们对矛盾演化为冲突的可能性还没有发觉。由于事项性质和问题属性的不同，冲突的潜伏期或长或短，积累的能量或强或弱。随着内外部环境的变化，潜伏的冲突可能会消失，也可能被激化。

在冲突潜在期，四类新闻建构方式对公共冲突的发展及其治理有不同的影响和作用。由于与社会问题或社会事项相关的很多信息尚未公开，挑火式新闻建构通过突出矛盾、强化性质、凸显对立，将不具有冲突性质的社会问题或事件"妖魔化"，赋予其冲突色彩，将其建构成冲突性的新闻，从而导致冲突的发生。在冲突潜在期，一些冲突信息尚未露出水面，具有潜藏性的矛盾难以引起媒体的关注。而具有商业动机的媒体会以其专业的敏感性挖掘冲突信息，建构新闻报道。如，《搜狐》建构新闻："中国每天830名产妇死亡：生孩子才是这世界最危险的手术"（2017 - 10 - 18），以"830名/天"这一惊人的死亡数字博人眼球，直击女性痛点，引起人们的悲悯情绪，同时也为女性单方面的自我认知增加论证支持，引起诸多家庭在生育方面产生争执或冲突。

介于专业敏感性，媒体对处于潜在隐蔽状态的社会矛盾和冲突存在预先感知的动力和能力，灭火式新闻建构作为社会矛盾和冲突的感受器和减震器，将具有冲突性质的新闻事件建构成不具有冲突性质的社会问题，将有冲突苗头的事项和问题进行"常规化"处理，防范破坏性社会冲突的爆发。冲突发生根源于利益、目标、价值、信仰、期望等方面的对立，媒体新闻建构对这种对立的淡化、弱化，将非常规冲突常规化报道、将公共性问题个体化处理，以减少围观者，疏缓人们的负面情绪，减少人们的价值对立，是灭火式新闻建构的策略。如，对网民因误读《厦门经济特区城市管理相对集中行使行政处罚权规定》中的条约而指责其与法律法规相冲突，激化出社会矛盾一事，《网易新闻》发布新闻报道"福建厦门城管回应扩权可停水停电：系误读"（2013 - 01 - 04），将网民对厦门市地方政府的不满进行解释，将社会矛盾以信息误读为原因进行非冲突化报道，防止冲突发生。

在公共冲突潜在期，化解式新闻建构将发现的具有公共冲突苗头的社会事件建构成常规性的意见分歧问题，理性分析分歧的性质，促使和平解决分歧。化解式新闻建构关注稍有冲突萌芽、带有冲突能量的社会矛盾的利益分歧点，从不同主体的真实需要出发建构冲突的不必要性和避免冲突的可能性，及时消解冲突的负面能量。社会的快速变迁使人们产生多元化的思想和观点，就某些事项产生个体之间的意见分歧是常有状况。对这些意见分歧的处理是否得当会使其产生完全不同的作用。意见分歧处理得当，会使其成为规范创新的重要源泉；相反，意见分歧处理不当会导致社会冲突的出现。媒体在对一些具有公共冲突苗头的社会问题或事件进行新闻建构时，将其视为常规性的意见分歧，并在话语策略上得以妥当处理，着重分析意见分歧的性质和对社会的建设性作用，能够促使意见分歧的和平化解。现实生活中，关于某些公共政策引发的观点讨论和意见分歧，显现出公共冲突苗头。媒体在新闻建构过程中呈现出对于这些具有公共冲突苗头的事件的意见分歧，这种分歧并不是根本利益的对立，只是不同观点的争锋，能够促使多元化思想争论为社会发展发挥建设性作用。如 2017 年 3 月 7 日，北京师范大学出版社的

《小学生性教育读本》遭到家长吐槽后引起公众热议，《搜狐网》发布新闻报道："《小学生性教育读本》尺度大？请别妖魔化性教育!"，指出此事件是在家长、专家、监狱部门之间就性教育问题的观点争议，家长认为的"尺度大"和专家回应的"无不妥"、教育厅的"没毛病"之间的意见分歧有助于人们更理性地看待性教育问题，并推进性教育事业的创新发展。

公共冲突潜在阶段，转化式新闻建构积极寻找和发现具有公共冲突苗头的新闻事件，将其建构成深度分析议题，指出其对社会构成的潜在威胁，引起有关各方的警觉。转化式媒体新闻并不是厌恶公共冲突出现苗头，也不是不能容忍公共冲突的潜伏状态，而是要将这种潜伏势能从公开的破坏性冲击导向有利的建设性应用。真正实现冲突转化需要人们理性看待公共冲突的苗头。一方面，转化式新闻建构对具有公共冲突苗头的新闻事件进行深度分析，能够纠正并深化受众的表面认知，使其及时意识到新闻事件的本质，防止具有公共冲突苗头的新闻事件，在本可以避免的情况下，受当事方的渲染和他人的鼓动，发展成为干扰正常公共秩序的不必要冲突。另一方面，具有冲突苗头的新闻事件的发生并不是毫无缘由和根据的，转化式新闻建构的深度分析能让人们对新闻事件，尤其是对事件的发生原因及这些原因的潜在社会威胁，形成更全面的认识，避免这些事件原因和潜在威胁以其他形式再次出现，实现表面稳定与深层稳定的双重目标。如，《新浪评论》于2014年9月26日发布"环球社评：学界重提阶级斗争未必是政治信号"的新闻报道，指出学界重提的阶级斗争旨在创造更全面科学方法论，将其说是政治信号的信息需要被反思。新闻议题是将学界口中的阶级斗争与固化于人们记忆中的关于阶级斗争的特殊政治色彩作以区分，在防止潜在公共冲突发生的同时，纠正了引起冲突发生的根本认知问题，有利于实现冲突转化。

需要说明的是，在公共冲突潜在期，媒体的四类新闻建构方式并不是独立出现、各自为战的，它们之间相互作用——要么相互对冲抵消能量，要么相互匹配助燃事态，造成处于潜伏状态的公共冲突的激化、持续或消失。

在媒体数量持续增多、性质趋于多元的条件下，新闻挖掘与曝光已经成为信手拈来之事。同时，人们为了进行规避风险、应对冲突决策而产生了日益强烈的新闻信息需求，人们对媒体新闻的易得性为挑火式新闻建构提供了动力；当受众强烈的新闻需求与有效新闻供给短缺、新闻信息的情绪性满足受众的精神需要并与受众预期相吻合时，挑火式新闻将在公共冲突潜在期实现其"助燃剂"的功能。而灭火式新闻建构从受众需要出发，紧随事件发展动态提供有效的新闻信息，主动屏蔽受众对挑火式新闻的可得性，发挥具有高度公信力的媒体或深得信任的权威媒体的新闻建构功能，破解挑火式新闻的"阴谋"，促进灭火式新闻建构发挥"灭火剂"功能。化解式新闻建构直接将冲突本质指向常规的意见分歧，并从意见分歧的正常性和合乎功能性入手，利用不同新闻主体的建构倾向探讨意见分歧走向一致的方案。媒体则从受众直接经验的欠缺领域中处于潜在期的公共冲突入手主动建构转化式新闻，以权威性媒体先入为主、有所力度地指出问题存在的制度性原因，引导人们建立理性预期以防止挑火式新闻对非理性预期的利用，防止潜在冲突出现，甚至走向爆发。

二 在公共冲突爆发期的影响

当相关主体意识到彼此间关系的对立，且这种紧张关系接近容忍极限时，冲突便会以外显的形式爆发出来。冲突的爆发期将冲突问题暴露于外，伴随着积蓄已久的社会能量的释放，甚至激烈的社会行为的出现，具有突然性、急剧性和迅速性。相对来说，公共冲突的爆发期比较短暂，主要是对社会压力的缓解，之后便很快转入公共冲突的后续阶段。

公共冲突爆发后，媒体不同的新闻建构方式对公共冲突及其治理产生不同的影响。挑火式新闻建构将稍有冲突萌芽的事项和问题进行"严重化"的新闻建构，将有关冲突事项的问题建构得更具冲突能量，恶化冲突事态，推波助澜，助燃冲突，增加冲突的强度和烈度，导致本可以不升级的冲突出现升级。对于公开性的社会事件，媒体挑火式新闻建构在话语策略上采用改变情境的方式呈现社会事件，采用贴注标签的方式进行事件归类，或者采取过程还原、凸显结果的方式调动受众情感体验，采取引导想象的方式促使受众对议题进行修补想象。如，2017 年江歌案件发生后，《搜狐网》发文《他看了江歌被害案的卷案，真相可能比你想象的残酷!》（2017 – 11 – 14），该议题利用人们的好奇心，引发网友围观和热议，使处于风口浪尖、拷问真相的冲突在受众对真相的想象力"脑补"中持续升级。

在公共冲突的爆发期，灭火式新闻建构将有关冲突事项的新闻建构得轻描淡写，抑制冲突升级的能量。媒体在冲突爆发后针对不同的冲突性质采取灭火式的新闻建构方式。在认知性冲突中，媒体通过"阐明式"新闻建构方式如实呈现事实的来龙去脉，厘清事件前因后果，以纠正人们对事件的偏颇性认识。如，媒体新闻建构过程中对各类谣言的及时辟谣和论证解说便是很好的例证。在实际性冲突中，媒体通过对冲突事件爆发后一方的处理行为和举措进行及时的新闻建构和公开报道，以表明当事人的态度，防止冲突升级。如，《广州日报》（2016 – 11 – 14）对清城城管执法人员与市民会车发生争执一事进行新闻建构："临时工因不当言辞被停职"，对执法人员的"临时工"身份进行说明，以淡化政府与市民之间的对立关系，并公开对临时工的停职处分，以回应人们对此事的负面情绪和恶劣评价，引导冲突事件走向平息。

在公共冲突的爆发期，化解式新闻建构理性表达冲突各方的诉求，寻找导致冲突爆发的主客观原因，使冲突能量得到适当释放，减弱冲突升级的能量。导致公共冲突发生的根本原因在于被感知到的利益对立和不相容，利益的重要性和彼此间不相容的程度影响着冲突主体的情绪，进而决定着冲突的强度和烈度。理性表达各自利益诉求有助于将利益与立场分开，为冲突主体间寻求共同利益基础和共赢方案提供前提，也可以为冲突能量的释放和主体情绪的宣泄提供渠道；同时，对冲突主体利益诉求的确切把握和理性情绪的培养也是化解冲突的第一步。以利益表达为基本内容的新闻议题为化解冲突提供了信息基础，发挥着情绪宣泄功能的新闻议题为化解冲突减轻了源头上的压力。有效地化解冲突也需要确认冲突爆发的主客观原因，媒体作为冲突事件的第三方主体，以其身处冲突之外观察冲突，在新闻建构过程中分析冲突爆发的客观原因和冲突主体的行为失当，有助于冲突管理者根据这些新闻报道分析确定冲突原因，进而采取不同的化解冲突的行动。如，《北京青年报》"媒体称医患关系恶化非单一成因促成　只能耐心调养"（2013 – 10 – 28）的新闻报道从医生的唯利是图和患者的暴戾情绪出发，分析了医患关系恶化的综合原因：医疗制度商业化、社会整体价值观式微、社会背景戾气过重与对医疗事业的误解等，引导人们全面看待医患冲突频发、医患关系恶化的原因，以助于冲突主体自我归因，促进医患冲突化解。

在公共冲突的爆发期，转化式新闻建构可以理性分析导致公共冲突的结构性原因，使冲突能量引向需要变革的事项。引起公共冲突爆发的原因有主有次、有前有后，也有主观原因与客观原因、历史原因与时代原因、制度原因与非制度原因的区别。冲突转化的目标定位于转变造成冲突的结构性因素和制度性根源，即"隐藏在社会制度之中的合法性的冲突原因"。某些制度的设计本身就存在对某些人群权利和利益的侵犯和否定，因此，这种制度的社会存在本身就会造成冲突发生。转化式新闻建构从根源上关注导致冲突发生的结构性、制度性原因，而这些原因的抽象性使深陷具体冲突的个体及围观者难以察觉。转化式新闻建构以其专业性、敏感性的优势，为冲突管理者提供发现、挖掘、分析引起冲突的结构性原因的信息基础，多角度论证和建议能够辅助政策制定者作出控制、消除、改善或者转变这些内含冲突性质的制度决策。如，《央视网》"遏制'伤医'需回归法治加快改革"（2014 – 12 – 21）的新闻报道指出了医患冲突频繁发生、伤害升级的根本原因在于法治的缺失，这种制度的不完善使得医生、患者的权益难以保障，医生与患者在就诊治疗中地位落差较大、知识鸿沟较深、信息对称困难，造成整体医患关系失调失序。因此，要进行医疗体制的法治变革，利用医患冲突的能量推动医疗法治建设。

必须阐析的是，当媒体建构的挑火式新闻的能量强于灭火式新闻、化解式新闻和转化式新闻的能量时，公共冲突便会由潜伏状态趋向于爆发。当被共认为具有公共性的社会冲突事件爆发后，挑火式新闻会依赖已有的信息资源和渠道满足受众已经被激发起来的好奇心，在先进的传媒技术支持下不断提高受众新闻信息的可得性与易得性，在相互佐证信息、力求赢得受众信任的同时，根据受众的新闻信息需要沿着事件发展脉络推进挑火式新闻建构，引导事件认知和价值判断走向单一化、极端化。与之不同，灭火式新闻则侧重于在信息供给予受众所得上压制和屏蔽与已经爆发的冲突相关的信息，促使冲突在爆发后迅速降温。化解式新闻则与之匹配，看到了新闻建构背后的社会问题本质，利用权威媒体的采访、寻证等优势，有所依据地直逼冲突事件疑团，由此入手建构新闻，劝诫受众冷却即将沸腾的情绪，理性观望。转化式新闻则利用媒体发布新闻所受到的规则限制，充分挖掘并引导受众意识到各个领域存在的冲突事件的正面功能，从受众精神需要的制度性问题出发，避免其受到无效新闻信息的情绪刺激，减少预期违背，增加间接经验的提供。总之，冲突爆发后，挑火式新闻依旧发挥助燃作用，而与之相互抵消能量的灭火式新闻对其造成干扰；化解式新闻看到两者背后的冲突事件的发生根源，为化解冲突提供支持；转化式新闻立足更高层次，从制度优化角度解决受众对冲突新闻的精神需求和预期违背。公共冲突爆发后，媒体不同的新闻建构方式相互作用，共同影响着公共冲突的未来发展趋势和状态。

三　在公共冲突升级期的影响

当人们意识到冲突的影响力（包括冲突的影响范围、冲突的强度烈度、冲突后果的严重性等），并开始围观冲突，甚至萌生了参与冲突的行动意向时，冲突便进入了升级期。冲突升级分为横向升级和纵向升级两种，具体表现有：冲突时间的持续、冲突规模的扩大、涉事者的行为恶化、围观者的增多、参与者的加入等。冲突升级也有主动型与被动型之分，冲突的主动升级多源自冲突的直接涉事者和间接当事方，以求对方对升级后的冲突进行管理实现自身利益诉求，冲突的被动升级多受到各种不可控制的外部力量影响，其中媒体可能是冲突升级的外部催化力量之一。

横向维度的冲突升级主要体现为冲突的扩散。在冲突升级扩散过程中，媒体新闻建构可能充当直接当事人的支持者或者围观群众的鼓动参与者。"外在支持者对于冲突升级具有很重要的作用"[1]，新闻报道是冲突广泛传播、走向扩散、强化升级的重要形式，很多社会冲突通过媒体传播走进人们的视野，影响社会民众尤其是年轻人的行为，引发人们的围观，并通过新闻议题的共情性报道，引发更多的围观和参与行为，"冲突的规模越大越容易导致冲突升级"[2]。在纵向维度上，不同媒体就某个事件所建构的各类新闻形成一个事件链，环环连接的新闻在强化性质、突出矛盾、强调伦理等不同的话语策略中延长冲突持续的时间，增加冲突的复杂性，促使涉事行为恶化，提升冲突的强度和烈度。

在公共冲突的升级期，挑火式新闻建构将有关冲突解决方案的议题妖魔化，为冲突化解设置障碍，从而使本可以化解的冲突无法化解。媒体挑火式新闻建构通过选取有态度倾向的材料来表达观点、

---

[1]　Dean G. Pruitt, Sung Hee Kim, *Social Conflict: Escalation, Stalemate, and Settlement*, New York: McGrraw-Hillm Companies, 2004, pp. 136 – 137.

[2]　Dean G. Pruitt, Sung Hee Kim, *Social Conflict: Escalation, Stalemate, and Settlement*, New York: McGrraw-Hillm Companies, 2004, pp. 88 – 89.

评价事件，或通过强调、对比、隐喻等修辞手法来暗示或明示受众，激发其反预期，促进负面情绪的产生和不同主体之间的情绪对立。害怕、担忧、慌张、焦虑、恐惧、愤怒等负面情绪多产生于富有冲突色彩的新闻报道中，人们基于这些情绪选择保护性行动，导致冲突搁置、升级和扩散。如，《每日财经网》（2016 - 04 - 27）的"专车新规5月出台　官方称网约车属高端服务不应每人打得起"议题歪曲呈现专车新规的立法宗旨，将这一新规的出发点定位于"不应每人都打得起"，为规范网约车市场、减少网约车纠纷设置了障碍，在阶层分化拉大、方案特权主义、贫富冲突多发时期导致更多频次、更强烈度的社会冲突。

在处于升级期公共冲突中，灭火式新闻建构宣扬有关冲突解决方案对冲突各方的各种好处，促使冲突平息和化解。具有外部可行性和内部动力性的冲突解决方案为冲突走向平息和化解提供了现实条件。媒体灭火式的新闻建构对这种现实条件的呈现和强调，使得冲突主体对冲突解决方案和冲突平息、化解后的好处有所期待，也为围观者提供了不必借助冲突也能实现利益诉求的现实范例。如，《中国新闻网》（2014 - 07 - 07）"评上海成立'患者委员会'：令人期待的举措"的新闻报道，使受众产生一种期待：医患冲突的化解有了更多的利于双方的组织和可行性方案。

在公共冲突升级阶段，化解式新闻建构积极寻找冲突各方的利益共同点，促使冲突各方建立互信，共同寻找冲突解决方案，促使冲突化解。化解冲突需要冲突主体之间存在共同的利益基础，并对这种共同利益进行确定，继而基于共同利益来寻找、创造多方共赢的化解方案。在冲突各方利益诉求公开化的冲突升级阶段，利益对立、互不相容并不代表彼此之间毫无共性，化解式新闻建构方式注重异中求同，挖掘各方共同利益，或寻求可相容的利益，或缩小利益对立的范围和程度。同一利益的存在促使冲突主体之间相互接受和彼此包容，为各方观点沟通、修正误解和问题聚焦、利益整合乃至促进合作、达成妥协、实现共赢创造条件。化解式新闻建构方式将注意力放在围观者对冲突事件的价值评价和情绪引导上，纠正偏误评判和负面情绪对冲突化解的干扰，以建议性、咨询性的新闻议题鼓励冲突各方共同寻找、创造冲突化解方案。如，《央视网》(2017 - 10 - 10)"'惊心动魄的分娩'背后是妥帖的医患互动"的新闻报道，从医者和患者共同面对的孕妇生产手术出发，将生产安全视为医者与患者的共同利益，医者以患者安危为己任，患者充分尊重、信任医者，在此基础上采取相互信任、妥帖互动、共同努力的行动方案，可以有效避免惊心动魄的分娩出现悲剧和冲突，为类似的产妇生产事件乃至医患互动提供良好的范本。

在公共冲突的升级期，转化式新闻建构积极利用冲突能量，鼓励冲突各方共同探索可行的变革方案，促使变革发生。在公共冲突治理过程中，仅仅意识到冲突发生的结构性因素和对其进行变革的需要是不够，冲突管理者要抓住冲突事件的机会促成具有可行性的变革方案成为现实。冲突升级伴随着情绪高涨和能量集聚，成功的冲突转化需要将这种情绪势能导向变革结构、优化制度的公共参与之中，以探求更高接受度、更久持续性、可行条件充分、预期结果优良的变革方案。转化式新闻建构通过对情绪驱动下行动后果进行预设，让人们在参与制度建设的正向情绪与发起冲突的负向情绪之间做出选择，发挥情绪导向和参与调动的作用，促进冲突转化的实现。如，网约车进入市场后，2016 年起各地相继出台网约车新政，但因其政策空间问题而非良性竞争和社会冲突，《法制日报》(2018 - 01 - 02)发布新闻报道"公平竞争审查制度架构全面确立　督导网约车地方政策"，指出以公平竞争审查制度的推行监督滥用行政权力的行为，弥补网约车市场的制度漏洞。

需要强调的是，公共冲突的升级并不是单一的挑火式新闻发挥作用而形成的，在升级过程中，灭火式、化解式和转化式新闻建构都在对公共冲突施加影响，四者相互作用，导致冲突出现螺旋式升级的趋势。挑火式新闻建构行走在媒体发布新闻规则的边缘，以提供更加符合人们需求的信息，尤其是对人们精神刺激的满足，抑或是顺应人们的质疑或否定。这些新闻信息建构紧随冲突事件发展动态，并利用信息传播技术克服与冲突事件之间的时差，以对受众产生连锁性、持续性刺激。而灭火式新闻则以权威媒体的公信力和媒体规则的违背为由限制挑火式新闻建构的功能，破除挑火式新闻的话语策略和信息"陷阱"，以有理有据的有效新闻弥补信息漏洞。化解式新闻则与之配合，利用多源媒体渠道阐析并论证事实真相，并在新闻建构中避免刺激性话语的出现，与受众的知情需要和情感需要直接对接，避免冲突出现无端升级。转化式新闻从全局出发，通过有公信力的媒体在一定高度上直指治理冲突的根本在于制度，引起人们的反思。

四　在公共冲突平息期的影响

冲突平息是通过对冲突的处置、化解与转化等方式停止争斗，促使冲突事态恢复平静，并转变为常规化的平息状态。冲突平息后实现的平静状态有"表层平静"和"深层稳定"两种。一般情况下，依靠政治力量进行冲突处置所实现的平静多为表层平静，而依靠行政力量、社会力量进行冲突化解和通过制度建设、文化涵养进行冲突转化后实现的平静多为深层稳定。冲突平息可能来自于强制力量的外部控制，也可能来自非强制力量的深层化解。因此，冲突平息期夹杂着冲突的控制和化解。冲突平息有助于人们在常态化的情境中总结冲突教训，进行冲突思考，促进冲突对社会变迁与成长发挥建设性的正面功能。

在公共冲突的平息期，媒体采用挑火式新闻建构方式对已经平息或解决的冲突事项重新进行建构，导致冲突死灰复燃，卷土重来。公共冲突平息后，"如果冲突不是以建设性的方式被管理，那么与这种冲突相伴的情绪可能会伴随互动者并产生余存情绪"[①]，余存情绪的产生为挑火式新闻重构冲突提供了机会和可能。挑火式新闻重新

---

① 常健等：《公共冲突管理》，中国人民大学出版社 2012 年版，第 170 页。

建构冲突事项，或以新事实重描旧事项，充分利用冲突场景结束后的余存情绪，导致已经平息或化解的冲突余烬复燃，引发冲突行为的卷土重来。如，2017年榆林市绥德发生的"8·31"孕妇坠楼事件历时近半个月的时间在赔偿商定后得以平息。事后，《搜狐网》于12月3日发表以"轰动全国的陕西榆林产妇跳楼案法院判了，赔偿58.7万……"为标题的新闻，利用人们对医院不负责任的反感、对产妇去世的惋惜和对赔偿结果的好奇的余存情绪，来报道另一起同因对剖腹产的不一致意见造成婴儿死亡的事件，对于余存情绪的鼓动加剧了妇产科医患关系的紧张和不信任。

在公共冲突的平息期，灭火式新闻建构宣扬冲突平息的和平景象，屏蔽有关冲突复燃的各种信息。灭火式新闻建构使人们认识到冲突持续、升级对自己的伤害和损失，为人们建构冲突平息后的和平景象。在灭火式新闻建构方式的影响下，出于对冲突成本的考虑和对和平景象的向往，人们更有动力去缩短冲突进程，尽快走向和平。如，《中国新闻网》发文《医患相煎渐成全民之痛　医生为自保不敢给患者倒热茶》，这一新闻报道生动地呈现了医患冲突带给医者与患者双方的伤害，警醒人们如果这种状态再持续下去必然会给双方带来更大的损失。2013年4月28日，《央视网》发布新闻议题："环球时报：没有拆迁和解，城镇化将受滞阻"，从人们共同期待的城镇化的美好生活出发，强调平息拆迁冲突、使其走向和解对实现这一目标的重要性，引导受众为了实现带有公益、福祉的城镇化建设结束冲突状态。应当指出的是，尽管灭火式新闻建构是通过抑制冲突能量来促使公共冲突平息，但如果冲突能量未能得到适当的引导和释放，那么，冲突能量的长期聚积就有可能导致更大规模、更强烈度冲突的爆发，威胁社会的长治久安。

在公共冲突的平息期，化解式新闻建构着眼于冲突各方的关系和解和信任重建，使冲突化解局面得到巩固。关系建设是冲突管理的重要内容，冲突化解的主要功能是消解冲突主体间深层的紧张关系，建立冲突各方长久的信任关系，实现冲突主体间关系由

抵触、猜疑、防备、紧张走向接受、信任、开放、轻松。戈特曼
（J. M. Gottman）的"跌水模型"提示冲突主体间关系恶化的序列：
从抱怨和批评、蔑视和厌恶、自卫到隔断[①]，其中隔断是冲突主体间
关系降格的严重信号，它预示着冲突各方撤出冲突过程，拒绝沟通
和倾听，放弃冲突化解机会。公共冲突得以化解、走进平息阶段，
是以冲突各方的关系和解和信任重建为标志的。只有和谐关系得以
建立、彼此信任得以重塑，才能保证冲突化解局面的持久性，保证
冲突走向真正的平息。化解式新闻议题关注冲突主体间关系的转变，
视彼此间的冲突状态为关系转变的良好机遇，努力打破关系僵局、
改善关系质量、转变关系发展趋势，防止冲突关系降格，为促成各
方由冲突走向信任创造主体间条件，以巩固冲突化解局面。如，
2017 年武汉大学中南医院为抢救患者剪坏衣物，之后家属索赔千
元。医生心觉不适，但意识到工作有疏漏索性就给予赔付，化解纠
纷。此事平息后，《搜狐网》"理解、包容、信任，医患关系的核心
问题——评中南医院'赔衣服'事件"（2017 - 09 - 15）的新闻报
道进一步巩固冲突化解后的和谐医患关系。

　　在公共冲突的平息期，转化式新闻建构着眼于变革后出现的新
问题，聚焦于弥补变革方案的不足，使变革成果得以巩固和完善。
公共冲突的平息期并不代表那些引起公共冲突的结构制度变革进程
的结束。任何一项制度的调整和更新都不是伴随着公共冲突的发展
周期一蹴而就的，它需要一个长期过程，以观察和处理变革后出现
的新问题，进一步优化变革方案，防止由此结构原因引发新的公共
冲突。媒体在新闻建构中强调对冲突事件进行反思，引导人们将冲
突视为一种成长机会，利用冲突的正面功能提出利于社会发展和公
民成长的建设性经验，发挥冲突正面能量，促进社会有序发展。如，
面对网约车这一新兴事物的出现，制度建设势在必行，2016 年起从

---

① J. M. Gottman, *What Predicts Divorce? The Relationship between Marital Processes and Marital Outcomes*, Hillsdale, NJ, Lawrence Erlbaum, 1994, p. 110.

中央到地方各地网约车新政相继出台，使得网约车市场走向规范化。但人们在事后发现，新政面临着打车难、价格高等新的问题。《法制日报》（2017 - 11 - 12）发文《网约车新政实施已满"周岁"亟待再完善修正》，鼓励依据新状况进一步完善网约车政策；新华网（2017 - 11 - 20）发文《下调车辆、司机准入门槛 网约车政策迎监管"松绑"》，提出以降低门槛、因地制宜的方式完善网约车政策，巩固网约车管理成果，防范网约车冲突，促进网约车市场的良好运行。

需要说明的是，当挑火式新闻不再强势，灭火式新闻、化解式新闻与转化式新闻相互配合、形成合力时，公共冲突就会趋向于平息。当公共冲突走向平息，挑火式新闻建构会从整体的媒介生态出发，在媒体发布新闻内外规则和限制面前有所保守，但也有媒体会抓住甚至制造冲突过程中的疑点进行新闻建构，力图点燃冲突的余热、挑起冲突的余存情绪。灭火式新闻在此阶段多会针对以上依旧活跃的挑火式新闻进行能量对抗。在冲突表面平息后，化解式新闻会抓住权威媒体的影响力来为受众提供可信消息，了解多元媒体的冲突化解建议，促进当下冲突的化解；而为了使冲突走向深层平息，转化式新闻需要以此次冲突事件为契机，利用受众的冲突经验和教训，鼓励受众参与制度建设建言，利用冲突的正面功能来促进制度的优化和结构的完善。

第三节　新闻建构影响公共冲突发展进程的单案例分析

媒体对公共冲突及其治理产生影响的方式不仅仅通过提供新闻信息，更重要的是通过新闻信息提供的方式，即新闻议题框架的选择。媒体提供的新闻信息以及信息提供的方式对公共冲突的发展进程和治理效果均有影响，本节采用案例研究法试图对这一问题展开研究。首先，就"江歌被害案"这一独立案例分析与之相关的新闻报道，尤其是新闻报道的议题框架，对公共冲突发展进程的影响，从中得出结论分析；其次，在下一节通过对 2014 年杭州中泰民众反对建设垃圾焚烧厂事件与 2012 年宁波市镇海区村民抵制引进 PX 项目事件的比较，分析与之相关的新闻报道，尤其是新闻报道的议题框架，对公共冲突治理效果的不同影响。

案例研究的事件选择采用判断抽样的方法。在 2017 年冲突性事件热点舆情中，江歌被害案排名比较靠前。荆楚网对 2017 年全国十大舆情热点事件进行盘点，结果显示，江歌被害案居于首位（全网信息量 5860358 条，其中微博 5686305 条，微信文章 40531 篇）。以此为例，可以满足其典型性、代表性、说明性的基本要求。

"江歌被害案"是自 2016 年 11 月 3 日事发以来备受新闻媒体和社会关注的典型冲突案例。之所以选择以"江歌被害案"为例分析新闻议题对公共冲突发展进程的影响，还有两个原因。其一，"江歌被害案"是发生于国人之间的冲突性事件，是对人的道德伦理、行为惯式、关系状况和社会的制度体制、权力结构、法治治理的真实映射和全面考量。其二，由于事发日本，国内媒体对其进行的大量报道，是社会民众实现知情的基本渠道，也是媒体通过新闻报道影响受众认知、判断，引发情绪波动和行动意向、继而对事件发展进程产生影响的典型案例。

在媒体选择方面，力图对全网新闻媒体进行新闻报道搜索，对于具体事件主要集中于：《人民网》《人民日报》《央视网》《央广网》《新华社》《环球时报》《光明日报》等党政媒体和《澎湃新闻》《新京报》《南方都市报》《南方网》《中国青年报》《中国青年网》及其他城市报纸，与腾讯、网易、凤凰、搜狐等企业性媒体；以及新浪微博、微信等自媒体新闻平台。

在新闻搜索与收集过程中，借助第谷搜索引擎工具。作为国内首家舆情大数据提供商，第谷搜索包含新闻、报纸、论坛、新浪微博、微信五大板块的舆情数据，囊括超过 10000 家新闻媒体网站、

900 家数字报刊、27000 家社区论坛，并与新浪微博和微信公众号进行实时全量对接，可以就具体事件在设定时间和设定媒体范围内，展开标题和全文的关键词数据检索，能够很好地满足案例研究的技术要求。

一　案例陈述与新闻报道呈现

江歌被害一事发展脉络大体如下：2016 年 11 月 3 日，女留学生江歌在日本公寓门前被室友刘鑫的前男友陈世峰杀害，刘鑫先江歌一步进门得以幸存。江歌死后，刘鑫未曾见面，与江歌母亲江秋莲在网上双方发生隔空冲突。江秋莲在网上公开刘鑫的全部个人信息，引发大规模人肉与骚扰。2017 年 12 月 11 日，陈世峰在日本东京地方法院初次接受开庭审理，12 月 20 日宣判，法院以故意杀人罪和恐吓罪判处被告人陈世峰有期徒刑 20 年。江秋莲举行记者见面会，称不接受死刑外的其他判决，自己对日本法律很失望，回国后将与刘鑫对簿公堂。

从整个事件的发展阶段来看，2016 年 11 月 3 日江歌被害后，警方介入，11 日举行江歌追悼会，刘鑫未到场引发江秋莲不满。从事发到 2017 年 5 月 20 日，江母在与刘鑫沟通过程中出现多次冲突。21 日，江母发布微博《泣血的呐喊：刘鑫，江歌的冤魂喊你出来作证！》，曝光刘鑫及其父母的私人信息，激化冲突并扩散至其父母。刘鑫一方准备起诉，激化双方冲突。8 月 23 日，刘鑫与江母初次见面，沟通不畅，冲突升级。11 月 4 日，在审判开庭前，江母发起"征集判处陈世峰死刑的签名活动"，冲突持续。9 日，《局面》发布采访视频，舆论广泛关注。11 日，微信公众号"东七门"发布《刘鑫，江歌带血的馄饨，好不好吃？》。12 日，自媒体公众号"咪蒙"发表《刘鑫江歌案：法律可以制裁凶手，但谁来制裁人性？》，以单方口吻陈述事件过程。13 日，《局面》栏目负责人王志安发布文章《关于"江歌案"：多余的话》，引发诸多转载与评论，创造舆论新高。在一审开庭整个过程，诸多媒体进行追踪报道，不少网民进行评论发声，冲突升级至新的高度。最终直到 12 月 11 日江母与陈世峰走进法庭，一审判决（12 月 20 日）后，整个事件虽尚未化解，但感觉媒体热度有所下降。

通过对事件发生发展全过程进行回顾可以发现，整个事件发生于社会现实之中，但其得以激化、导致扩散、持续和升级，乃至走向平息，都离不开新闻媒体的力量。

二　新闻报道数量结构对公共冲突发展进程的影响

（一）新闻报道数量结构与特征

就具体冲突事件来说，媒体议题所提供的信息可多可少，可正可反，也会出现正面多、反面少或者与之相反的不同情况。无论是浓墨重彩式的重点报道，轻描淡写式的一笔带过，还是保持缄默式的集体失声，也无论是倒向一方的单向支持，还是考虑双方的彼此兼顾，媒体新闻报道的数量结构可以对受众的事实认知和价值判断产生影响，继而导致冲突的爆发、升级或平息、化解。

在第谷搜索引擎中，以"江歌、刘鑫、陈世峰"为关键词，分阶段（5 个阶段）、分类别（5 种媒体：新闻、报刊、论坛、新浪微博、微信）进行全文搜索和去重处理。从全文检索的结果中剔除以下数据：标题与正文毫无关系、文不对题的数据；重复报道的数据只保留第一个，得到最终全文数据。新闻标题数据来源于全文数据，在数据筛选过程中，从全文数据中人工挑选出在标题上与"江歌被害案"这一事件相关联的数据，最终得出新闻议题数据（见表 7 - 2，具体内容见附录一）。

表 7 - 2　　　　**江歌被害案相关新闻报道数据统计**

阶段	冲突爆发	冲突持续	冲突升级	冲突再持续	冲突平息
标志	江母发微博、曝隐私	刘鑫与江母初见	咪蒙发言局面采访	一审期间	一审判决后

续表

阶段	冲突爆发		冲突持续		冲突升级		冲突再持续		冲突平息	
时间	2017.5.21 前		5.21—11.8		11.9—12.10		12.11—12.20		12.20—2018.1.1	
内容	全文	标题	全文	标题	全文	标题	全文	标题	全文	标题
数量	165	155	140	137	3106	3052	2441	2339	1037	808
正面	7	3	19	19	261	256	271	228	163	63
	4.2%	1.9%	13.5%	13.9%	8.2%	8.4%	11.1%	9.7%	15.7%	7.8%
负面	158	152	121	118	2845	2796	2170	2111	874	745
	95.8%	98.1%	86.5%	86.1%	91.8%	91.6%	88.9%	90.3%	84.3%	92.2%

注："%"表示正、负面两个议题各自占其相对应的新闻议题总数量的百分比。

资料来源：作者自制。

从新闻报道的总体数量来看，关于江歌被害案的新闻报道整体数量不断增长。事件曝光后，部分媒体开始进行新闻建构，全文数据 165 个，标题数据 155 个。在江母与刘鑫初次见面这段时间，由于存在沟通、交流、等待的过程，事件情节起伏不大，相关的新闻报道数量稍有回落，全文数据 140 个，标题数据 137 个。此阶段的新闻议题多集中于江母发起签名求判凶手死刑活动、讨伐刘鑫、安全警示，还有一部分媒体新闻停留在对冲突爆发阶段的建构。随着咪蒙发声，《局面》采访江母与刘鑫，冲突迅速升级，新闻报道数量在此阶段出现最高峰，全文数量 3106 个，标题数据 3052 个，新浪微博数量 16 万 +。12 月 11 日开始法庭审判，两者之间的冲突在社会凝视中持续，全文数据 2441 条，标题数据 2339 条，新浪微博数量突破 30 万。一审判决以后随着冲突事件逐渐走向平息，相关的新闻议题很快淡退出人们视野。

从新闻报道的倾向结构来看，关于江歌案的新闻报道以负面为主，负面倾向在所有新闻报道中占据很高比例。在冲突爆发期，新闻报道总体上负向倾向严重，在冲突主体之间进行对比，以表达对一方的深刻同情和对另一方冷漠的讨伐。新闻报道负面能量叠加，导致冲突在爆发后不断持续，几度升级。在等待日本法庭审判过程中，冲突保持持续，江母与刘鑫初次见面对话，江母对其充满不信任。此阶段正面新闻报道数量有所增加，比例也有所提升，在内容上强调对江母行动的支持，为其走进法庭提供舆论帮扶。咪蒙发言和《局面》采访后，事情得以全网络呈现，负向倾向一度以压倒式的趋势湮没正面新闻报道，这种失衡的比例一直持续到一审判决。

（二）新闻数量结构影响公共冲突发展进程的分析

新闻数量的多少首先影响人们对冲突事件的事实认知。媒体的新闻信息提供功能决定了人们的认知内容，媒体选择哪些事件作为新闻进行议题建构决定了受众通过媒体议题了解的事件范围。对于媒体提供的社会新闻，媒体对报道对象的选择使得人们从"不知道"转变为"知道"，由"不了解者"转变为"了解者"；同时，新闻报道对其中某一方报道的多与少也影响着人们的认知偏向。在江母曝光对方及其家人的隐私信息之后，与此事件相关的新闻报道不断增加、广泛传播，引起了更多人的关注。更多社会民众从新闻报道中获取江歌案的相关事实信息，了解事件发展的前后脉络。新闻报道对江母与刘鑫之间冲突的过多关注，导致了社会民众对凶手的忽略甚至遗忘。

新闻报道在传递事件信息的同时，以其正、负面的报道倾向为人们对整个冲突事件的判断提供基调。新闻报道以负面判断为主导，围绕对江歌的善良无辜、对江母的悲情演绎、对刘鑫的厌恶愤恨、对凶手的怨恨残忍，树立了江歌、江母的正面形象和刘鑫、凶手的负面形象，强调了江歌被害案对整个社会的不良影响和冲击。

三　新闻议题框架结构对公共冲突发展进程的影响

（一）议题框架结构与特征

新闻议题框架是新闻议题提供信息的方式，它为受众提供看待问题的视角、思路和评判标准。不同的新闻议题框架会引导人们从不同的视角去看待新闻事件，从不同的思路去分析新闻事件的原则，用不同的标准去评判新闻事件的性质。新闻议题框架的作用机制在于影响冲突相关各方对冲突的认知和对冲突性质的评判，从而引发情绪的波动和行动意向的选择，促使公共冲突或爆发、升级、恶化，或平息、化解、转化。

通过对与江歌被害案相关的新闻议题进行提取，并就议题框架进行分类、编码和统计。整体上看，议题框架结构具体体现出以下特征。

1. 多以悖于伦理、违背法理的议题框架刺激冲突爆发和升级

悖于伦理的议题框架将新闻事件置于社会伦理道义的标准体系中进行评判，以引发受众对无道德、不道义行为产生不满、气愤和厌恶，进而产生唾弃、惩罚、报复道德失范行为的行动意向。在这种情况下，悖于伦理的议题框架导致冲突爆发、持续和扩散、升级。在此案中，许多新闻议题对刘鑫存在不见面、锁门等缺乏道义的行为又难以遭到法律制裁的现实进行报道，采用此类议题框架"一边倒式"地塑造其无耻卑鄙、毫无人性、忘恩负义的形象，刺激冲突在强度和烈度上不断升级。

违背法理的议题框架将冲突主体行为置于社会法理情境之下，探讨其行为合法性的议题建构。在此事件中，此类议题框架主要在法庭对峙阶段凸显凶手行为对法律法规的违背，引发受众对凶手残忍形象的认知和固化，将其放置于社会和谐的对立面而产生愤恨、打击、报复的行动意向，刺激冲突升级、持续。

2. 多以制度缺陷、落后文化的议题框架引发冲突转化

制度缺陷的议题框架以强调制度与冲突的相关性为主导内容，旨在凸显冲突发生的制度性原因。在此事件中，制度缺陷的议题框架将新闻事件涉及的法与理、法与德、法与民意之间的冲突进行建构，利用人们对法律的设立期待和预期违背，以引发受众对法律制度体系的不满，产生完善法律、优化制度的行动意向，促使冲突转化的实现。

　　落后文化的议题框架强调落后文化是冲突爆发和升级的诱因，要想防范此原因导致的冲突的社会负面效益，就要摒弃落后文化，建立先进文化。在此案例中，新闻议题中对家庭教育的反思、对性别暴力的思虑、对交际文化的警示都是鼓励人们从落后文化入手促进冲突转变。

　　（二）议题框架结构影响公共冲突发展进程的分析

　　1. 冲突爆发阶段：依赖微博媒体开展新闻建构，由个案引发公共话题

　　事发于 2016 年 11 月，虽然江母一直依靠网络进行维权，但其诉求很快湮没在海量信息之下，时隔半年也没引起太多关注。涉及根本利益的冲突，两方关系一直处于相对紧张状态。冲突得以激化源于江母在 2017 年 5 月 21 日发布微博，并曝光了刘鑫及其父母的私人信息。就此，刘鑫一方准备起诉，冲突正式爆发。

　　就江母的微博《泣血的呐喊：刘鑫，江歌的冤魂喊你出来作证！》，标题以江母的口吻表述了四个事实：其一，江歌离世对她伤害之深；其二，江歌死亡有不明事实需要佐证；其三，刘鑫作证对明晰江歌死亡真相十分重要；其四，刘鑫不曾作证。在议题建构上主要是悖于伦理的框架，通过"泣血""呐喊""冤魂"这一类词汇，阐述对方有违常理的行为对自己一方的伤害，以揭发对方的无德形象，发泄自己悲愤情绪的同时，带动、感染着受众出现对对方的愤怒和对自己的同情。此条微博作为冲突爆发的起始，在整个事件过程中不曾淡出人们的视野。

　　此微博引起媒体的注意，不少媒体就此展开新闻议题建构。这些新闻议题建构多集中于事件进程、代江母发声、代公众质疑、真相挖掘、细节披露等，采用的议题框架主要是悖于伦理的框架。

刺激冲突爆发的悖于伦理的议题框架：

1. 中国女子在日本被杀事件，闺蜜门外为她挡刀身亡，她却笑嘻嘻自拍，你怎么看？

2. 刘鑫她妈对江歌妈妈说，你女儿命短，不是为了我闺女

3. 悲愤！又一华人女留学生惨遭残忍杀害！死因扑朔迷离，网友竟说"死了活该"？！

4. 精致的利己主义比杀害江歌的刀更血腥

5. 江歌妈妈在法庭给所有孩子上了一课：宁可得罪君子，不能得罪小人！

悖于伦理的议题框架是在冲突爆发阶段的主要议题框架类型。它直接将冲突事件置于伦理道义的评判之下，借助事实凸显对方行为在伦理道义上的失范。如在新闻议题中，通过对"挡刀身亡"与"笑嘻嘻自拍"行为的强烈对比，对方父母说其"命短""死了活该"的咒骂这些具体事件细节的描写，凸显对方行为有违社会道义。甚至站在道德的制高点上，对冲突事件中的不同主体进行"精致的利己主义者""君子"与"小人"的直接评判，使受众在了解事件的同时引导其对刘鑫产生自私、缺少道德的形象判断，并衍生出对刘鑫的气愤、厌恶和对江母的同情、支持，进而形成对新闻议题谴责的一方展开讨伐的行为意向，刺激冲突爆发。

2. 冲突持续阶段：悖于伦理的议题框架将冲突保持，并有扩散、升级态势

8月23日，刘鑫与江母初次见面沟通不畅，江母表达了不信任情绪。11月，江母发起"征集判处陈世峰死刑的签名活动"，冲突持续。此阶段的新闻议题有两个版块的明显区分：其一，对刘鑫不当行为的谴责增强，数量增涨、强度增加；其二，对江母请愿行为的报道和支持。采用框架仍为悖于伦理的议题框架，另外还有少数新闻议题对冲突进行反思。

导致冲突持续的悖于伦理的议题框架：

1. "我帮闺蜜挡了十几刀，她妈说我命不好"

2. 读书：你用命救下的，是一条"白眼狼"

3. 人到底能有多无耻！这家人压根就不知道良心为何物！

4. 看完刘鑫江歌的文章，深深感受到刘鑫是个心肠歹毒的心机女！并且刘鑫犯了包庇罪！她在包庇他

5. 江歌血案：你找我帮忙，原来是让我替你去死

6. 日本留学生江歌遇害事件　承载太多卑劣无耻又错综复杂的人性

与冲突爆发阶段不同，冲突持续阶段悖于伦理的议题框架增强了对刘鑫不当行为的谴责，有网络暴力的势头和倾向，如直接称其"白眼狼""心机女"，评判其"卑鄙无耻""心肠歹毒"，批判其家人"不懂良心"，甚至有意指出其用心叵测地"找人替死"。这些新闻议题大部分出自于自媒体，反映了受众的认知与判断。因此，更多的受众对此事件产生负面评价，视其无人性，憎恶情绪越发强烈。由此看来，悖于伦理的议题框架不仅仅将冲突主体间的关系保持在一个紧张状态，也将其扩散至对方家人。受众在对冲突双方形象的不同评价进行固定，冲突开始走向升级。

除了悖于伦理的框架之外，也有少部分新闻议题采取违背法理的框架，如，"关于江歌案，法律的理性与道德的感性并不对立"，凸显法律与道德之间的对立；也有少部分涉及冲突转化的框架，如"女留学生因仗义惨死他乡：告诉女儿，这 5 种情况下不要善良"，以警醒学生教育中存在的偏差，塑造新的人际交往准则。

3. 冲突升级阶段：悖于伦理与违背法理的议题框架一度升级冲突

11 月 9 日，《局面》发布采访视频集，引起广泛关注。相继，微信公众号"东七门"发布《刘鑫，江歌带血的馄饨，好不好吃?》，自媒体公众号"咪蒙"发布《刘鑫江歌案：法律可以制裁凶

手，但谁来制裁人性?》，以偏激口吻进行煽动陈述，引起舆论的沸腾。截至13日，微博话题数据显示，阅读量达18.8亿，讨论65.6万，2.4万粉丝，公共冲突终于走向升级。

> 导致冲突走向升级的悖于伦理的议题框架：
> 1. 江歌案刘鑫陈世峰再起底　用什么来守护人性与道义
> 2. 造江歌刘鑫悲剧的嫌犯陈世峰：疑曾殴打大学前女友
> 3. 刘鑫："我都道歉了，你还想怎样?"
> 4. 江歌案明日开庭　江母：不知道刘鑫是否会出庭作证
> 5. 江歌案明日开庭　江母：大家的帮助让我不敢死
> 导致冲突走向升级的违背法理的议题框架：
> 1. 法律王国之外归属于道德的旷野/江歌案的反思，法律与道德的交锋
> 2. 我国法律能否为她惩凶?
> 3. 江歌案：面对冷漠，法律真的无能为力吗?
> 4. 学者谈江歌案：请愿判死刑作用有限　犯罪情节是关键
> 5. 江歌事件映射出转型社会的人性、道德与法治困惑

　　冲突升级阶段的新闻议题主要集中于两个方面：其一是围绕冲突不同主体背后故事的挖掘和事件进度的呈现；其二对即将到来的法庭审判进行的冲突事实的追踪、辨析与预期、讨论。分别采用的议题框架是悖于伦理、违背法理的框架。

　　悖于伦理的议题框架重心不再局限于刘鑫一方，而是对江母和凶手都有关注。在内容上也不仅是谴责刘鑫在事发当即和事后的冷漠无德，而是针对其是否出庭作证的道义审判。以事实为依，力图在事件信息提供中强化价值判断，以给对方施压力使其有所为。悖于伦理的议题也对刘鑫、凶手过往进行盘查拷问，以强化其固有形象。违背法理的议题框架主要在于围绕法律与道德的冲突对一审展开预期，以映射预期未达成后的社会民众的无奈和失意情绪。部分制度缺陷的议题框架也有体现，以引发对当前德治与法治关系的反

思，促进冲突转化。

如果说之前的冲突仅限于江母带入情绪的单方面行动，以迫使刘鑫有所表现，那么到了冲突升级阶段，冲突主体范围则有所扩展，价值判断的介入为主体行动提供了基础，对冲突主体道德形象的固定评价和对正义、法治等神圣价值的关注引发更多名誉攻击行动卷入其中。由此引来，继而进行名誉攻击。

4. 冲突再持续阶段：主观故意框架引发冲突在持续中升级

一审期间，冲突进入法律程序，出现再持续状态。法庭本是一个充满争议和辩论的场所。法庭上，江母与凶手之间针锋相对，举证辩论引发庭外舆论四起；法庭外，猜测讨论此起彼伏，舆论发声影响庭上冲突持续。

在此阶段，新闻议题框架主要围绕庭审细节进行建构，包括事发细节、当事人反应、庭审进度等，集中于悖于伦理、违背法理和主观故意框架，其中主观故意框架推波助澜，促使冲突在审判过程中持续发酵。

> 导致冲突持续的主观故意的议题框架：
> 1. "江歌被刘鑫和陈世峰精心策划谋杀可能性最大"
> 2. 揭秘：杀江歌的刀是刘鑫递的，庭审证明刘鑫锁了门也知道凶手是陈世峰
> 3. 江歌案庭审第 4 日，陈世峰回答检方提问：刘鑫把江歌推出去的
> 4. 陈世峰：江歌曾告诉我刘鑫怀孕　取了 10 万日元给江歌
> 5. 陈世峰否认杀人罪　称江歌多次敲门刘鑫未开

主观故意的议题框架多围绕凶手的主观动机和计划意图进行猜测和证实而展开的议题建构。如"精心策划"的阴谋论、"锁门不开""推人出门"的故意行为，这些议题基于凶手在法庭之上的脱罪之言，新闻议题对其大肆进行议题建构，引起人们的好奇心，强化人们对刘鑫的憎恨、厌恶情绪，在真相得以明晰之时对凶手又极

度憎恶。强大的情绪势能保证了冲突的持续，也为冲突升级提供了动力。

5. 冲突平息阶段：新闻议题随宣判走向反思，促进冲突转化

随着一审结果的宣判，围绕江歌案产生于江母与刘鑫、社会民众均有情绪和价值判断介入的冲突稍显平息。在此过程中，新闻议题以各自归因的议题框架强调悲剧发生的各方主体责任，以引起人们反思。相对于导致冲突走向平息的新闻议题而言，新闻议题随宣判走向反思对于冲突转化更有意义。新闻议题以制度缺陷、落后文化框架从全局视角讨论整个事件带给社会的正面效应。

导致冲突转化的新闻议题框架：

1. 法律为何不能"如你所愿"

2. 江歌案：413 天的坚持，450 万人死刑请愿，正义却没来……

3. 江歌妈妈上日本电视吐露心声，引发"中日死刑观"大讨论！

4. 万人瞩目的"江歌案"今日宣判：450 万人联名签署，也未能求得死刑。

5. 巨婴的隐患——一个现代家庭教育的症结

6. 从江歌案宣判事件，看如何教育孩子：善良也需要锋芒

7. 江歌案里，凶手代表的性别暴力文化才是首先该被谴责的

8. 江歌案启示：清晰的人际界限，是避免悲剧的利器

9. 刘鑫与陈世峰，其实就是我们另一个自己

制度缺陷的议题框架主要从法律与道德的冲突、法律与民意的相悖、法律对预期的违背、法律制度的国别差异等方面进行呈现，如，法律不能"如民愿""死刑观"讨论，这些问题导致了冲突问题的制度归因，强调冲突出现甚至升级因法律问题而起，由此引起人们改进法律体系、进行制度优化的行动意向，促使冲突在制度缺陷的完善中得以转化。

　　落后文化的议题框架凸显教育文化、性别暴力文化、交际文化与时代发展的不适应性导致悲剧和冲突的发生，促使人们意识到这些方面的落后意识和观念与社会冲突爆发和升级之间的关系，使人们形成抛弃旧的文化观念，树立新的生活方式的行动意向，实现冲突转化。

四　案例研究的发现与讨论

　　通过以上对江歌被害案的阶段划分和与之相关的新闻议题和议题框架的梳理，可以发现，某一新闻议题中多种框架共存，也能证明，在公共冲突发展的过程中，不同的新闻议题框架对公共冲突发展进程有不同影响。展开来说，基于江歌被害案得出的具体发现有以下三点。

　　（一）单一新闻议题中多种框架的共存叠加强化对冲突的影响

　　在对与江歌被害案相关的新闻议题进行整理过程中，发现有不少新闻议题存在多种框架并存并用的情况。如，在这一新闻议题中违反法理和悖于伦理的框架同时出现。"'中国留学生杀人事件'和'死刑观'的中日文化差异"，这一新闻议题中既有违反法理的框架，又有制度缺陷的框架。

　　在单一新闻议题中，同一冲突发展指向（如都是刺激冲突爆发升级，或者都是引向冲突化解或转化）的议题框架的叠加会加速冲突向此方向发展。这与"多个新闻议题都采用同一冲突发展指向的框架会加速冲突发展速度"的道理相同。如，在刺激冲突爆发、升级、扩散的新闻议题中，如果某一新闻议题同时采用悖于伦理和主观故意的框架，那这条新闻的冲击力就要强于仅使用其中一种议题框架的新闻。而在引导冲突走向转化的新闻议题中，单一新闻议题采用制度缺陷、落后文化两种框架，会增加冲突得以及时转化的可能性。

（二）某一冲突阶段多种议题框架同时出现时有互补和互消的可能

某一冲突阶段，同一冲突发展指向的议题框架数量越多，越易引发单向度的价值判断，促使冲突朝着指向方向发展。当刺激冲突爆发升级的议题框架占据高比例时，冲突可能会爆发，或者出现升级；而当引导冲突走向化解和转化的议题框架多于刺激冲突爆发升级的议题框架时，冲突很可能趋向平息，并出现化解和转化的机会。

而在冲突发展进程中，非同一冲突发展指向的议题框架的同时出现会引发它们之间能量的相互抵消，弱化新闻议题对公共冲突发展进程的影响。如，当刺激冲突爆发和升级的议题框架与引导冲突走向化解和转化的议题框架同时出现时，两种议题相互对话、互相消除彼此的能量，这时新闻议题对冲突发展的影响就不明显了。

（三）冲突治理需要发挥议题框架的正面功能

成功的冲突治理需要与之要求相配的新闻议题框架加以配合，以发挥新闻议题对冲突管理和公共冲突对社会、组织的正面功能。在梳理与江歌被害案有关的新闻议题时发现，不同的冲突发展阶段既存在与之相配合的新闻议题框架，也存在与之相背的新闻议题框架。如冲突升级期依旧还有媒体转载冲突爆发期的新闻议题，冲突平息期还有媒体对冲突爆发升级期的新闻议题进行解读，在冲突转化期也有媒体对冲突前几个阶段进行重新建构。这些干扰性的议题框架会对发挥新闻议题和公共冲突的正面功能造成阻碍。

因此，公共冲突的不同发展阶段需要不同冲突发展指向的议题框架，新闻议题与冲突治理阶段的配合会促进公共冲突治理的加速、增效。

第四节　新闻建构影响公共冲突治理
效果的两案例比较

邻避冲突是公共冲突领域中比较常见的基本类型，在理论研究与应用实践中都是倍受关注的。媒体新闻议题在邻避冲突中发挥着事件认知、价值判断、情绪波动和行动意向的引导功能。本节以两起邻避冲突为例，具体分析新闻议题对公共冲突治理效果的影响，试图以两起邻避冲突不同发展和治理过程中新闻议题发挥的作用，来论证新闻议题框架建构对公共冲突治理效果的影响。

在邻避冲突事件具体研究案例的选择上，本书选择 2014 年杭州中泰民众反对建设垃圾焚烧厂事件（以下简称"中泰事件"）与 2012 年宁波市镇海区村民抵制引进 PX 项目事件（以下简称"PX 事件"）作为研究对象，进行比较研究。两个案例发生时间较为接近，共同之处是为都邻避冲突领域中影响较大、新闻议题建构较为充分的典型群体性冲突。不同之处在于，前者经过政府与民众的努力最终化解冲突，而后者由于政府与村民冲突的持续致使项目中途搁置。

在新闻议题的收集过程中，主要使用百度搜索引擎，以关键词的形式进行索引。在媒体选择上，兼顾党政媒体和企业营利性媒体，及微信公众平台，以求对新闻议题进行大样本分析。

一　两则案例的陈述与新闻议题呈现

（一）案例 A：杭州市中泰民众反对建设垃圾焚烧厂事件及其新闻议题

关于杭州市余杭区中泰乡九峰村建造垃圾焚烧厂的消息不是空穴来风，自 2012 年 11 月，以"老余杭闲林中泰乡九峰村可能会建垃圾焚烧发电站！"为代表的类似帖子在论坛里相继发布。

　　为解决"垃圾围城"问题，2014 年 3 月杭州市政府规划局进行《杭州市环境卫生专业规划修编（2008—2020 年）修改完善稿》公示，拟在中泰乡九峰村建造一个亚洲最大、日烧 3000 吨的垃圾焚烧发电厂。4 月，"慢生活的生态古村落要成为杭州城市垃圾'火葬场'？"等新闻（《搜狐网》，2014 - 04 - 18）相继出现在网络媒体平台，"杭州余杭九峰建垃圾焚烧厂怎么保证环境不受污染？"（《新蓝网·浙江网络广播电视台》，2014 - 04 - 24）的质疑性新闻议题也被提出。当地村民 24 日向杭州市规划局提交了一份 2 万多人反对建设九峰垃圾焚烧发电厂的联合签名，杭州市规划局出具了一份书面答复，之后没有任何进展，冲突处于潜伏期。

　　5 月 7 日，大型施工机器和车辆出现在垃圾焚烧发电厂的拟建设选址之上。垃圾焚烧厂在没有进行环境综合评价和相关批示的情况下"秘密开工"的消息不胫而走，成为引起冲突爆发的导火索。听闻此消息后，中泰乡 24 个行政村的 1000 多名村民迅速聚集，并于夜间聚集人数达到上万人，现场平和。村民轮流 24 小时值班进行抵制活动。8 日，村民堵在高速桥下阻止机器进入，杭州市专门召开了垃圾处置专家媒体沟通会。9 日晚，当地政府发布了《关于九峰环境能源项目的通告》，表示在没有征得大家理解支持的情况下，一定不开工。但政府的态度并没有得到当地居民认同。当晚，特警出现在现场，形成对峙局面。

　　10 日，高架桥下聚集的抵制人数达到 5000 多人，下午村民开始阻断高速交通，冲突出现升级。特警、防暴警察相继出面，村民与之发生正面冲突，出现掀翻警车、砸毁车辆、围攻殴打的暴力行为。11 日，杭州市召开新闻发布会，表示争取把这个项目做成能求取最大公约数的项目，对涉嫌聚众扰乱公共秩序、妨碍公务和寻衅滋事的犯罪嫌疑人进行处置，群体性暴力冲突暂时得以平息。

　　"中泰事件"发生后，不少媒体站在不同立场对此次群体性暴力冲突争相报道。其中，5 月 11 日《中国经营报》发布新闻议题"杭州民众聚集抵制垃圾焚烧厂"，凤凰资讯更变题目为"媒体：余杭垃圾焚烧项目未取得环评就偷偷开工建设"对其进行全文转载，引发受众误读误解。

从"中泰事件"爆发后，当地政府并没有放弃化解冲突、续建项目的行动。9月12日，浙江省住建厅对九峰垃圾焚烧发电的规划选址进行公告，组织相关领域专家回答公众关心的问题，开展中泰垃圾焚烧项目答辩会，与民众代表展开对话。整个过程中，当地政府重视民众反映的不同意见，给予其机会参与听证，共同制定新的选址方案。经过基层政府和当地民众的一系列努力，2017年中泰垃圾焚烧发电厂的"邻避效应"终于得到化解。诸多媒体参与杭州破题"邻避效应"相关的新闻议题建构，塑造了邻避冲突化解范式。

（二）案例 B：宁波市镇海区村民抵制引进 PX 项目事件及其新闻议题

作为国家生产力布局重点战略项目，镇海炼化一体化项目（内含 PX 装置）于2012年10月完成前期工作。关于此项目落地的纠纷早有征兆，月初部分村民到区政府信访反映搬迁、环保等相关问题。不少论坛网站也出现"PX 项目落户镇海，这是嫌镇海人民不够苦吗？""镇海人的悲剧，马上要变整个宁波的悲剧啦！""PX 是否有毒？宁波镇海事件谁在推波助澜"等讨论议题，冲突处于潜伏期。

10月22日，镇海区近200名村民集体上访区政府，就 PX 项目距离过近问题进行群体性维权，并围堵附近的交通路口，标志着冲突爆发。媒体报道，事因 PX 项目环保及拆迁问题。区委、区政府作出书面答复，承诺以居民集聚点的保留和增设解决搬迁问题。24日，区政府回应项目符合环评要求，开展搬迁工作。媒体对此进行报道。

随后两天，镇海区居民开展大规模封路抗议行动，冲突出现升级。26日晚，集聚人员围堵殴打工作人员，近百名人员对维护秩序的执勤民警进行攻击，相继出现打砸车辆的行为。有些媒体将此行动定性为"少数人聚众冲击国家机关"的行为进行报道。聚集人数突破 1000，在劝导无效的情况下，公安机关强制驱散，并对相关人员进行扣留与刑事强制。"捍卫每个人的家园，声援宁波人民抵制PX 项目"等刺激冲突升级的新闻议题浮现网端。27 日，涉及到保留村与搬迁村的争议，数百名市民到天一广场进行"散步"进行维权，以标语、条幅表示抗议，后被公安民警劝导、教育离开。《人民日报》评析"散步"非最佳途径，也有媒体指出"宁波市民为抵制PX 化工项目上街静坐游行是不理智的"。

　　事后，27 日下午，全市领导干部召开会议，部分领导与群众进行面对面交流，了解不同人群的意见和建议。28 日，宁波市政府经与项目投资方研究决定，坚决不上 PX 项目，炼化一体化项目前期工作停止推进，再作科学论证，群体性冲突走向平息。事件平息后，不少媒体联系历史事件，如 2011 年厦门 PX 事件、2012 年四川什邡抵制钼铜项目和启东事件等，进行反思式的新闻议题建构，希望能利用此次事件促进 PX 邻避效应的化解。

二　新闻议题框架比较与公共冲突发展进程分析

　　（一）冲突潜伏阶段：采用关系对立的框架进行冲突化的新闻议题建构

　　冲突潜伏阶段并不是没有冲突，而是冲突处于隐蔽、潜在的状态，尚未浮出水面。通过对以上两个案例的新闻议题进行整理和统计（见表 7-3），发现此阶段的新闻议题建构主体多是存在利益诉求的当事方，主要借助当地论坛这一成本低、互动性强、特定人群集中的媒体平台，在议题框架上多采用关系对立框架和设疑引思、反诘质问、情境感叹的话语策略，在内容上主要集中于消息传播、定义边界、夸大伤害、事态临摹等方面。

表 7 - 3 　　　　　　　　两起事例在冲突潜伏阶段的典型新闻议题

A 中泰民众反对建设垃圾焚烧厂事件 （消息传播，联名反对）	B 宁波市镇海区村民抵制引进 PX 项目事件（部分村民上访）	影响
1. 杭州生态乡—中泰乡将建巨无霸垃圾焚烧厂 2. 老余杭闲林中泰乡九峰村可能会建垃圾焚烧发电站 3. 杭州余杭九峰建垃圾焚烧厂怎么保证环境不受污染 4. 余杭中泰要引进什么大型的垃圾焚烧发电站项目，谁说了算 5. 据说垃圾焚烧厂要搬到中泰来? 新西湖小镇业主们怎么看	1. PX 项目落户镇海，这是嫌镇海人民不够苦吗 2. 镇海人的悲剧，马上要变整个宁波的悲剧啦 3. PX 是否有毒? 宁波镇海事件谁在推波助澜 4. 宁波 PX 项目引民众上访政府称将对项目附近居民进行搬迁 5. 镇海区饮用水安全担忧　扩建化工码头等 PX 项目是官员无能	强调对立关系、定义冲突性质

　　关系对立的议题框架将社会事件放置于主体间彼此对立的关系中进行议题建构，以凸显对立性质、自我立场和群体边界。如，在"中泰事件"中，新闻议题 A1 以"巨无霸"比作垃圾焚烧厂，以凸显项目规模，映射其若存在污染问题将会给周围群众生活带来巨大伤害。A3"怎么保证"看似疑问，实则是对项目不会污染环境观点的反诘。A4"谁说了算"的疑问强调建设项目要看百姓是不是真的同意，否定了项目建设初衷与程序的合理性。A5 将话题人群固定于某小区业主，引发固定人群的讨论，因此其很可能会成为潜在的冲突主体。这些新闻议题对于对立关系的确立和冲突性质的强化有着重要作用。在"PX 事件"中，B1 以村民已承担的污染伤害凸显对此次项目的不能接受，"不够苦吗"的情绪化表达以反问语气表明对当前状态的不满和对项目引进的反感，实则是对当地决策的愤恨。B2 将悲剧从区一级范围上升至市一级，凸显引进项目的伤害是超越地区的，以引起人们关注。B3 先对 PX 作出是否有毒的疑问，质疑其是否会带来伤害，以"谁在推波助澜"的疑问展开对"幕后黑手"的猜疑，引导人们产生联想。B5 则直接将官员无能置于笔端，将官员与百姓对立起来，凸显因为官员的问题带来的巨大伤害。

由此看来，在冲突潜伏阶段，两则案例的新闻议题以关系对立的框架引导人们对事件状况有所认知，产生出现此状况的原因在于政府、企业的判断，并引发不满、猜疑、对立情绪的出现，进而可能形成反对、反抗、抵制的行动意向，为冲突爆发和升级提供动力。

（二）冲突爆发期：传递事实信息，引导受众认知与判断

在长期的情绪和能量酝酿之后，冲突会在某一偶然事件的引发下爆发。"中泰事件"以施工机器和车辆出现后的"秘密开工"消息为导火索，引发大量民众的集体抗议；"PX事件"以近200名村民集体上访作为冲突爆发的标志。冲突爆发将潜伏已久的矛盾推至表面，嗅觉敏感的媒体就像海里抢食的鲸鱼一样，会一拥而上对浮出水面的冲突事件进行关注、追踪。面对"食饵"，不同媒体会选择不同的建构方式，从不同角度对冲突事件展开新闻议题建构。

根据对两个案例的新闻议题进行整理（见表7-4）发现，由于事发初期，冲突发展不明朗，出于对风险和不确定的考虑，此阶段的新闻议题多围绕事件状况进行稳妥报道，尽量不做价值判断、不带感情色彩，因此也不会有比较明显的议题框架选择。然而新闻议题具有天然的建构性，它们或轻或重、或多或少、或正或负的议题数量和倾向都会对受众有所引导，进而对冲突发展有所影响。如，新闻议题A1、A2、A3在阐述了冲突事件的基本信息（地点、时间、人员、原因）之外，以"堵路打砸""大量民众""五千人"强调了事态的规模和冲突的烈度，以引起关注。A4直接用"警民冲突"这一词汇进行了冲突主体的明确和冲突性质的定义。新闻议题B1说明了集体上访的主体、规模和原因，也给予其"群体性事件"的定义。B2以配图的形式对冲突主体的维权方式和手段进行阐述，强调了冲突强度和发展势态。B3告知了冲突另一方主体的回应，其"环评合格"的答复会引发受众产生村民上访行为不合理的判断。B4则阐述了政府方面回应集体上访的行动和效果，"民众散去"暗语冲突平息。

表7-4　　　　　　　　**两起事例在冲突爆发阶段的典型新闻议题**

A 中泰民众反对建设垃圾焚烧厂事件 （聚众拥堵）	B 宁波镇海区村民抵制引进 PX 项目 事件（集体上访）	影响
1. 余杭中泰及附近地区 10 日出现聚集堵路打砸行为 2. 杭州欲建垃圾焚烧厂引大量民众拥堵高速抗议 3. 媒体称杭州五千人聚集抗议垃圾焚烧厂项目 4. 杭州五千民众抗议建垃圾焚烧厂发生警民冲突 5. 杭州聚集事件续：村民称项目秘密开工是导火索	1. 宁波镇海村民群体上访事件：因 PX 项目环保及拆迁问题 2. 组图：宁波镇海 PX 项目引发村民集体上访附近公路被围堵 3. 宁波镇海 PX 项目引发集体上访官方称环评达标 4. 宁波镇海发布炼化一体化项目的有关情况说明上访村民散去	明确冲突缘由与事态

　　因此，在冲突爆发阶段，新闻议题多就冲突事件的基本信息进行传递，其中难免会夹杂着引导受众认知参与主体、事发缘由和对方回应，以及对事件性质、冲突烈度与强度的判断。这些认知和判断可以为情绪波动和行动意向的形成提供基本条件，也可以为后期的冲突认知和判断奠定基调，影响公共冲突的发展进程。

　　（三）冲突升级期：多种议题倾向、多种建构框架同存左右冲突发展方向

　　在特定刺激的条件下，冲突主体情绪的不友好转化、升华为情感的不信任，由此强化对冲突另一方的负面情绪，导致冲突出现升级。"中泰事件"因为对政府回应的不认可引发村民堵路抵抗、砸毁车辆、与警察发生正面交锋，甚至出现肢体冲突的暴力行为。"PX事件"受官方对集体上访行为回应中的项目"环评合格"的刺激，出现聚众封堵、广场散步的抵抗行动，甚至对办事人员围攻殴打。

　　梳理两则事件在冲突升级阶段的新闻议题（见表7-5），可以发现，从政府和民众两方主体出发，媒体会选择不同的新闻议题框架。站在政府角度，媒体多采取减少主体对立、促进冲突平息的议题框架，如偶然例外框架和各自归因框架。站在群众角度，媒体对刺激冲突升级的新闻议题框架十分青睐，如主观故意框架、悖于伦

理框架、违背法理框架和群体歧视框架。

表7-5 两起事例在冲突升级阶段的典型新闻议题

A 中泰民众反对建设垃圾焚烧厂事件 （正面冲突）	B 宁波镇海区村民抵制引进 PX 项目 事件（聚众封堵）	影响
1. 杭州 5000 人堵路抗议建垃圾焚烧厂 警方：事件从表达诉求变成打砸行凶犯罪 2. 杭州余杭中泰垃圾焚烧厂引聚集抗议事件项目负责人答 36 问 3. 杭州拟建垃圾焚烧厂多次引群众聚集官方进行回应 4. 余杭：中泰垃圾焚烧厂项目 群众不支持就不开工	1. 宁波镇海 PX 项目引发村民上访 警方：少数人聚众冲击国家机关 2. 中石化宁波项目因污染遭居民抵制将易地建设 3. 宁波市民为抵制 PX 化工项目上街静坐游行是不理智的 4. 人民日报评民众抵制 PX 项目："散步"非最佳途径	促进冲突平息
5. 媒体：余杭垃圾焚烧项目未取得环评就偷偷开工建设 6. 杭州 2 万多人曾联名反对建垃圾焚烧厂 7. 杭州建垃圾焚烧厂引不满居民：只信省政府或中央 8. 杭州余杭九峰事件引发网友热议：警察该不该开枪？	5. 中石化宁波 PX 项目曾被称断子绝孙工程 6. 宁波逾千人聚集反对扩建化工厂高喊口号要求放人 7. 宁波市民反对 PX 始末：附近村庄长期受化工之害 8. 每个人的家园，声援宁波人民抵制 PX 项目	鼓动冲突恶化

　　反观"中泰事件""PX 事件"升级过程中新闻议题，从政府角度出发采用偶然例外的框架，A1、B1"从表达诉求变成打砸行凶犯罪""少数人聚众冲击国家机关"为冲突事件进行定性，凸显其为偶发事件，引发人们对本可能避免的冲突却最终发生、事件性质发生转变的无奈情绪；采用各自归因的框架，A2、A4 和 B2 三条新闻议题阐述了民众抗议已经引起政府关注并给予了官方回应，暗语当地政府对此事的态度和将要采取的措施，引导受众改善对政府的负面认知和判断，舒缓受众不良情绪；B3、B4 以"不理智""非最佳途径"引导受众对冲突升级中群众的失范行为有所认知和判断。这两种框架的新闻议题能促进冲突从升级阶段尽快走向平息阶段。
　　从群众角度出发，采用主观故意、悖于伦理的框架，A5"偷偷开工"、B5"断子绝孙工程"、B7"长期受害"不仅仅强调了冲突发生起因于对方故意,也指出了这种行为对伦理的悖逆,引导受众对政府一方产生有所意图的判断和愤怒、唾弃、不原谅的情绪,可能衍生打击、报复的暴力行为。采用违背法理的框架,A5"偷偷开工"、A8"警察该不该开枪"、B6"要求放人"将受众关注点引向对方行为,并引导其产生"行为越轨、违反法理"的判断,促成对对方行为的不容忍,引发人们形成指控、惩罚对方的行动意向。采用群体歧视框架,B6"要求放人"、B7"长期受害"凸显政府力量的强大,而群众作为被害者而力量弱小,在这种群体歧视框架中以对少数人的遭遇的关注,引发人们做出政府压迫欺辱的形象判断,并产生与之对立、同情群众的态度,衍生反抗、报复的行动意向。这三种框架的混合使用能更加快速地升级冲突的强度和烈度。

综合来看,在冲突升级阶段,不同媒体会有不同的新闻议题建构倾向,以此引发受众对不同主体的认知和判断,对冲突某一方的支持或者反对以及伴随的倾向情绪会影响冲突的发展方向。同时,某一新闻议题也可能同时使用几种议题框架,以强化议题对公共冲突发展的影响效果,这样的新闻议题往往会渗透出影响冲突的强度和烈度的原因,并对受众的情绪强度和行动意向强度有所引导,影响后期冲突的发展态势。

(四)冲突平息期:议题框架是冲突平息后表层稳定或深层稳定的征兆

冲突一方的妥协让步往往可以促成公共冲突走向平息。杭州市新闻发布会上政府一方令人满意的表态平息了"中泰事件",政府一方的妥协让步,发布"坚决不上 PX 项目,炼化一体化项目前期工作停止推进,再作科学论证"的决定将"PX 事件"推向平息。需要说明的是,按照公共冲突平息的程度和水平,可以认为冲突平息会引发表层稳定和深层稳定两种结果。就如两起事件,根据后期发展来看,前者在冲突事件实现表层稳定、得以暂时性平息后,积极进行冲突化解,以促成深层稳定;而后者则在聚众散场、实现表层稳定之后便再无下文。

通过对两则事件的新闻议题进行梳理和总结（见表 7-6），也可以发现，公共冲突得以平息实现的是表层稳定，还是促成了深层稳定，可以反映在媒体的新闻议题的框架选用和内容选择上。如，两者的新闻议题共性之处在于内容涉及范围上，都包含事发原因、冲突处置、事件结果和主体承诺、未来行动等方面。不同之处在于，"中泰事件"的新闻议题除了呈现以上内容（如 A1、A2、A3）以外，多采用各自归因的框架，并以对未来行动承诺的方式表明自己一方的原因和责任，有效地缓释了升级阶段酝酿的负面情绪，淡化了与自己不利的价值判断，这对于冲突事件的当期平复和事后化解很有帮助，有利于实现深层稳定。除了 B1、B2、B3 新闻议题对冲突结果和处置方案的阐明以外，"PX 事件"的新闻议题更集中与采用客观原因框架，如 B6 引导受众认识到"经济发展规律"这一客观原因或者外部原因导致"PX 事件"发生的必然性，促使其走向平息。

表 7-6　　　　　两起事例在冲突平息阶段的典型新闻议题

A 中泰民众反对建设垃圾焚烧厂事件（处置犯罪，回应参与）	B 宁波镇海区村民抵制引进 PX 项目事件（停工公告）	影响
1. 杭州通报垃圾焚烧项目打砸事件：数辆警车被掀翻 2. 杭州余杭中泰垃圾焚烧项目打砸事件53人被刑拘11人自首7人涉谣被拘留 3. 警方公布涉及打砸事件25人照片呼吁自首 4. 垃圾焚烧项目引抗议 当地将邀群众参与前期过程 5. 杭州通报中泰事件九峰垃圾处理项目将严格论证充分沟通	1. 宁波镇海暂停申报558亿元PX项目 未进实施阶段 2. 宁波政府叫停中石化PX项目平息群体事件二期工程亦停止推进 3. 宁波市政府：镇海PX事件中51人被扣留 无人死亡 4. 宁波镇海群众代表：坚决不上PX项目 充分表民意 5. 宁波市领导要求主动解决民众关于PX项目诉求 6. 环保部称宁波px等群体性事件是经济发展规律	促成表层稳定或深层稳定

由此可以预期，在冲突平息阶段反映现实情况的新闻议题中，

更多考虑己方原因和责任，并以诚心的态度承担责任、许诺未来行为的新闻议题可能是冲突暂时平息后冲突主体会展开积极化解的征兆，有助于实现深层稳定。相反，若考虑外部因素或者客观原因的新闻议题占据较大比重，说明冲突主体化解冲突缺乏足够的态度和诚心，可能没有引起媒体的注意，那么此次冲突得以平息只是暂时的平息，实现的稳定也仅仅处于表层。之所以会产生这样的结论，是因为新闻议题可能也是媒体对不同冲突主体所持有的信心的一种信号传递。

三　新闻议题框架比较与公共冲突治理效果分析

（一）冲突化解阶段：议题框架对意识心态的影响左右冲突化解效果

公共冲突化解是冲突主体之间消除误解、建立信任、合作探索满足各方不同利益的共赢方案的过程，这个过程需要配以充分的外部条件和内部因素。相同的利益基础与共同的价值取向是冲突得以化解的心理基础，当有冲突主体意识到彼此间无根本利益对立，只是手段不同时，才能放松紧张情绪，产生求同存异、消除分歧的行动意向。可行的共赢方案是化解冲突的现实条件，对于培养信任、促进合作大有裨益。对化解后的未来美好的憧憬又使得人们备受鼓舞，可以对关系修复增加信息，为冲突走向化解提供动力。

在公共冲突化解阶段的新闻议题中，利益依存、价值共识、共赢方案与和平景象框架是其最常用的议题框架。通过对两起事件冲突化解阶段的新闻议题（见表 7 - 7）进行总结和分析，可以发现，有助于冲突化解的利益依存、价值共识、共赢方案这三种议题框架均有出现。如，中泰事件中"不同意不开工""邀群众参与""真诚"与"百姓信任"（A7）和 PX 事件中"充分表民意"的新闻议题凸显了政府重视民意、与民众一条心的态度，引导人们形成两者之间利益共存的现实认知和价值判断。而在未来行动上，中泰事件则拿出了较为妥当、可操作性的方案，新闻议题 A3

"多方利益中寻平衡点"、A4"平衡诉求和利益"、A5"第三方监管"呈现了当事方具体的共赢方案。相反,新闻议题 B1—B3 强调了"PX 事件"的双输结局,冲突难以走进化解阶段;B4—B7 在"决策民主化""充分沟通在先"和"信息不透明"等方面强调了引发 PX 项目公共冲突的原因,以及 B8"街头裁决"处理方式的不恰当性,引发人们产生冲突化解难以进行的判断,为冲突治理提供认知阻碍。

表7-7　　　　　　　　两起事例在冲突化解阶段的典型新闻议题

A 中泰民众反对建设垃圾焚烧厂事件	B 宁波镇海区村民抵制引进 PX 项目事件	影响
1. 用阳光照进工程项目　杭州巧解环保"邻避"效应 2. 杭州已化解 2014 年"中泰群体性事件"在原址建垃圾焚烧发电厂 3. 杭州中泰垃圾焚烧厂选址　冲突多方利益中寻平衡点 4. 杭州一垃圾焚烧项目历经"坎坷"后原址落地　平衡诉求和利益是关键 5. 垃圾焚烧发电项目难获民众信赖　第三方监管如何赢得各方认可? 6. 杭州一乡村建垃圾焚烧厂居民从强烈反对到举手赞成 7. 用真诚获取百姓"信任票"　杭州解开了"邻避"这个结	1. 媒体称宁波 PX 事件虽平稳解决但结局"双输" 2. 王锡锌:PX 项目"一闹就停"是"双输"结果 3. 环球时报:PX 项目靠街头群众抗议解决中国输了 4. 宁波停上 PX 项目决策民主化必须有实质性探索 5. 新京报:充分沟通在先,"PX"就不会闹大 6.PX 项目屡屡被抵制　叶檀:信息不透明导致群体恐慌 7. 媒体称中国建新 PX 项目是必然　政府须加大信息透明 8. 宁波:坚决不上 PX 项目　评:街头裁决非长久之计 9.PX 事件中所折射出的公民环境权利 10. "后院保卫战"频现官员称说什么民众都不信	影响意识建构 形成舆论环境压力

从两起事件后期发展的结果来看,冲突化解阶段的新闻议题对利益依存、价值共识、共赢方案与和平景象框架的选择会给受众带来认知和判断的调整、信心和期望的改变,受众心态和舆论环境的状况会对公共冲突化解进程和效果有所影响:积极的认知判断和对

和谐的信心期待会增加冲突化解的动力，加快冲突化解的进程，提升冲突治理的效果；而消极的认知判断和对和平的灰心沮丧会引发冲突化解迟滞，为冲突治理设置阻碍。

（二）冲突转化阶段：探索式的新闻议题有助于实现冲突转化的创新

冲突转化力图改变引发冲突产生的制度性、结构性因素，在制度上保证不允许合法暴力的出现。在方式和目标上，冲突转化强调以公民参与的方式实现制度结构的优化和社会文化的进步。因此，冲突转化阶段，新闻议题对预期偏差、制度缺陷、结构暴力、落后文化的议题框架更为青睐。

从两起事件在冲突转化阶段的新闻议题（表7-8）来看，在两则事件中，真正实现冲突转化的是中泰事件。在与其相关的新闻议题中，"邀群众参与""尽早组织公众参与"（A1）的新闻议题引发受众对冲突出现的制度性归因，即群众参与制度的实效性不足。与之类似，B3"信任危机"和B4"科普与市场都不能少"的新闻议题引导人们意识到引发PX项目冲突起因于信任建设、科普与市场建设的体制缺陷。这两种议题框架有助于形成改进制度的行动意向。A2"敞开大门沟通"的新闻议题采用落后文化的框架，引导受众对政府"闭门决策"行为方式的不满；B5"应以人为本"同样指出了过去处理PX项目冲突的行动理念有误，造成冲突时有发生，这样的新闻议题有助于形成改造导致这种行为的落后文化的行动意向。不同的是，在PX事件中，冲突转化的新闻议题多是从PX产业入手，企图改善PX项目建设的整体环境，较为重视预期偏差议题框架的使用。如B1"恶贯满盈"、B2"闻化工而色变"的新闻议题引发人们对PX项目建设的偏差性预期的理性分析，促使人们对其加以改进。

表7-8   两起事例在冲突转化阶段的典型新闻议题

A 中泰民众反对建设垃圾焚烧厂事件	B 宁波镇海区村民抵制引进 PX 项目事件	影响
1. 专家谈垃圾焚烧类邻避设施应尽早组织公众参与 2. 声度/敞开大门是最好的沟通 3. 从"邻避效应"到"迎臂效应" 杭州垃圾焚烧发电厂经历了什么? 4. 杭州:家门口建垃圾焚烧厂 3 年后他们为啥同意了? 5. 垃圾焚烧厂"反建"事件频发 杭州九峰的项目为何能浴火重生?	1. 慧眼观察:恶贯满盈的 PX 项目 2. PX 项目:一部必须揭秘的悬疑片——让公众不再闻化工而色变 3. 中国的 PX 项目:如何扭转"信任危机" 4. 破 PX 僵局:科普与市场都不能少 5. 知风:避免宁波镇海 PX 等群体事件应以人为本	提高接受度、增加持续性和创新性

总体来看，在冲突转化阶段，更多的新闻议题从全局角度出发，以整体性眼光和探索式的话语策略探究类别化冲突时有发生的背后原因及其发展规律，从更为本质的层面引发受众为冲突转化的实现有所发现，有所行动、有所创新。

四　案例研究的发现与讨论

纵观与两起案例相关的新闻议题，基于以上各个冲突阶段新闻议题的呈现、比较和分析，可以得到如下发现。

（一）社会民众在冲突潜伏期多借助地方性论坛寻求共同利益者

冲突潜伏阶段的新闻议题建构主体多是存在利益诉求的当事方，其主要借助论坛这一成本低、互动性强、人群集中的媒体平台。如，处于冲突潜伏期的中泰村民反对建设垃圾焚烧厂的新闻议题"老余杭闲林中泰乡九峰村可能会建垃圾焚烧发电站！"可见于东海闲湖城业主论坛、口水杭州论坛，有的新闻议题可见于新明半岛业主论坛、新浪博客、搜房网等；在议题框架上，论坛标题多采用关系对立框架和冲突化、煽情式的话语策略。其目的在于促使信息得到关注和扩大事件影响，以求在表明自身立场的同时，寻求拥有共同利益的人群，在刺激性、情绪性的话语符号中寻求认知共识和情感共鸣，依靠群体的力量阻止预期中即将发生的恶性后果出现。

（二）冲突潜伏期新闻议题的情感色彩更重于冲突爆发期

为了引起更多受众的注意，也是出于对邻避项目的担心和恐惧，相对于冲突爆发期，冲突潜伏期的新闻议题的感情色彩更为强烈。对于这种情况，要从不同主体面临的状况来分析。

对于发声当事人来说，引爆冲突是向对方宣战、表示反抗的开始标志，第一步迈出去之后要等待对方的反应，在对对方的预期和下一步的回应思考中，当事方也会自主控制情绪表达，有所沉思，因而在此阶段不会在社交媒体上进行过度的议题建构。对于第三方媒体来说，由于对冲突未来走向的不确定和出于规避冲突事件报道的风险性，冲突爆发期更多的是对冲突事件相关具体情况的信息提供，从简短性的新闻标题要求出发，很多新闻议题无法嵌套其欲选择的框架，进而对冲突下一阶段发展状况的影响相对较小。

（三）冲突爆发升级阶段新闻议题对冲突强度与烈度有所影响

冲突爆发后，更多的新闻议题主要就冲突事件的来龙去脉、主体行为、冲突情境、后续预期等方面提供基本信息，在提供信息的方式上强调冲突事件的前因后果，这为受众进行事实认知、性质认定、因果判断、事件归因提供视角和标准。在冲突事件的后续发展中，受众会惯于保持这种视角和标准去展开事实认知和价值判断。总体来看，主观故意、悖于伦理的新闻议题框架更易引起人们对冲突主体行为越轨、道德失范的认定，及由此产生反感、憎恶和愤怒情绪，在继而形成的反抗、打击、报复的行动意向之下刺激冲突强度和烈度的增加。违背法理、关系对立的议题框架对增加冲突强度和烈度上的影响依次减弱。

值得注意的一点是，失实性新闻议题多会在冲突爆发与升级阶段出现，尤其是谣言容易滋生，并出现迅速传播、以讹传讹的状况。它们采用刺激冲突升级的议题框架，受到谣言影响的受众会叠加多种负面情绪，并不断强化，导致冲突事件在谣言的刺激下出现持续恶化、扩散和升级。如中泰事件升级期"警察该不该开枪"的新闻议题以违背法理的议题框架推出"警察开枪"的谣言，引导受众出现警察暴力执法的价值判断，让人们在已有的不满、怨恨情绪之上产生恐慌、担忧和不安，这种恐慌与担忧情绪会进一步强化之前的不满和怨恨，使反抗、惩罚的行动意向跌落至戒备、报复之上，引发关系降格，形成不利于冲突平息与化解的舆论氛围。

（四）冲突平息阶段与化解阶段新闻议题的区分度预示着冲突后续进展

通过对两起冲突事件在不同发展阶段的新闻议题的梳理，笔者发现冲突平息阶段的新闻议题和冲突化解阶段的新闻议题之间的区分度有所不同，这可能是冲突后期发展趋势征兆。

如果冲突平息阶段与化解阶段新闻议题的区分度比较小，也就是引导冲突走向平息的新闻议题和促进冲突得以化解的新闻议题相互交织、黏揉在一起，性质上难以界定，作用上难以区分，这样的情况反映出冲突主体化解冲突的主动态度和行动方案在冲突平息后的紧密跟进，为此可以预期，冲突平息阶段与化解阶段新闻议题的区分度越小，冲突化解的可能性与成功率越高。如，中泰事件爆发升级后，政府采取制止暴力、平息冲突的行为，紧接着，政府表态作出未来行动承诺以促进冲突化解，新闻议题在对冲突平息阶段进行议题建构的同时相继展开对冲突化解阶段的议题建构，两个阶段的新闻议题紧密相连，相互交织，而后中泰事件确实在政府努力和新闻议题建构中逐步化解。

相反，若是两个阶段新闻议题的区分度大，即冲突平息期的新闻议题仅仅强调冲突归于平静，而对秩序恢复后的冲突化解没有太多的议题建构，是因为冲突主体并没有化解的态度和行动方案，这就导致冲突化解的可能性较小。如，PX 事件平息后，新闻议题多在直接后果、处置措施、后继影响等方面进行议题呈现，以冲突平息为主导，而关于冲突化解的新闻议题并不多，两个阶段的新闻议题易于区分，而事件后期确实也没有实现冲突化解。

（五）以类别化冲突的新闻议题促进实现冲突转化的创新性

在冲突转化阶段，媒体除了围绕某一冲突化解过程进行就事论事的新闻议题建构，多会站在一定高度上对某一类冲突事件进行类别化的新闻议题建构，以引导受众发现某一类冲突事件背后结构性和制度化的原因，促进冲突转化的实现。类别化冲突的新闻议题从某一类冲突的多个事例出发，站在全局视角，以媒体的专业性和敏感性探析这些事件背后的共性因素、因果关系和发展规律。公共冲突管理者可以借用这些新闻议题的独特优势分析其中有助于实现冲突转化的议题观点，进而促进实现冲突转化。

与公共冲突治理者的行动策略不同，冲突转化阶段的新闻议题多以疑问式的话语策略开启某一话题，引导各个群体的受众从自身出发进行多角度回应、持续化思考和规律性寻因。这样的新闻议题有助于激发受众的话题参与热情，如实反映受众的意见，并进行观点对话和交流，观点交流和意见整合对于开展创新性的冲突转化大有裨益；同时以受众的思维跟进或在与受众的互动中形成的冲突转化方案更易于受众接受，可以增加冲突转化结果的认可度和持久性。新闻议题以有问有答的话语策略引导受众反思问题的方向，有助于形成认知与价值共识，为冲突转化提供条件。

第五节　案例研究的结论与启示

以上两节通过对江歌被害案单案例的研究和对中泰事件与镇海PX事件的案例比较研究，可以发现新闻建构，尤其是议题框架，对公共冲突发展进程和治理效果可以产生重大影响。这些基本研究发现对公共冲突管理者有所启发。

一 利用潜在期的新闻议题抑制和转化冲突的负面功能

公共冲突治理理论承认冲突的正向功能，也不否认冲突负向功能的存在，要利用和发挥冲突的正面功能，也要抑制和转化冲突的负面功能。在冲突潜在期，对冲突进行适度的预防有助于抑制和转化冲突的负面功能。必要的冲突预防是在冲突产生破坏性功能前采取的防范性行为，使冲突以可接受的方式发生在合理的限度内。因此，冲突预防不是压制、抗拒冲突，而是对冲突负面功能的早期抑制与转化。

在以上两则事件中，均有当地民众在冲突潜伏期于地方性论坛发表新闻议题，进行事件信息呈现和利益诉求表达。但是并没有得到地方政府的及时回应，进而引发了干扰社会秩序，甚至破坏性、冲击性的群体性事件。在公共冲突治理过程中，要利用地方性论坛、微博、微信等社会交互性很强的媒体平台，对这些处于潜伏期的冲突事件的苗头保持敏感和警惕，争取在第一时间关注动态并及时处理，防止破坏性冲突的出现。

二 冲突治理从跨阶段性的新闻议题中寻求治理依据

事件阶段划分是研究的一种方式，甚至可以说是一种"理想化"的方式，因为多年实践表明，对具体的冲突事件进行阶段划分是一件极为困难又存在争议的事情。在对冲突时间进行新闻议题建构时，会出现新闻议题的跨阶段性问题。具体表现有两个。其一，在不同的冲突发展阶段，新闻议题并不与之匹配，造成新闻议题与现实冲突发展阶段之间的脱节。比如说，冲突已经进入升级期，还有媒体在对冲突爆发阶段进行议题建构和传播。其二，更为糟糕的是，新闻议题与公共冲突治理阶段相悖，为冲突治理设置了不少干扰。如，冲突已经走向平息，进入化解阶段，而关于冲突爆发、升级阶段的新闻议题还时有爆出。

之所以出现这种情况，一方面可能是因为新闻媒体议题建构自身存在滞后性，也可能是因为冲突事件阶段本身难以清楚划分。第二种可能性的存在，要求公共冲突治理者在实践过程中对新闻议题的关注和运用不能仅停留在与治理需要相契合的新闻议题上，而是既要关注到与当前冲突阶段相关的新闻议题管理，也要利用历史新闻议题作为冲突治理分析的依据。

三　根据新闻议题的区分度预见冲突平息后的发展趋势

冲突平息阶段的新闻议题是不仅是对冲突后果和平息进度的呈现，对冲突后期的化解阶段具有预见性作用。公共冲突治理者可依此规律预见冲突平息后的发展趋势。倘若新闻议题集中于冲突损失、处置手段、危害警示，则可以判定冲突当事方缺少真诚化解冲突的动机和态度，因此媒体新闻并没有对此有所议题呈现。为此，在公共冲突管理过程中要以外部激励或强制措施促使其有所改变。如果新闻议题在冲突平息与冲突化解之间往复徘徊，可以预见冲突主体消除误解、化解冲突、建立信任、实现合作的行动意向，媒体也要注意到冲突主体的这种行为表现。因此，要充分利用冲突主体的情绪态度和行动意向，创造外部条件促使冲突得以化解。

四　以整体观、全局观的新闻议题促成冲突转化的实现

冲突转化的实现需要有全局意识和大局观念的主体进行引导。在以互联网为代表的信息化时代，公共冲突管理者要充分利用新闻议题在冲突转化阶段的独特优势，发挥其他工具所不能发挥的重要功能。首先，要利用更有权威的新闻媒体，引导其进行促进冲突转化的新闻议题建构，这种自带威慑力的媒体力量会增强其新闻议题的社会影响力，加快冲突转化的周期。其次，权威的不一定是绝对正确的，要以其他具有社会较高关注度的新闻媒体为补充，鼓励其在新闻议题建构时从全局角度出发更加关注冲突转化，肯定其引导受众理性参与、表达和讨论的议题建构方式，以其高关注度扩大引导冲突转化的新闻议题的影响范围。再次，公共冲突管理者要对某

一类冲突事件的新闻议题有所敏感和警觉,这类新闻议题对冲突事件进行分类,在类别划分之上对某一类冲突事件进行原因分析、规律探讨和前景展望,其议题框架会引导受众对这一类型的冲突态势进行认知。在此基础上形成的判断和引发的情绪会使受众对某些具体冲突事件产生认知锁定和判断迁移,进而影响冲突转化的实现。

【讨论】基于雇佣关系的公共冲突升级机制及其治理①

公共冲突升级扩散有其特殊形式。与专门从事升级冲突的职业人员及其引发的冲突事件不同,有一类围绕特定事件、以随机雇佣社会闲散人员为主力推动冲突升级的"事件性冲突升级"现象,其行为暴力,方式激进,冲突强度和烈度较高,需加以关注。根据升级施压对象的不同,事件性升级冲突可分为施压对方、施压第三方与施压对方和第三方。在雇佣关系下,事件性升级冲突行动目标明确,路线、行动方式和压力源三者相互影响,构成压力源模型:不同类别的升级路线选择不同的施压行为方式,撬动生产压力、安全压力、权力压力、舆论压力不同的压力源,引发冲突升级。事件性冲突之所以能升级,其撬动压力源模型的机制在于受雇者的角色激励。建议区分冲突当事方和第三方,培养并强化社会成员的法治意识与规则意识,关注边缘群体的自我意识建设,启动并增效多元化的冲突化解机制。

一 引言

在近些年各个领域的公共冲突案例中,"雇佣他人来升级冲突"

---

① 注:本部分已发表,具体信息:郝雅立、常健:《基于雇佣关系的公共冲突升级及其治理》,《上海行政学院学报》2021 年第 2 期。

已成为不可忽视的现象，"被雇佣者"成为推动冲突升级、扩散的重要力量。对雇佣他人升级冲突现象展开解读和对雇佣升级者的行为方式和作用机制进行分析，是转化公共冲突负面功能、防止社会秩序失衡的基础。

根据与公共冲突事项的关系和在公共冲突中的参与程度，可以将公共冲突主体分为当事方和第三方。当事方是与公共冲突有着直接或间接利益关系、以直接参与或者协助参与的方式卷入冲突中的一方，由此可以进一步分为直接当事方和间接当事方。[1]"雇佣升级者"是冲突的直接当事方以雇佣的方式将无关的第三方转变为间接当事方参与到公共冲突过程中，以推动冲突升级和扩散的方式协助直接当事方实现目的的人群。

从不同冲突主体的角度反观社会现实，可以发现，不少社会冲突的升级是由被雇佣来的本与冲突本身没有任何关系的第三方人员引发的，这类第三方人员有的以此为长期职业获得预期的高额经济回报，有的则以某个事件为由临时起意获得意外的经济收益。因此，按照冲突事项和雇佣升级者的身份属性，可以将雇佣升级冲突分为两种情况。第一种是职业性升级冲突，指的是以升级冲突事件为谋生职业的人（如医患冲突升级过程中的职业医闹、劳资冲突中的专业讨薪团等）为了获取高额利润（一般为赔偿金分成）[2] 卷入到冲突中，推动其升级扩散。他们以此为经济来源，职业化特征明显，有组织、有策划，动力充分，了解规则、经验丰富、行动迅速。第二种与之相对，是事件性升级冲突。

不同于专业的职业性升级，事件性升级冲突由某一具体事件为起因，与临时起意的社会闲散人员建立雇佣关系，将第三方受雇者转为冲突主体卷入其中的冲突升级，具有针对性、随机性、临时性、分布散乱

---

[1]　常健、徐倩：《医患冲突升级中各类主体作用研究——基于对 150 个案例的分析》，《上海行政学院学报》2017 年第 4 期。

[2]　胡平平：《职业"闹大"群体的行为逻辑与消解路径》，《人民论坛》2016 年第 25 期。

的特征。这类升级冲突事件雇佣社会闲散人员（如失业人员、泼皮无赖、刑满释放人员、老弱病残等）为主力，他们不以此为生，不具备专业化能力，缺少法律常识和规则意识，因此行为激进，破坏力大。

　　本部分以这类社会闲散人员临时起意参与其中的冲突升级事件为研究对象，以近十年 50 余起案例为研究资料，对冲突升级的基本特征、雇佣关系的建立、参与主体身份的转变和第三方卷入等问题进行阐述，对冲突升级何以发生、其内在的激励机制如何起作用展开讨论，建构了事件性冲突升级的压力源模型，分析不同压力下事件性冲突的升级路线和行动模式，并基于研究发现提出管理建议。

二　研究综述与观点提出

　　公共冲突是事关公共利益产生的对立性关系。作为一个社会热点话题，以南开大学、北京理工大学、同济大学等为代表的诸多高校学者对此展开了一系列研究，并在周期性的公共冲突治理学术会议上进行了分享讨论，获得了颇为丰富且有意义的研究发现。

　　整体来看，近几年学术界对公共冲突及其管理的研究多立足于主要矛盾转变的社会背景（尤其在 2018 年以来），集中于变化趋势分析、管理制度完善、组织建设发展、治理机制优化等方面。在变化趋势分析方面，常健指出中国特色社会主义建设进入新时期，公共冲突的情境从社会转型期进入定型期，公共冲突也出现从事项性冲突扩展到社会性冲突的变化趋势[①]；王宏伟认为，社会主要矛盾发生变化引发的相对剥夺感极易引发公共冲突[②]，总体国家安全观视角下的公共冲突治理要创新方式，建设平安中国[③]；王赐江从典型群体

[①]　常健、毛讷讷：《新时期中国公共冲突的变化趋势及其治理策略》，《中国行政管理》2019 年第 5 期。

[②]　王宏伟：《论我国社会主要矛盾变化背景下公共冲突的有效治理》，《理论月刊》2018 年第 3 期。

[③]　王宏伟、李家福：《总体国家安全观视角下公共冲突治理创新》，《科学社会主义》2015 年第 5 期。

性事件出发，指出邻避冲突常有、阶层冲突增多、利益表达行为连续，价值追求初现端倪的公共冲突新趋势。① 在管理制度完善方面，李亚提出利用协商式角色模拟方法达成利益互动和共识策略，解决政策过程中的冲突②；常健借鉴社会治理的思路指出公共冲突治理的制度建设要力图实现现行法律、行政规范和社会规范的结构契合，司法机关、行政机关和社会组织的分工协调，适度拓宽合法性边界以为冲突"自我治愈"功能的实现留下空间，并处理好应急管理与常规管理两种态势的平衡运行、冲突控制与冲突化解两种手段的耦合互补。③ 在组织建设发展方面，设立专门机构、做好专业分工、采用多数决定机制、扩大公民参与、适时进行机构调整是常健、李志行对韩国政府委员会在公共治理中的作用进行研究后得到的有益发现④。在治理机制优化方面，薛泽林、孙荣指出，公共冲突协同处置与优化机制包括基于压力的权责担当子系统、基于专业化的决策执行子系统和以人民为中心的结果反馈子系统⑤；杨立华提出有效的大气污染冲突解决机制的十个要素，认为冲突事件的类型、层级和规模对冲突解决结果有显著影响⑥；刘明认为，要借助现代国家治理理念和协商民主理论建立多维度的公平协商机制来治理公共冲突事件。⑦

---

① 王赐江：《中国公共冲突演变的新趋势及应对思路——基于典型群体性事件的分析》，《中国行政管理》2015 年第 1 期。

② 李亚、李芳：《基于协商式角色模拟的政策分析》，《中国行政管理》2019 年第 9 期。

③ 常健：《简论社会治理视角下公共冲突治理制度的建设》，《天津社会科学》2015 年第 2 期。

④ 常健、李志行：《韩国政府委员会在公共冲突治理中的作用及其启示》，《国家行政学院学报》2016 年第 1 期。

⑤ 薛泽林、孙荣：《新时代我国公共冲突协同处置实现与优化机制研究——基于河南信阳的拓展个案分析》，《中国行政管理》2018 年第 5 期。

⑥ 杨立华、杨文君：《中国大气污染冲突解决机制：一项多方法混合研究》，《中国行政管理》2017 年第 11 期。

⑦ 刘明：《论公共冲突中多维度协商机制的构建》，《南开学报》（哲学社会科学版）2016 年第 3 期。

　　也有学者把"群体行动""闹大维权"等公共冲突的临近词义作为核心概念展开相关研究。如，胡仕林通过研究利益型群体性事件指出共同的利益、共处的空间、相同的身份、共享的文化等同质性结构基础的存在，组织者的出现与共意动员，个体"搭便车"心理不同程度的克服有利于形成群体行动共意①；王丽萍指出暂时性群体已经成为最常见的或是政治行为最为活跃的群体，与大量群体性事件的突然爆发有关②。韩志明、李春生利用40个案例研究提出推动"闹大"成功的八种充分条件组合，并归纳出制度框架使用模式、集体施压模式、专家引导模式和暴力强推模式等四种解释模型③；曹海林、王园妮指出民间环保组织采取"闹大"与"柔化"相结合的行动策略获得与地方政府"合作"，配合地方政府对环境问题实施有效治理策略；④ 杨华、罗兴佐针对征地拆迁中存在的"闹大"现象，提出农户"闹大"多是政策表达性的，而非政治对抗性的，要建立政策议程设置机制⑤。

　　还有学者对公共冲突及其管理中的相关影响主体或因素展开具象研究，如公众参与与公共冲突⑥、新闻建构与公共冲突⑦、第三方

---

　　① 胡仕林：《利益型群体性事件中的共意建构》，《广西社会科学》2016年第9期。

　　② 王丽萍：《群体心理在当代政治分析中的意义》，《北京行政学院学报》2015年第6期。

　　③ 韩志明、李春生：《什么样的"闹大"成功了？——基于40个案例的定性比较分析》，《甘肃行政学院学报》2020年第1期。

　　④ 曹海林、王园妮：《"闹大"与"柔化"：民间环保组织的行动策略——以绿色潇湘为例》，《河海大学学报》（哲学社会科学版）2018年第3期。

　　⑤ 杨华、罗兴佐：《农民的行动策略与政府的制度理性——对我国征地拆迁中"闹大"现象的分析》，《社会科学》2016年第2期。

　　⑥ 孙荣、薛泽林：《冲突与达鹄：公众参与视野下的长三角公共冲突事件分析——基于2010—2012年的案例》，《北京理工大学学报》（社会科学版）2016年第3期。

　　⑦ 常健、郝雅立：《新闻议题框架对公共冲突治理的作用机制及其管理》，《国家行政学院学报》2018年第4期。

干预与公共冲突化解①、政府信任与公共冲突解决②等。

总体来看，这些成果推动了公共冲突及其管理的理论发展，也为公共冲突的高效解决和功能利用提供了有益参考。但目前来看，成果多进行宏大叙事，少进行微观细剖；多关注事后解决，少重视前置预防；公共冲突的分阶段研究也是一些学者的常用视角，部分与冲突升级相关的研究多集中在主体升级和内在机制研究上，比较零散，对不同领域、不同情境的公共冲突升级及其管理的类型学研究相对不多。在公共冲突升级阶段，职业性升级冲突现象也已成为部分学者关注的问题，但多立足于政法公安管理角度，比较单一。

与之视野不同，本研究从公共管理角度出发，将注意力放在社会闲散人员临时起意参与的事件性升级冲突类型上，就升级冲突的压力源模型及其角色激励机制展开详细探讨。研究采用多案例分析法，以近十年50余起案例为素材资料。为保证案例的代表性，研究做出三个方面的周全考虑。其一，时间分布。时间选择在2006—2020年，每年选大约择5个案例，特别关注2010年以来媒体报道的典型案例。其二，信息来源。通过不同渠道媒体信息详细了解不同案例的具体状况，把握案例发展的先后脉络。其三，尽可能掌握一手资料。通过调研走访、追踪和典型访谈，深挖现实案例中的发展机理和内在机制。

三　事件性升级冲突中的雇佣双方

事件性升级冲突是由某一具体事件为起因，与临时起意的社会闲散人员建立雇佣关系，将第三方受雇者转为冲突主体卷入其中的冲突升级。它大体有以下五个特征：第一，起源于具体事项，具有

---

① 原珂：《西方冲突化解视角下的第三方干预及对中国的借鉴》，《社会主义研究》2016年第1期。

② 王玉良：《缺失与建构：公共冲突治理视域下的政府信任探析》，《中国行政管理》2015年第1期。

现实性诉求①，一般情况下事由不大，有真有假，虚实相掺；第二，方式激进，暴力为主，冲突强度和烈度较高，给社会带来破坏和冲击；第三，涉入无关第三方，目标明确，路线直接；第四，计量成本，价格低廉，每天40—100元，对特殊病患和有特殊要求的受雇佣者提高价格，一般500元左右；第五，冲突管理方式上以冲突控制为主，冲突化解为辅，缺失冲突转化。

（一）作为冲突直接当事方的雇佣者

雇佣者作为公共冲突的直接当事方，是与冲突事项有着直接利益关系的一方。在收集的案例中可以发现，公共冲突中的雇佣者存在权威性主体和社会性主体的划分，如表7-9所示。具体来说，雇佣者存在以村委会及其干部、乡镇领导、包村干部或组长、乡镇政府或者其中某部门为代表的个人或组织，由于他们具有权威性公共权力，故称之为权威主体；同时也存在以村民、工人、农民工、户主、业主、患者家属、身陷官司的人或家属、个体户老板和承包商、施工队、包工头、社区物业等为代表的个人或者组织，他们来自于享有公民权利的社会大众群体，故称为社会主体。

表7-9　　　　雇佣升级冲突事件中雇佣者的情况分析

雇佣主体	属性及其代表	
	个体性	组织性
权威主体	村委会及其干部、包村干部或组长、乡镇领导、乡镇政府或其中某部门	村委会、党委会、乡镇政府或者其中某部门
社会主体	村民、工人、农民工、户主、业主、患者家属、身陷官司的人或家属、个体户老板	承包商、施工队、包工头、社区物业等实体公司

资料来源：作者整理。

---

① ［美］L. 科塞：《社会冲突的功能》，孙立平等译，华夏出版社1989年版，第35—36页。

　　冲突当事方采取雇用他人升级冲突的方式实现己方需要，多出于这样三种心理：其一，对文明社会行为规则的认知不够充分，认为个人之间不能和平解决的纠纷可以通过暴力行为施加压力的方式来迫使对方合作解决；其二，对施暴行为被判定为犯罪存在侥幸心理，认为自己不是直接施暴主体不会受到法律的制裁；其三，对政府管理社会冲突的行为富有期待，认为出于奉行"不出事"的逻辑①，政府会惧怕冲突升级扩散，这样会迫使其加速冲突解决的进程，甚至可能会对冲击社会正常秩序的冲突进行"兜底买单"。

　　（二）从无关者、第三方转变为间接当事方的受佣者

　　事件性升级是针对具体事件以随机性、临时性的方式促进冲突升级，其受雇者的组成人员主要有四类：其一是当地村民，他们多受到利益相关意识的引导而参与其中；其二是雇佣者或受雇个体的老乡或一起务工的人员；其三是社会闲散人员，包括以老人、妇女、病患、残疾人和刑满释放有犯罪前科人员、泼皮无赖等社会极端个体；其四是以农民工为代表的劳务市场务工人员，他们与雇佣者素不相识。同时不乏"政"（如"村霸"）受雇于"商"的个案。

　　可以发现，就关系建设而言，对陌生人的雇佣多于依托熟人社会关系网络建立的雇佣关系。除了个别现象以外，这些受雇者大部分是社会结构之下的边缘成员或者被忽视人员，由于现实状况不尽如人意，他们普遍对社会和他人存有不满情绪的原始积累，富有施予暴力的原始冲动。在升级冲突过程中，他们利用"弱者的武器"或者"对极端人的无奈"，集弱为强，变无理为有理，进行公开化的对抗、反击或报复。这些受雇者作为"代闹者"，将社会治理引入了更加灰色的地带②。

---

　　①　贺雪峰、刘岳：《基层治理中的"不出事逻辑"》，《学术研究》2010 年第 6 期。
　　②　叶晓川、孙日华：《博弈背景下群体性涉法闹访及其执法优化》，《国家行政学院学报》2017 年第 3 期。

四　事件性升级冲突压力源模型的撬动机制：角色激励

事件性冲突之所以能在雇佣关系下升级，其撬动压力源模型的机制在于受雇者的角色激励，具体如图 7-1。

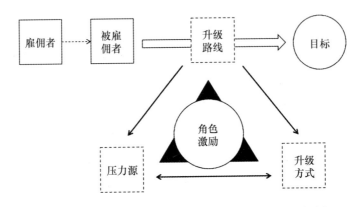

图 7-1　事件性升级冲突压力源模型中的角色激励机制

公共冲突管理理论认为，公共冲突对社会、组织和个人存在正面功能和负面功能。这些受雇者之所以能够被雇佣参与到冲突过程之中，雇佣关系之所以能够建立，是因为他们看到了或在参与冲突过程中感受到了这一行为或这种关系对其个人的正面功能、意义或价值。这种正面功能以一种收益的形式得以具体化，包括物质收益、政治收益、心理收益。这些收益以一种角色激励或角色享受的方式给予受雇者撬动冲突升级压力源、升级冲突的动力。

（一）冲突升级中不同角色的收益

雇佣升级冲突首先可能会为作为冲突当事方的雇主赢得一个解决面临问题、实现合法权益的机会，也会对企图通过升级冲突进行谋利的雇佣者实现己方目的创造可能。最重要的是，雇佣升级冲突的行为可以为受雇者创造各类收益，这种角色激励是撬动压力源模型的核心机制与关键动力。

其一，物质收益是受雇者角色激励的直接动力。一般而言，受雇者每天每人可获得 40—100 元的费用，特殊病患或有特殊要求的受雇者可提高至 500 元左右。这种直接的经济回报是对老弱病残、闲散人员、泼皮无赖这些缺失社会劳动能力、没有经济来源、无所事事的人的重要诱饵，也是对没有稳定工作岗位和经济收入的务工人员的巨大吸引。

其二，政治收益是产生受雇者角色激励的第二动力。在权威主体作为雇佣方的冲突中，受雇者存在想成为基层组织内部成员或分享基层组织收益的动机，这成为其升级冲突的政治动力。政治收益是某些物质收益和心理收益的中介基础。

其三，心理收益是受雇者角色激励的重要动力。在调研沟通中，笔者发现不少受雇者有这样的态度表达："能拿到钱只是一方面，主要是得跟他们（老乡或者一起务工的人）在一块儿。""好歹我是个头头啊，别人都得听我的。""看着他们（指承包商、村委会等）被我们折腾的那样，就爽！"……由此可见，归属感、地位、尊严甚至借机泄愤后的快感等心理收益是受雇者参与冲突升级过程的强烈诱惑。

综上所述，在雇佣升级这类冲突中，当事方以财富雇佣的方式为受雇佣者在冲突发展过程中创造了有用的满意角色，并使其享受其中[①]，如此的角色激励成为升级冲突的动力和终止冲突的障碍。

（二）收益期待下的角色激励引发更多冲突升级

以这些收益为目标的角色激励机制，以雇佣关系为基础，将与冲突事件没有利害关系的第三方转变为冲突的间接当事方，间接当事方的冲突升级行动进一步将更多的无关者转变为旁观者第三方，如此以往，越来越多的无关者被吸引至冲突"现场"中，形成了事件性升级冲突的"龙卷风式"螺旋：原始事由不大，波及面小，扩散急剧，以点带面，升级迅速，破坏性强。

值得强调的是，收益期待下的角色激励会塑造以雇佣升级方式

---

① 常健等：《公共冲突管理》，中国人民大学出版社 2012 年版，第 11 页。

解决社会冲突的行动范式。如果受雇者在参与冲突升级中"尝到甜头"，发现这种收益是可以被期待的，那么上一次的被雇佣者很可能参与到下一次的冲突升级事件中，并可能成为下一次冲突升级的主导力量。

同时，这种期待具有较强的传染性和示范性，会在受益者与外界他人的言语描述和情绪表达中得以扩散和强化，这可能会成为培育受雇者心理、建立雇佣关系和滋养升级冲突行动范式的路径，提高社会中雇佣他人升级冲突的发生概率。

五　雇佣关系下事件性升级冲突的压力源模型

（一）事件性升级冲突的三种类别和路线

根据升级冲突过程中压力施予对象的不同，冲突事件中的雇佣升级行为可以区分为三个类别："施压对方""施压第三方"和"施压对方和第三方"，如表 7 - 10 所示。每一类别分别对应着纵向闹大、横向闹大和交叉闹大三种基本路线。不同的升级类别和路线各有其施压方式、行动策略和基本特点。

表 7 - 10　　　　　事件性冲突升级的类别、路线及其行动策略

类别	路线类型	施压方式	主要行动策略	基本特点
施压对方	纵向闹大	直接	增加冲突强度，提高冲突烈度	矛盾激化、事态紧急、方式激进、破坏力大
施压第三方	横向闹大	间接	扩大冲突主体范围	演进清晰、行动渐进
施压对方和第三方	交叉闹大	直接 + 间接	提高冲突强度和烈度，扩大冲突主体范围	难以预测

资料来源：作者整理。

1. 施压对方

以"闹对方"的方式给对方施压，这一行动类别会在不改变冲突性质的前提下促进冲突的纵向升级。公共冲突中纵向闹大的升级

路线，意在以闹大行动直接为对方施压，以增强冲突强度和烈度的行动策略实现冲突升级目标。在对象选择上，可能是对方工作场所，或者和冲突当事方有着直接利益关系或对其有重要影响的个体或组织。选择这种行动路线的一般是冲突主体间的矛盾已被激化到极端程度，冲突一方对另一方的行为难以忍受，以至于只能用"雇佣他人升级冲突"的方式来解决。在这种路线之下，升级行动理由充分、目标明确、事态紧急、方式激进，破坏力大。如，2014 年福建庄某为讨结债务雇佣数百人到晋江两工地闹事，拉白横幅、涂写标语、闯进工地、围堵施工，强占办公室、闲坐、喝茶、打牌，破坏配电箱、持械砸毁设备，打伤员工家属是被雇佣者升级冲突的主要行动方式。2011 年广东省惠州市一户主雇佣老乡和社会闲杂人员数十人以投掷砖头、石块和点燃的汽油瓶方式对抗依法清拆违法建筑执法队伍。

2. 施压第三方

以"闹第三方"的方式给第三方主体施压，这一行动类别是将与公共冲突无利害关系的其他主体卷入冲突过程，扩大冲突参与主体，以间接对对方施压的升级冲突类别。第三方是这类行动路线的选择对象，包括以政府组织、法院、调解组织等为承担者的中介第三方，承担信息生产、传播和评论功能的媒体第三方，具有助推冲突升级行动意向的旁观者第三方。给第三方施压的行动直接带来冲突主体范围的扩大，以此为行动策略间接导致对方压力源的增加和压力指数的提高。横向闹大的冲突升级路线一般发生在冲突一方对另一方无计可施时，进而将第三方作为间接施压对象，因此很多施压第三方的事件经常会转变冲突的性质。横向闹大行动有清晰的演进过程，伴随的行动方式由温和走向激进。由经济纠纷、个人恩怨升级至政府、协调组织、媒体、围观群众卷入是施压第三方的典型代表。

如，2010 年天津滨海新区区政府被 13 名受雇者堵门事件起源于工程项目承包人之间的工程款纠纷，2011 年沈阳市包工头雇佣百余名农民工闹访、农民工维权中心事件起因于工程款争议。2013 年哈尔滨夫妻因经济纠纷雇人封堵道路以引起政府注意，辱骂、撕打前来劝解的民警。2008 年山西霍宝干河煤矿事故后，为瞒报一人死亡事故，向记者发"封口费"，收钱媒体受到处罚。2015 年阳春市欧氏、高氏为在海螺厂垃圾焚烧项目中牟取利益，出资 30 多万元雇请社会人员煽动村民拦路抗议，打伤执勤人员、损毁执勤设备，给海螺厂、政府和社会带来巨大冲击。

　　3. 施压对方和第三方

　　施压对方和第三方的行动类别既闹对方又闹第三方，他们采用增加冲突强度和烈度、扩大主体范围的双重交叉来升级冲突的行动策略，在直接施压和间接施压的两个维度的乘数效应下提高压力施予的最大值。对方和第三方所在场所、所属组织都是这类行动的选择对象。在冲突升级过程中，交叉闹大的横纵维度相互影响，会对冲突升级的进程和升级后结果产生难以预测的影响。如，2015 年承包商范某等人以"讨薪"为由雇佣 200 多名农民工借机闹事，先后采取闹对方、闹群众、闹政府的交叉行动策略升级冲突：以围堵对方办公楼、阻止员工正常出入、打砸对方公司食堂用具的方式直接施压于对方，阻止社区居民正常出入将周围群众吸引至现场，以围观方式给对方间接施压，后续以押解承包商、拉横幅游行、占据马路、阻断通行、聚集省政府门外的方式，导致冲突急剧扩散和迅速升级。

　　需要说明的是，在现实的冲突升级过程中，对升级路线的选择顺序依次是：给对方施压是第一选择，当感觉自己没有能力在冲突中获胜或者对对方行为无计可施之时，多会将第三方纳入"闹"的对象之中，给第三方施压，这可能是出于求助第三方的心态，试图以此实现目标；也可能是出于对对方和第三方共谋关系的判定，进行转移性攻击。

　　（二）事件性升级冲突的行动方式

　　围绕具体事件，利用雇佣来的力量进行冲突升级以求实现己方目标。事件性升级冲突以雇佣关系的建立为前提，在行为方式上秉承"破坏力机制"[①]。根据行为的暴力程度，可以将升级冲突的行为方式分为三大类：温和暴力行为、激进暴力行为，及介于两者之间的中间暴力行为，如图 7-2 所示。

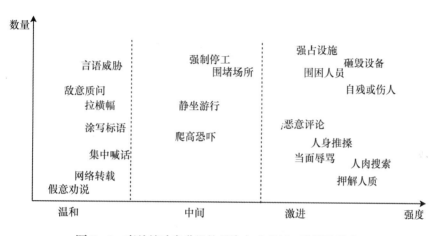

图 7-2　事件性冲突升级的行为方式表征、数量及强度

温和暴力行为以和平方式间接影响他人的正常生产、生活，其行动方式主要有：假意劝说、敌意质问、言语威胁、拉横幅、集中喊话、涂写标语、网络转载；激进暴力行为是直接对他人的身心健康和生命财产造成极大损害的犯罪行为，其行动方式主要有当面辱骂、恶意评论、人身推搡、围困人员、强占设施、砸毁设施、人肉搜索、押解人质、自伤或伤人的身体伤害等。另外，同一行动方式可能存在不同的暴力程度，故将围堵场所、强制停工、静坐游行、爬高恐吓一类行为方式归结为中间暴力行为。

如图 7-2 所示，通过对案例的总结分析，可以发现，冲突升级行为方式多以敌意质问、言语威胁、拉横幅的温和暴力行为和当面辱骂、人身推搡、围困人员、强占设施、砸毁设施、自伤或伤人的

① 韩志明：《利益表达、资源动员与议程设置——对于"闹大"现象的描述性分析》，《公共管理学报》2012 年第 2 期。

身体伤害的暴力行为为主，采用以上方式升级冲突的案例比例占据到50%以上。在数量和频率方面，相对于温和暴力，激进暴力行为方式占据更高比例，说明雇佣升级冲突的行为中以暴力行为为主。由此，行为激进，多以暴力为主，是雇佣升级冲突行为方式特点。

（三）事件性升级冲突的压力源模型

1. 事件性升级冲突的压力源

压力是不同主体之间施加的一种作用力。介于主体的不同，对这种压力的感知和反应各不相同。对于个人和组织来说，压力体现为一种在环境外物刺激之下产生的紧张、忧虑等心理反应和情绪体验，这种体验会促使个人或者组织采取行动来应对这种压力。压力源是这种刺激施加后所触动的驱动个体或者组织采取行动的推动力。在事件性升级冲突中，雇佣者明确目标，并设定实现目标的具体路线。升级路线的选择关键在于锁定想要撬动的压力源。通过案例可以发现，事件性升级冲突的压力源主要有生产压力、安全压力、权力压力和舆论压力。

第一，生产压力。生产压力多出现于经济纠纷的冲突升级过程中，主要是对组织或个人的正常生产行为和秩序造成干扰和破坏。撬动生产压力的行为方式由温和到严重依次为：围堵办公场所、围困工作人员、强占办公空间、阻挠正常施工。基于双方主体间劳资纠纷产生的事件性冲突升级事件几乎采取的都是对对方的正常生产进行施压，以驱使对方实现己方利益需求。

第二，安全压力。安全压力是多领域冲突升级的共同压力源。可以包括广义的财产安全和人身安全，以及狭义的人身安全两个定义。安全压力是极端行动方式下引发的压力源，它是一种以财产或者人的安全为筹码强迫对方有所为的压力范畴。砸毁生产设施，对他人进行人身威胁、攻击，自我安全威胁和伤害是撬动安全压力的主要行为方式。

第三，权力压力。权力压力多发生在公共领域冲突或者与公共组织相关的争议案例中，此压力源的作用的发挥依托于对方对权力的持有、支配或依赖，并以此迫使对方在此压力之下采取行动。雇佣关系之下产生的闹访事件，调解组织、法院、政府部门等为代表的公共组织第三方在干预过程中被动卷入的"二阶冲突"①，属于此类压力源下的事件性升级冲突事件。撬动此压力源的行动方式表现为：干扰公共秩序、阻碍公共交通、破坏公共设施。

第四，舆论压力。舆论压力是社会对个体或者组织整体评价的总体方向和程度，由此为其带来的紧张感受。对于政府组织来说，舆论代表了民意，舆论压力可能是人民诉求表达的信号；对于企业个体来说，舆论代表了形象，舆论压力可能是一种形象破坏和品牌失信的征兆。撬动舆论压力以各种吸引围观的行动方式为典型，如举标语、打横幅、喊口号，媒体集中报道、网络转载、评论。舆论压力的极端是舆论暴力，在网络社会的今天并不次于法律和纪律的裁决。

值得注意的是，不少事件性升级冲突采用多种压力源撬动策略。即在冲突升级过程中，对对方多个方面同时施压，或者就一个事由对不同主体的不同方面先后施压。如2009年"8·27医闹"事件过程中受雇者以摆花圈、静坐、堵药房和大门、阻止救护车进出等行为方式对对方的正常生产施加压力，同时以砸毁玻璃的行为给对方安全施压；榆林县县城西新区新伙场李氏村民因土地权属争议纠集6人先后到工地现场驱逐工人、阻止施工，到村委会滋事、干扰会议，到街道办事处拉横幅示威。多种压力源撬动策略参与人员较多，行为方式激进，破坏力大，不可控强。

2. 事件性升级冲突的压力源模型

如上所述，在既定目标之下，升级路线、行动方式和压力源三个基本因素构成了雇佣升级冲突的压力源模型，具体如图7-3。雇佣升级冲突行动目标明确，在雇佣关系之下，路线、行动方式和压

---

①　常健、韦长伟：《当代中国社会二阶冲突的特点、原因及应对策略》，《河北学刊》2011年第3期。

力源三者相互影响，成为升级冲突的连环闭合过程。雇佣者作为冲突直接当事方，是雇佣关系的发起者和施压目标的决定者。在升级冲突行动中，雇佣者基于理性算计指挥受雇者到对方或者第三方处采取约定的行动方式进行直接或者间接施压，以迫使对方采取满足己方需求的行动方案。以佣金获取为目的，受雇者多不知晓事情缘由，并以非理性方式参与冲突过程，导致冲突升级。

生产压力	围堵场所、围困人员、强占办公空间、阻挠施工
安全压力	砸毁设施，对他人进行人身威胁、攻击，自我伤害
权力压力	干扰公共秩序，阻碍公共交通，破坏公共设施
舆论压力	举标语、打横幅、喊口号，媒体集中报道、网络转载、评论

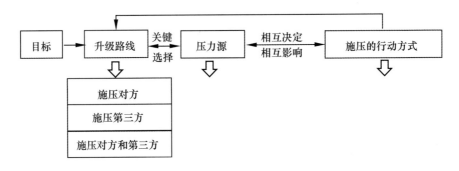

图 7 - 3　事件性冲突升级的压力源模型

发现 1：事件性冲突升级离不开对压力源的启动，升级路线的选择关键在于锁定预撬动的压力源。如，在以讨薪为目的的事件性冲突升级案例中，有的直接走进对方的办公室、施工现场，驱逐人员、阻挠办公或强制停工；有的围堵在政府门前，试图借助政府第三方的力量实现目的；有的将事情发布于网络媒体，举报至社会媒体，进行舆论传播、转载和评论。为实现讨薪维权，第一种预撬动的压力源是企业的生产压力和安全压力，第二种预撬动的是政府的权力压力，而第三种升级路线预撬动舆论压力。

发现2：不同的压力源之下会有不一样的冲突升级路线，对预撬动压力源的选择决定着升级路线。如果雇佣方选择将生产压力作为促使对方拿出态度和行动的动力，他们一般会选择施压对方的路线，即雇佣泼皮无赖或闲散人员到对方现场进行安全破坏和人身威胁；如果雇佣一方欲利用权力压力迫使对方做出符合自己需要的行动，他们往往会选择施压第三方的路线，即选择干预、破坏、影响具有权力支配能力的相关组织的正常秩序，以对第三方施压的方式间接要求对方。

发现3：雇佣者通过冲突升级企图激发的压力源决定着施压的方式，施压方式进一步影响着激发压力的大小。按照以上分析，对不同压力源的撬动需要不同的行动方式，压力源的选择与行动方式的不匹配会导致冲突升级行动的失效。2011年惠州市惠城区河南岸冰塘村的暴力抗法事件虽是因为业主与公权力存在着冲突，但是业主作为雇佣方并没有选择以权力施压的方式升级冲突，而是锁定于对方的安全压力，在行动方式上采取向执法队伍投掷砖头、石块和点燃的汽油瓶等极端方式，造成执法人员受伤。安全压力之下，冲突一度升级，执法人不得已采取强制措施清场，将多名抗法人员带回公安机关接受调查。

发现4：对以雇佣升级冲突的方式实现己方目的的行为的管理，以冲突控制为主，冲突化解为辅，缺失冲突转化。就大部分案例来看，对雇佣升级冲突行为的处理，多以抓捕出资人、拘留带头人、警示教育受雇人为主要方式，部分案例在第三方的干预下得以协调化解，少量案例出现政府兜底的结果。随着雇佣关系下事件性升级冲突现象的增多，我们要反思造成这一现象的整体社会结构因素和制度性原因，以促进冲突转化的实现。

六　研究启示与管理建议

综上分析，雇佣他人升级冲突的行为与原始事件密切相关，是冲突当事方雇佣他人利用潜在压力而进行的升级冲突的行动。对此类冲突的管理需要在冲突各方主体、冲突构成要素和冲突内在机制多方面展开。

第一，就冲突各方主体而言，要区分冲突当事方和第三方，知晓其各自在冲突升级中扮演的角色和发挥的作用，特别要关注冲突当事方与雇佣者建立雇佣关系的纽带和机制。对于有正当诉求的冲突当事方，要积极建立利益诉求表达机制，引导其采用制度化的合理方式进行权益维护，对于谋利型冲突中的当事方，要以法治建设为起点，向其明确行动界限，依法给予严厉打击。对于被经济回报所吸引的第三方主体，要结合法律制度要求和社会规约习俗，开展多样化的警示教育，使其意识到自身行为给社会和当事人带来的伤害。同时要反思冲突管理主体的管理理念、行为和方式，如冲突升级后的"政府兜底"式政策工具选择对社会的影响，提升法院判决与执行的效率，保证调解机构的中立性等。一方面要减少非制度化行为和现象的示范效应；另一方面要协调处理好公共冲突化解的时效性和长远性问题。

第二，培养并强化社会成员的法治意识和规则意识，消除收益期待、破除激励效应。法治意识的淡薄导致冲突一方产生借机谋利的动机、雇佣者采取非法方式实现己方诉求和受雇者采用施暴行为。当社会的法治意识弱于雇佣关系中角色激励的收益期待时，必然会引发更多的雇佣升级冲突事件。在事由上，有的雇佣者出于合法利益受到侵害而采用升级冲突的方式进行维权，也有雇佣者企图通过升级冲突进行谋利。为此，要警觉冲突升级中的各方主体的情绪转变、目标转换与身份变化的信号，关注因为新成员的加入引发冲突向群体性事件升级转换。在冲突升级阶段第一时间采取及时控制措施，切断冲突升级的压力传导，避免对正常的生产秩序、工作秩序、生活秩序的破坏和对公共空间、公共资源的侵扰，防止冲突升级循环。事后要强力惩处持有非法动机、借机闹事的行动者，打击消灭团伙式、组织化的专业受雇队伍，教育规范合法权益维护过程中的不当维权方式，提升社会成员的行为边界意识，消除其侥幸的获益心理。这有助于完善公共冲突治理规范体系，也与十九届五中全会确立的到 2035 年基本实现"法治国家、法治政府、法治社会"的远景目标要求相一致。

第三，启动并增效多元化的冲突化解机制，为原始冲突的和平化解提供更多机会，阻断原始冲突的升级。原始冲突未能及时有效化解致使冲突的后期升级，一方面，要及时启动不同领域多元化的社会化解机制，提高其化解冲突的效率，减少因冲突解决拖延问题引发更严重的冲突升级。另一方面，要重点考虑到原始冲突不能及时化解的深层次的结构性原因，积极开展制度设计完善、管理机制更新和社会结构优化，在冲突转化中充分利用公共冲突的正面功能，促进社会发展和进步，为长期的和平建设做出努力。

第四，关注社会边缘群体的自我意识建设。案例中很多受雇者是被社会排斥或忽视的边缘群体成员，他们没有稳定的经济来源，不被社会接纳、重视和包容，缺少理性认知和情绪控制能力，因而可能会去创造和利用雇佣关系等机会体现自我价值，哪怕以施加暴力的方式。为此，要关注社会边缘群体成员的需要，重视他们的认知调整和情绪引导，促进其自我意识的建设和完善，引导其将情绪能量从破坏性方面转移至建设性方面，转变其暴力行动的范式习惯。这不仅能够阻断雇佣关系的建立，消除非理性冲突升级的人力条件，也有助于受雇者在面临冲突时采取理性化解方式，并在冲突化解中发挥正面功能。这些文化认知和自我意识方面的完善有助于社会作为一个整体得到更加完善的变革①，真正实现社会深层稳定。

---

① Teixeira B. , "Nonviolent Theory and Practice", in Kurtz, Lester R. , *Encyclopedia of Violence*, *Peace*, *and Conflict*, New York：Academic, 1999, pp. 555 - 566.

第 八 章

新闻建构在公共冲突治理中
作用的合理发挥

追求社会和谐，并不代表不允许冲突的出现，相反是对冲突的包容与正视，力求实现没有冲突的社会和谐也一定不是走向进步的社会。社会的进步与社会的和谐之间存在张力，这种张力的大小在于如何看待社会冲突和如何利用社会冲突的正面功能。即，社会冲突正面功能的发挥有助于社会和谐，而在此基础之上形成的社会和谐一定有助于社会进步；反之，因规避冲突的负面功能而对社会冲突进行一味压制后形成的社会表面和谐并不利于社会进步。

公共冲突有其正面功能和负面功能，媒体的新闻建构对于公共冲突及其治理有正面影响和负面影响。在公共冲突治理过程中，新闻媒体可能发挥正面影响以促进公共冲突正面功能的利用、发挥和负面功能的抑制和转化；也可能会发挥负面影响导致公共冲突的正面功能无法得到发挥和利用，负面功能难以得到抑制和转化。因此，要根据新闻建构与冲突治理需要的契合程度客观认识、判断新闻建构在公共冲突治理中的作用。根据冲突的正面功能，要提出衡量媒体新闻建构在公共冲突中发挥功能的尺度和框架，以此作为冲突治理中衡量媒体新闻建构功能的基本判断标准。结合冲突对媒体的依赖和新闻建构发挥作用的条件，限制和改变新闻建构引发公共冲突负面功能的条件，支持和强化新闻建构激发公共冲突正面功能的条件，保证新闻媒体在公共冲突治理中作用的合理发挥。

第一节　意识到并修正新闻建构管理中的基本问题

新闻媒体的迅猛发展为公共冲突治理带来了新的挑战，也推动了研究者对媒体新闻与冲突治理之间关系的关注。反观现实可以发现，管理者在新闻议题管理或冲突治理中并没有充分发挥其中的建设性作用，具体体现为四个基本问题，需要加以关注并进行调整改进。①

一　原则导向：从对冲突性新闻议题的"一刀切"管控到"区别性"对待

公共冲突治理的目标是充分利用和积极引导公共冲突对社会和组织的正面功能，努力抑制和设法转化其负面功能。② 新闻议题的"一刀切"管理方式无法力促这种目标的实现，因此要对不同的议题进行区别对待和管理。

（一）"一刀切"管控：社会表层稳定与深层稳定之间的矛盾

控制负面新闻、删除原帖、禁止转载、取关取评是较为常见的新闻议题管理方式。调研发现，关键词过滤是新闻管理通用的技术手段，其次是手动浏览、过滤新闻题材，进行人工删帖。其目的在

---

① 本部分已发表：具体信息：郝雅立、温志强：《公共冲突治理中新闻议题管理的四个基本问题》，《传媒》2021 年第 10 期，内容稍有调整。

② 常健等：《公共冲突管理》，中国人民大学出版社 2012 年版，第 14 页。

于切断新闻的扩散传播，压制冲突能量。这多起因于维持社会稳定的目标，冲突管理者存在选择压制矛盾、减少纠纷、避免对立、控制冲突的行动倾向。

诚然，"一刀切"的管理方式是控制不必要的社会冲突爆发、升级和扩散，减少其对社会负面影响的重要方式。但在全媒体时代，新闻主体权限普遍开放，信息传播渠道进一步畅通，反管控技术手段持续更新，这种管理方式倍显力不从心，难以实现目标。从公共冲突管理的视角来看，公共冲突治理并不意味着避免冲突出现或将其平息。"一刀切"的议题管理方式，尤其是对引发舆情或促进冲突升级的议题一味压制，通过对新闻的管控，只能实现对社会表层稳定的暂时性维持，这并不是一种可持续和平状态。"冲突是一定社会关系中必要且积极的部分，一定程度的冲突是群体形成和群体生活的基本要素"①，真正的可持续和平与稳定需要不和谐与对立的存在，并建立在一定程度的多元化冲突之上。

（二）"区别性"对待：从抑制冲突能量走向利用冲突能量

首先，要正视不同新闻建构方式的社会功能。制造社会矛盾、助燃公共冲突和升级冲突烈度的建构方式也会借助媒体的专业敏感性揭露一些人们尚未意识到的社会问题，在恶劣结果出现之前引发人们的关注并采取防范措施。利于控制冲突升级和扩散并促进冲突降温和收缩的建构方式也会压抑、积累需要释放的冲突能量，为发生更为严重的冲突埋下伏笔。沟通各方促进冲突及时化解的建构方式也存在就事论事、治标不治本的问题，无法应对社会不合理制度引发的社会冲突。促进引发公共冲突的制度、结构、文化等因素变革的建构方式因其接受过程周期漫长，变革过程阻力重重，不利于当前冲突的平息和化解。

其次，要区别对待不同的新闻建构方式。在态度上要承认引发

---

① ［美］L. 科塞：《社会冲突的功能》，孙立平等译，华夏出版社 1989 年版，第 16 页。

和助燃冲突的建构方式的必要性和重要性，在技术上要区分媒体的恶性动机，建立规则和底线，为媒体建设性功能提供生存与发挥作用的空间，允许甚至鼓励曝光或揭露社会问题、倒逼管理者采取举措的建构方式。在合适情境下要选择利用促进冲突平息的建构方式，因为只有冲突事态平息下来才能推进冲突化解和转化，辟除谣言、专业解释、初衷说明、定责归因等都是体现，但对其过度依赖也会引发更高烈度的冲突。要鼓励促进冲突化解和转化的建构方式，使两者相互配合，促进冲突治理效果的提升。

二　意识转变：从对冲突性新闻信息的"文本追踪"到"关注建构"

相对于文字文本呈现的具体信息内容，其中隐含的文本顺序、话语策略、建构方式、层次结构等都会对接收者的信息解读行为有所引导，进而发挥后续影响。新闻议题管理目光锁定应从信息文本而转向内在建构。

（一）文本追踪：媒体功能消解与公众知情权实现的矛盾

与冲突相关的新闻议题管理行动集中在"媒体"和"受众"两方面。在信息输出方，管理者多关注议题的具体内容，对于不合乎维护稳定需要的关键词进行前置要求、实时审查和及时管控，以防引发和升级冲突。在新闻接收方，管理者多在信息传播渠道上发力，减少与冲突事件相关的信息的扩散。这样的议题管理重"堵""捂"而非"疏"，难以应付持续发展的信息技术。面临重大公共冲突时，社会公众的知情权难以保证，政府信任和媒体信誉丧失严重。造成这一问题的原因在于管理者缺乏新闻建构意识，过度关注新闻信息内容，忽视了内容背后的双重建构。

（二）关注建构：从对冲突性新闻信息的文本管理走向过程管理

媒体新闻对公共冲突的影响过程包括媒体对社会事件的建构性

呈现和公众受此影响进行事实认知建构两个环节。

其一，新闻本是对社会现象和事实的描述性呈现，但任何一则新闻信息都是媒体人"主观建构"社会现实的过程。塞尔（John Searle）指出，语言被视为具有创造力量的因素：不仅仅是表达思想和描述事实的工具，更重要的是建构社会事实、建构思想甚至建构人的身份①。作为新闻人，他们自身的社会经历、思想倾向、社会角色等和外在的社会制度、经济体制、行业规范、组织文化等因素都会对新闻建构过程产生影响。其二，社会公众通过新闻信息了解社会冲突的概貌，基于原有的认知、经验对新闻信息进行加工处理，形成理解和判断，建构对冲突事件乃至整体社会的认知。受众建构取决于其所具备的新闻信息获取能力、解读能力、鉴别能力、辨析能力，这些能力与其既有的认知框架、生活阅历、社会经验、职位角色、社会关系等密切相关。

对新闻议题的管理是对媒体建构和受众建构进行管理的过程，要密切关注影响媒体新闻建构的内外部因素，对其建构行为进行规范和引导；树立识别新闻建构文字套路的意识，学习鉴别话语策略的技巧；完善受众心智，引导受众辨识虚假新闻信息，理性判断新闻内容。

三 层次推进：从冲突性新闻议题的"表层建构"到"深层建构"

新闻建构可以区分为重视信息内容和编排形式的表层建构与提供视角和思路的深层建构。

（一）表层建构：信息认知引导与事实假象建构之间的矛盾

新闻接收者能够从新闻内容阅读中获取事件相关信息，了解事件的来龙去脉。这种"接收者"并不能成为真正意义上的新闻受众，

---

① Searle J. R. , *The Construction of Social Facts*, New York: The Free Press, 1995, pp. 59 – 60.

被议题的话语策略等表层建构牵制的群体只能被称为新闻的"半受众"。

相对于表层建构，媒体新闻的深层建构所采用的议题框架具有定位和引向的作用①，会将受众的认知关注点、评判是非的角度引导至新闻依议题的框架内。从表面来看，新闻建构五花八门、鱼龙混杂，但究其根本却有规律可寻。有的新闻在表面上观点一致、主张相同，但在深层的议题框架选择上却大相径庭；有的新闻即使表面存在观点和主张上的差异，但深层结构却是同质的；有的新闻表面信息不一，深层议题框架截然对立或殊途同归。这些隐含在表层信息之下的不同的议题框架会对接收者产生完全不同的影响。深受议题框架"套牢"的接收者成为名副其实的"受众"，在框架引导下形成事实认知评判冲突性质，继而引发情绪波动和行动意向选择，为冲突治理提供机遇或者设置障碍。

现实中，对冲突新闻议题的管理方式存有偏差。其一，表层化管理，即只关注标题、内容和态度倾向的表层建构，未深入到深层要害进行框架管理；其二，同化式管理，即缺乏对深层框架的警觉和识别能力，不自觉地深陷其中、被其套牢，顺着已有框架认知判断冲突事件及其相关主体，带来单一方向的议题发展，造成冲突各方的失衡和发展方向的偏误。

（二）深层建构：从冲突性新闻议题的文本话语策略走向框架规律分析

首先，意识到新闻建构中议题框架的存在，知晓表层信息与深层框架之间的区别，是利用新闻建构和公共冲突正面影响、抑制负面影响的基础。其次，要学会精准识别不同的议题框架。学会认清表层建构中的文本内容和话语策略，能透过表层信息发现深层次框

---

① 常健、郝雅立：《媒体新闻议题建构方式与公共冲突及其治理》，《理论探索》2017 年第 2 期。

架，明确其类别和性质，是发挥新闻建构在公共冲突及其管理中建设性作用的前提。最后，要能预判议题框架对冲突治理可能发挥的作用。不同的议题框架对受众有不同的作用，管理者对此进行干预和管理，以尽最大可能地发挥新闻建构的正面作用，有效抑制和转化其负面作用。

四　管理深入：从浮于信息表面的"内容管理"到潜入深处的"机制管理"

着力于信息内容的表层建构，行政主体多依靠刚性手段进行新闻管控，但效果不及预期。新闻议题管理要从浮于信息表面的内容管理潜入到深处进行机制管理。

（一）内容管理：新闻议题对社会积极作用与消极作用之间的矛盾

从效果看，行政许可制、采访权限制、跟帖实名制、归口管理等制度约束的新闻管控在某些情境下是有效的，如针对"标题党"和侵犯隐私、暴露机密、攻击他人、谣言信息等。然而，在某些情境下，这种管理方式无效，甚至会起反作用。如强力删除揭露丑陋、鞭挞邪恶、批判不公的议题，会有碍媒体发挥其监督社会的功能；切断民众媒体表达的渠道，会不利于群众政治参与和政府科学决策的实现；阻断利益诉求者进行媒介抗争的机制路径，会导致已有冲突能量的汇聚和冲突治理难以进行。这种方式能形成暂时的社会表层稳定，但因其不能通过化解和转化冲突从根本上解决问题，反而成为威胁社会和谐的隐患，不利于媒体的健康发展和社会的长久和平。

（二）机制管理：从对冲突性新闻议题管理的无从下手走向有的放矢

首先，要明确判断新闻建构作用性质的标准。不同的建构方式在冲突不同阶段发挥不同的作用，判断某一新闻建构在冲突治理中的作用要看其是否与公共冲突治理的阶段需要相契合。① 在对新闻议题建构的机制管理中，要对不契合需要的新闻议题加以限制，反之有所支持。其次，要了解议题框架的作用机制及其作用结果。在具体的冲突情境中，区分不同类型的议题框架，分析不同议题框架发挥作用的内在机制，并预判其对冲突发展和治理带来的可能性影响。最后，要明确新闻议题框架发挥作用的条件。主客体、环境和技术条件的不同组合可能会引发议题的不同作用结果，要充分挖掘利于冲突发挥正面功能的媒介条件，促进冲突化解推动社会进步。

当前对与公共冲突相关的新闻议题管理多已意识到议题对冲突及其治理的重要性，但缺少有效的管理举措。"一刀切"管控原则面临着社会表层稳定与深层稳定的矛盾，而"区别性"对待有助于从抑制冲突能量走向利用能量。对冲突性新闻信息的文本追踪面临着媒体功能消解与知情权实现的矛盾，要关注新闻建构，从对信息文本管理走向过程管理。过度关注议题表层建构，导致管理面临着信息认知引导与事实假象建构的矛盾，要在管理层次上从表层建构推至深层建构，从文本话语策略走向框架规律分析。不能只关注浮于信息表面的内容管理，当新闻议题的积极作用与消极作用间出现矛盾时，要潜入框架深处，把握其发挥作用的机制，有的放矢地开展新闻管理工作。

第二节　新闻建构在公共冲突治理中的作用

新闻是媒体的产品，提到新闻建构，人们往往持有贬低、质疑

---

① 常健、郝雅立：《新闻议题框架对公共冲突治理的作用机制及其管理》，《国家行政学院学报》2018 年第 4 期。

的态度，因为人们很容易想到新闻建构中断章取义、夸大其词、故弄玄虚、低俗煽情的一面，新闻建构中的这些问题容易导致媒体在公共冲突治理中发挥其负面作用，如激化社会情绪，导致社会群体分裂，升级社会冲突，甚至引发社会动荡。但是，辩证来看，新闻建构除了有放大风险、激化对立、凸显冲突、引发矛盾的负面作用之外，也有其正面作用。并不是所有的新闻建构都会对冲突治理有负面作用，有的新闻建构反而会促进冲突的化解和转化。在分析新闻建构的作用时进行全盘的否定或肯定都是错误的，在判断新闻建构作用的性质时需要匹配与之相关的条件、标准。

一　判断新闻建构作用性质的标准：是否与冲突治理需要相契合

根据公共冲突对新闻建构的依赖和媒体新闻建构发挥作用的条件分析来看，那些与冲突治理需要相契合的新闻建构能够对冲突治理起到支持、辅助和促进作用，而那些与冲突治理要求不一致，甚至相悖的新闻建构会阻碍冲突治理的进程，甚至对冲突治理产生更为糟糕的反作用。

新闻建构在公共冲突治理中可能发挥正面影响，也可能会发挥负面影响，其决定条件是，媒体的新闻建构与公共冲突治理阶段的需要是否契合。即，若新闻建构与冲突治理的要求相契合、匹配，那么新闻建构就会推动冲突治理的进程，提升冲突治理的效果；若媒体新闻建构方式与冲突治理的要求不契合，甚至相违背，那么新闻建构多会反作用于冲突治理，阻碍冲突治理进程，降低冲突治理效果。因此，新闻建构与公共冲突治理要求相契合，是媒体新闻建构发挥正面作用的前提条件。

如，在整体医患冲突持续升级后有所冷却之际，《中国之声》"神经外科专家：医患并非纯粹供需关系　患者是求医不是买医"（2018 - 03 - 10）的新闻建构将医患关系不仅定义为"供需关系"，更深化为"求"与"被求"的关系，拉开了医者与患者之间的心理距离，易于引发受众对医患关系的不信任、对医者服务患者原则的质疑和对患者"求医"治病的同情，受此影响，受众可能会对医患关系保持悲观态度，而看不到医患冲突于良好的医患关系建设的正面作用，不利于医患冲突的化解和转化。同一主题，《人民网》将其建构为"宣武医院神经外科凌锋：希望全社会共同维护好医患关系"（2018 - 03 - 10），将医患关系视为医者、患者，甚至社会民众的共同利益，需要全社会为之努力，这样"转化式"的新闻建构更契合于当前医患冲突的治理需要，有助于改变医患关系的对立僵局，促进医患冲突走向转化。

二　新闻建构在公共冲突治理中的正负作用

（一）与冲突治理要求相契合的新闻建构的正面作用

媒体新闻建构与公共冲突治理要求相契合才能保证其发挥正面作用。如，当某些社会问题需要被揭露、潜伏的社会冲突需要引发关注，这时候媒体如果采用合理、适度的"挑火式"新闻建构来契合冲突治理的这种需要，那么则有助于社会问题及时暴露出来，使人们及时发现社会问题，意识到冲突的存在，采取化解冲突的有力措施以避免不必要的冲突扩散和升级，这是冲突发挥其正面功能的重要方面。当冲突形势过于强烈，有演变升级、产生暴力行为的倾向时，冲突治理需要对趋于失控的冲突进行控制和平息。此时，媒体"灭火式"的新闻建构以直接应对的方式对冲冲突能量，有利于打击违法暴力行为，将冲突控制在适当的程度、范围和时间段内，防止小事态演变为大冲突，避免进一步破坏行为的出现；同时，灭火式新闻建构有助于冷却聒噪的社会舆论，恢复社会正常秩序，促进冲突平息。冲突平息是冲突应对的第一步，也是冲突化解工作开展的前提，表面上解决社会冲突也为冲突的深层次解决提供限制性的外部环境。

以灭火式新闻建构压制冲突并不是媒体应然功能的最终体现。同理于冲突事态得以控制和平息是冲突化解、转化的前提，灭火式新闻建构与平息冲突需要的契合是冲突走进化解阶段、化解式新闻建构发挥正面作用的前提。当冲突得到表面控制，社会秩序得以恢复正常，冲突治理走向化解阶段时，"化解式"新闻建构能够在阐析真相、消除误解和表达利益诉求、塑造共同利益、形成价值共识、提议共赢方案等方面发挥正面作用，有助于长期积累的冲突得以化解，转变彼此间由对立不和关系走向信任合作。当冲突频繁发生、冲突时间延长、循环往复，且冲突烈度持续升级时，就需要考虑冲突治理是否已经走进冲突转化阶段。冲突转化阶段要关注冲突产生的深层次的结构性原因，在此阶段，"转化式"新闻建构引导受众意识到冲突的制度根源，鼓励民众以冲突治理为契机参与制度设计，提高其对制度的认同程度，以利于制度更新、结构优化和社会进步，在制度合法性上提供冲突治理的支持条件。

（二）与冲突治理要求不一致的新闻建构的负面作用

相反，媒体新闻建构与公共冲突治理的要求不一致，甚至相违背，会导致其发挥负面作用。如，在冲突潜伏阶段，如果媒体为了博得关注而不明所以然地全力"挑火"，可能会引爆冲突，甚至将社会问题投掷于强烈度的冲突情境下，不利于社会问题的解决和公共冲突的化解；而若是媒体在冲突的潜伏状态后为了稳定事态而大力"灭火"，也不助于公共问题的充分暴露和彻底解决。在公共问题充分暴露后的冲突爆发阶段，媒体通过建构新闻一味"灭火"，阻止冲突产生，防止冲突升温，短期来看虽然有助于事态得到暂时平息，实现表层稳定，但并不利于深层次问题的彻底解决，反而基于冲突的社会能量的长期积累会诱发更为剧烈的社会冲突，激发并放大冲突负面功能，不利于社会进步与长期发展。在冲突升级期，媒体以"挑火式"的新闻建构而非理性、中立的新闻立场，强调某些社会问题的严重性、灾害性，甚至有所蓄谋地恶意"挑火"，会引发冲突的无端爆发、升级和扩散。在冲突化解阶段，媒体"挑火式"的新闻建构也会有重燃冲突功能的可能，而"灭火式"的新闻建构容易遮蔽一些社会现象的深层次问题，导致社会问题难以从根本上解决。同样在冲突转化阶段，"挑火式""灭火式"新闻建构会对公共冲突治理及其正面功能的发挥起到阻碍作用，而着眼于当事问题解决的"化解式"新闻建构不利于看到冲突背后的制度性、结构性和文化性根源。

因此，新闻建构对公共冲突及其治理的影响是存在两面性的，并不存在完全好或者坏的绝对判断。讨论新闻建构对公共冲突及其治理的作用和影响，要从公共冲突治理本身的需要出发。当媒体新闻建构与公共冲突治理需要相契合时，则有助于在冲突治理中充分利用和积极引导公共冲突的正面功能，也利于努力抑制和设法转化公共冲突的负面功能；当媒体新闻建构与公共冲突治理需要相违背时，反而会激发公共冲突的负面作用，消解其正面作用，这样不仅有碍于公共冲突治理，也有害于社会正常秩序和稳定发展。

为此，要辩证看待新闻建构在公共冲突治理中发挥的作用，既要关注和利用新闻建构在公共冲突治理中的正面影响，也要注意与谨防其负面影响的出现和扩散。

第三节　以框架识别预判新闻建构对冲突治理可能发挥的作用

意识到新闻建构对公共冲突及其治理的双重影响，在策略层面必然会反对简单、粗暴的"一刀切"式的新闻建构管理方式。五花八门、庞杂混乱的新闻建构管理不能仅仅着眼于其表层的报道形式，而需要从其深层次的议题建构出发，分辨出不同性质的新闻议题框架，预判新闻建构对冲突治理可能发挥的作用，进而选择有针对性的管理方式来发挥和利用新闻建构的正面作用，抑制和转化其负面作用。[1]

---

[1]　本节与第四节部分内容已发表，具体信息：常健、郝雅立：《新闻议题框架对公共冲突治理的作用机制及其管理》，《国家行政学院学报》2018 年第 4 期，内容稍有调整。

一 意识到新闻建构中议题框架的存在

了解到某一对象的存在是利用和管理这一对象的基本条件。意识到新闻建构中议题框架的存在，是区分和识别不同的新闻议题框架、合理发挥其在冲突治理中的正面作用的前提。

如前所述，新闻深层建构中所采用的议题框架具有定位和引向的作用，会将受众所关注的信息、作出的评判、产生的情绪和形成的行动意向潜移默化地引入到议题所设定的框架范围内。在公共冲突治理中，如果管理者缺乏"新闻具有建构性"的意识和"新闻建构存在议题框架"的认知，就容易顺着已有的新闻议题框架进行观点表达、意见扩散或事实认知、价值判断，从而放弃自我思考、分析事实的机会，进而不知不觉地进入议题框架已经设定的套路中，要么在此框架中徘徊，要么沿着已有方向走向极化。议题框架意识的缺失进一步会导致无法发现、识破新闻建构的议题框架，也难以摆脱已有议题框架的套路。如果不知道存在某物，故不能发现此物，试问，不能认识到的对象，又怎样谈及如何利用此物、管理此物？

因此，认识到新闻建构中议题框架的存在，知晓新闻建构表层信息与深层框架之间的区别，能够解读新闻报道中的表层信息和深层框架，了解新闻议题框架的基本类型，是透过新闻议题表层信息识别和挖掘其深层框架，预判新闻建构对冲突治理的可能性影响，乃至于对其正面影响加以利用、负面影响加以抑制的条件基础。

二 识别不同的新闻议题框架

新闻建构方式对公共冲突及其治理产生影响是通过表层的报道形式建构和深层的议题框架建构实现的，在更大程度上，议题框架是新闻建构影响冲突及其治理的根本所在。从表面来看，新闻建构是五花八门、鱼龙混杂的；但是究其根本，却是有规律可循。有的新闻建构在表面上看观点一致、主张相同，但在深层的议题框架选择上却大相径庭；有的新闻建构即使表面存在观点和主张上的差异，但事实信息和价值判断的深层结构却是同质性的；有的新闻建构表面信息不一，深层议题框架截然对立或殊途同归。这些隐含在表层信息之下的不同的新闻议题框架对冲突发展和冲突治理会产生完全不同的影响。在公共冲突治理中，合理发挥新闻建构在冲突进程和冲突治理中的正面作用，需要对新闻表层信息背后的议题框架精准识别。

为此，要了解四种新闻建构方式在表层建构中的文本内容和话语策略，根据新闻报道的文本内容和话语策略识别深层次的新闻议题框架，明确所选用的议题框架的类别和性质。新闻议题框架是新闻报道的标题、导语、引文、重要段落的组织和事实提供的先后顺序，每一种议题框架均通过文字、符号组合而成的新闻内容来呈现公共冲突，各有其着重的报道体例、行文结构和话语策略。从这些不同处出发，可以区分不同的议题框架，识别议题框架的具体类别和性质。这是发挥新闻建构在公共冲突及其管理中的合理作用的前提。

三 预判议题框架对冲突治理可能发挥的作用

如前所述，新闻深层建构中不同的议题框架对受众的认知、评价、情绪和行动意向具有引导机制，根据新闻深层建构中不同议题框架的作用机制和作用结果，可以预判议题框架对公共冲突治理可能发挥的作用。议题框架的作用机制是新闻议题作用于公共冲突及治理的中介变量和中介变量发挥作用的机理和规律。议题框架的作用结果是引起公共冲突爆发、升级或者促进公共冲突化解、转化，为公共冲突治理提供支持或设置障碍。不同的议题框架各有其作用机制，由此引发对公共冲突治理不同作用的结果。根据不同议题框架的作用机制，可以预判其对公共冲突及其治理的可能性影响，对此进行干预和管理，最大限度地发挥新闻建构的正面作用，有效抑制和转化其负面作用。这样，在公共冲突治理的过程中就能够明确分辨各种建构方式和议题框架，并对其在公共冲突治理进程中可能发挥的各种影响做出更为充分的准备。

　　新闻建构方式识别能够有效预期其可能对公共冲突产生的或正、或负的作用。根据公共冲突及其治理过程中新闻建构发挥作用的条件分析，新闻建构作用的发挥依赖于社会背景条件、媒体条件、受众条件和传受匹配条件。在公共冲突治理过程中，要通过对新闻建构发挥作用的条件进行限制或给予支持，创造合理利用各种新闻建构功能的议题生态，使媒体新闻建构对公共冲突治理的正面功能得到更加充分的发挥，并使其负面功能受到相应的抑制和转化。

第四节　以条件管理发挥新闻建构在冲突治理中的合理作用

　　如前所述，任何一种新闻建构既能给公共冲突和社会带来正面影响，也可能为其带来负面影响。挑火式新闻建构一方面会制造社会矛盾，将本可以低烈度、小范围解决的社会冲突推至爆发，并助燃公共冲突，升级冲突烈度；同时挑火式新闻建构也会以媒体的专业敏感性揭露一些其他群体尚未意识到的社会问题，在恶劣结果出现之前引发人们关注，并采取防范措施。灭火式新闻建构有助于控制冲突升级和扩散，并促进冲突降温和收缩；也会压抑、积累需要释放的冲突能量，为更为严重的冲突埋下伏笔。化解式新闻建构能够触及当前冲突事件的深层次问题，促进冲突及时解决，但是对于因社会不合理制度引发的社会冲突却无法施力，导致人们"就事论事"而忽略问题本源。转化式新闻建构会促进引发公共冲突的制度、结构、文化等因素的变革，但其接受过程周期漫长，变革过程阻力重重，不利于当前即时冲突的平息和化解。

　　需要说明的是，公共冲突治理过程中不仅存在一种新闻建构方式，多种新闻建构方式共存是常有现象，成功的公共冲突治理并不拒绝任何符合媒体素养标准和职业道德的新闻建构方式。从新闻建构的功能来看，新闻建构对冲突治理有正面影响，也有负面影响。从社会发展的角度来说，公共冲突既有负面功能，也有正面功能。公共冲突治理中对新闻建构作用条件的管理就是要利用新闻建构发挥和引导公共冲突的正面功能，对冲和转化其负面功能。

作为一种不合理作用的发挥，抑制和转化新闻建构负面影响需要对其作用发挥的条件进行干预；作为一种合理功能的发挥，利用新闻建构正面作用需要对其作用发挥的条件进行管理。具体来说，要限制和改变新闻建构引发公共冲突负面功能的条件，支持和强化新闻建构激发公共冲突正面功能的条件，保证新闻媒体在公共冲突治理中作用的合理发挥，使新闻建构及其作用方式有利于公共冲突的有效治理。

一　改变新闻建构发挥负面作用的条件

当新闻建构与公共冲突治理需要不一致，甚至相违背时，新闻建构对公共冲突及其治理会发挥负面作用，新闻建构管理要限制、改变媒体新闻对公共冲突及其治理发挥负面作用的条件。

（一）以规章制度约束不契合冲突治理需要的新闻议题的建构

作为一种社会背景条件，新闻媒体所处的经济、社会、政治、行政和法治生存环境会深刻影响其新闻建构行为。因此，应当从媒体的现实生存环境入手，从横向和纵向两个维度建立相应的约束机制（见表 8 - 1）。

表 8 - 1　　　　　　　　**对媒体新闻建构的约束路径**

领域	横向约束	纵向约束	领域
经济	强化行业自律	严格行业规制	行政
社会	社会舆论监督	惩治违法侵权	法治

资料来源：作者自制。

　　这里需要说明以下三点。第一，抑制挑火式新闻建构并不是不允许新闻媒体就冲突事项进行挑明、发声，甚至升级冲突能量，也不是主张新闻媒体只能传递同一声音，而是要抑制媒体为了商业利益或业内竞争一味地制造事端、升级矛盾、扩散冲突的动机，并强调要把公共冲突的强度和烈度控制在一定程度、范围和时间内，在公共冲突出现暴力性行为和破坏性后果之前予以化解或转化。第二，抑制挑火式新闻建构也不是极力推崇灭火式新闻建构方式，更不是鼓励媒体大力进行灭火式新闻议题建构。虽然灭火式新闻建构有助于控制冲突事态，但过分崇尚或依赖灭火式新闻建构方式，会压制冲突能量，引发长时间能量积累下的高烈度冲突出现。第三，虽然化解式与转化式新闻建构有助于解决社会深层矛盾、改善社会结构性问题，但如果以化解式新闻建构解决引发冲突的结构性问题就会显得力不从心，以转化式新闻建构消除冲突事件的误解、建立彼此间的信任关系又会出现难见成效的问题。因此，需要以制度约束的方式对新闻建构在公共冲突治理中的正面作用加以引导，使新闻建构方式更好地满足冲突治理不同阶段的需要。

　　一方面，在经济和社会层面加强横向约束，其一，要强化媒体行业自律，抑制媒体间恶性竞争。媒体新闻建构的重要经济动机，是获得商业收益和赢得同业竞争。如果在行业竞争中任凭那些偏好"挑火式"新闻建构方式的媒体肆意妄为，甚至在行业中坐强坐大，那么就变相鼓励了媒体行业没有底线的恶意竞争。因此，应当细化行业自律规范，强化行业内的相互监督，对采取恶性"挑火式"新闻建构方式的媒体形成同业压力，甚至业内生存危机，以此来提高媒体采取恶性"挑火式"新闻建构的经济和社会成本，充分抑制其动机和效果。

　　其二，强化对媒体的社会舆论监督，降低对公共冲突治理有负面作用的媒体的公信力。媒体新闻建构的直接目标是获得更多受众的关注。一些媒体为了提高受众对媒体的关注度，而不是从社会问题的公共利益角度出发，故意采取"挑火式"新闻建构方式，断章取义、夸大歪曲，甚至编制和散布谣言，唯恐天下不乱。因此，应当对媒体开展广泛的社会监督，对以刻意追求关注为目标而采取"挑火式"新闻建构的各种手段进行揭露，使其媒体形象受损，公众信任度降低，无法再吸引受众的关注度。

另一方面，在行政与法治层面要加强纵向约束。政府对媒体的行业规制应当将媒体的新闻建构方式纳入监管范围，使其无处安身。监管部门应当辩证看待"挑火式"新闻建构，深入分析恶性"挑火式"新闻建构方式的各种手段及其特征，有针对性地建立相应的具体规制和监察机制，惩戒、淘汰恶意竞争、故增事端、污染信息、道听途说、造谣传谣、以讹传讹，不核实、不把关的媒体新闻建构行为。同时，"挑火式"新闻建构的许多手段会侵犯冲突当事方的各种法定权利和合法利益，应当结合"挑火式"新闻建构手段的侵权特征，建立相应的法律规范，对违法侵权行为依法予以惩处，保护冲突当事人的合法权益。值得强调的是，要维护必要的挑火式新闻建构方式的生存空间，为其发挥正面作用提供制度支持。

另外，公共冲突治理并不意味着将冲突平息，因此要防止公共冲突治理中对"灭火式"新闻建构方式的过度依赖，容纳化解冲突和转化冲突能量的各种方式，使"化解式"和"转化式"新闻建构方式获得更大生存空间。

（二）缓释受众的信息焦虑情绪

知情需求和情绪需要是受众信息需要的两个方面。新闻信息提供中"有效信息不足、无效信息泛滥"的问题进一步加剧着受众的"信息焦虑症"：人们渴求能够从新闻信息中获得与冲突事件相关的有价值的新闻信息，实现社会知情；但是，媒体提供的新闻信息多是从受众的精神需要出发，提供的新闻信息多是对受众情绪需要的满足。新闻建构管理者要区分并有分别地满足受众对新闻信息的知情需求和情绪需要。按照新闻信息的内容和对受众需要满足的情况，可以区分受众对新闻信息的需要是出于满足事实知情，还是出于接受情绪刺激。

　　一方面，作为媒体基本社会功能——广人之视听，新人之知识，要鼓励媒体在新闻建构中以厘清真相、中立判断、引导反思的议题方向极力满足受众出于对社会事件认知的信息需求，在真实、客观、理性的事实信息传递中减少对受众认知的误导和情绪的刺激。但是，公共冲突以负面情绪居多，此时越是出于满足民众情绪需要的新闻建构，越易于引发负面影响，也越需要管理者对其进行降低公信力、切断信道等方面的限制，同时以建设性的新闻建构方式增补与之相关的有效的事实信息，减少新闻信息对受众的情绪刺激。另一方面，配合其他社会治理工具满足、减少受众的情绪刺激需要，如开放群众讨论空间，鼓励受众参与集体讨论，引导其在集体讨论中正确识别新闻信息、理性看待社会冲突事件、建立理性社会预期，从根本上减少受众接收情绪刺激的可能。

　　（三）以新闻时差管理强化新闻议题建构管理效果

　　如何看待和利用新闻传播与冲突发生的时差，关乎着新闻建构在公共冲突治理中发挥作用的性质。时效是新闻的生命力，当冲突事件发生后，具有社会公信力的权威媒体第一时间向社会民众传递事件信息，能够有效抑制谣言、小道消息、猜忌消息等不实信息"先声夺人"，减少社会民众质疑、猜忌、气愤等负面情绪。但是，很多情况下，在权威媒体利用采访、调研等专业权限进行事实追访与确凿之时，不少媒体为了使其新闻消息在速度赛跑中抢得先机、博得关注，便将尚未经过考察、印证的所见所闻进行新闻建构，并利用现代媒体技术广泛快速传播，口耳相传之下造成了谣言内容纷飞、虚假消息泛滥、反转事例频现，反而为公共冲突治理设置了障碍。因此，要对新闻建构、传播与冲突事件发生之间的时差持有正确认识。

　　正视、允许甚至肯定新闻传播与冲突发生之间出现的时差，树立"真实性重于时效性"的新闻建构理念。实现新闻时效性的前提是保证新闻的真实与可靠。新闻媒体技术的进步虽然使得人们不再担忧新闻滞后于社会冲突发展进程，确保实现人们知情的权利，但也可能导致媒体人为了追求时效而大大牺牲新闻的真实性。因此，要在保证新闻信息真实的情况下提高其时效性。在具体举措上，要降低那些仅为了快而不顾及新闻质量的媒体的公信力，限制其新闻信息的发布渠道和传播速度，切断信息的持续供给，减少其影响力。当新闻信息出现迟滞，要充分利用新闻传播与冲突事件发生的时间差距进行事实确认，辅之以强化媒体公信力、扩展信息通道、增加信息转载、发挥意见领袖等关键人物的作用等方式克服其时差缺陷，强化其影响力，保证新闻信息落地有声、回应有力。

（四）以议题框架对冲消解不契合冲突治理需要的新闻议题

当新闻报道中出现与公共冲突治理要求不相一致的议题框架时，需要采用与其相对的议题框架对冲其负面效应，来满足公共冲突治理的需要。一般来说，可以用有助于平息冲突的议题框架或促进冲突化解的议题框架对冲引发冲突爆发、升级的议题框架；也可以用引发冲突升级、扩散的议题框架对冲极力压制冲突、促进冲突平息的议题框架。具体来说，议题框架对冲需要根据公共冲突治理的要求在不同类别的议题框架之间进行。例如，在医患纠纷中，基于医学的不确定性、非完美性特征出现的医患冲突，用技术失误、客观原因的议题框架对冲悖于伦理、主观故意的议题框架，能有效将人们的认知引向导致冲突发生的技术层面问题和外部客观原因，而非主观方面的致因要素，改变人们对从医者的固有认知和定势判断，促进医患合作、技术提升。相反，对于那些因医者的低素质、无道德、不仁义而引发的医疗纠纷，可以用主观故意、悖于伦理的议题框架对冲客观原因、技术失误的议题框架，引发人们对无良无德之人的厌恶、憎恨和讨伐和惩戒，在公众压力下促进从医者基本素养的提升。很重要的一点是，新闻议题间的框架对冲要尊重事实，有所依据，不能凭空捏造，这样才能保证公共冲突治理的客观性和说服力。

二 强化新闻建构发挥正面作用的条件

当新闻建构与公共冲突治理需要相契合时，新闻建构会对公共冲突及其治理发挥正面作用，新闻建构管理要支持、强化媒体新闻对公共冲突及其治理发挥负面作用的条件。

（一）制度允许与鼓励契合冲突治理需要的新闻建构

四种新闻建构方式若是和冲突治理阶段的需要相契合，则有助公共冲突治理效果的提升。挑火式和灭火式新闻建构在公共冲突治理中各有其不可替代的正面作用，在冲突治理过程中，要利用这些新闻建构方式在加快冲突治理进程、提高冲突治理水平方面的作用，以激发公共冲突对社会和组织的正面功能，抑制其负面功能。

第一，在态度上要包容媒体挑火式新闻建构方式的存在，承认其在公共冲突治理过程中的必要性和重要性，并在建章立制上为其提供正常生存与发挥作用的空间。目前新闻信息管理中的信息监测、内容审查、删帖、删除评论、关闭评论等方式过于简单粗暴，在规避了一些无端造势者的新闻信息的同时，也牺牲了一部分具有正面价值的新闻建构。因此，在新闻建构管理中要在技术上区分媒体的恶性"挑火"与真正的社会发现，允许甚至鼓励曝光社会现象、揭露社会问题、倒逼管理者关注和采取举措的挑火式新闻建构方式，建立"挑火"规则和底线，促使其形成良好的行业竞争机制，以在公共冲突治理中发挥正面作用。

第二，戒除对灭火式新闻建构方式保持"一刀切"的处理态度，既不能一味坚持灭火式新闻建构方式的负面作用，因为只有冲突事态平息下来才能推进冲突化解和转化工作，公共冲突治理过程中的辟除谣言、专业解释、初衷说明、定责归因等，都需要媒体灭火式新闻建构；同时，也不能固执于灭火式新闻建构方式的正面作用，因为对灭火式新闻建构方式的过度依赖会引发更高烈度的社会冲突。在实践过程中出于社会信任问题，灭火式新闻往往受到人们质疑。因此，在提供灭火式新闻时，要利用好深受社会民众信任的新闻媒体，为其提供制度支持与保障。这样会使得他们倍加珍惜手中的社会公信力，在采用灭火式新闻建构方式和与民众互动时，会更加注重事实论证，"灭火"有法、有度。

第三，建立肯定、鼓励化解式和转化式的新闻建构的制度环境，使两者在公共冲突治理过程中相互配合，更好地促进公共冲突治理效果的提升。冲突控制只是公共冲突治理的最低层次，公共冲突治理的较高层次是以冲突化解解决社会深层矛盾，以冲突转化改善导致冲突发生的结构性因素。鼓励化解式和转化式新闻建构有助于实现公共冲突治理的高层次目标，实现公共冲突为社会和组织带来的正面功能的彻底性、全面性和持久性。因此，要提高化解式和转化式新闻建构的经济和社会收益，使其动机获得充分鼓励。媒体行业协会应当采取积极措施鼓励媒体的"化解式"和"转化式"新闻建构方式，在业内树立这些媒体的正面形象，使它们成为业内同行效仿的楷模。对采取"化解式"和"转化式"新闻建构方式的媒体要树立其正面形象，促使其媒体信任度提升，从而能吸引更多受众关注，得到更高的社会回馈。

（二）利用关键人群的正面功能

如前面分析，公共冲突及其治理依赖新闻信息在关键人群中传播。在公共冲突治理中，关键人群直接影响甚至决定着冲突治理的走向。合理发挥新闻建构的作用需要利用好与冲突相关的关键人群在冲突治理中的正面作用。如，来自于重要新闻当事人的新闻建构更具有真实性，更易于引起社会共鸣。具有知名学者和名人身份的网络大 V 的新闻信息建构能力、传播力和影响力要强于普通人群，在冲突治理需要媒体新闻建构发挥"意见领袖"作用时，要利用好网络大 V 在引导受众事实认知、情绪释放、价值判断和行动意向方面的正面作用。新闻建构中专业领域知名人员的解释会更易于获得受众信服，在新闻建构管理中对这些人群加以利用，赋予其更高的公信力，有助于其在公共冲突治理中发挥正面功能。

（三）议题框架适得其所，匹配需要，彼此支持互补

不同议题框架会对冲突过程产生不同的作用，因此要使各种议题框架在公共冲突治理中更充分地发挥其正面作用，就需要使议题框架与各阶段的冲突治理要求相匹配。具体来说，这种匹配包括三个方面。其一，要使各种议题框架根据公共冲突治理需要适得其所，使其正面功能得以充分发挥。例如，当需要利用冲突能量来引发变革时，就需要采用引发冲突爆发、升级的议题框架；当需要维持和恢复社会正常秩序、降低冲突的负面作用时，就需要采用有助于平息冲突的议题框架；当需要开展冲突化解时，就需要采用促进冲突化解的议题框架；当需要改变造成公共冲突的不合理的制度、社会结构和文化传统时，就要采用引导冲突转化的议题框架。其二，各种议题框架之间也要相互匹配、相互支持。例如，有助于冲突平息的议题框架如果与引发冲突爆发、升级的议题框架同时使用，就会相互抵消。相反，它如果与促进冲突化解的议题框架配合使用，就能达到更好的效果。同样，促进冲突化解的议题框架与引导冲突转化的议题框架可以同时使用，形成相互支持，解决公共冲突的深层次问题；而它如若与刺激冲突爆发、升级的议题框架同时使用就有可能产生冲突效应，不利于公共冲突治理。其三，各种议题框架之间相互借鉴，实现互补，以提升公共冲突治理效果。刺激冲突爆发和升级的议题框架或促进冲突平息的议题框架能让冲突治理者更快发现冲突的内在原因和冲突化解的突破口，从这些突破口入手进行冲突化解和转化，有助于实现有效的公共冲突治理。促进冲突化解和转化的议题框架表明了公共冲突治理工作的态度、进度和方向，支持助于冲突平息的议题框架，防止刺激爆发和升级的议题框架发挥负面作用。

（四）以议题框架跳转来契合冲突治理的阶段需要

从公共冲突的爆发、升级、平息到化解和转化，公共冲突治理的不同阶段需要不同的议题框架与之配合。因此，当公共冲突治理从一个阶段进入到一个新阶段时，需要从一种议题框架"跳转"到

相应的议题框架与其配合。在新闻议题框架跳转中，要注意以下两个问题。其一，所有公共冲突并不都是遵循从爆发、升级、平息到化解和转化这一过程的。公共冲突具有阶段的不完全性和跳跃性，有的可能爆发后持续升级难以得到平息和化解，而有的可能爆发后尚未升级就直接走向平息，也可能爆发后尚未升级就直接得以化解。无论是怎样的公共冲突过程，都需要与冲突治理阶段相匹配的议题框架。因此，在公共冲突治理过程中，要充分关注媒体的新闻报道方向，保证议题框架跳转的及时和准确，与公共冲突治理阶段密切配合。其二，对于处于潜伏期的公共冲突，因为其具有隐蔽性的非公开特征，新闻议题建构仿佛显得无能为力。但也是因为此阶段公共冲突具有潜伏性和隐蔽性，易于引发人们猜疑，媒体则更有动力、也更有空间和机会对其进行多种框架的议题建构，对此需要公共冲突治理者进行理性看待和处理。处于社会转型期的中国，矛盾多发，纠纷频现，人们对社会风险状况的总体感知越来越显负向，诸多领域潜伏着出现公共冲突的苗头。冲突矛盾不会缺席，公共冲突治理的行为更不能缺位，为此要利用合理的新闻议题框架，匹配公共冲突治理者对受众的态势感知、风险研判、辩证分析进行引导。

结语 研究结论与展望

本研究不揣浅陋，从新闻建构角度切入对公共冲突及其治理研究，是因为笔者发现媒体新闻的不同建构方式可以使冲突主体的意识建构出现变化，进而影响着公共冲突的发展进程和治理效果。为了更为清晰地阐明新闻建构与公共冲突及其治理之间的关系，了解新闻建构对公共冲突过程和治理的影响机制，故开始了本研究。

本书采用文本分析法和案例研究方法，力图探讨在媒介化的社会中，新闻建构对公共冲突发展进程和治理效果的影响及其内在机制。研究发现，媒体新闻具有建构性，包括表层建构和深层建构。冲突的潜伏、爆发、升级和平息各个阶段和冲突的治理对新闻建构有所依赖，现代媒体技术的发展增加了这种依赖程度。介于新闻建构与公共冲突之间的中间变量是受众的心理结构，它包括事实认知、价值判断、情绪波动和行动意向四个紧密关联、不可分割的方面。新闻建构对受众心理结构中这四个方面具体内容的建构产生影响，其机制不仅仅在于其选择的主题、报道的形式和提供的具体信息（被称为媒体新闻的表层建构），更在于新闻信息提供的方式，四类即17种不同的议题框架（被称为媒体新闻的深层建构）。媒体新闻建构发挥作用需要具备一定的基础条件。在社会条件、媒体条件、受众条件和传受匹配条件之下，以表层建构和深层建构为整体的新闻建构对公共冲突发挥着不同的作用，由此区分出四种新闻建构方式（挑火式、灭火式、化解式和转化式），它们在公共冲突发展的不同阶段会引发受众意识建构内容的变化，为公共冲突的发展和治理提供支持或设置障碍，对公共冲突发展进程和治理效果产生影响。新闻建构在公共冲突及其治理中可能发挥或正或负的影响，主要看其是否与冲突治理的需要相契合。基于以上理论研究，对新闻建构发挥正、负作用的条件进行强化或者改变，有助于发挥和利用公共冲突的正面功能，抑制和转化公共冲突的负面功能。

由此，得出本书的主要结论：第一，新闻建构具有表层建构和深层建构两个层面，表层建构集中于报道形式的建构，深层建构集中与议题框架的建构，它们共同对公共冲突及其治理产生影响；第二，在公共冲突及其治理的过程中，媒体通过新闻建构来影响冲突相关各方的意识建构，促使公共冲突或爆发、升级、扩散，或平息、化解、转化；第三，根据新闻建构对公共冲突的作用将新闻建构方式分为四种，其在冲突治理的不同阶段产生不同影响；第四，新闻建构对公共冲突的影响有正有负，新闻建构发挥作用也有其条件要求，要对这些条件进行强化或改正以满足冲突治理的阶段需要，提升冲突治理效果。

需要说明的是，对于新闻建构对公共冲突及其治理的影响，本研究做出的更多的是一种趋势性的分析。新闻建构对于公共冲突的发展和治理中冲突主体因素的影响主要分为两类：一类是对冲突涉事者提供舆论支持或压力，促使其加剧对立或做出让步；另一类是对冲突第三方，包括围观者、媒体、法官、咨询者等起到引导作用。无论是塑造舆论力量还是引导认知判断，新闻建构在公共冲突的发展和治理之间存在着某种联系，本书就是力求对这种联系展开尝试性探索研究。

虽然整个研究有所发现，但依旧有很多不足，以后的学术研究将基于这些不足进一步完善和深化。第一，基础数据的搜集。媒体往往是在社会事件发生之后才会进行框架选择和新闻建构，这就自主排除了那些"从无到有"的挑火式新闻建构对冲突事件的影响及其对社会发展的功能。为展开对这一类媒体新闻的研究，探索公共冲突潜伏阶段的新闻建构对公共冲突的影响，只能依靠主观判断来进行基础资料的收集。这一类数据的主观性难以实现对"新闻建构对公冲突过程的影响"这一问题更为全面周到的研究。第二，议题框架的不完全性。基于数据资料和分析能力的限制，本书共总结出影响冲突进程的四类 17 种具体的新闻议题框架，可以预期，这是不完全的。也相信，正是这种不完全研究为我后期做到更为全面的研究提供了可能和机会。第三，新闻建构对公共冲突主体的影响研究仅涉及冲突个体意识建构的影响，截止到行动意向的形成。而公共冲突更多地体现为一种"物理化了"的现实行动，并在此过程中涉及人与人之间的互动关系。但是囿于精力和篇幅有限，本书并没有就此问题展开研究，这将成为我以后学术研究的主要内容之一。第四，公共冲突治理中的新闻建构管理策略的可操作性不足。对于公共冲突治理者来说，框架识别、框架对冲尚为容易，但是框架匹配、框架跳转仿佛并不是能很轻易做到。在市场经济的今天，对各类媒体进行新闻报道框架要求并不妥当。公共管理者既要保障媒体的自由发言权利，又要防止偏激行为对社会带来负面伤害，两种目标共存之下的困境需要公共管理者采取更有操作性的行动方案。

处于转型时期的中国，冲突与矛盾不会缺席，公共冲突治理的行为更不能缺位。成功的公共冲突治理在理念上并不会抗拒冲突、厌恶冲突，相反，它会敞开心胸接纳冲突和与之相关的媒体新闻建构的到来。在有效的新闻管理策略之下，我们要促进对公共冲突正面功能的充分利用和发挥，努力对公共冲突的负面功能进行抑制和转化。

附录　江歌被害案相关新闻议题数据统计总表

1. 冲突爆发阶段：江母发布微博、曝光对方隐私信息（2017.5.21前）

	新闻		报刊		新浪微博		微信		论坛		总计	
	全文	标题	全文	标题	全文	标题	全文	标题	全文	标题	全文	标题
总数	95	87	8	8	39	/	7	5	55	55	165	155
正面	6	2	0	0	/	/	1	1	0	0	7	3
负面	89	85	8	8	/	/	6	4	55	55	158	152

2. 冲突持续阶段：刘鑫与江母见面、沟通未果（2017.5.21—11.8）

	新闻		报刊		新浪微博		微信		论坛		总计	
	全文	标题	全文	标题	全文	标题	全文	标题	全文	标题	全文	标题
总数	60	57	2	2	213	/	48	48	30	30	140	137
正面	16	16	0	0	/	/	1	1	2	2	19	19
负面	44	41	2	2	/	/	47	47	28	28	121	118

3. 冲突升级阶段：咪蒙发言，《局面》采访（2017.11.9—12.10）

	新闻		报刊		新浪微博		微信		论坛		总计	
	全文	标题	全文	标题	全文	标题	全文	标题	全文	标题	全文	标题
总数	967	956	61	57	163310	/	1507	1472	571	567	3106	3052
正面	56	56	3	3	/	/	135	131	67	66	261	256
负面	911	900	58	54	/	/	1372	1341	504	501	2845	2796

4. 冲突再持续阶段：一审期间（2017.12.11—12.20）

	新闻		报刊		新浪微博		微信		论坛		总计	
	全文	标题	全文	标题	全文	标题	全文	标题	全文	标题	全文	标题
总数	874	861	30	30	306000	/	1016	942	521	506	2441	2339
正面	82	77	6	6	/	/	108	73	75	72	271	228
负面	794	784	24	24	/	/	908	869	446	4344	2170	2111

5. 冲突平息阶段：一审判决宣布后（2017.12.20—2018.1.1）

	新闻		报刊		新浪微博		微信		论坛		总计	
	全文	标题	全文	标题	全文	标题	全文	标题	全文	标题	全文	标题
总数	302	274	24	21	33816	/	496	302	215	211	1037	808
正面	33	22	2	1	/	/	94	8	34	32	163	63
负面	269	252	22	20	/	/	402	294	181	179	874	745

参考文献

一　中文

（一）著作

常健等：《公共冲突管理》，中国人民大学出版社 2012 年版。

常健等：《中国公共冲突化解的机制、策略和方法》，中国社会科学出版社 2013 年版。

陈世瑞：《公共危机管理中的沟通研究》，上海人民出版社 2011 年版。

陈卫星：《传播的观念》，人民出版社 2004 年版。

冯仕政：《西方社会运动理论研究》，中国人民大学出版社 2013 年版。

高钢：《新闻报道教程——新闻采访写作的方法与技术》，高等教育出版社 2010 年版。

郭研实：《国家公务员应对突发事件能力》，中国社会科学出版社 2005 年版。

何舟、陈先红：《危机管理与整合策略传播》，武汉大学出版社 2010 年版。

凯恩斯：《就业、利息和货币通论》，商务印书馆 1982 年版。

林达尔：《货币和资本理论的研究》，商务印书馆 1963 年版。

米尔达尔：《货币均衡论》，商务印书馆 1963 年版。

任金州、高晓红：《电视摄影与编辑》，中国传媒大学出版社 2005 年版。

万涛：《冲突管理》，清华大学出版社 2012 年版。

王天华：《新闻语篇的隐性评价与动态读者定位》，黑龙江大学出版社 2010 年版。

谢立中：《西方社会学名著提要》，江西人民出版社 1998 年版。

张国良：《中国传播学评论（第一辑）》，复旦大学出版社 2005 年版。

赵鼎新：《社会与政治运动讲义》，社会科学文献出版社 2006 年版。

（二）译著

［澳］卡特等：《合理预期理论》，中国金融出版社 1988 年版。

［澳］彼德·康戴夫：《冲突事务管理——理论与实践》，何云峰等译，世界图书出版公司 1998 年版。

［德］哈贝马斯：《公共领域的结构转型》，曹卫东等译，学林出版社 1999 年版。

［德］哈贝马斯：《公共领域的结构转型》，学林出版社 1999 年版。

［加］罗伯特·A. 海科特：《媒介重构 公共传播的民主化运动》，李异平、李波译，暨南大学出版社 2011 年版。

［加］迈克尔·豪利特、M. 拉米什：《公共政策研究：政策循环与政策子系统》，庞诗等译，生活·读书·新知三联书店 2006 年版。

［加］约翰·汉尼根：《环境社会学（第二版）》，洪大用译，中国人民大学出版社 2009 年版。

［美］L. 科塞：《社会冲突的功能》，孙立平等译，华夏出版社 1989 年版。

［美］奥格尔斯等：《大众传播学：影响研究范式》，关世杰等译，中国社会科学出版社 2000 年版。

［美］查尔斯·蒂利、西德尼·塔罗：《抗争政治》，李义中译，译林出版社 2010 年版。

［美］查尔斯·蒂利：《社会运动，1768—2004》，胡位钧译，上海人民出版社 2009 年版。

［美］戴卫·赫尔曼：《新叙事学》，马海良译，北京大学出版社 2002 年版。

［美］戴维·伊斯顿：《政治生活的系统分析》，华夏出版社 1999

年版。

［美］迪灵、罗杰斯：《传播概念·Agenda-Setting》，倪建平译，复旦大学出版社 2009 年版。

［美］盖伊·塔奇曼：《做新闻》，麻争旗等译，华夏出版社 2008 年版。

［美］吉特林：《新左派运动的媒介镜像》，胡正荣校，张锐译，华夏出版社 2007 年版。

［美］李普曼：《舆论学》，林珊译，华夏出版社 1989 年版。

［美］马克斯韦尔·麦库姆斯：《议程设置：大众媒介与舆论》，郭镇之等译，北京大学出版社 2008 年版。

［美］塞伦·麦克莱：《传媒社会学》，曾静平译，中国传媒大学出版社 2005 年版。

［美］斯蒂芬·罗宾斯：《组织行为学（第七版）》，中国人民大学出版社 2002 年版。

［美］斯蒂芬·罗西斯：《后凯恩斯主义货币经济学》，余永定、吴国宝、宋湘燕译，中国社会科学出版社 1991 年版。

［美］威尔伯·施拉姆、威廉·波特：《传播学概论》，陈亮等译，新华出版社 1984 年版。

［美］沃尔特·李普曼：《公众舆论》，阎克文、江红译，上海人民出版社 2006 年版。

［美］沃纳·赛佛林、小詹姆斯·坦卡德：《传播理论：起源、方法与应用》，郭镇之等译，华夏出版社 2000 年版。

［美］西奥多·格拉瑟：《公共新闻事业的理念》，邬晶晶译，华夏出版社 2009 年版。

［美］托马斯·R. 戴伊：《理解公共政策》，华夏出版社 2004 年版。

［美］仙托·艾英戈、唐纳德·R. 金德：《至关重要的新闻：电视与美国民意》，新华出版社 2004 年版。

［美］谢丽尔·吉布斯、汤姆·瓦霍沃：《新闻采写教程》，姚清江、刘肇熙译，新华出版社 2004 年版。

［美］约翰·W. 金登：《议程、备选方案与公共政策》，丁煌、方兴
　　译，中国人民大学出版社 2004 年版。

［美］詹姆斯·汤普森：《行动中的组织——行政理论的社会科学基
　　础》，敬乂嘉译，上海人民出版社 2007 年版。

［瑞典］威克塞尔：《利息与价格》，商务印书馆 1982 年版。

［英］奥利费·博伊德·巴雷特，克里斯·纽博尔德：《媒介研究的
　　进路》，汪凯、刘晓红译，新华出版社 2004 年版。

［英］鲍勃·富兰克林等：《新闻学关键概念》，诸葛蔚东等译，北
　　京大学出版社 2008 年版。

［英］戴维·巴勒特：《媒介社会学》，社会科学文献出版社 1989
　　年版。

［英］科尔巴奇：《政策》，张毅等译，吉林人民出版社 2005 年版。

［英］诺曼·费尔克拉夫：《话语与社会变迁》，殷晓蓉译，华夏出
　　版社 2003 年版。

［英］希克斯：《价值与资本》，商务印书馆 1962 年版。

（三）期刊论文

本报评论员：《做好舆情分析是有效引导的前提》，《中国记者》
　　2001 年第 3 期。

蔡前：《以互联网为媒介的集体行动研究：基于网络的视角》，《求
　　实》2009 年第 2 期。

蔡尚伟：《未来的传播形态与社会文明形态》，《人民论坛·学术前
　　沿》2017 年第 23 期。

操慧：《重构现场：新闻报道的空间叙事策略》，《四川大学学报》
　　（哲学社会科学版）2011 年第 3 期。

曹峰、李海明、彭宗超：《社会媒体的政治力量——集体行动理论的
　　视角》，《经济社会体制比较》2012 年第 6 期。

曹海林、王园妮：《"闹大"与"柔化"：民间环保组织的行动策
　　略——以绿色潇湘为例》，《河海大学学报》（哲学社会科学版）
　　2018 年第 3 期。

曹劲松、陈奎庆:《信息生态危机与媒体管理策略》,《学习与实践》
　2006 年第 11 期。

常健:《简论社会治理视角下公共冲突治理制度的建设》,《天津社
　会科学》2015 年第 2 期。

常健:《网络舆情的"自清洁"功能及其实现条件》,《天津社会科
　学》2013 年第 6 期。

常健、郝雅立:《媒体新闻议题建构方式与公共冲突及其治理》,
　《理论探索》2017 年第 2 期。

常健、郝雅立:《新闻议题框架对公共冲突治理的作用机制及其管
　理》,《国家行政学院学报》2018 年第 4 期。

常健、金瑞:《论公共冲突过程中谣言的作用、传播与防控》,《天
　津社会科学》2010 年第 6 期。

常健、李志行:《韩国政府委员会在公共冲突治理中的作用及其启
　示》,《国家行政学院学报》2016 年第 1 期。

常健、毛讷讷:《新时期中国公共冲突的变化趋势及其治理策略》,
　《中国行政管理》2019 年第 5 期。

常健、韦长伟:《当代中国社会二阶冲突的特点、原因及应对策略》,
　《河北学刊》2011 年第 3 期。

常健、徐倩:《医患冲突升级中各类主体作用研究——基于对 150 个
　案例的分析》,《上海行政学院学报》2017 年第 4 期。

常健、许尧:《论公共冲突治理的三个层次及其相互关系》,《学习
　与探索》2011 年第 2 期。

常健、原珂:《对话方法在冲突化解中的有效运用》,《学习论坛》
　2014 年第 10 期。

常健、张晓燕:《冲突转化理论及其对公共领域冲突的适用性》,
　《上海行政学院学报》2013 年第 4 期。

陈刚:《范式转换与民主协商:争议性公共议题的媒介表达与社会参
　与》,《新闻与传播研究》2011 年第 2 期。

陈刚:《意见的公共表达:公共争议的传播偏向与话语民主化》,

《南京社会科学》2011 年第 8 期。

陈刚:《争议性议题的媒体再现——以北京大学"中学校长实名推荐制"事件为例》,《武汉大学学报》(人文科学版) 2010 年第 3 期。

陈国营:《网络媒体对政策议程设置的影响研究——基于压力模式的视角》,《中共浙江省委党校学报》2012 年第 1 期。

陈红梅:《框架与归因——关于乌鲁木齐 7.5 事件报道的比较研究》,《新闻与传播研究》2010 年第 1 期。

陈嘉明:《事实与价值可分吗——以生态伦理学为视角》,《学术月刊》2011 年第 8 期。

陈力丹:《假新闻何以泛滥成灾?》,《新闻记者》2002 年第 2 期。

陈韬文、黄煜、马杰伟、萧小穗、冯应谦:《传媒的公共性是传媒研究的核心议题》,《传播与社会学刊》2009 年第 8 期。

陈天祥、金娟、胡三明:《"媒介化抗争":一种非制度性维权的解释框架》,《江苏行政学院学报》2013 年第 5 期。

陈亚军:《意向、理由与行动——兼论实用主义的相关主张》,《华东师范大学学报》(哲学社会科学版) 2013 年第 1 期。

陈阳:《大众媒体、集体行动和当代中国的环境议题——以番禺垃圾焚烧发电厂事件为例》,《国际新闻界》2010 年第 7 期。

陈阳:《框架分析:一个亟待澄清的理论概念》,《国际新闻界》2007 年第 4 期。

陈映芳:《行动力与制度限制:都市运动中的中产阶层》,《社会学研究》2006 年第 4 期。

崔波、范晨虹:《议程设置到议题融合——媒介议题内在运动的图景》,《今传媒》2008 年第 10 期。

戴海波、杨惠:《论社会冲突性议题建构中的媒体公共性》,《新闻界》2017 年第 3 期。

邓庄、赵文君:《框架视角下征地拆迁议题的媒介呈现》,《衡阳师范学院学报》2016 年第 1 期。

杜建华:《风险传播悖论与平衡报道追求——基于媒介生态视角的考

察》,《当代传播》2012 年第 1 期。

方延明:《媒介公共性问题研究三题》,《扬州大学学报》(人文社会
　科学版) 2004 年第 6 期。

冯迪、王平、朱旖旎:《对〈人民日报〉农村征地拆迁议题的实证
　分析——以 2008—2014 年为例》,《今传媒》2015 年第 6 期。

冯耀云:《法社会学视域下征地冲突过程中的权利配置》,《长春理
　工大学学报》(社会科学版) 2015 年第 8 期。

高恩新:《互联网公共事件的议题建构与共意动员——以几起网络公
　共事件为例》,《公共管理学报》2009 年第 4 期。

高宪春:《微议程、媒体议程与公众议程——论新媒介环境下议程设
　置理论研究重点的转向》,《南京社会科学》2013 年第 1 期。

郭丹茹:《新视域下争议性事件的媒体再现》,《新闻战线》2011 年
　第 10 期。

郭小安、刘明瑶:《媒介动员视角下“表演式抗争”的发生与剧
　目——以“中青报门口访民集体喝农药事件”为例》,《现代传
　播》2016 年第 5 期。

郭小平:《“怒江事件”中的风险传播与决策民主》,《国际新闻界》
　2007 年第 2 期。

郭镇之:《关于大众传播的议程设置功能》,《国际新闻界》1997 年
　第 3 期。

郭子贤:《社会危机事件中的媒体管理——从北非中东动乱说起》,
　《文史博览 (理论)》2011 年第 7 期。

韩志明、李春生:《什么样的“闹大”成功了?——基于 40 个案例
　的定性比较分析》,《甘肃行政学院学报》2020 年第 1 期。

韩志明:《利益表达、资源动员与议程设置——对于“闹大”现象
　的描述性分析》,《公共管理学报》2012 年第 2 期。

郝其宏:《网络群体性事件的风险管理》,《河南师范大学学报》(哲
　学社会科学版) 2016 年第 3 期。

郝雅立:《公共冲突中的社会预期管理:目标、信念与制度环境》,

《中国行政管理》2018 年第 7 期。

郝雅立、常健：《基于雇佣关系的公共冲突升级及其治理》，《上海行政学院学报》2021 年第 2 期。

郝雅立、温志强：《公共冲突治理中新闻议题管理的四个基本问题》，《传媒》2021 年第 9 期。

郝雅立、温志强：《社会治理视域下媒体公器价值的衡量框架与尺度分析》，《河南大学学报》（社会科学版）2020 年第 4 期。

郝雅立、温志强：《突发事件舆情引导：基于心理活动建设与管理的视角》，《领导科学》2021 年第 12 期。

何艳玲：《后单位制时期街区集体抗争的产生及其逻辑——对一次街区集体抗争事件的实证分析》，《公共管理学报》2005 年第 3 期。

何哲：《群体性事件的演化和治理策略基于集体行为和西方社会运动理论的分析》，《理论与改革》2010 年第 4 期。

何志武、朱秀凌：《"恶政府"？"弱拆迁户"？——拆迁冲突议题的媒介建构》，《新闻大学》2014 年第 1 期。

贺雪峰、刘岳：《基层治理中的"不出事逻辑"》，《学术研究》2010 年第 6 期。

胡平平：《职业"闹大"群体的行为逻辑与消解路径》，《人民论坛》2016 年第 25 期。

胡锐军：《社会冲突治理与网络政治培育和规制》，《长白学刊》2013 年第 1 期。

胡锐军：《政治冲突的运行机制及其变量因子》，《探索》2013 年第 3 期。

胡锐军：《政治冲突治理机制分析》，《毛泽东邓小平理论研究》2012 年第 10 期。

胡仕林：《利益型群体性事件中的共意建构》，《广西社会科学》2016 年第 9 期。

胡智锋、刘俊：《2013 年政府媒体管理与服务的三点观察》，《视听界》2013 年第 5 期。

华坚、张长征、吴祠金：《利益博弈与群体力量——基于演化博弈的群体性事件生成机理及其化解》，《河海大学学报》（哲学社会科学版）2015 年第 4 期。

黄彪文、董晨宇：《媒体对新发突发传染病的报道图景——以甲型 H1N1 流感为例》，《新闻大学》2010 年第 4 期。

黄惠萍：《审议式民主的公共新闻想象：建构审议公共议题的新闻报导模式》，《新闻学研究》　第 83 期。

黄荣贵、桂勇：《互联网与业主集体抗争：一项基于定性比较分析方法的研究》，《社会学研究》2009 年第 5 期。

黄岩、杨方：《审议民主的地方性实践——广州垃圾焚烧议题的政策倡议》，《公共管理学报》2013 年第 1 期。

黄煜、曾繁旭：《从以邻为壑到政策倡导：中国媒体与社会抗争的互激模式》，《新闻学研究》2011 年第 109 期。

江世银：《论马克思的预期理论》，《当代经济研究》2008 年第 3 期。

江世银：《预期的性质、特征及其对经济运行的影响》，《内蒙古师范大学学报》（哲学社会科学版）2006 年第 3 期。

姜建成：《社会冲突的发生机理、深层原因及治理对策》，《毛泽东邓小平理论研究》2012 年第 2 期。

兰斯·班尼特、亚力山卓·赛格柏格：《"连结性行动"的逻辑：数字媒体和个人化的抗争性政治》，史安斌、杨云康译，《传播与社会学刊》2013 年第 26 期。

李春雷、雷少杰：《社会舆论场中媒体价值判断的分析》，《南昌工程学院学报》2015 年第 5 期。

李春雷、钟珊珊：《风险社会视域下底层群体信息剥夺心理的传媒疏解研究——基于"什邡事件"的实地调研》，《新闻大学》2014 年第 1 期。

李拉亚：《预期管理理论模式述评》，《经济学动态》2011 年第 7 期。

李良荣：《论中国新闻媒体的双轨制——再论中国新闻媒体的双重性》，《现代传播》2003 年第 4 期。

李良荣、郑雯、张盛:《网络群体性事件爆发机理:"传播属性"与"事件属性"双重建模研究——基于 195 个案例的定性比较分析(QCA)》,《现代传播》2013 年第 2 期。

李明颖:《科技民主化的风险沟通:从毒奶粉事件看网路公众对科技风险的理解》,《传播与社会学刊》2011 年第 15 期。

李鸣:《突发事件网络舆情治理中的政府决策:过程与机制》,《青海社会科学》2014 年第 2 期。

李琼:《社会冲突的新视角:边界冲突》,《学术探索》2004 年第 10 期。

李琼:《转型期我国社会冲突研究综述》,《学术探索》2003 年第 10 期。

李苏鸣:《"快闪族"行动与群体性突发事件》,《公安研究》2005 年第 6 期。

李伟权、谢景:《社会冲突视角下环境群体性事件参与群体行为演变分析》,《理论探讨》2015 年第 3 期。

李亚:《中国的公共冲突及其解决:现状、问题与方向》,《中国行政管理》2012 年第 2 期。

李亚、李芳:《基于协商式角色模拟的政策分析》,《中国行政管理》2019 年第 9 期。

李亚、李习彬:《多元利益共赢方法论:和谐社会中利益协调的解决之道》,《中国行政管理》2009 年第 8 期。

李艳红:《传媒产制的"第三部门":北美和澳大利亚社区媒体的实践、制度及民主价值》,《开放时代》2009 年第 8 期。

李艳红:《以社会理性消解科技理性:大众传媒如何建构环境风险话语》,《新闻与传播研究》2012 年第 3 期。

廖卫民:《跨时期网络舆论铺垫效果的构念启动与使用——基于人民日报"城管"议题微博的统计分析与时序考察》,《浙江传媒学院学报》2015 年第 1 期。

林晖:《重构解读框架:网络时代的主流媒体与中国社会共识——当

代中国媒介变革透析》,《现代传播》2013 年第 2 期。

刘成:《积极和平与冲突化解》,《史学月刊》2013 年第 12 期。

刘国锋:《戴维森论行动与意向》,《哲学研究》2007 年第 1 期。

刘俊波:《冲突管理理论初探》,《国际论坛》2007 年第 1 期。

刘明:《论公共冲突中多维度协商机制的构建》,《南开学报》(哲学社会科学版)2016 年第 3 期。

刘琼晓:《探析新闻媒体对"城管"议题的污名化建构》,《新闻传播》2013 年第 10 期。

刘锐:《2014—2015 年我国新媒体管理政策评估与评价》,《编辑之友》2016 年第 1 期。

刘少杰:《网络社会的感性化趋势》,《天津社会科学》2016 年第 3 期。

刘顺义、王居仁:《关注利益的冲突化解——构建和谐社会可供选择的理论范式和实践路径》,《甘肃理论学刊》2006 年第 4 期。

刘素宏、丁艺:《议程融合、媒介社区化和自我赋权:公民新闻与社会整合的分析框架》,《电子政务》2013 年第 7 期。

刘晓峰:《情绪管理的内涵及其研究现状》,《江苏师范大学学报》(哲学社会科学版)2013 年第 6 期。

刘烨、付秋芳、傅小兰:《认知与情绪的交互作用》,《科学通报》2009 年第 18 期。

柳建文、孙梦欣:《农村征地类群体性事件的发生及其治理——基于冲突过程和典型案例的分析》,《公共管理学报》2014 年第 2 期。

柳亦博:《政府引导视域下的社会冲突治理:一个基于冲突治理结构的解释框架》,《公共管理与政策评论》2014 年第 2 期。

吕德文:《媒介动员、钉子户与抗争政治——宜黄事件再分析》,《社会》2012 年第 3 期。

罗霆:《关于媒体管理研究的几个基本问题——从〈中国电视媒体运营管理实务〉一书谈起》,《现代传播》2008 年第 2 期。

罗以澄、王继周:《医患冲突议题中新闻报道的话语策略及启示——

以近年四起医患冲突事件为例》，《当代传播》2016 年第 5 期。

马柳颖、郭珍：《论公共危机媒体管理与沟通——以马航失联事件为例》，《南华大学学报》（社会科学版）2014 年第 6 期

马少华：《由词语规范到媒体管理——读纽约时报〈风格与用语手册〉》，《国际新闻界》2002 年第 6 期。

马文涛：《预期管理理论的形成、演变与启示》，《经济理论与经济管理》2014 年第 8 期。

马新建：《冲突管理：一般理论命题的理性思考》，《东南大学学报》（哲学社会科学版）2007 年第 3 期。

麦克斯韦尔 - 麦库姆斯、郭镇之、邓理峰：《议程设置理论概览：过去，现在与未来》，《新闻大学》2007 年第 3 期。

毛振军：《在突发公共事件应急处置中政府对媒体管理存在的问题及对策》，《实事求是》2007 年第 2 期。

聂静虹：《政府主导的传媒中介式协商：现状及问题——以中山市西区旧城改造为例》，《学术论坛》2015 年第 12 期。

聂静虹、陈堂发：《试论新闻媒体在公共政策论辩中的功能优化》，《学术研究》2013 年第 2 期。

牛文元：《社会物理学与中国社会稳定预警系统》，《中国科学院院刊》2001 年第 1 期。

潘霁、刘晖：《公共空间还是减压阀？——"北大雕像戴口罩"微博讨论中的归因、冲突与情感表达》，《国际新闻界》2014 年第 11 期。

潘忠党：《序言：传媒的公共性与中国传媒改革的再起步》，《传播与社会学刊》2008 年第 6 期。

朴金波：《西方哲学"语言学转向"的哲学史意义》，《吉林大学社会科学》2006 年第 1 期。

秦亚青：《建构主义：思想渊源、理论流派与学术理念》，《国际政治研究》2006 年第 3 期。

邱戈：《论媒体的双重角色模式及其危机》，《西南交通大学学报》

（社会科学版）2006 年第 6 期。

申阳：《试论社会冲突的类型及其影响》，《学术交流》2000 年第
　　2 期。

师曾志、杨睿：《新媒介赋权下的情感话语实践与互联网治理——以
　　"马航失联事件"引发的恐惧奇观为例》，《探索与争鸣》2015 年
　　第 1 期。

史天彪：《塞尔意向行动理论探析》，《天津大学学报》（社会科学
　　版）2014 年第 3 期。

孙静：《新媒体在违法犯罪事件传播中的负导效应》，《青年记者》
　　2013 年第 23 期。

孙荣、薛泽林：《冲突与达鹄：公众参与视野下的长三角公共冲突事
　　件分析——基于 2010—2012 年的案例》，《北京理工大学学报》
　　（社会科学版）2016 年第 3 期。

孙玮：《"我们是谁"：大众媒介对于新社会运动的集体认同感建
　　构——厦门 PX 项目事件大众媒介报道的个案研究》，《新闻大学》
　　2007 年第 3 期。

孙玮：《中国"新民权运动"中的媒介"社会动员"——以重庆
　　"钉子户"事件的媒介报道为例》，《新闻大学》2008 年第 4 期。

孙玮：《转型中国环境报道的功能分析——"新社会运动"中的社
　　会动员》，《国际新闻界》2009 年第 1 期。

孙五三：《批评报道作为治理技术——市场转型期媒介的政治—社会
　　运作机制》，复旦大学信息与传播研究中心、复旦大学新闻学院、
　　中国新闻教育学会传播学研究分会、国际中华传播学会，《全球信
　　息化时代的华人传播研究：力量汇聚与学术创新——2003 中国传播
　　学论坛暨 CAC/CCA 中华传播学术研讨会论文集》（下册），
　　2004 年。

孙小逸、黄荣贵：《维权情境中的自发性认知解放：以业主积极分子
　　的权利意识的演进为例》，《社会》2016 年第 3 期。

谭成兵、李明德：《我国网络媒体管理制度分析》，《编辑之友》

2014 年第 1 期。

涂光晋、刘双庆:《社交媒体环境下医患暴力冲突事件的媒介呈现研究》,《国际新闻界》2015 年第 11 期。

汪伟全:《风险放大、集体行动和政策博弈——环境类群体事件暴力抗争的演化路径研究》,《公共管理学报》2015 年第 1 期。

王斌、胡周萌:《媒介传播与社会抗争的关系模式:基于中国情境的分析》,《江淮论坛》2016 年第 3 期。

王赐江:《中国公共冲突演变的新趋势及应对思路——基于典型群体性事件的分析》,《中国行政管理》2015 年第 1 期。

王广聪:《泛化与扩散——不良信息传播对社会冲突事件形成作用的犯罪学分析》,《山东警察学院学报》2010 年第 5 期。

王宏伟:《论我国社会主要矛盾变化背景下公共冲突的有效治理》,《理论月刊》2018 年第 3 期。

王宏伟、李家福:《总体国家安全观视角下公共冲突治理创新》,《科学社会主义》2015 年第 2 期。

王金红、林海彬:《互联网与中国社会抗争的离场介入——基于"乌坎事件"的实证分析》,《华南师范大学学报》(社会科学版)2014 年第 1 期。

王丽萍:《情绪与政治:理解政治生活中的情绪》,《清华大学学报》(哲学社会科学版)2014 年第 2 期。

王丽萍:《群体心理在当代政治分析中的意义》,《北京行政学院学报》2015 年第 6 期。

王曼:《如何有效开展街头公益行为艺术:以"受伤的新娘"及"占领男厕所"活动为例》,《中国发展简报》2012 年第 1 期。

王平、宋思邈:《框架视野下的农村征地拆迁报道——以〈人民日报〉近 10 年有关报道为例》,《新闻知识》2016 年第 8 期。

王芹、白学军、李士一:《情绪背景和社会预期对社会经济决策行为的影响》,《心理与行为研究》2015 年第 2 期。

王文华:《谈热奈特的叙事时序理论》,《云南财贸学院学报》(社会科学版）2007 年第 2 期。

王玉良：《公共冲突管理中的政府责任及其机制建构》，《理论导刊》2015 年第 8 期。

王玉良：《缺失与建构：公共冲突治理视域下的政府信任探析》，《中国行政管理》2015 年第 1 期。

王卓、武文颖：《基于框架理论下的国庆 60 年阅兵中外报道比较研究》，《东南传播》2009 年第 12 期。

韦长伟：《公共冲突化解中的政府角色定位研究》，《中共青岛市委党校青岛行政学院学报》2011 年第 2 期。

魏娜、韩芳：《邻避冲突中的新公民参与：基于框架建构的过程》，《浙江大学学报》（人文社会科学版）2015 年第 4 期。

魏伟：《街头·行为·艺术：性别权利倡导和抗争行动形式库的创新》，《社会》2014 年第 2 期。

吴宜蓁：《企业网路谣言回应策略及其影响因素初探》，《广告学研究》2005 年第 23 期。

武术杰、李昭昊：《风险社会中政府的媒体管理和形象管理》，《前沿》2004 年第 1 期。

夏洁秋：《相互承认的表达：公共政策过程中的大众传媒功能》，《南京社会科学》2007 年第 9 期。

夏凯：《中国新媒体管理政策的分析与评估》，《新闻传播》2016 年第 20 期。

夏倩芳、王艳：《"风险规避"逻辑下的新闻报道常规——对国内媒体社会冲突性议题采编流程的分析》，《新闻与传播研究》2012 年第 4 期。

夏倩芳、袁光锋：《"国家"的分化、控制网络与冲突性议题传播的机会结构》，《开放时代》2014 年第 1 期。

信莉丽：《社会化媒体中的弱势群体：自我表达与赋权》，《东南传播》2014 年第 4 期。

徐超超：《再现与偏见：符号权力与"他者"建构——以新闻报道中

"城管"形象的塑造为例》,《新闻研究导刊》2016 年第 11 期。

徐宁:《BBS 与报纸之间的议题互动探讨——以"芙蓉姐姐"为个案》,《新闻界》2005 年第 6 期。

徐祖迎:《网络动员对冲突管理的四大挑战》,中国管理现代化研究会、复旦管理学奖励基金会,《第十届(2015)中国管理学年会论文集》,2015 年。

许尧:《群体性事件中主观因素对冲突升级的影响分析》,《中国行政管理》2013 年第 11 期。

许尧、高艳辉:《公共冲突升级相关致因研究述评》,《广东行政学院学报》2013 年第 2 期。

薛可、王舒瑶:《议程注意周期模式下中美主流媒体对突发公共卫生事件的报道框架——以〈人民日报〉和〈纽约时报〉对禽流感的报道为例》,《国际新闻界》2012 年第 6 期。

薛泽林、孙荣:《新时代我国公共冲突协同处置实现与优化机制研究——基于河南信阳的拓展个案分析》,《中国行政管理》2018 年第 5 期。

阎志刚:《转型时期应加强对社会冲突的认识和调控》,《江西社会科学》1998 年第 5 期。

杨华、罗兴佐:《农民的行动策略与政府的制度理性——对我国征地拆迁中"闹大"现象的分析》,《社会科学》2016 年第 2 期。

杨立华、杨文君:《中国大气污染冲突解决机制:一项多方法混合研究》,《中国行政管理》2017 年第 11 期。

杨维东、贾楠:《建构主义学习理论述评》,《理论导刊》2011 年第 5 期。

杨学丽:《从"邓玉娇案"看网络舆论参与下的议题互动》,《新闻爱好者》2009 年第 20 期。

叶晓川、孙日华:《博弈背景下群体性涉法闹访及其执法优化》,《国家行政学院学报》2017 年第 3 期。

应星:《"气"与中国乡村集体行动的再生产》,《开放时代》2007

年第 6 期。

游家兴、吴静：《沉默的螺旋：媒体情绪与资产误定价》，《经济研究》2012 年第 7 期。

袁光锋：《合法化框架内的多元主义：征地拆迁报道中的"冲突"呈现》，《新闻与传播研究》2012 年第 4 期。

袁光锋：《同情与怨恨——从"夏案"、"李案"报道反思"情感"与公共性》，《新闻记者》2014 年第 6 期。

袁伟：《我国公共危机中的媒体管理策略》，《淮海工学院学报》（社会科学版）2009 年第 S1 期。

原珂：《西方冲突化解视角下的第三方干预及对中国的借鉴》，《社会主义研究》2016 年第 1 期。

曾繁旭：《传统媒体作为调停者：框架整合与政策回应》，《新闻与传播研究》2013 年第 1 期。

曾繁旭：《形成中的媒体市民社会：民间声音如何影响政策议程》，《新闻学研究》2009 年第 100 期。

曾繁旭、黄广生、李艳红：《媒体抗争的阶级化：农民与中产的比较》，《东南学术》2012 年第 2 期。

曾润喜、蒋欣欣：《媒介议题、公众议题与政策议题的转变及关系》，《现代传播》2016 年第 3 期。

曾润喜、王媛媛、王晨曦：《互联网环境下公众议程与政策议程的议题排序研究》，《电子政务》2016 年第 4 期。

张爱卿：《归因理论研究的新进展》，《教育研究与实验》2003 年第 1 期。

张安淇、陈敬良：《社会化媒体管理的创新途径研究》，《管理世界》2015 年第 10 期。

张成福、边晓慧：《重建政府信任》，《中国行政管理》2013 年第 9 期。

张钢、崔红云：《冲突不对称的前因：一个基于过程观的分析》，《科技进步与对策》2013 年第 3 期。

张洪忠:《大众传播学的议程设置理论与框架理论关系探讨》,《西南民族学院学报》(哲学社会科学版) 2001 年第 10 期。

张乐:《寻求价值共识:一种消弭价值观冲突的新路向》,《南昌大学学报》(人文社会科学版) 2012 年第 4 期。

张莉:《网络时代大众媒介、公众、政府议程互动模式的建构与解读——基于网络事件中媒介议程设置的思考》,《社会科学论坛》2012 年第 3 期。

张小娅:《对话的重要性:国际传播中的理解与接受》,《清华大学学报》(哲学社会科学版) 2015 年第 1 期。

张泽洪:《浅论运用冲突过程 5 阶段理论解决医患纠纷》,《医学与社会》2005 年第 11 期。

赵鼎新:《社会与政治运动理论:框架与反思》,《学海》2006 年第 2 期。

赵娜、李永鑫、张建新:《谣言传播的影响因素及动机机制研究述评》,《心理科学》2013 年第 4 期。

赵萍萍:《中美新媒体管理研究现状比较分析》,《党政研究》2015 年第 6 期。

赵洋:《语言年第话语期建构视角下的国家身份形成——基于建构主义和后结构主义的研究》,《国外社会科学》2013 年第 5 期。

郑雯、黄荣贵:《"媒介逻辑"如何影响中国的抗争?——基于 40 个拆迁案例的模糊集定性比较分析》,《国际新闻界》2016 年第 4 期。

周素珍、余建清:《社会冲突事件报道中的新闻框架及其运用》,《东南传播》2009 年第 10 期。

周裕琼:《从标语管窥中国社会抗争的话语体系与话语逻辑:基于环保和征地事件的综合分析》,《国际新闻界》2016 年第 5 期。

朱力:《中国社会风险解析——群体性事件的社会冲突性质》,《学海》2009 年第 1 期。

[挪] 约翰·加尔通、卢彦名:《和谐致平之道——关于和平学的几

点阐释》,《南京大学学报》(哲学·人文科学·社会科学版)2005 年第 2 期。

（四）学位论文

曹评:《归因视角下组织内成员间冲突与个人绩效关系的实证研究》,硕士学位论文,浙江大学,2010 年。

冯耀云:《冲突的持续性:S 村农民与政府征地纠纷问题研究》,博士学位论文,吉林大学,2013 年。

黄曬莉:《中国人的人际和谐与冲突:理论建构及实征研究》,博士学位论文,台湾大学心理学研究所,1996 年。

郑雯:《"媒介化抗争":变迁、机理与挑战——当代中国拆迁抗争十年媒介事件的多案例比较研究（2003—2012）》,博士学位论文,复旦大学,2013 年。

钟林江:《非直接利益冲突演化升级过程研究》,硕士学位论文,西南交通大学,2015 年。

（五）报纸

北京大学新闻与传播学院课题组:《新媒体时代:舆论引导的机遇和挑战》,《光明日报》2012 年 3 月 27 日第 15 版。

舒晋瑜:《2017 年舆情事件出炉,网络热点折射社会深层变化》,《中华读书报》2018 年 1 月 3 日第 13 版。

二　外文

（一）著作

Altheide D., Snow R P., *Media Logic*, Beverly Hills. CA: Sage, 1979.

Bernard Cohen, *The Press and Foreign Policy*, Princeton, NJ: Princeton University Press, 1963.

Cai Y. S., *Collective Resistance in China: Why Popular Protests Succeed or Fail*, Standford, CA: Stanford University Press, 2010.

Cordula Reimann，*Assessing the State-of-the-Art in ConflictTransformation-Reflections from a Theoretical Perspective*，Berghor Research Center for Constructive Conflict Management，2004.

Dean G. Pruitt，Sung Hee Kim. s，*Social Conflict*：*Escalation*，*Stalemate*，*and Settlement*，New York：McGrraw-Hillm Companie，2004.

Friedrich Glasl，*Konflict Management*，*Ein Handbuch Für Führungskräfte*，*Beraterinnen und Berater*，Bern，Paul Haupt Verlag，1997，English edition：Confronting Conflict，Bristol，Hawthorn Press，1999.

Gitlin T. ，*The Whole World is Watching*：*Mass Media in the Making and Unmaking of the New Left*，Berkley：University of California Press，1980.

Gurr T. R. ，*Why Men Rebel*（40*th Anniversary Paperback Edition*），Paradigm Publishers，2011.

G. Erving. ，*Frame Analysis*：*An Essay in the Organization of Experience*，Boston，MA：Northeastern University Press，1974.

G. T. Fairhurst，R. A. Sarr，*The Art of Framing*：*Managing the Language of Leadership*，San Francisco，CA：Jossey-Bass，1996.

H. Blumer，*Symbolic Interactionism*：*Perspective and Method*，Engle wood Cliffs，NJ：Prentice-Hall，1969.

James Der Derian，*International Intertextual Relations*，New York：Macmillan，Inc. ，1989.

John Searle，*The Construction of Social Facts*，New York：The Free Press，1995.

J. M. Gottman，*What Predicts Divorce? The Relationship between Marital Processes and Marital Outcomes*，Hillsdale，NJ，Lawrence Erlbaum，1994.

Lewis A. Coser，*The functions of Social Conflict*，London：Free Press，1956.

Marquis B. L. ，Huston C. J. ，*Leadership Roles and Managers Functions in Nursing*, New York: Lippincott, 1996.

Martha Finnemore, National Interests in International Society, Ithaca: Cornell University Press, 1996.

Martin Buber, *Dialogue*, *in Between Man and Man*, R. G. Smith, Trans. , Boston, MA: Beacon Press, 1955.

Mayer Zald, John Mc Carthy, *The Dynamics of social Movements*, Cambridge, Mass: Winstrop, 1979.

Mertha A. C. , *China's Water Warriors: Citizen Action and Policy Change*, Ithaca, NY: Cornell University Press, 2008.

Michael S. Lund, *Preventive Violent Conflicts: A Strategy for Preventive Diplomacy*, Washington, D. C. : United States Institute of Peace Press, 1996.

Noelle-Neumann, Elisabeth, *The Spiral of Silence: Public Opinion- – Our Social Skin*, University of Chicago Press, 1993.

Nye J. S. , Zelikow P. D. , King D. C. eds. , *Why People Don' t Trust Government*, Cambridge, MA: Harvard University Press, 1997.

Otto Fenichel, *The Psychoanalytic Theory of Nenrosis*, New York: W. W. Norton&Company, 1945.

P. K. Edwards, H. Scullion, *The Social Organization of Industrial Conflict*, Oxford, Basil Blackwell, 1982.

Searle J. , *Minds*, *Brains and Science*, Cambridge: Harvard University Press, 1984.

Searle J. R. , *The Construction of Social Facts*, New York: The Free Press, 1995.

Slevin J. , *The Internet and Society*, Cambridge: PolityPress, 2000.

Smelser Neil, *Theory of Collective Behaviour*, New York: Free Press, 1962.

Susan L. Carpenter, W. J. D. Kennedy, *Managing Public Disputes: A Practical Guide to Handling Conflict and Reaching Agreement*, San

Francisco：Jossey-Bass，1988.

Tarrow S. G. ，*Power in Movement：Social Movements and Contentious Politics*，Cambridge，MA：Cambridge University Press，1998.

Walter Lippmann，*Public Opinion*，New York：Macmillan，1922.

Wilmot W. W. ，Hocke J. L. ，*Interpersonal Conflict Resolution*，Boston，Mass：Mc Graw-Hill，1988.

Yang，G. B. ，*The Power of the Internet in China：Citizen Activism Online*，New York，NY：Columbia University Press，2009.

（二）论文等

Albanesi S. ，Chari V. ，Christiano L. ，"Expectation Traps and Monetary Policy"，*The Review of Economic Studies*，Vol. 70，No. 4，2003.

Averill J. R. ，"Studies on Anger and Aggression：Implications for Theories of Emotion"，*American Psychologist*，No. 38，1983.

A. M. Bodtker，J. K. James，"Emotion in Conflict Formation and Its Transformation：Application to Organizational Conflict Management"，*International Journal of Conflict Management*，Vol. 12，No. 3，2001.

Boas Shamir，"Book Review：The Art of Framing：Managing the Language of Leadership，San Francisco，CA：Jossey-Bass"，*The Leadership Quarterly*，Vol. 9，No. 1，1998.

Campbell J. C. ，Despard L . E. ，"Book Review：The Whole World is Watching：Mass Media in the Making and Unmaking of the New Left by Gitlin. T. "，*Foreign Affairs*，Vol. 98，No. 4，1980.

Castells，Manuel，"Communication，Power，and Counter-Power in the Network Society"，*International Journal of Communication*，No. 1，2007.

Daniel J. Myers，"Media，Communication Technology and Protest Waves"，The Escholarship Repository University of California，http：//repository. cdlib. org，1997.

Daniel M. Cress，David Snowl，"Moblization at the Margins：Resource，

Benefactors, and the Viability of Homeless Social Movement Organizations", *American Sociological Review*, 1996.

Deutsch M. , "A Theory of Cooperation and Competition", *Human Relations*, No. 2, 1949.

Droit-Volet S. , Meck W. H. , "How Emotions Colour Our Perception of Time", *Trends in Cognitive Sciences*, Vol. 11, No. 12, 2007.

D. A. Snow, E. B. , Rochford Jr. , S. K. Wordenetal, "Frame Alignment Processes, Micro Mobilization, and Movement Participation", *American Sociological Review*, Vol. 51, No. 4, 1986.

Festinger L. , "Informal Social Communication", *Psychological Review*, Vol. 57, No. 5, 1950.

Forgas J. P. , "Mood and Judgment: the Affect Infusion Model (AIM)", *Psychological Bulletin*, Vol. 117, No. 1, 1995.

Fraser N. , "Rethinking the Public Sphere: A Contribution tothe Critique of Actually Existing Democracy", *Social Text*, No. 25/26, 1990.

Gamson W. A. , Wolfsfeld G. , "Movements and Media as Interacting Systems", *The Annals of the American Academy of Political and Social Science*, No. 528, July, 1993.

Garrett R. , "Protest in an Information Society: A Review of Literature on Social Movements and New ICTs", *Information, Communication Society*, Vol. 9, No. 2, 2006.

Graber D. , "Mediated Politics and Citizenship in the Twenty-first Century", *Annual Review of Psychology*, Vol. 55, No. 1, 2004.

Hollis W. Barber, "BookReview: The Press and Foreign Policy by Bernard C. Cohen", *Midwest Journal of Political Science*, Vol. 8, No. 2, May, 1964.

James A. Russell, "Emotion, Core Affect, and Psychological Construction", *Cognition and Emotion*, Vol. 23, No. 7, 2009.

James Richter, "Power in Movement: Social Movements and Contentious

Politics. Rev. and updated 3d ed", *Perspectives on Politics*, Vol. 11, No. 3, 2013.

Jans H. J, "The Messages behind the News", *Columbia Journalism Review*, Vol. 17, No. 1, Jan. -Feb 1979.

Kasperson R. E., Renn O., Slovic P., Brown H. S., Emel J., Goble R., Ratick S., "The Social Amplification of Risk: A Conceptual Framework", *Risk analysis*, Vol. 8, No. 2, 1988.

Kerbel Matthew R., Joel David Bloom, "Blog for America and Civic Involvement", *Harvard International Journal of Press Politics*, Vol. 10, No. 4, 2005.

Korsgaard M., Jeongs, Mahony D., "A Multilevel View of Intragroup Conflict", *Journal of Management*, Vol. 34, No. 6, 2008.

Krugman P. R., "It's Baaack: Japan's Slump and the Return of the Liquidity Trap", *Brookings Papers on Economic Activity*, No. 2, 1998.

Lan Gladys E., Kurt Lang, "Watergate: An Exploration of the Agenda-Building Process", In Grover C Wilhoit, H DeBock, *Mass Communication Review Yearbook*, New York: SAGE Publications, 1981.

Lanctôt N., Hess U., "The Timing of Appraisals", *Emotion (Washington, D. C.)*, Vol. 7, No. 1, 2007.

Lazarus R. S., "Cognition and Motivation in Emotion", *AmericanPsychologist*, Vol. 46, 1991.

Lenzi M., Vieno A., Perkins D. D., Santinello M., Elgar F. J., Morgan A., Mazzardis S., "Family Affluence, School and Neighborhood Contexts and Adolescents' Civic Engagement: A Cross-national Study", *American Journal of Community Psychology*, Vol. 50, 2012.

Levinger G., Rubin J. Z., "Bridges and Barriers to a More General Theory of Conflict", *Negotiation Journal*, July 1994.

Louis R. Pondy, "Organizational Conflict: Concepts and Models", *Administrative Science Quarterly*, Vol. 12, No. 2, 1967.

Luther C., Zhou X., "Within the Boundaries of Politics: News Framing of SARS in China and the United States", *Journalism & Mass Communication Quarterly*, Vol. 82, No. 4, 2005.

Mao Z., "Cosmopolitanism and Global Risk: News Framing of the Asian Financial Crisis and the European Debt Crisis", *International Journal of Communication*, Vol. 8, 2014.

Martino B. D., Kumaran D., Seymour B., et al., "Frames, Biases, and Rational Decision-Making in the Human Brain", *Science*, Vol. 313, 2006.

Mary Grisez Kweit, Robert W. Kweit, "ThePolitics of Policy Aanalysis: the Role of Citizen Participation in Analytic Decision Making", *Policy Studies Review*, Vol. 3, No. 2, 1984.

Mc Comb, M. E., "Explorers and Surveyors: Expanding Strategies for Agenda Setting Research", *Journalism Quarterly*, Vol. 69, No. 4, 1992.

Mccombs M. E., Shaw D. L., "The Agenda-setting Function of Mass Media", *Public Opinion Quarterly*, Vol. 36, No. 2, 1972.

Mehrabian A., "Framework for a Comprehensive Description and Measurement of Emotional States", *Genetic, Social, and General Psychology Monographs*, Vol. 121, 1995.

Molotch, Harvey, Marilyn Lester, "Accidental News: The Great Oil Spill as Local Occurrence and National Event", *American Journal of Sociology*, Vol. 81, No. 2, 1975.

Morris, S. & H. S. Shin, "Coordinating Expectations in Monetary Policy", in Jean-Philippe Touffut, *Central Banks as Economic Institutions*, Edward Elgar Publishing, 2008.

M. S. Gleiss, "Speaking up for the Suffering (br) other: Weibo Activism, Discursive Struggles, and Minimal Politics in China", *Media, Culture & Society*, Vol. 37, No. 4, 2015.

Njenga F. G. , Nyamai C. , Kigamwa P. , "Terrorist Bombing at the USA Embassy in Nairobi: the Media Response", *East African Medical Journal*, Vol. 80, No. 3, 2004.

Park R. , "News as aForm of Knowledge: A Chapter in the Sociology of Knowledge", *The American Journal of Sociology*, Vol. 45, No. 5, 1940.

Pessoa L. , "HowDo Emotion and Motivation Direct Executive Control?", *Trends in Cognitive Sciences*, Vol. 13, No. 4, April 2009.

Pessoa L. , "On theRelationship between Cognition and Emotion", *Nature Reviews Neuroscience*, Vol. 9, 2008.

Philip Murphy, M. Maynard, "Framing the Genetic Testing Issue: Discourse and Cultural Clashes among Policy Communities", *Science Communication*, Vol. 22, No. 2, 2000.

Pondy L. , "Organizational Conflict: Concepts and Models", *Administrative Science Quarterly*, Vol. 12, No. 2, 1967, pp. 296 – 320.

Richard Jung, "A Review of Theory of Collective Behavior by Neil J. Smelser", *Industrial and Labor Relations Review*, Vol. 19, No. 2, January 1966.

Richard M. Emerson, "Power-dependence Relations", *American Sociological Review*, Vol. 27, No. 1, 1962.

Robert D. Benford, " 'You Could Be the Hundredth Monkey' : Collective Action Frame and Vocabularies of Motive within the Nuclear Disarmament Movement", *Sociological Quarterly*, Vol. 34, No. 2, 1993.

Robert M. Entman, "Framing: toward Clarification of a Fractured Paradigm", *Journal of Communication*, Vol. 43, No. 4, 1993.

Roseman I. J. , Antoniou A. A. , Jose P. E. , "AppraisalDeterminants of Emotions: Constructing a More Accurate and Comprehensive Theory", *Cognition & Emotion*, Vol. 10, No. 3, 1996.

Roseman I. J. , Evdokas A. , "Appraisals Cause Experienced Emotions:

Experimental Evidence", *Cognition & Emotion*, Vol. 10, No. 3, 2004.

Sanfey A. G., "Expectations and Social Decision-making: Biasing Effects of Prior Knowledge on Ultimatum Responses", *Mind and Society*, Vol. 8, No. 1, 2009.

Simon A., Xenos M., "Media Framing and Effective Public Deliberation", *Political Communication*, Vol. 17, No. 4, 2000.

Simon Cottle, Ulrich Beck, " 'Risk Society' and the Media: A Catastrophic View?", *European Journal of Communication*, Vol. 13, No. 1, 1998.

Simon C., "Reporting Demonstrations: The Changing Media Politics of Dissent", *Media, Culture & Society*, Vol. 30, No. 6, 2008.

Stefanucci J. K., Proffitt D. R., "The Roles of Altitude and Fear in the Perception of Height", *Journal of Experimental Psychology: Human Perception and Performance*, Vol. 35, No. 2, 2009.

Sturmer Stefan, "Bernd Simon, Collective Action: Towards a Dual-pathway Model ", *European Review of Social Psychology*, Vol. 15, No. 1, 2004.

Tamir M., Mitchell C., Gross J. J., "Hedonic and Instrumental Motives in Anger Regulation", *Psychological Science*, Vol. 19, No. 4, 2008.

Teixeira B., "Nonviolent Theory and Practice", in Lester Kurtz, *Encyclopedia of Violence, Peace, and Conflict*, New York: Academic, 1999.

Weick K. E., "Prepare Your Organization to Fight Fire", *Harvard Business Review*, Vol. 74, No. 3, 1996.

White P. R. R., "Evaluative Semantics and Ideological Positioning in Journalistic Discourse—ANew Framework for Analysis", in Lassen, I. (ed.), John Benjamins, Amsterdam, *Mediating Ideology in Text and*

Image: *Ten Critical Studies*, 2006.

Woodford M. , The Festschrift Conference in Honor of Edmund S. Phelps, Imperfect Common Knowledge and the Effects of Monetary Policy, *NBER Working Paper*, No. 8673, 2001, https: //www. nber. org/papers/w8673.

W. A. Gamson, A. Modigliani, "Media Discourse and Public Opinion on Nuclear Power: A Constructionist Approach", *American Journal of Sociology*, Vol. 95, No. 1, 1989.

Zaller J. , "A new Standard of News Quality: Burglar Alarms for the Monitorial Citizen", *Political Communication*, Vol. 20, No. 2, 2003.

索　引

后　记

　　做一个新闻人是我高考前的人生理想，但阴错阳差我一直没有进入新闻相关专业学习。进入管理类专业，公共冲突管理一直是我热切关注、悉心深耕的领域，从硕士阶段对群体性事件的关注，到博士阶段选择媒体新闻与公共冲突治理的研究问题，感谢学术路上的际遇让我以这种方式靠近幼时梦想，并将科研的这份热爱和坚守持续下来。

　　选题"媒体新闻与公共冲突治理"要感谢我的导师常健教授。主题锁定的过程在前言中已有说明，不再赘述。进入常老师门下，当时我已有孕在身四个月，是常老师的鼓励和帮助让我很快调整好自己进入到博士论文研究之中，让我面对挑战性较高的主题依然保持高昂的斗志。读博阶段，导师让我见识到学术研究者的风范和气度，让我理解了学术研究的真正要领和本质要义，让我明白只有肯下功夫才能写出真正有功力的文章，让我谨记始终走在前列、步步为先的道理，让我相信只要自己肯去做、努力去做就肯定会有收获。参加工作后，导师也非常关心课题的后续研究，多次向我问起研究进度，并提出指导性的意见，每当我遇到困惑和瓶颈，总能给予我醍醐灌顶的启示和积极向上的鼓励。

　　无论是媒体新闻，还是冲突管理，都是近些年比较热的话题，从事这方面的交叉性学术研究对于我来说是一个不小的挑战。整个过程走过来，经历了收集资料的焦虑、案例论证的质疑、理论建模的痛苦，其中，到处碰壁与偶受鼓励，屡遭否定与时逢肯定，深陷瓶颈与豁然开朗，唯有自己最为清楚。研究的过程是苦涩的，但一行行字码出来又删去，来来回回最终觉恰如其分的时候，又是惊喜万分。我想，这种有苦又有甜的滋味不正是人生的馈赠吗？今日最终提交了这样一份尚不成熟，但依旧被视为心头肉的研究成果，感谢自己努力克服惰性，锲而不舍地去做、去坚持。

学术研究是一个不断成长的过程，其中不仅仅是理论学识的积累和进步，也是科研方法的锻炼与提高，更有学术品质的培养与提升、研究素养的培育与完善。这些弥足珍贵，是我一生的财富，激励着我持续努力，鞭策着我不断进步。

本书的写作和出版得到了多方面的支持和帮助。我的硕士导师温志强教授具有敏感的现实感知力，为课题研究提供了很多现实素材，也提出了很多值得深度挖掘和研究的问题。公共管理学院院长李增田教授十分关注研究进展，社科处的老师们为本书的资助出版做了大量细致的工作，学校图书馆和北京盈科千信科技有限公司为本研究提供了详细的文献支持服务。师门的兄弟姐妹帮我解决了读博和孕期重合在同一阶段的细碎事宜，也为我后续研究和出版提供了很多支持，彼此鼓励、相互帮助的气氛深深感动着我。中国社会科学出版社的各位老师积极争取研究时间以保证出版质量，冯春凤老师为本书出版的策划、编辑和装裱付出了大量心血。在此，我谨向他们一并致以诚挚的谢意！写作过程中参考和引用了大量的文献资料和研究成果，在此我向各位作者表达衷心感谢。

本书是我学术生涯的第一本独著，付梓之际，心有欣喜。由于学识、能力有限，书中仍有一些不足之处，恳请批评指正。愿未来的自己擎稳学术之道，踏实科研之路，不负生活的馈赠、命运的安排。

郝雅立

2021 辛丑年暮春于天津